U0551961

民主英烈傳
第二卷

Having Finished the Race

當跑的路，
已經跑過，

余杰／著

目　錄

凡例與致謝 6

自序：丈夫九死千刀雪，一笑全無百莽煙 9

1900 年代人 ——————————————————— 17

01｜龔品梅（1901-2000）：一品寒梅雪中傲立，獨擋風霜春
　　　　　　　　　　撒人間 18

02｜劉景文（1909-1992）：我雖然行過死蔭的幽谷，也不怕遭害 33

1910 年代人 ——————————————————— 43

03｜湯戈旦（1911-1993）：誰知肉市存真佛，應信污池有白蓮 44

04｜欽本立（1918-1991）：為新聞自由拚死一搏 55

05｜趙紫陽（1919-2005）：小朝廷何足道哉，大丈夫無所謂了 67

06｜李志綏（1919-1995）：只應社稷公黎庶，那許山河私帝王 78

1920 年代人 ——————————————————— 87

07｜劉賓雁（1925-2005）：人生最應該探求和堅持的是真相和
　　　　　　　　　　真理 88

08｜林牧（1927-2006）：何日黎民能作主，也將白鐵鑄元兇 99

09｜戴煌（1928-2016）：即便被殺頭，也要説真話 111

10｜許醫農（1929-2024）：我把自己當做火炬，至少照亮一個
　　　　　　　　　　角落 123

1930 年代人 ——————————————————————— **135**

11｜司徒華（1931-2011）：我永遠與大家在風雨崎嶇的民主道路上
　　　　　　　　　　　前進 136

12｜流沙河（1931-2019）：文人，寫下去即是勝利 147

13｜梅兆贊（1932-2021）：我的兄弟姐妹是那些為自由獻身的
　　　　　　　　　　　中國人 159

14｜李‧愛德華茲（1932-2024）：美國的保守主義是建立在反共
　　　　　　　　　　　　　　基礎上的 170

15｜班旦加措（1933-2018）：人對自由的珍愛，就如雪下暗藏的
　　　　　　　　　　　火苗 180

16｜周素子（1933-2022）：耐得霜寒若許，瘦影還如故 190

17｜譚蟬雪（1934-2018）：雪中之蟬，長鳴不已 199

18｜林希翎（1935-2009）：我將身上的十字架背負到生命的
　　　　　　　　　　　最後一刻 212

19｜周淑莊（1936-2023）：我要為死去的親人討回公道 223

20｜方勵之（1936-2012）：民主不是賜予的，是自己爭取來的 230

1940 年代人 ——————————————————————— **243**

21｜賀星寒（1941-1995）：我從此就站在了共產主義體系的
　　　　　　　　　　　外面 244

22｜王在京（1943-2000）：赴火蛾翅焚，當車螳臂拒 254

23｜尹敏（1944-2021）：做堅定的守靈人，做堅定的守望者！ 263

24｜嚴正學（1944-2024）：余心之所善，九死猶未悔 272

25｜黃春榮（1944-2024）：一個真男人不畏強權，只會為了正義
　　　　　　　　　　　發聲 282

26｜羅宇（1944-2020）：中國最大的禍害就是共產黨 292

27｜曹思源（1946-2014）：人間正道私有化，憲政春潮永不休 301

28｜李贊民（1948-2018）：胸中有誓深於海，肯使神州竟陸沉？ 312

29｜楊小凱（1948-2004）：我會再像獅子一樣咆哮回來 320

30｜羅海星（1949-2010）：人為朋友捨命，人的愛心沒有比這個
　　　　　　　　　　　　大的 331

31｜王策（1949-2021）：以基督精神再造共和 342

32｜紀斯尊（1949-2019）：君子抱仁義，不懼天地傾 351

1950 年代人 ──────────────────────363

33｜胡踐（1951-1995）：一種有冤猶可報，不如銜石疊滄溟 364

34｜吳學燦（1951-2015）：刑天舞干戚，猛志固常在 373

35｜周倫佐（1952-2016）：一支蠟燭就這樣點燃，直到熄滅 384

36｜鄧麗君（1953-1995）：我絕不向暴政低頭，絕不對壓力妥協 394

37｜高玉蓮（1954-2016）：壯志若鐵石，頑直未易摧 404

38｜趙品潞（1956-2004）：位卑未敢忘憂國，事定猶須待闔棺 413

39｜劉士賢（1956-2020）：我是民主道路上的一顆鋪路石 425

1960 年代人 ──────────────────────435

40｜孟浪（1961-2018）：我們的血必須替他們洶湧 436

41｜梅艷芳（1963-2003）：我是民主運動的忠貞分子 447

42｜華春輝（1963-2024）：言論無罪，自由萬歲 458

43｜李金鴻（1963-2020）：墮入深淵的人，仍然可以是行進者！ 470

44｜郭洪偉（1964-2021）：往者不可悔，孤魂抱深冤 478

45｜丁建強（1965-2020）：如果我的生命能換來中共倒台，
　　　　　　　　　　　　我願意明天就死 487

46｜鄭艾欣（1967-2012）：清清不染淤泥水，我與荷花同日生 497

1970 年代人 ───────────────────505

47｜張六毛（1972-2015）：搏沙有願興亡楚，博浪無錐擊暴秦 506

48｜毛黎惠（1978-2022）：我不會自殺，我要與黑社會組織
　　　　　　　　　鬥爭到底 517

1980 年代人 ───────────────────527

49｜梁凌杰（1984-2019）：對不仁不義的香港政府的最後一聲
　　　　　　　　　咆哮 528

1990 年代人 ───────────────────539

50｜才旺羅布（1996-2022）：我是一棵焚而不毀的樹 540

附錄　《當代英雄》（黑暗時代的抗爭者，第一卷）人物名單 549
　　　《勇者無懼》（黑暗時代的抗爭者，第二卷）人物名單 552
　　　《美好的仗，已經打過》（民主英烈傳，第一卷）人物名單 554
　　　《永不屈服》（黑暗時代的抗爭者，第三卷）人物名單 557

凡例與致謝

一、「民主英烈傳」為多卷本人物傳記,與「黑暗時代的抗爭者」構成互補的系列——前者記述已經辭世的民主英烈(現階段記述1990年以後辭世的),後者記述仍健在的抗爭者。本卷《當跑的路,已經跑過》為本系列之第二卷,此前已出版第一卷《美好的仗,已經打過》(2024年),而「黑暗時代的抗爭者」已出版三卷:第一卷《當代英雄》(2023年)、第二卷《勇者無懼》(2024年)、第三卷《永不屈服》(2025年)。

二、本書所選之人物,以不同形式挺身反抗中共極權暴政,受到中共政權不同形式之迫害,如開除學籍、取消教職、吊銷律師執業資格、關閉經營的商業或企業、剝奪工作機會,乃至祕密警察長期監控、非法軟禁、通緝、酷刑折磨、行政拘留和刑事拘留、逮捕並判刑入獄等。有多位人物慘死在監獄中或被釋放不久就病逝。他們的生命歷程即是對中共極權體制之強烈控訴和批判。

三、本書所表彰之人物,仍在中國(含已中國化的香港)者占六至七成左右,流亡海外且不能歸國者占三至四成左右,亦包括香港人、台灣人、藏人、維吾爾人、蒙古人及其他少數族裔。作者深切期盼,本書能成為一座橋樑,將中國和海外的抗爭者及抗爭運動連接起來,促進不同環境下抗爭者的了解、交流、信任及彼此支持。更期盼閱讀到本系列的讀者,延續民主英烈之精神資源,以各種方式支持已經受難和正在受難的抗爭者、殉道者們及其受牽連而處於困境中的親朋好友。

四、本書所寫之人物,必然涉及到若干與之共事、並肩作戰

的同仁、支持者，後者以注釋形式作簡要介紹。本書所有注釋，均為相關人物之介紹，其他內容若需注釋則在文內出現。每篇人物傳記中，約有五個相關人物以注釋呈現。注釋中的人物，亦有可能成為下一卷中的傳主。故而，每卷書中表彰的當代英雄有兩、三百位之多。

五、本系列所寫之人物，作者竭盡所能與傳主家屬、友人取得聯繫，進行深入採訪，獲取第一手資料。若無法與相關人等取得聯繫，則努力搜集已有之資訊，包括傳主的文集、回憶錄、傳記、媒體訪問報導等，摘取其菁華部分，以求對人物做出全面、精準、深入、如實之呈現。

六、本書記載的每一人物，篇幅大致在五千字上下，文字力求兼具史家之真實與文學家之優雅。小傳集中呈現傳主生前反抗中共暴政之面向，梳理其言行和思想起承轉合之脈絡，以利公眾對其主要事工、言行及思想觀點有基本之了解，而關於傳主的其他豐富和複雜的面向暫且從略。

七、**「民主英烈傳」將是一個長期的寫作與傳播計畫。在中國實現民主轉型之前，將每年完成一至二卷，以殉道者、抗爭者的故事形成一部當代中國的自由民主運動史。**作者期盼，未來自由民主的中國，將如同其他自由民主國家，單單需要具備基本公民素質的公民，而不再需要英雄，更不必發生英雄為義受難乃至犧牲的悲劇。

八、本書之紙本及電子版，在華文世界唯一既具有出版自由又具有出版市場的台灣推出，在台灣及華人世界發行、傳播。本書之部分章節，將在若干媒體和網站發表、連載，並適時推出朗讀版及其他不同形式之版本，以便為更多關注中國議題尤其是中國民主轉型的讀者所接觸和了解。

九、本書的寫作和出版得到設在美國的人權組織「公民權利同盟」的支持與協助,「公民權利同盟」還將負責「民主英烈傳」、「黑暗時代的抗爭者」兩大系列作品的推廣與傳播。該機構的願景是:建設一個充滿自由、公義和愛的美好中國。該機構的使命是:讓每一個華人成為有權利,有尊嚴,而且有社會參與意識的、有責任的公民。

　　十、本書引用若干自由世界的媒體,如:自由亞洲電台中文網、美國之音中文網、BBC中文網、法廣中文網、紐約時報中文網、改變中國網站、維權網、公民網、北京之春網站、中國政治犯關注網、民生觀察網、對華援助協會網、中國數字時代等媒體和資料庫的相關報導和資料,因篇幅所限,書中不再一一加以標注,在此一併致謝。

自序／
丈夫九死千刀雪，一笑全無百莽煙

一生歷盡苦難的詩人聶甘弩晚年曾寫下這樣的詩句：「丈夫九死千刀雪，一笑全無百莽煙。」這句詩正可概括本卷《民主英烈傳》中所寫到的五十位人物。

本書中所記述的五十位在 1990 年之後辭世的民主英烈，以出生日期而論，從 1900 年代至 1990 年代，橫亙了九十年的漫長光陰。他們的生命歷程各不相同，卻具有兩個共同點：其一，他們都是民主、共和、自由、憲政價值的求索者、捍衛者，同時也必然是中共極權主義體制和意識形態的反對者（這種反對，發生在他們各自生命歷程的不同階段，有的人覺悟較早，有的人到了晚年才大徹大悟）。其二，因為他們的反對，他們付出了極其沉重的代價，招致了來自中共政權的種種迫害與摧殘，乃至於家破人亡，但他們如屈原一樣「余心之所善兮，雖九死其猶未悔」！

反叛以及對反叛的反叛

在本書所記述的人物中，在 1930 年代末之前出生的，也就是在民國時代度過其中年、青年或少年時代人物，絕大多數都有過左傾、親共、參加共產黨乃至在共產黨內擔任要職的經歷。他們不惜背叛原有的階層和家族，青春熱血地投入到中共革命之中。比如：出生地主家庭卻帶頭供了自家的家產、後來擔任總理及中共總書記的趙紫陽，在中共文宣部門任職的欽本立、劉賓雁、林

牧、戴煌，中共在香港布設的草蛇灰線般的地下黨組織成員的司徒華，從海外趕回「新中國」服務並成為毛澤東御醫的李志綏，出身「敵對階級」的流沙河、林希翎，作為中學生的更年少的譚蟬雪、方勵之，甚至作為「天然左」的美國青年知識分子的梅兆贊和李‧愛德華茲，無不如此。

　　20世紀中葉的中國，左禍何以掀起滔天巨浪？這一方面是中共的宣傳和統戰工作做得十分成功。中共更多地宣揚民族主義和愛國主義而非共產主義、馬列主義，輕而易舉地俘獲了絕大多數年輕人的心靈。另一方面則表明，近代以來，中國傳統文化崩解，中國變成一處廣袤空曠的「跑馬場」，在英美清教徒秩序和民主、共和、自由、憲政價值尚未進入中國之際，包括民族主義、國家主義和共產主義在內的各種左派思潮卻更迅速地搶占了思想觀念之高地，將中國帶往萬劫不復之深淵。

　　近年來，關於一群晚年覺悟的前輩，有一種頗為流行的「兩頭真」的說法，即早年投共是出於真誠的理想主義，晚年反共也是出於真誠的理想主義。然而，這種說法站不住腳：因為真理只有一個，只能有「一頭真」，不可能有「兩頭真」，如果「兩頭真」，就不必「以晚年之我反對早年之我」了。據傳愛因斯坦說過一句名言：「一個人青年時代不是左派，則沒有良心；中年之後還是左派，則沒有理性。」這句話也是不成立的（愛因斯坦本人的思想就左傾）。那些青年時代親共、投共的人物，往好了說是「純真」，但實事求是地說乃是「愚蠢」——「愚蠢」可以勉強予以諒解，但不值得讚美。更何況，「愚蠢」的結果往往是參與中共的作惡——趙紫陽參與過血腥的土改，其他那些左派學生賣力地替中共散播謊言。不能美化他們早年的錯誤選擇，也正因為他們身上有早年的原罪，他們晚年的反叛才尤為可貴。

反之,那些青年時代就不是左派的人,既有良心,又有理性。在那個赤禍滔天、人人唯恐不左的時代,仍有人以火眼金睛看透中共的本質,持守自己的信仰和信念,咬定青山、巋然不動。比如,本書中寫到的天主教的主教龔品梅、基督教獨立教會的師母劉景文(王明道的妻子),都是從基督信仰和聖經真理中找到戳破共產黨謊言和抵禦共產黨暴力的武器。藏傳佛教的僧侶班旦加措,則是從十三世達賴喇嘛的遺囑中認識到一個不言自明的真相:共產黨就是其預言中邪惡的「大紅龍」。他們從未被共產黨所蠱惑,他們的先見之明和擇善固執更值得後人效仿和標舉。

本書的人物中,還有另一群反叛者,乃是「對反叛的反叛」。他們出身於中共政權的既得利益集團和家庭,卻義無反顧地成為其反叛者。比如,中共開國大將、權傾一時的羅瑞卿的兒子羅宇,中共幹部家庭出身的楊小凱、胡踐、華春輝、丁建強,以及中共派駐香港的左派文人領袖羅孚之子羅海星,如果他們承襲父輩之蔭蔽,完全可以過上錦衣玉食的好日子,但他們「嫉惡如仇讎,見善若飢渴」,毅然與可讓他們點石成金的體制決裂,寧願孤獨地流亡,寧願淪為階下囚,寧願被羞辱與踐踏,寧願付出生命代價。他們的背叛可歌可泣,正所謂「烈士之所以異於恒人,以其仗節以配誼也」。

寧以義死,不苟幸生,而視死如歸

慕義不分先後,反共也不分先後。本書所記述的人物,在不同的歷史時刻選擇站在中共的對立面,亦即站在正義與自由一邊。

最早的反對,是在 1950 年代的鎮反運動和宗教迫害中,龔品梅身陷「龔品梅反革命集團案」坐牢三十一年、劉景文身陷「王

明道反革命集團案」坐牢二十年，他們寧願將牢底坐穿也要持守純正信仰，但主流社會和知識界對他們的遭遇幾乎視而不見。

隨後，在反右運動中，大批自以為是「第二種忠誠」的知識分子被打成右派（或準右派）、淪為賤民，包括欽本立、劉賓雁、戴煌、許醫農、流沙河、周素子、譚蟬雪、林希翎、方勵之、賀星寒等人。苦難之始，亦是反思之始。

在文革中覺醒的，是後來成為世界頂級經濟學家的楊小凱以及毛的御醫李志綏。楊小凱在牢獄中目睹了那些被打成「牛鬼蛇神」的自由精靈，李志綏則在毛的深宮中看到了「打天下的光棍」的幽暗真相。

在西單民主牆時代步入反對陣營行列的，則有湯戈旦、李贊民、劉士賢等人。而鄧小平對民主牆的始亂終棄，表明鄧與毛乃一丘之貉。

在1980年代的思想解放運動中，展開帶有異議色彩的文學藝術創作和思想探索的，包括嚴正學、周倫佐、孟浪等人。他們將各自的工作延續到生命的最後時刻，給後世留下豐厚的文學、藝術、思想遺產。

將更多國民推向中共之敵對陣營的，則是六四槍聲。六四是當代中國史的轉折點，也是很多人生命的轉折點，幾乎所有抗爭者都與六四存有某種特別的關聯——因為反對開槍殺人，趙紫陽從中共總書記淪為「國家的囚徒」；曾經的「毛粉」梅兆贊在天安門廣場被軍人打掉牙齒、打斷手臂，從此成為西方觀察家中對中共暴政最嚴厲的批判者；原本是普通家庭主婦的周淑莊和尹敏，因痛失愛兒，加入「風雨雞鳴」的「天安門母親」群體；影響一代青年學子的方勵之，先遁入美國使館，再踏上終身的流亡路；原本是香港貴公子的羅海星挺身而出，參與「黃雀行動」，為朋友

捨命⋯⋯為六四坐牢的良心犯還包括：王在京、曹思源、胡踐、吳學燦、李金鴻等人；為六四而流亡異國他鄉的還有趙品潞、丁建強等人。他們的人生被定格在那個血腥的夜晚，正如詩人孟浪在一首記念六四的詩歌中所說：「他們的血，停在那裡／我們的血，驟然流著。／／哦，是他們的血靜靜地流在我們身上／而我們的血必須替他們洶湧。／／他們的聲音，消失在那裡／我們的聲音，繼續高昂地喊出。／／哦，那是他們的聲音發自我們的喉嚨／我們的聲音，是他們的聲音的嘹亮回聲。／／在這裡——／沒有我們，我們只是他們！／／在這裡——／沒有他們，他們就是我們！」

在1990年代以來的維權運動中，湧現出更多草根維權人士，如黃春榮、紀斯尊、華春輝、郭洪偉、張六毛、毛黎惠、梁凌杰等人。他們或死於看守所和監獄，或死於酷刑和折磨，或死於困苦和疾病，或死於孤獨和絕望，他們較少被外界關注和報導，公共領域關於他們的資料相當有限，有些人甚至找不到一張清晰的照片。在中南海獨夫民賊眼中，他們是螻蟻，是韭菜，是人礦，是奴隸。但實際上，他們是頂橡樹的牛犢，是填海的精衛，是移山的愚公，是逐日的夸父，是推石頭上山的西西弗斯，是盜火的普羅米修斯，是被中共竊取為國歌的《義勇軍進行曲》中「不願做奴隸的人們」。無論是「黑暗時代的抗爭者」系列，還是「民主英烈傳」系列，我們都將用更多篇幅來記載這些籍籍無名的英雄和烈士。

他們是微弱的少數，卻是可以改變歷史的關鍵少數

一如既往，本卷特別關注那些看似微弱的卻也是能夠改變這

個國家未來的「少數派」，正如聖經中所說，一點點酵母能使整個麵團發酵。

以性別而論，本卷中的女性包括：劉景文、許醫農、周素子、譚蟬雪、林希翎、周淑莊、尹敏、鄧麗君、梅艷芳、鄭艾欣、毛黎惠等十一位。魯迅的感慨，亦可用在她們身上——她們那「幹練堅決，百折不回的氣概」，正是「為中國女子的勇毅，雖遭陰謀祕計，壓抑至數千年，而終於沒有消亡的明證了」。

以族裔而論，少數族裔的人物有：湯戈旦（滿族）、欽本立（蒙古族）、班旦加措（藏族）、高玉蓮（蒙古族）、才旺羅布（藏族）等人。他們當中，有人為普世的民主自由吶喊，有人為本民族的獨立和自由抗爭，最終亦是殊途同歸。

以宗教信仰而論，廣義的基督徒（包括天主教和基督新教）為數眾多：龔品梅、劉景文、許醫農、司徒華、李‧愛德華茲、林希翎、嚴正學、曹思源、楊小凱、王策、紀斯尊、趙品潞、劉士賢、李金鴻、丁建強等人。其中，楊小凱和王策對基督教憲政主義研究頗深，其著述對未來中國的民主化和憲政轉型極具標竿意義。本卷還收入兩位藏傳佛教信徒——作為僧侶的班旦加措和作為世俗信徒的才旺羅布——的故事，從他們的人生經歷可以透視，藏傳佛教對共產主義意識形態的抵禦能力遠比漢傳佛教強。本卷中也記載了作為法輪功信徒的鄭艾欣的故事，儘管作者本人對作為龐大的新興宗教體系的法輪功的很多做法持懷疑和批評態度，但作者肯定和表彰那些甘願為其信仰和信念受苦、獻身的普通法輪功修煉者。

以職業而論，本書特別記述作為藝人的鄧麗君、梅艷芳、才旺羅布的故事。他們身處如同染缸的演藝界，卻「修身絜行，言必由繩墨」，跟今天那些爭先恐後地跪舔當權者的無良藝人相比，

宛如雲泥之別。

以國籍而論，本書收入梅兆贊與李‧愛德華茲兩位美國人。中共政權以無孔不入的統戰術縱橫國際社會，將若干親共、媚共的西方政商文化名流冊封為所謂的「中國人民的老朋友」。其實，他們只是「中國共產黨的老朋友」。真正的「中國人民的老朋友」，應當是梅兆贊和李‧愛德華茲這樣的人：前者以筆為投槍，揭露出中共蹂躪中國人民的真相；後者創立「共產主義受難者紀念基金會」，終身以反共為志業。

反共不是職業，而是志業。反共不是爭名奪利的舞台，而是「一簑煙雨任平生」的義路。反共不是「皇帝輪流做，今日到我家」，而是「事了拂衣去，深藏身與名」。看今日中共政權之橫征暴斂、無法無天，看今日反共陣營之種種怪現狀，更覺發掘民主英烈之精神遺產殊為重要與必要。比如，本書中所記述之王在京，是一位以裁縫剪刀謀生的殘障人士，是青島第一批腰纏萬貫的商人，卻衝冠一怒為六四，入獄多年，出獄後貧病交加、潦倒而逝。本書中所記述之趙品潞，是曾被學生領袖輕視和排斥的工自聯領袖，流亡美國後，不取嗟來之食，幹搬家和裝修的重體力活，自食其力且慷慨助人。「仗義每多屠狗輩，負心多是讀書人」，他們比檯面上那些長袖善舞、誇誇其談者更讓人尊重和懷念。

我們弘揚少數派的可貴，也期待少數能發酵成多數，總有一日，民主、共和、自由、憲政將「忽如一夜春風來，千樹萬樹梨花開」。

一九〇〇年代人

01 龔品梅：一品寒梅雪中傲立，獨擋風霜春撒人間

龔品梅（1901年8月2日至2000年3月12日）：又名龔天爵，聖名依納爵，天主教神父、主教、樞機主教，宗教信仰自由捍衛者。曾兼任上海、蘇州及南京三教區主教，上海教區首任中國籍主教。1955年9月8日，因「龔品梅反革命集團案」被捕入獄，其後一直堅守信仰，拒絕妥協。1979年，龔品梅被教宗若望保祿二世升為樞機主教（紅衣主教），當時他還身在獄中，此祕密冊封只有教宗知道。1986年7月3日，龔品梅獲假釋出獄，仍處在嚴密監控之下。1988年5月11日，赴美探親治病。1989年，獲台灣天主教輔仁大學榮譽博士學位。1992年，獲美國康州聖心大學榮譽人文博士學位。1991年6月，龔品梅在羅馬教廷接受教宗任命為樞機主教。2000年3月12日，龔品梅因胃癌在美國康涅狄格州斯坦福市去世，享年九十九歲。龔品梅被教宗譽為「中國教會的高貴之子」，富爾頓辛主教（Bishop Fulton Sheen）曾寫

> 道:「西方有敏真諦（Mindszenty）樞機主教（匈牙利首席主教，被共產黨囚禁多年），東方有龔樞機。天主在祂的聖人中被光榮。」

龔品梅：生於清帝國江蘇松江府川沙廳唐墓橋（上海浦東新區唐鎮）。世代信奉天主教，為浦東教友界望族。祖母為之取教名依納爵，父親為之俗名品梅，意在品如梅節傲霜寒，不畏冰雪摧凋殘。

龔品梅六歲上姑母所掌家塾，讀四書訓詁，教理問答。十歲時，辛亥革命成功，他率先要求剪辮子。十二歲，入教會學校達義小學。十三歲，入徐匯公學。少年時代即領洗，徐匯公學畢業後，他曾想與同學一樣讀大學，將來做工程師、醫生，但尋求上帝的心意後決定修道。此前，他父親已為他定親，卻因他選擇修道而退婚。

龔品梅在十九歲時入徐匯小修院，二十二歲入大修院攻讀哲學、神學。

1930年5月28日，龔品梅在上海晉鐸成為神父，被委派到浦南任本堂司鐸。

1937年，龔神父出任震旦大學附中教導主任。他在學校增設拉丁文補習班，栽培出不少優秀學生——陳日君樞機主教就是其中一個。

1949年10月，中國政權易手前夕，龔品梅被教廷任命為上海教區主教，可謂臨危受命。

中共建政後，立即展開對天主教和基督教的統戰、改造和消

滅三大步驟。龔品梅不畏高壓，抵制中共對天主教會的「改造」，拒絕在教會內開展「反帝愛國運動」，拒絕參與「天主教三自愛國會」。他說：「我們不需要任何三自，我們已自己管理我們的教會。」

1951 年 10 月 8 日，上海市軍管會命令取締「聖母軍」——其實，這是一個核心信徒的組織，並非軍事團體或政治反對派組織，其成員並未違法法律。

1952 年為「聖母年」。聖母像被輪流送到教區所有教堂，龔主教在武裝警察監控下毫不畏懼地祈禱：「聖母，我們不求一個奇蹟，我們不求你停止迫害，但我們求妳在我們很軟弱時支持我們。」他並親筆書寫：「白刃可蹈趨火不辭。」

龔品梅對信仰的堅貞不屈，贏得了成千上萬教友的最高敬意。1953 年，上海公教青年在新年聚會中說：「主教，您在黑暗中照亮了我們的道路。在危險的旅途上，您指引我們。您保持我們的信仰和教會的傳承。您是上海教會的基石。」

1954 年，教宗庇護十二在通諭中指出：教廷不能接受中共倡導的三自運動。南京教區的李維光擁護三自，背叛教廷，第一個受教宗絕罰。龔主教親自去南京，將絕罰書交給李維光。

1955 年，龔品梅知道，被捕迫在眉睫，他毅然戒掉此前為治療便秘而吸菸的習慣。他母親前去看望他，對他說：「品梅，你不要去雞蛋碰石頭，你碰不過他們的。」龔品梅說：「一旦我被逮捕，妳不要哭，我知道妳哭我會更難過，只要為我求天主，保持信德到天堂就可以了。你的兒子能為天主坐牢，是妳的光榮。」他還抓緊時間親自培訓數百名傳道人，讓他們將信仰傳遞給後代。

龔品梅被捕前，英國大使派人來對他說：「他們要來逮捕你，大使願意給你庇護。」龔品梅說：「謝謝大使，但是我不去。我是

主教,有十多萬教友,平時教導他們要忠於教會,有教難了,我怎麼可以走,我走了豈不動搖教友的信心,大使能收我一人,不能收十萬教友,我不願意走。」

1955 年 9 月 8 日,龔品梅及兩百多名神父和教會領袖在一夜之間全部被捕。後來他如此回憶被捕時的情形:「9 月 8 日晚上 10 時 20 分,聽到外面噪聲很大,從氣窗中看到手電筒光,公安局來捉人往往用手電筒照。我知道來捉我了,敲門我開門即刻就被手銬銬上,坐上小轎車,路上擠滿了人,警車向東駛,一直開到上海市第一看守所。」

中共在新聞報導中大肆栽贓陷害說:「繳獲大批罪證,其中有收發報機三部、收報機一部、發報機兩部、手槍五支、子彈一千三百八十二發、軍用橡皮艇、軍用地圖、軍用電訊器材、國民黨國旗黨旗,以及龔品梅給各地教會的祕密指令和文件。為進一步教育和發動群眾,市長陳毅出席由宗教部門召開的神職人員會議,闡明中國共產黨的宗教政策;舉辦龔品梅反革命集團罪證展覽會;有三萬多教徒參加各區聲討龔品梅反革命集團罪行大會。」

此事被稱為當代中國天主教的「九‧八」教案。范忠良[1]主教指出,「九‧八」是一道分水嶺,是一塊試金石,麥子和稗子被清楚地分開了。

第一天入監,看守所給龔品梅的番號是一四二三。地板硬,沒有枕頭,他把鞋子當枕頭。剛睡下,就被叫去審問。整夜一共

---

[1] 范忠良(1918-2014):上海教區徐家匯大修院(母心修院)理院神父。1955 年 9 月 8 日,被捕。1958 年,判處二十年徒刑,在青海省墳場從事搬運屍體的工作。刑滿後,強制留在青海勞改農場就業。1985 年,范忠良由青海主教祕密祝聖為天主教上海教區龔品梅主教的助理主教。2000 年,接任龔品梅主教的上海教區正權主教職位,但未獲中國政府承認,且常年受監視。2014 年,在上海病逝。

提審三次，一直到天明。此後，疲勞審訊持續七天七夜。他自始至終都表示：「我沒有罪，隨你們怎樣。」

龔品梅入獄時，沒有帶衣服和日用品，監獄發的是極為骯髒的衣服。「有一次我得到一件比較清潔的內衣，我很高興，有了這件內衣，穿外面的棉衣，至少油質不會黏在身上。」

龔品梅被逮捕後，被帶到上海賽狗場的聲討大會上公開承認其「罪行」。成千上萬人出席這場大會。中共為羞辱龔品梅，讓他穿著中國式睡衣，將其雙手被綁在身後，再將他推到麥克風前認罪。然而，中共當局所聽到的，並非他們要求的認罪，而是「基督君王萬歲！教宗萬歲！」台下的天主教徒們作出回應：「基督君王萬歲！」當局迅速把龔品梅從現場帶離。

龔品梅被關押在看守所四年九個月，中共當局始終不能讓他屈服。判決前一晚，首席檢察官拋出誘餌：「明天要判你了，你如果願意考慮同羅馬教皇脫離關係，那你就可以回家了。」龔品梅回答說：「不考慮，不需要考慮，這是生死事。我要考慮脫離羅馬教宗，我就不是教徒了。你可以砍下我的頭，但你永遠無法帶走我的信仰。」

1960年3月17日，「龔品梅反革命集團案」在上海市中級法院刑事審判庭進行公審。中共還裝模作樣地為每個被告都安排了律師，但律師在審理過程中形同虛設。

判決書指出：「以被告龔品梅為首的反革命叛國集團，披著宗教外衣，勾結帝國主義，背叛祖國，是帝國主義用以顛覆我國人民民主政權的重要工具，已構成嚴重的叛國罪行。」作為「首犯」，判決書指責龔品梅「罪大惡極」，被指控從事反革命活動，判處無期徒刑，剝奪政治權利終身。

同一判決書中，有金魯賢[2]、陳哲敏[3]、張希斌[4]、朱樹德[5]、朱雪帆[6]、朱洪聲[7]、陳天祥[8]、蔡忠賢[9]、王仁生[10]、傅鶴洲[11]、陳雲棠[12]、

---

2 金魯賢（1916-2013）：上海人。天主教中國耶穌會副巡閱使、上海耶穌會代理會長、徐家匯總修道院院長。1955年9月8日，被捕。1960年3月17日，被判刑十八年，剝奪政治權利八年，刑滿後又勞改九年。1982年，獲釋。1985年1月27日，金魯賢跟中共合作，加入三自愛國會，任上海教區助理主教（自選自聖），未得到教宗的任命和批准。1988年，成為上海教區主教。他晚年屢屢配合中共攻擊龔品梅及教廷。

3 陳哲敏（1909-1961）：四川渠縣人。羅馬傳信大學哲學博士，羅馬教廷駐華公使黎培理中文秘書，天主教教務協進委員會委員。著有《聖而公教會》一書批判三自運動。1951年9月6日，被捕。1960年3月17日，判處有期徒刑二十年，剝奪政治權利十年。1961年8月26日，死於安徽省廬江縣白湖農場。

4 張希斌（1909-1990）：上海人。大通路教堂總本堂神父，天主教上海郊區諮議員，龔品梅的重要助手。1955年9月8日，被捕。1960年3月17日，被判有期徒刑二十年，剝奪政治權利十年。1978年，獲釋。1981年11月19日，再次被捕，關在上海第一看守所，後因病軟禁在上海教區收容所。1990年，病逝。

5 朱樹德（1913-1983）：上海人。天主教上海耶穌會會士，君王堂本堂神父，龔品梅的重要助手。1949年10月19日，奉耶穌會總會長之名「去中國」，從巴黎飛香港再入境中國，他在一封家書中寫道，當時「從大陸進香港的人，不計其數，但從香港進大陸的，恐怕只有我一人，回上海幹什麼？我確實是天字第一號傻瓜！不，我是神父，我是要回去，我代表耶穌基督的教會，我在那裡，教會便在那裡。我留在上海，叫共產黨知道天主教還存在著」。1953年6月15日，被捕。1960年3月17日，被判處二十年有期徒刑，剝奪政治權利十年。刑滿後，被強制留在安徽白湖農場勞改。1981年11月，再次被捕。1983年12月28日，死於安徽省合肥市監獄。

6 朱雪帆（1902-？）：上海人。天主教上海教區副主教。1955年12月，被捕。1960年3月17日，被判十年徒刑，剝奪政治權利四年。在江西馬檔農場服刑，後死於上饒勞改營。

7 朱洪聲（1916-1993）：上海人。天主教上海耶穌會會士，君王堂神父。14歲隨叔父朱開敏主教赴比利時、法國、愛爾蘭、美國遊學。1947年，回上海任徐匯中學教務主任。1951年，教會學校沒收，調君王堂。1955年9月8日，被捕。1960年3月17日，判刑十五年，剝奪政治權利五年，刑期滿後留原就業。1981年11月19日，因組織信徒赴上海佘山朝聖，作為「朱洪聲反革命集團」首要分子被捕。1983年3月21日，判處有期徒刑十五年。1987年，減刑釋放。1993年2月，上海中級法院宣布撤銷原判，恢復公民權。同年7月6日去世。

8 陳天祥（1915-？）：廣東台山人。天主教上海耶穌會會士，諮議員兼會長秘書。1953年7月7日，被捕。1960年3月17日，被判刑十五年，剝奪政治權利五年。後在江西馬檔農場勞改，他在水牢中有〈獄中之歌〉的歌詞：「主要我生，誰能死我？主要我歸，誰能留我？」

李式玉[13]、劉季澤[14]。

該案的審判長為婁家庭，審判員為姜敏、劉炳之，陪審員為湯履道、陸薇讀。

范忠良、嚴蘊梁[15]、吳應楓[16]、沈百順[17]、陸達源[18]、傅玉堂[19]、李季才[20]等多名神職人員也在其他審判中被判處重刑。

---

9 蔡忠賢（1907-1997）：又名蔡石方，上海人。天主教耶穌會會士，徐家匯總修院理院。1953年7月7日，被捕。1960年3月17日，被判刑十五年，剝奪政治權利五年，刑滿後繼續被留場勞改。1981年11月，再度被捕，又判有期徒刑十年。1989年初，保外就醫，後赴美服務於海外華人，足跡遍及美澳各地。1997年，病逝於紐約。

10 王仁生（1907-1960）：江蘇無錫人。天主教耶穌會會士，諮議員，伯多祿堂院長。1953年7月7日，被捕。1960年3月17日，被判刑十五年，剝奪政治權利五年。1960年12月22日，死於安徽荻港服刑地點。

11 傅鶴洲（1911-？）：上海人。天主教上海教區諮議員，主教府財務委員會主任。1953年7月7日，被捕。1960年3月17日，判刑十五年，剝奪政治權利五年。在安徽白湖農場服刑。1981年11月，再次被捕。

12 陳雲棠（1908-？）：上海人。天主教上海耶穌會會士，伯多祿堂院長。1960年3月17日，被判十二年徒刑，剝奪政治權利四年。後在江西馬檔農場勞改。

13 李式玉（1895-？）：上海人。天主教上海教區主教府秘書長兼上海教區諮議員。1960年3月17日，被判有期徒刑五年。

14 劉季澤：生平不祥，在龔品梅反革命叛國集團案中被判刑五年。

15 嚴蘊梁：徐匯修院神學教師，主編《神修文庫》，翻譯聖經。1955年9月8日，被捕。入獄三十餘年，將基督的愛帶給周圍的人。1994年，病逝於常熟。著有：《與造物八日遊》、《福音中的聖母像》、《玫瑰集》、《苦路集》、《方尖碑》和自傳《遊子吟》等。

16 吳應楓（？-1977）：虹口聖心堂神父。1953年聖誕，他拒絕為三自革命分子頒聖禮。1953年9月8日，被捕。後判刑十五年。1977年，死於安徽白茅嶺。

17 沈百順：耶穌會士，因忠於信仰、忠於教會，多次逮捕一釋放一再逮捕，直至不再釋放，死於上海監獄。

18 陸達源（？-1991）：1950年由龔品梅主教祝聖為神父，在修院教文學及翻譯。1955年，被捕，一年後獲釋，不久再入獄，服刑二十一年。1990年，移民加拿大。1991年，在加拿大去世。

19 傅玉堂：神父。1962年，死於安徽廬江縣白湖農場。

20 李季才：天主教神父。1953年9月8日，被捕。判刑五年，又留場勞動改造二十五年。

判刑之後，龔品梅被從上海第一看守所轉入上海提籃橋監獄。他在此被關押了三十年之久。

在毛時代的宗教大迫害中，天主教的整體表現優於新教——叛教者的比例相對較低。朱華德神父認為，以龔品梅樞機為例可看出，他在童年時代得到了良好的公教教育，奠定了他的神修基礎，這是他一生堅守信仰的重要原因。

即便在極端困難的環境中，龔品梅也不忘傳教使命，有機會就將福音傳出去。獄方曾故意將他與死刑犯關押在一起，他卻利用此機會向多名死刑犯傳福音並施洗。有多名殺人放火的刑事犯，邁出龔品梅的牢房時，好像和主教有依依不捨的情景，個個面部非常安詳、平靜。

獄中不能做彌撒，也沒有彌撒經，龔品梅就將彌撒經從頭到尾默寫下來。他還寫了一本《苦路默想》和《耶穌受難經》，後來躲過搜查，帶出獄中，帶到美國，印成祈禱手冊，廣泛流傳。

被以「反革命罪」判刑十五年的陳文立[21]，曾與龔品梅是獄友。他在回憶錄中寫道：1969年，軍官初期，軍代表肆意辱罵龔品梅，並對他說：「你也是中國人嘛，為什麼一定要同梵蒂岡同聲出氣呢？我們同你攤牌了，你仍舊可以保持你的信仰，只要你割斷同梵蒂岡的關係，我們可以馬上放了你，就是現在，金魯賢我們不是寬大了他嗎？」龔品梅平靜地回答：「你們真是像在戲院門口

---

21 陳文立（1940-）：上海人，生於一個富有而西化的家庭。1950年代，高中畢業後，參軍當坦克兵，試圖通過軍隊的訓練來改變因家庭出身不好而受歧視的現狀。從部隊復員後，考入大學，畢業後在電纜廠當技術員。文革時，一家人被掃地出門。1969年，因與朋友議論時事政治和收聽「敵台」而被判刑十五年。在獄中，他遭酷刑逼供，成為死囚。後因林彪墜機事件免於一死。1979年，獲平反。1980年，與父母先後到香港，數年後轉赴美國留學、定居。陳文立是堅定的天主教徒，信仰使他在劫難中頑強對應，走出逆境。

等退票的人，但是，我可以告訴你們，我這張退票，你們一世也等不著。」

被以「反革命罪」判刑十八年的章真基[22]，多年後在一段訪問中描述：他1969年入獄時，監獄由空四軍軍管，一切原有秩序都打亂了。犯人全部集中關押，三個犯人一小間監房，每間大約僅四平方米。獄方讓每八個監房共二十四個囚犯組成一個學習小組，龔主教被分配與章真基同牢房。整個監房裡就一塊木板，囚犯白天就坐在木板上拆紗頭，完不成規定的數量就餓飯，整整一年沒吃過肉，也沒放過一次風。龔主教是有信仰的人，心地坦蕩，從不諱言每天向天主敬拜，在獄中有一句對主的誓言：「寧肯死，也不會講一句背叛天主的話！」

前國軍高級軍官儀孝修[23]也曾做過龔主教的獄友。他後來作證說，龔品梅主教待人和善，常常默默地在僻靜處祈禱，無論怎麼遭人批鬥，仍然堅持自己的信仰。龔品梅主教在吃飯時，常常吃得很少，把屬於自己的飯食分給其他犯人，尤其是身材高大的儀孝修，常常得到龔品梅主教的照顧。在當時，監獄的生活不可能有太豐盛的伙食，而龔品梅主教把僅有的飯食分發給他人，這是多麼偉大的聖德。他就想：這麼一個與自己毫無關係的陌生人，為什麼會做出這麼偉大的愛的舉動呢？那麼，一定有一項真理在龔品梅主教的生命中存在著。

---

22 章真基：上海人，位育中學畢業。1968年，文革高峰時期，被誣陷為反革命集團首要分子，決定外逃。他曾是徐匯區游泳隊隊員，水性很好，準備從廈門下水出逃，不料事情洩露，被拘捕，判有期徒刑十八年。1969年，被投入提籃橋監獄。在獄中，有三年時間與龔品梅關押在一起。晚年移民澳洲雪梨。

23 儀孝修：山東菏澤鄄城縣人。他在獄中被龔品梅高潔的品格感化，下決心獲得自由後加入天主教。出獄後，他想方設法尋找天主教會，在菏澤教區李炳耀主教手中領受天主教洗禮，成為信徒。後來，他全家都接受天主教信仰，他被李炳耀主教按立為終身執事。

另有一位署名「一士」的作者,在〈我所見聞的龔品梅樞機〉一文中寫道,他在獄中初見龔主教時,龔主教「眼睛大大略略突出,雙目帶光炯炯有神、禿頂消瘦,身材約一米六十左右」,是一位「溫文爾雅有學者教授風度的乾瘦長者」。「此人共產黨刻骨銘心的恨他,又與眾不同的重視他,最嚴重的是不准他同人講話」。解放軍軍管提籃橋監獄後,有一晚是零下幾度,天寒地凍、大雪紛飛,軍代表把幾個頑固不化、抗拒改造的犯人弄到場地上,特別叫龔主教把衣服脫光,只剩下一條內褲。軍代表說,你不是相信上帝嗎?現在你禱告上帝,就不會冷了;我再把你銬上「飛機銬」,看看你的上帝來不來救你,我倒要親眼印證一下,究竟是偉大的毛澤東思想戰無不勝,還是你的上帝神通廣大!他邊說邊指揮人將老人上了「飛機銬」。僅僅過了二、三秒鐘,老人就暈倒在雪地上。虧得在場有多年管理經驗的提籃橋監獄幹部,怕因此弄出人命,連忙勸說愚昧無知極左的軍代表開了銬子,將老人送到監獄醫院搶救,總算撿回一條命。

1979 年,教宗若望保祿二世「默存心中」,祕密任命龔品梅為中國樞機主教,接替在台灣去世的前任中國樞機主教于斌。但由於當時龔品梅仍在獄中,教廷對這項任命一直保密。按照教宗「默存心中」的規例計算,龔品梅主教被列為中國天主教歷史上第三位樞機。

1986 年 7 月 3 日,在國際輿論壓力下,中共宣布對龔品梅予以假釋,交由「中國天主教愛國會」軟禁看管。

1986 年 7 月,菲律賓辛海梅樞機訪華,要求拜訪龔品梅。中共當局不允許兩人單獨見面,組織很多宗教局官員和三自成員參與會面。辛海梅樞機提議大家各唱一首歌,龔品梅唱了拉丁聖歌:「你是磐石,在這磐石上我要建立我的教會。」他通過這首歌將自

己的信念傳達給對方。叛教者金魯賢斥責說:「你想幹什麼?表示你的立場嗎?」龔品梅平靜地回答:「我不需要表示我的立場。我的立場從來沒有改變過。」辛海梅樞機回國後將龔品梅的口信傳達給教宗並向世人宣布:「這位天主的人,儘管遭受了難以想像的苦難與隔離,但他對教會或對他子民的愛,卻從未動搖過。」

1988年1月5日,上海市高級法院決定減免龔品梅的剩餘假釋考驗期,並恢復政治權利。但龔品梅仍不被允許管理本屬於他的教區,無法接觸信徒。

1988年5月11日,龔品梅批准赴美探親,醫治心臟病。他抵達美國後接受媒體訪問說:「我在清代出生,十歲時中華民國成立,1949年10月被祝聖為主教時,中國則成為共產國家,中華人民共和國成立;最令人難過的事就是過去四十年的宗教迫害,直至現在仍未停止;羅馬天主教會已有二千年歷史,並獲世界各地承認,但中國仍視之為顛覆組織;近年中國雖已改變其經濟及商貿政策,但宗教政策卻絲毫沒變。值得高興的是,很多國家如俄羅斯及波蘭,某程度上邁向宗教自由。另一件值得高興的是在中國的信仰,歷史將可見證著中國羅馬天主教會不朽的信仰精神;在中華聖母的庇佑下,中國教會內的神父及平信徒雖在囚禁、壓迫,甚至殉難的危機下,仍堅守其信仰,當中更有一些是年輕一輩。在迫害中,中國地下教會日漸強大,天主教徒由三百萬人增至八百萬人,證明上主正帶領和保護著受難教會。⋯⋯四十年前,中國共產黨政府建立天主教愛國會,以圖取代羅馬天主教會,當時只有小部分神父接受任命,違背聖教法典,成立一個脫離於羅馬的教會。羅馬天主教會將永遠在中國存在,殉道者的血是教會的種籽。我得以暫時流亡美國,我認為這是天主賜與的機會,讓世界知道中國地下教會的情況;我會繼續促請中國政府

釋放所有被囚的主教、神父和信徒,並承認羅馬天主教會及容許自由傳教,宣講天主喜訊。」

1989年11月,中國忠貞的天主教教會的部分主教,祕密群聚於陝西省三原教區張二冊村,成立不受中共當局轄制的「中國主教團」,公推龔品梅主教為名譽主席。此舉充分顯示龔品梅主教在中國天主教的地位和聲譽。

1991年,教宗若望保祿二世在梵蒂岡聖伯多祿大教堂正式冊封龔品梅為樞機主教。這是天主教會對龔品梅主教堅持信仰、忠貞不渝的嘉獎。當時,九十歲的龔品梅從輪椅上站起來,把手杖扔到一邊,走上台階,跪在教宗腳前。教宗深受感動,把他扶起來,授給他樞機的紅帽,然後耐心地站在一邊,看著龔樞機在九千名來賓的起立歡呼聲中走回輪椅。歡呼聲足足長達七分鐘,是前所未見的熱烈。

此後,教宗特別接見龔品梅樞機,並稱讚他說:「我認為普世教會應該給一個人以榮譽,因為他藉著自己的言行,以及長期的痛苦和磨煉,為教會生活作出了精粹的見證:以信徒的信德和福音的精神投入神聖的生活。信德、望德和愛德將基督徒與上主及他們彼此聯繫起來,表現了某些特殊教會與羅馬教會及聖伯多祿繼承人的共融。⋯⋯你今天獲提升,晉入樞機院,正是對你堅忍不撓地與伯多祿共融的確認。羅馬教廷推崇你,也就是向充滿信德的中國教會致敬。懷著懇切的渴望和愛德,我將與忠誠的中國天主教團體偕同一起。我在1979年便已渴望你能成為樞機院的一分子。我衷心地表達我對中國大家庭的敬佩和親善。我希望今次的盛事,成為普世教會喜樂的泉源,被視為我們對鼓勵對話的渴望,將和平及共融帶到全世界的人類當中。」

中共當局及其御用的「中國天主教愛國會」、「中國天主教主

教團」予以「強烈反對」。

　　1992年10月19日，康州聖心大學頒發「榮譽人文博士學位」給龔品梅樞機。由於龔樞機曾被中共監禁，度過三十年冤獄生活，該大學特別頒發其最高榮譽人文博士學位，給這位九十一歲高齡的「中國教會信仰」象徵的龔樞機，以表達對他堅持信仰、威武不屈精神的崇敬。莊嚴的頒授學位儀式由聖心大學董事長海根（E. Egen）、校長施德樂（A. Cenera）、教廷駐聯合國大使馬蒂諾（Martino）與教廷前駐美大使、現任教廷教育部長的勒吉樞機等四人主持，在滿堂嘉賓的熱烈掌聲中，四位主持人將白緞披肩披在龔樞機身上。該大學教務長文索博士在致賀詞時說：「龔公在中共席捲上海前夕，接受教宗任命為上海主教，在短短五年中，成為中共最恐懼的敵人，他不僅凝聚了中國天主教信徒對信仰的堅持，也成了中國人民用和平的方式不向暴力屈服的精神領袖，成千上萬信徒跟隨他走進了中共監獄或勞改營，甚至為信仰捐軀。龔樞機的生平，是一段英雄的事蹟，成為一位保持信仰而不懼犧牲個人的勇者，一位為人類爭取基本人權的鬥士！為表示對龔樞機的尊敬，及對中國人民抗拒暴政的敬仰，聖心大學很榮幸的把榮譽人文博士學位頒給龔品梅樞機。」校長施德樂在宣讀證書時表示：「龔樞機的信仰，鼓勵了人們對精神價值的嚮往。從龔樞機的典範上，也體會到中國人民對自由的追尋，將不會因短暫的人為壓制而消失。」龔樞機在致謝時說：「聖心大學贈我榮譽學位，代表了聖心大學全體師生對受迫害的中國人民與中國教會的關懷。像1979年我尚在獄中時教宗任命我為樞機一樣，是表示對中國忠貞教會的支持。」他還沉痛地指出：「中共迫害中國天主教會並非只是過去的歷史，而是現在正在進行的事實，在中國有些省分，中共對教會的殘害，比以往更為嚴酷。」

在美期間，龔品梅除了繼續上帝的使命之外，還主持「龔品梅樞機主教基金會」。這個基金會是外界與中國天主教地下教會聯繫的重要窗口之一。每當有神職人員遭到逮捕或其他不幸，該基金會都會非常快速且正確地向世界各地發出訊息。

　　1998 年 3 月，因為龔品梅及其基金會屢屢批評中共當局的宗教迫害，呼籲國際社會關注中國的宗教信仰自由狀況，中國政府正式取消了龔品梅的護照。

　　客居康州以來，龔品梅身體一直不好。他住在位於聖若瑟醫院內的史坦福教區退休神職人員住所，每天下午三時必在醫院的小教堂裡拜苦路善工，然後再做二十分鐘默想。他到小堂祈禱的時間甚至流浪漢也知道。有好幾次，流浪漢前來向他要錢。他每次總是回住所拿五美元給流浪漢。該醫院院長丹尼爾・瑪麗亞聽到此事後說：「龔樞機已歷經三十多年的牢獄之災，我不想讓他在這醫院裡受到傷害。」她提醒醫院警衛，特別提防流浪漢接近龔樞機。但龔樞機表示，不要把這種事放在心上，他很樂意接觸並幫助流浪漢。

　　每年 9 月 8 日，龔樞機一定親自主持彌撒，向上海及中國的天主教徒表達他的思念，也祈禱能夠早日重返教區牧靈。

　　2000 年 3 月 12 日上午 3 時，龔品梅樞機因胃癌於美國康涅狄格州史坦福市安息主懷，享年九十九歲，是當時最長壽的樞機。其遺體按其遺囑被葬在加州聖克拉拉傳教士墓地，旁邊葬著另一位天主教英雄──廣州教區總主教鄧以明[24]。其遺囑中還要求：當

---

24 鄧以明（1908-1995）：生於香港。先後在香港、澳門、葡萄牙、西班牙和上海研修神學。1941 年 5 月 31 日，在上海晉鐸，此後在上海教區及廣東石歧等地傳教。1950 年 10 月 1 日，被教廷任命為廣州總主教區署理主教，領銜希臘埃拉提亞教區主教。1958 年 2 月 5 日，鄧以明主教和秘書顏德耕神父因拒絕加入中國天主教友愛國

中國不再由共產黨當權時,將其遺體重新安葬在故鄉上海。

隨後,在康州史坦福市聖約翰天主堂舉行追思彌撒,由史坦福教區樞機雷蒙德・伯克(Raymon Burke)主祭,來自梵蒂岡、康州及紐約的多位主教共祭,一千三百多名教友向龔品梅致敬致哀。伯克樞機說:「從未忘記這位受人尊敬的牧羊人,並以此次追思彌撒為契機,繼續為中國仍在遭受困苦的人祈禱。……龔品梅樞機主教捍衛了他的教民與吾主耶穌基督最神聖的契約。」

專程自台北來美的單國璽樞機在彌撒中證道,推崇龔品梅一生對中國天主教會犧牲奉獻,是一位足堪世人效法的精神領袖。他說,龔品梅樞機主教的故事是一個忠信的牧者和對信仰的英雄式見證。他忠貞的榜樣,令他成為中國天主教地下教會的一根支柱及爭取宗教自由的標誌。龔品梅樞機一生的遭遇,不只是中國天主教徒歷經艱難的真實寫照,也是中國現代社會政治動盪、曲折複雜的生動體現。龔品梅樞機主教擔任神職工作達七十年,不畏壓力和政治迫害,顛沛流離,始終堅信天主並傳遞福音。這種持之以恆、心無旁念、意志如鐵的精神,已遠遠超出一個天主教徒的份量。他昭示於世人的,與其說是一個「上帝的僕人」的形像,還不如說道德的化身、為理想在所不惜的前驅。

龔品梅基金會官網:http://www.cardinalkungfoundation.org/

會,被中共當局以「反革命罪」被捕入獄。未受審判,在監獄中關押二十二年,有七年獨自被囚。1980 年 6 月 9 日,獲釋出獄,隨後獲准前往香港治病。1981 年 6 月 6 日,鄧以明獲教宗若望保祿二世正式任命為廣州總教區總主教,卻不被中共當局承認,且不准其返回中國。他長期在香港服務教會。1995 年,赴美治病。6 月 27 日,鄧以明在康涅狄格州史坦福聖若瑟醫療中心病逝,享壽八十八歲。

02 劉景文：我雖然行過死蔭的幽谷，也不怕遭害

劉景文（1909年3月29日至1992年4月18日）：基督徒，政治犯，中國基督教領袖王明道[25]的妻子。1933年，王明道在北京建立基督徒會堂，劉景文在教會司琴並默默幫助有需要的會友。1949年後，他們拒絕加入中共創建的「三自愛國教會」，於1955年8月7日被捕。王明道在獄中屈服後，兩人在1956年9月底同獲釋放。劉景文鼓勵丈夫堅守信仰，並決心與丈夫一起為真理獻身。1958年4月29日，夫婦倆再次被捕。被關押五年後，1963年9月，他們被以「反革命罪」判重刑，王明道被判無期徒刑，劉景文被判十五年徒刑。劉景文在獄中受盡折磨，雙目幾乎失明。1977年，她獲釋後，操持家務，帶領教會，等候丈夫歸來。1980年1月，王明道獲釋。他們在中共當局嚴密監控之下，強忍病痛，帶領家庭教會，每天在家裡聚會、崇拜、接待訪客，他們的傳奇見證感動、鼓舞了千千

> 萬萬基督徒。劉景文創作了上百首讚美詩，安慰和幫助了許多弟兄姐妹。1992 年 4 月 18 日，劉景文因病與世長辭。她一生實踐了王明道《信徒處世格言》中的一句話：「事事為別人著想，處處求榮耀主名。」

劉景文：出生於江蘇省江陰縣一個長老教會牧師家庭。家中有三男一女四個孩子，劉景文是最小的女兒。在她的記憶中，父親講道極具感染力；母親非常勤勞，「我睡的時候她常是在油燈下紡紗織布，等天亮我醒來，她早已在操持家務了」。父母的生命榜樣成為她一生的祝福，使她成為一個誠實、善良、意志堅定且富

---

25 王明道（1900-1991）：著名布道家、作家。他嫉惡如仇，剛正不阿，為信仰甘心受苦，寧願坐穿牢底也不違背良心，被譽為「基督徒鐵人」。生於北京，其父為基督教醫院醫生，在庚子拳亂中自殺身亡。他由母親李文義帶大。九歲時，入倫敦會創辦的萃文小學讀書。十四歲時，受洗。從萃文中學畢業後，到匯文大學讀預科班，後又到保定長老會所辦的烈士田小學任教。1921 年起，開始講道。1925 年初，在家中辦家庭聚會。他以耶利米先知的使命為己任，在講道中嚴厲斥責世界的罪惡，抨擊教會中背道之事，呼籲世人速速悔改。1927 年，創辦《靈食季刊》。1930 年，帶領信眾在小報胡同四號聚會。1936 年春，購下史家胡同四十二號、四十三號用以建堂。1937 年 7 月底，新堂告竣；8 月 1 日，舉行獻堂聚會。王明道為其取名「基督徒會堂」（The Christian Tabernacle），向政府立案。這是 1930 年代中國教會自立運動的典範，其教會事工完全是本色化模式，行政上與西方差會無關，經費全靠信徒奉獻。中共建政後，王明道及教會拒絕加入三自愛國運動，1955 年 8 月 8 日，他與妻子劉景文一同被捕。不久，基督徒會堂被當局查封。在獄中，他與當局妥協，遂獲釋。此後一年多，他深切反省，信仰得到復興，堅定地拒絕加入官方三自運動。1958 年 4 月，夫婦二人再次被捕下獄。直到 1980 年 1 月才獲釋。為了信仰和良心的緣故，他共度過近二十三年的牢獄生涯。傳記作家賴恩融（Leslie Lyall）在《中國教會三巨人》中，把王明道列為中國教會三大屬靈偉人之一（另兩人為倪柝聲、楊紹唐）。1991 年 7 月 28 日早晨，王明道在上海家中安息主懷。

有同情心的女性。

劉景文自幼受教於教會學校。十歲時，進入杭州聖公會所辦的馮氏女校（Mary Vaughan High School）讀書，在那裡有機會學英語、音樂、鋼琴，受到良好的西式教育。西方傳教士老師的善良與愛心給她留下美好印象。

1925年6月，王明道在杭州認識了劉景文的父親劉德森牧師，應邀到其教會講道，並到其家中作客，由此與劉景文相識。王明道在日記中寫道：「當我在劉先生家中住了幾次以後，覺得這個家是一個充滿和諧愉快的家。……我想到神為我所預備的伴侶或者就是在這裡了。……（劉景文）性情、知識、體健、環境，四者均佳，所不深知者，信仰及心志如何耳！唯就近日所見，似亦十分飢渴羨慕聖道；如此一端並無差錯，則斯人足為予侶矣。」

經過一段時間的禱告尋求，長輩的印證與認可，兩人於1926年11月訂婚；1928年8月8日結婚。婚後，劉景文隨夫到北京居住，此後二人相扶相偕走過六十三載坎坷人生路。

王明道晚年說：「在我沒有結婚以前，我感覺我的愛心真不小，及至我和妻同處多年以後，我越來越發覺我是一個自私自利的人。我愛那可愛的，卻厭惡那不可愛的。妻對人卻總是一視同仁。如果我幫助別人，自己不受太大的損失，我很樂意去做。但如果為幫助別人，使我自己感受痛苦和不便，我的心中便要經過劇烈的戰爭了。妻卻能隨時隨地很不費力地犧牲自己的享受和利益去幫助別人。」他又說：「我是一個多憂多慮的人，每日讓許多的憂愁、掛慮、煩惱、懼怕，占據自己的心，妻卻極會信靠交託。無論如何嚴重的事，她並不需要跪下懇切禱告，只是心中輕輕地往神手中一放，一切便全不管了。」王明道此後經歷各種磨難，性情與自己相異的妻子，成為其最好的提醒者、最親密的配

搭者和最堅定的支持者。

1937年8月1日，王明道、劉景文帶領的基督徒會堂正式在北京史家胡同四十二、四十三號建堂。日本人占領北平期間，曾強迫王明道參加由日本教會控制的「華北中華基督教團」。劉景文鼓勵丈夫拒絕與日本人相見。隨後，他們及教會受到很多壓力與恐嚇。

1949年中共建政後，對教會展開新一輪的大逼迫。當局一再向王明道施壓，迫其加入政府所支持的「三自愛國會」，王明道屢屢予以拒絕。1952年，王明道夫婦在控訴大會上被人控訴、攻擊。

1955年2月2-22日，第三次全國宗教工作會議在北京召開，時任國務院秘書長兼國務院機關黨組書記的習仲勳，明確指出，要「抓住王明道，打擊和削弱王明道的反動囂張氣焰和縮小王明道對各地的影響」。

1955年7月11日，三自委員會的官方刊物《天風》週刊發表社論〈加強團結，明辨是非〉，稱王明道是「中國人民的罪人，教會的罪人，歷史的罪人」。凡是在基督徒會堂聚會的高校學生均被要求檢舉王明道的問題。北京醫學院、協和醫學院數名學生劉樾慶和石昇華被捕，中國人民大學研究生吳德祥不肯出賣王明道而跳樓自殺。

1955年8月7日，王明道在基督徒會堂最後一次講道，題為〈他們就是這樣陷害耶穌〉。

8月8日零時，公安人員爬牆進入基督徒會堂，王太太忽然聽見房頂上有聲音，要出去看看，剛走到小客廳門口，公安人員正要進來，碰見她就把她銬了起來。她當時顯得很鎮靜，因她知道這件事早晚要發生。跟著公安人員進入王明道的屋裡，王明道一看見公安人員手裡拿著手槍對準他，顯得有點慌張。因為王明道

當時覺得,中共大概不敢抓他,所以沒有任何思想準備。從這件事上來看,劉景文的確是柔中有剛的才德兼備的婦人。

警察帶劉景文走時,她只穿著一件短袖襯衫和襯裙,腳上穿的是一雙新布鞋,是一位姐妹親手做了送給她的。當時,天正下雨,她捨不得弄髒這雙鞋,就脫下來夾在腋下,然後光著腳,淌著雨水走了。

王明道和劉景文被捕後,被關在北京草嵐子胡同十三號看守所。

隨後,基督徒會堂被關閉,房產和其他財務被充公。

在無期徒刑的威脅下,王明道承認了很多罪名,寫了一份材料〈立功贖罪計畫〉,答應「出監以後,帶領教會參加三自會」。1956年9月29日,王明道獲釋,次日赴青年會做檢討。他剛做完檢討,看守所就把劉景文放出來了。這也是交換條件之一,王明道若不做公開的檢討,就不放劉景文出來。當局深知王明道很愛妻子,知道他必定就範。中共政權操縱人心的邪惡能力,堪比撒但。

當劉景文被放出來時,天已經快黑了。她一進門,就直奔小會堂去彈琴,彈的是《基督徒詩歌》中的第一首:「讚美上主我願聲高,聲由心起直達雲霄。默思主性細察主工,讚美為始歡喜為終。」

然而,當得知此次獲釋是因為丈夫的軟弱和妥協,劉景文拒絕享受這來之不易的自由。她鼓勵丈夫重新站起來,堅守純正的信仰。

此後一年多,當局持續施壓,但王明道夫婦拒絕加入「三自會」,他們還主動到公安局表明信仰立場。1958年4月29日晚10時許,公安人員進入他們家,再度把夫婦倆抓走。當時,劉景文

的媽媽和兒子天鐸都在家,親眼看著親人再次被抓走。

這一次,兩人仍然被送到草嵐子看守所關押。關了一年半後,1959 年 11 月,草嵐子看守所的犯人都被遷到德勝門外功德林。1960 年 2 月,又由功德林遷到半步橋看守所。

中共當局炮製了王明道反革命集團案,涉案者多達數百人。1961 年,北京市檢察院起訴王明道、劉景文為經教不改的反革命分子。1963 年 9 月,王明道和劉景文被非法關押了四年多後,被法庭開庭宣判。法院確認王明道、劉景文的罪行是「竭力破壞全國基督徒發起的三自愛國運動,堅決與政府對抗」。王明道被判處無期徒刑,劉景文被判處有期徒刑十五年,

判刑後,劉景文仍被關押在半步橋看守所,直到 1965 年,才被分發調到北京通縣小五金廠勞改。1966 年夏,她從通縣小五金廠調到北京市第一監獄的襪廠勞改,在那裡關押了三年之久。

1969 年冬,監獄裡配合文化大革命「戰略大疏散」、「京城一片紅」的革命口號,將一部分原籍是外省的犯人調回原籍服刑。也有一部分原是北京戶籍的犯人,按當前形勢的需要調離北京。劉景文屬於後者,在這次大調動中調離北京,從北京第一監獄調到河北邯鄲勞改農場。王明道則早已在 1966 年文革開始後,從北京第一監獄調到山西大同煤礦,以後轉移到陽泉蔭營煤礦勞改。

在十多年的牢獄生涯中,劉景文遭受到常人難以想像的磨難,可謂九死一生。

1960 年代初,劉景文在監獄裡多次受批鬥。監獄管理方故意利用窮凶極惡的刑事犯毆打「那些信上帝的人」。當她們打劉景文時,劉景文大聲呼救,希望守衛來干涉。她們就「拚命地提她頸項後面的那根筋,好讓她叫不出來」。虐待她的有一個女犯人,這人「是個作惡多端的女流氓,人們給她起名叫『小辣椒』」。「小

辣椒」多次帶頭動手毆打劉景文並撕扯她的衣服和頭髮，造成她多日的傷痛。

有一次批鬥會，一個背叛信仰的前天主教徒坐在劉景文旁邊，問她：「劉景文，你說有耶穌嗎？」「有啊！」她這麼一說，就有兩個人起來，啪地一下把她架起來，別的人跟著上來，劈頭蓋臉地打呀，抓呀，拔頭髮呀，全都來了。問她話的那個前天主教徒用腳踢她的兩根肋骨，立刻那裡就腫起來，痛極了。

還有一次，一個殺死自己女兒的女囚帶頭毆打劉景文。她們使勁拽她的頭髮，她痛極了，不由地把頭往上伸一伸，好讓頭髮鬆一點。她們看她往上伸，就在下面狠命地擰她的大腿。腿一痛就得往下縮，腿一縮，頭又痛得厲害。她再往上伸，下面就再擰，她們就是這樣又拽又擰地來回折磨她。

在挨打時，劉景文一直默想一首詩歌，就是由她配了曲的以賽亞書五十章五至七節：「主耶和華開通我的耳朵；我並沒有違背，也沒有退後。人打我的背，我任他打；人拔我腮頰的鬍鬚，我由他拔；人辱我，吐我，我並不掩面。主耶和華必幫助我，所以我不抱愧。我硬著臉面好像堅石；我也知道我必不致蒙羞。」這是她非常愛唱的一首歌，她在家裡時唱，在監裡也唱。她想，以賽亞實在是好：拔鬍鬚，打背，吐唾沫，他都動也不動。她覺得自己真是趕不上以賽亞。那些日子，她時常默默地唱這首歌，心裡滿得力量，也不害怕。

劉景文被打得身上多處暗傷，疼痛難忍，但她都默默地忍受下來。許多犯人看在眼裡，都感到奇怪。她們問她，為什麼能忍受那麼多的苦？劉景文說，是因為信耶穌的緣故，並且把福音傳給她們。後來，很多當年折磨她的囚犯都信主了，包括一名跟小叔子通姦而謀害親夫的女囚黃增華。

有一次，劉景文在邯鄲生病，她的眼壓越來越高，以致影響頭部疼得厲害。疼的時候她的身子都不由地捲曲起來，大聲喊叫。醫生斷定左眼患了急性青光眼，囑咐每小時滴一次眼藥水。但犯人的組長私自不許，結果她的瞳仁爆破，眼睛失明了。

　　在服刑期間，獄方不許劉景文給丈夫寫信。整整有十五年，他們夫婦倆互相不能通訊息，所有的訊息都是透過住在上海的劉景文的母親和哥哥互相轉告。王明道在山西寫信給岳母，岳母把他簡單的情況再告訴被關押在河北的女兒。女兒也把自己的情況告訴母親，母親就把情況告訴女婿。就這樣，通過第三者來傳遞彼此在獄中的消息。

　　劉景文服刑十五年後，於1973年4月底刑滿釋放，卻被強迫留在邯鄲的勞改農場，不能回家。當時的勞改政策規定：凡是從上海、北京等大城市去的犯人，雖刑滿也不能遷回原地，只能留在監獄外的農場住宿、勞動。每月發給一份僅夠維持最低生活水準的工資，可以在勞動的農場範圍內自由活動。這種人被稱為「刑滿釋放犯」，家裡人可以隨時來探望，每年享有一次探親假期，除此之外，就跟服刑犯人的處境差不了多少。劉景文的兒媳蔚芷每月給她寄點吃的，像炒麵之類的，放上糖，她用開水一泡，就可以當麵糊吃。

　　1973年9月中旬，劉景文由邯鄲調到石家莊勞改農場監督勞動，一直待到1976年唐山大地震後，1976年9月又調到邢台唐莊農場二大隊婦女隊。

　　在此期間，劉景文於1973年請假一次，回上海看望九十四歲的老母親，這是她們最後一次見面。1975年，她獲准去監獄探望丈夫，此時他們已分別十七年。

　　1977年，因為劉景文眼睛失明，被獲准回上海她兒子家。

1980 年 1 月，王明道獲釋，與被強行拆散二十一年的妻子和家人團聚。

王明道晚年固執地不斷寫材料申冤，要求政府承認當初的錯誤。劉景文對他說：「你撒過謊，那是你的失敗。你要講理，也許是你更大的失敗，你必須從這個失敗裡出來。你說你冤枉，我冤枉不冤枉啊？你去坐監，我也去坐監。我幹了什麼啦，要坐十五年監，再加上四年刑滿勞動，一共十九年？沒有什麼可怨的，一切都是天父許可的。天父許可的，一定與我們有益。今天我們不明白，將來一定會明白。我覺得那沒什麼，我一點也不覺得冤枉。」

多年的磨難，使王明道和劉景文的健康狀況奇差，兩人的眼睛都近乎失明，行動多有不便。就是在這種艱難的情況下，劉景文竟能編出一百多首經文詩歌。在他們人生的最後十年，在家中建立家庭教會，每天在家裡聚會、崇拜、接待訪客。1988 年 4 月 24 日，美國著名布道家葛培理、鍾路德夫婦前往王家拜訪，王明道與之分享了「你務要至死忠心」的聖經經文。

1991 年 5 月，也就是在王明道離世前兩個月，美國著名眼科醫生麥金泰爾（David J. McIntyre）應邀到中國為高幹動手術，一開始劉景文不在其病人名單上。後因一名病人出現意外狀況，正好空出一個名額來，就把這個名額給了劉景文。5 月 28 日，劉景文的手術非常成功，她終於重見光明，也重見丈夫。這給她和全家人帶來極大的喜樂。

1991 年 7 月 28 日早上 9 時多，當弟兄姐妹們圍在王明道的病榻前進行主日聚會時，在唱詩中，王明道安然離世。秉承母親的信念，劉景文雖然傷心，卻「沒掉一滴眼淚」。劉景文決定繼續照常聚會，又兼作喪事聚會，午前散會後，立即通知火葬場接走遺

體火化,不再通知其他任何人,也沒有專門舉行追思聚會。

此後,劉景文負起主領家庭聚會的責任。半年多後,1992年4月15日晚上是劉景文主持的最後一次聚會,也是記念主受難的日子,她作了十分鐘的見證分享,講到自己十四歲時聽到父親講道,講的是《約翰福音》十九章五節「你們看這個人」,她強調說:「我們一定要有一個為我們的罪而死的基督,我們追上這樣的一個標竿……」

次日,劉景文感覺軟弱無力,不思飲食。17日晨,劉景文出現嘔吐症狀,醫生診斷為闌尾惡性腫瘤及肺炎。

18日凌晨3時許,劉景文臉色更蒼白,嘴唇發紫,情況危急,再被送到醫院。下午5時45分,劉景文安息主懷。

劉景文的一生,可以說是捨己的一生,她愛心的工作永遠留在眾信徒心中,成為他們的激勵和模範。她「沒有用高言大智傳講福音,卻是用她的愛去感染人,叫人認識上帝,她是一個腳踏實地去行道的人」。施美玲在為劉景文所寫的傳記《六十三年——與王明道先生窄路同行》中寫道:「她是一個極平凡的人,於日常平凡的生活中活出基督的樣式,在極平凡的事上做出極不平凡的事。她也是一個不平凡的人,在危難和困苦的環境下卻以平常的心去處之。事情無論大小,情勢無論緩急,她都能靠主得勝。她實在是既平凡而又不平凡的一位敬虔的婦人。作為信徒的一個恩愛榜樣她實在當之無愧。」

一九一〇年代人

03 ｜湯戈旦：誰知肉市存真佛，應信污池有白蓮

湯戈旦（1911年至1993年1月8日）：又名湯可焱、湯濱松，滿族，作家，思想家，社會活動家，西單民主牆運動參與者。早年參加中共革命，曾被國民黨政府逮捕，判處死刑緩期三年執行。獲釋後，他表面上脫離中共，在國民黨陣營為中共做宣傳統戰工作。1949年，中共建政後，在天津市財經委員會任編譯科科長。1955年，因揭露官僚腐敗，被天津市檢察院以「歷史不清」為名立案停職審查，後被免予起訴。以後，他在歷次政治運動都受到衝擊。在文革的流放生涯中，完成百萬字巨著《社會主義狂想曲》。文革後，湯戈旦提出市場經濟轉型理論，並上書鄧小平。在西單民主牆運動中，他撰寫了〈論形勢〉、〈思想的路與行動的路〉等文章，在民刊發表，並聯絡津京地區的同道，主張發動工人運動反對中共官僚體制，建立「原教旨馬克思主義研究會」。1981年8月6日，被以「反革命宣傳煽動罪」判處有期徒刑四年，

> 剝奪政治權利三年。晚年，在艱苦的環境中仍堅持思考和著述。1993年1月8日，湯戈旦在天津病逝，享年八十二歲。

湯戈旦：出生於江西靖安縣一個耕讀家庭。他資質聰穎，自幼勤學，少年時即被鄉里譽為才子。

1925年，年僅十四歲、剛小學畢業的湯戈旦即投身國民革命。1929年，加入中國共產黨。1930年，他領導湖北的武裝暴動，出任武漢市總兵委委員兼漢陽地區兵委書記、紅軍前敵總指揮等要職。同年，因叛徒出賣，被捕入獄。恰恰在預定的婚期，他被國民黨抓進牢房，在結婚這天，妻子楊洛芳勇敢地隔著鐵窗與他見面，就這樣舉行了婚禮！

在國民黨的法庭上，湯戈旦堅貞不屈，縱論時政，頗得一位老軍法官的憐惜。當獲知將被判處極刑時，他泰然揮筆疾書「出師未捷身先死，常使英雄淚滿襟」。之後，他被判處死刑緩期三年執行。三年後，轉移到反省院。經一年反省，經中共地下黨批准，他與十幾個共產黨囚犯寫了悔過書，登在《武漢日報》上。隨後，於1934年秋被釋放出獄。

1935年，湯戈旦在上海找到上級黨組織領導人張執一，向黨訴說了四年獄中生活的全過程。他與張執一共同辦《新東方》雜誌，為共產黨做文宣。

1936年，湯戈旦以上海學生抗日義勇軍代表的身分進入廣西，與中共地下黨員方與岩在南寧創辦《新認識》雜誌。後來，他被桂系的政治部主任潘宜之驅逐出境，旋赴香港參加民主大同

盟,並任青年運動總幹事。

1937年7月7日蘆溝橋事變後,湯戈旦由香港到西安,找到八路軍駐西安辦事處,要求回延安參加抗日工作。經辦事處介紹到八路軍臨汾學兵隊學習,結業後分派到晉西北120師賀龍部做「敵軍工作」。1938年,入抗大學習,畢業後被分配到由譚政領導的「敵軍工作部」工作。

1939年,國共第二次合作後,湯戈旦被共產黨派遣到國民黨軍隊做統戰工作,先後在國民黨軍隊中任中校級教官、科長、秘書等職。他在國民黨軍政幹部中宣講王陽明學說,宣傳辯證唯物主義,1942年出版《人情學與偉大人物》和《從做夢說到做人》等著作。他還多次幫助營救中共地下和八路軍家屬。

抗戰勝利後,湯戈旦回到西安找到黨組織,再度要求恢復黨籍。西安黨組織介紹湯去重慶的中共代表團工作。到重慶後,恰逢國共談判破裂,代表團撤回,經中共駐渝辦事處安排,湯戈旦在方與岩主持的育才中學教書。育才中學被查封後,中共駐渝辦事處通過王炳南指示並資助路費,安排他回原籍江西從事地下工作。

1949年,中共「解放」江西,在靖安中學教書的湯戈旦被任命為江西靖安縣人民辦事處主任。

1950年,湯戈旦調任天津市財經委員會編譯科科長。1955年,湯戈旦因揭發黨內幹部腐化貪污、違法亂紀案,遭到打擊報復,被天津市檢察院以「歷史不清」為名立案,停職審查。1957年,天津市檢察院作出對湯戈旦「歷史反革命案」免予起訴決定。但從此給湯留下一個無法去除的「紅字」。當時,湯戈旦有七律一首,以屈原自喻,抒發內心的不平與憤懣:「念載危疑劇可憐,屈伸哭自問蒼天!誰知肉市存真佛,應信污池有白蓮。心跡若從行

跡看，淨臣未及倭臣全。汨羅江底忠魂種，揮淚引吟法案前！」

文革剛一爆發，湯戈旦在冷眼旁觀中指出，「中國經濟發展面臨大倒退」，並預言「江青與楊貴妃必有同樣下場」，並嚴禁其妻女參加任何造反組織。然而，他雖早已淪為賤民、已是「死老虎」，卻仍成為「全面專政」對象，本人作為「反革命分子」押送回原籍勞動改造，還禍及全家下放江西農村七年。

湯戈旦的好友、資深民運人士秦永敏在為其寫的傳記中指出：「他一次又一次因為政治而坐牢或打成反革命，在1949年前和1949年後的原因正好相反，先是因為他是共產黨，後來卻因為他是國民黨。這聽起來像咄咄怪事。其實從一個更高的層次來看，卻完全合乎情理，歸根到底，還是由於中國幾千年來的傳統社會因素——政治生活中的排他性，或者更明確的說是專制性所造成的。在一個政治生活現代化的國度裡，在彼此寬容異己政治力量的成熟民主制度下，所有這一切都絕不會發生。不過，許多熟悉《三國演義》的人或許認為，湯戈旦先生腦後是否生有『反骨』，所以在國民黨統治下他反對國民黨，在共產黨統治下他反對共產黨？」

正是腥風血雨的文革，把中共現存體制的弊端推向了極端。中國本土成長起來的當代思想家，以及由他們一手創立的科學意義上思想理論體系，幾乎沒有不是作為對這場空前文化浩劫的反思而發端和確立的。顧准如此，楊小凱如此，湯戈旦也是如此。在下放農村，衣食難保的惡劣條件下，湯戈旦完成了思想上的艱難飛躍，利用這七年「山中歲月」寫出了標誌其理論成熟期的一百多萬字巨著——《社會主義狂想曲》。這是一本三卷六冊的政治經濟學專著。第一編為《論分配》；第二編為《論生產》；第三編專門批判他認為是「杜林式的」蘇聯式社會主義制度。當然，由

於湯戈旦原有的教育背景、知識積累，其身處的環境、工作單位以及他能接觸到的全球一流學術和思想成果的限制，他的思考和著述比不上顧准那樣深刻和全面，但已是難能可貴。

文革結束後，湯戈旦獲得平反，回到天津。1978年，他滿懷希望地給鄧小平上書，將多年的思想結晶整理成〈一副砭沉苛的猛劑——敬呈鄧小平副主席〉一文，郵寄給中共中央辦公廳。其中有關於中國經濟改革的八條建議，包括「解放農業枷鎖，實行包產到戶」、「工業要打破吃大鍋飯，堅決擴大企業自主權」、「大膽引進外資，搞活經濟」、「堅決打擊官僚主義瞎指揮」等，無不具有先知式的洞見。只是中共決策系統早已封閉僵化，這份諫言不可能送到鄧小平的辦公桌上。鄧小平即便讀到這樣的建議，也未必有所共鳴乃至接納。

既然體制內上書路斷，湯戈旦只好走向體製外吶喊。1979年，西單民主牆運動興起。鄧小平為了利用民意擊敗華國鋒等「凡是派」，一開始對民主牆運動不予干涉。

當時，在天津市委前的民主牆旁，人們總是能看到一位精神矍鑠的老人全神貫注地研究大字報，津津有味地聽人們的辯論，甚至一個字一個字地摘抄或記錄。直到民主牆取締，他還不時出現在那兒，看看有無新的情況。

隨後，民辦刊物如雨後春筍般在各大城市出現。這一誕生於民主牆的新生事物，雖遠不如民主牆那樣引人注目，但僅就其形式本身而言，其存在的意義巨大而深遠。每一個懂得現代政治生活的人都知道，沒有民辦刊物的民主選舉是無法想像的：民辦刊物、民主團體和民主選舉，正是現代民主政治的三大支柱。與民主牆相比較，無論是民辦刊物本身，還是民辦刊物上發表的文章，都是對社會更負責任的形式。

手捧粗糙油印本民辦刊物，湯戈旦激動地回想起自己青年時代作為共產黨人，在國民黨統治區創辦《新認識》雜誌的情景，看著民刊上登載的那些手筆稚嫩，但洋溢著青春激情和獻身精神的文章，他驚訝地發現這些年輕人與自己竟那樣同氣相求，息息相通！回想起與官方刊物及編輯的交往，他總覺得自己與它們之間有一種不可逾越的膈膜。為此，他實在不能自持，慨然赴北京，到上海，遊青島，以將近七十高齡，不恥於登門拜訪年齡與兒孫輩相仿的民刊負責人徐文立、孫維邦[26]等。果然，他與這些血氣方剛的年輕人一見如故，相見恨晚。與武漢《鐘聲》的秦永敏甚至不用見面，僅憑一紙文字，一篇論文，便成了忘年的莫逆之交。

　　不過，湯戈旦也發現，年輕一代民主人士常常發表「馬克思主義過時論」，或者用青年馬克思的理論（特別是異化學說）去反對晚年馬克思。他自認為是「原教旨的馬列主義者」，認為馬克思主義仍是真理，只是中共背離了真正的馬克思主義。所以，他要去影響和說服年輕一代。

　　在此情況下，湯戈旦把〈論形勢〉、〈思想的路與行動的路〉等幾篇論文投到《五四論壇》、《勃海之濱》等民間刊物發表，並一再給各民刊負責人寫論文式書信，宣傳其「原教旨馬克思主義」。

---

[26] 孫維邦（1943-）：筆名孫豐，山東青島人。1979年，民主牆運動時期創辦青島民間刊物《海浪花》。1980年，與徐文立、王希哲在北京策畫組黨。1981年1月，與徐文立、鄭欽華發起「民主建國促進會」。4月，被捕，判刑一年，關押一年半。漂泊三年多後，開了一間小餐館。1989年，因妻子有孕，他沒有參與學潮，卻因為免費供應午餐給參加示威的學生，於6月10日被收容審查，以「反革命宣傳煽動罪」判刑十二年。1999年，獲假釋出獄。同年10月，孫維邦到北京探望徐文立家屬時，在徐家中被公安人員帶走傳訊。2000年夏，經越南偷渡至法國。現與妻女定居巴黎。

湯戈旦在文章中指出，中國的社會主義制度是「官僚主義的社會主義制度」。在〈高舉共產黨宣言〉一文中，他批評中共「異想天開超歷史，硬要發明什麼社會主義現代化道路……毋寧老實代行資本家來完成的歷史任務」，他還譴責中共「不是理論上作為工人階級先鋒隊的共產黨領導者，而是騎在人民頭上的統治者」，進而指出「這就是新歷史階段民主運動的矛頭指向人物或現象」。他希望被壓榨的工人階級站出來維權。

1979 年 4 月 6 日，天津市革命委員會下令取締民主牆。湯戈旦毫不畏懼，先後到北京、青島、上海等地，與民間刊物的創辦人串聯。

1980 年 10 月 29 日晚，湯戈旦與天津、杭州等地的民間刊物創辦人在家中集會，為之出謀畫策說：「我支持你們搞民主運動、辦刊物，但不能只停留在辦刊物上，要從政治領域發展到經濟領域中去……要到工廠去做工作……利用合法的權利，宣傳你的觀點，提高工人們的覺悟，這樣才會有力量。」

1980 年 11 月 5 日，湯戈旦倡儀成立「原教旨馬克思主義研究會」，先後給青島、上海等地發出「徵友」信。山東民運人士姜福禎[27]回憶說：「我們有五年左右時間師承民間經濟學家、托派、老反革命湯戈旦的市場經濟理論，一直有心弘揚他『土地私有化』、『全面市場經濟』的理論。」浙江民運人士鄧煥武[28]外出總帶上湯

---

27 姜福禎（1956-）：山東青島人，民運人士，作家。1979 年，考入青島職工大學政治理論系。1980 年，參加民主牆運動，是民運刊物《海浪花》重要成員。1981 年春，《海浪花》被取締，他被青島職工大學勒令退學。1989 年，參加民主運動，在青島海洋大學貼出〈討逆民之賊李鵬書〉，以「反革命宣傳煽動罪」判刑八年、剝奪政治權利兩年。1994 年底，提前獲釋，先後擺書攤數年，後來轉開書店。2012 年，書店倒閉。2018 年，流亡荷蘭。多年來，他撰寫了大量探討民主運動的文章。

28 鄧煥武（1938-2023）：浙江溫州人，資深民主人士，作家。十七歲在溫州市師範學校讀書時，因張貼大字報，稱頌南斯拉夫總統鐵托的講話，被稱為企圖建立「中國

戈旦的《新明夷待訪錄》和何清漣、嚴家祺等人的書，書上或列印的文章上常常加以密密麻麻的批註。

極具諷刺意味的是，在民國時代，北大學生及社會人士可以合法成立「馬克思主義研究會」——該社團成為中共的前身。但在憲法中規定以馬克思主義為官方意識形態的中華人民共和國，湯戈旦這樣一位早在1920年代就接觸並信仰馬克思主義的知識分子，卻因試圖成立「原教旨馬克思主義研究會」而成了反革命。

1981年4月10日，天津市公安局派遣大隊人馬，荷槍實彈地前往湯戈旦家，將其逮捕，並抄家，甚至還抄了他女兒的家。他們對一位手無寸鐵的七十歲老人，畏之如猛虎。

7月7日，天津市公安局偵訊終結後，將案卷移至天津市檢察院。檢察院在起訴書中指出：「被告湯可焱堅持反動立場，以推翻無產階級專政的政權和社會主義制度為目的，進行反革命串聯、煽動活動，根據《刑法》第一百零二條之規定，已構成反革命宣傳煽動罪，為鞏固無產階級專政，維護安定團結的政治局面，保衛社會主義現代化建設順利進行，依照《中華人民共和國刑事訴訟法》第一百條之規定，提起公訴，請依法懲法。」檢察員為李青芳。

隨後，湯戈旦天津市中院被以「反革命宣傳煽動罪」判刑四年，剝奪政治權利三年。湯戈旦不服判決，提起上訴。

的裴多菲俱樂部」，成為欽點要犯，長期被關押。文革後，參與西單民主牆運動，在溫州創辦民刊《吶喊》，後被拘留。在羈押場所，絕食八天抗議，差點餓死。他曾被單獨監禁在牢黑七百多天，黑牢僅容一身，只能半蹲、躺臥，不能站直，日夜無燈光，無陽光，一日三餐從牢洞中塞進，塞飯時牢洞的一開一關是唯一的光線，絕無放風，吃喝拉撒睡全在黑牢內。1998年，鄧煥武因見王策和王有才，被兩地公安軟禁在賓館三個月。晚年遷居重慶。

1982 年 1 月 21 日，天津市高院下達刑事判決書。判決書指出：「本院依法組成合議庭，天津市人民檢察院派代理檢查員王輔仁出庭執行職務，經開庭審理認為：上訴人湯可燚自 1979 年政府明令取締非法刊物以後，書寫反動文章在非法刊物上發表，誣衊我國社會主義制度是特權官僚制度，攻擊人民民主專政是法西斯統治，詆毀共產黨的領導，扯起所謂『原教旨馬克思主義』旗幟，以反對毛澤東思想。上訴人還以通信互訪等方式為非法刊物出謀畫策，發出『徵友信』，妄圖網羅反動勢力，成立『（原教旨馬克思主義）研究會』。上述事實，充分說明了上訴人妄圖推翻無產階級專政的政權和社會主義制度的罪惡目的。其行為觸犯《中華人民共和國刑法》第一百零二條第二款之規定，已構成反革命宣傳煽動罪。……綜上，判決如下：撤銷原審對上訴人湯可燚誹謗罪有期徒刑六個月的判決。維持原審判上訴人湯戈旦反革命煽動罪有期徒刑四年，剝奪政治權利三年的判決。此為終審判決。」判決書顯示，實施判決的偽刑事審判一庭，審判長為林筱成，審判員為李竟存，代理審判員為劉彥榮。

　　接到終審判決後，湯戈旦寫下感想：「坑焚能久治，秦祚應至今」、「民不畏死，奈何以死懼之」。他表示，不會屈服於監獄和屠刀。

　　出獄後，湯戈旦繼續其思考、研究和寫作。秦永敏在其傳記中特別讚揚其妻楊洛芳對丈夫毫無保留的支持與扶助：「戀愛屬於浪漫，婚姻卻屬於平淡。在平淡的夫妻生活中，楊洛芳更表現出了偉大的奉獻精神。湯戈旦無業之後，全家四口人的生活重擔全部落在了楊洛芳肩上。她每月三四十元的工資不僅要供一家人衣食住行，還要供湯戈旦訂報購書以從事學術研究。而湯戈旦作為學者型人物，從來就沒有為生計問題操心費力的習慣。哪怕在這

種無業的情況下,他也是『衣來伸手,飯來張口』,全部精力都用在研究社會問題,探索科學理論上。這樣,楊洛芳不僅要用自己的辛苦工作養活湯戈旦和兩個女兒,還承擔起全部的家庭勞務,無論是洗衣做飯,還是買煤買米,統統都毫無怨言地包了下來。」

1986年,湯戈旦自費參加全國流通經濟理論討論會。這次會議的與會代表對湯戈旦的三篇入選論文〈新「明夷待訪錄」〉、〈社會主義商品經濟若干理論問題〉、〈擴大再生產發端流通過程組合理論闡微〉給予高度評價。

湯戈旦在論文中高屋建瓴地指出:「中國的癥結,一是經濟體制,一是人民民主。這兩個問題目前還沒有根本解決,其餘一切弊端都不過是這兩個問題派生出來的。……概括成一句話就是,資產階級性的民主革命或自由化(包括勞動者自由遷徙、就業的權利)還遠沒有完成。」

1991年,蘇聯東歐劇變。八十高齡的湯戈旦對此作出一系列科學的分析和評論。他指出,希特勒德國的正式旗號是「國家社會主義」;而史達林蘇聯以及搬用蘇聯模式建立的社會主義國家,儘管其招牌、形式等等有所不同,但其實質和德國的國社主義是一樣的。它們都「帶濃厚封建性的極其殘暴的畸形產物」。同時在東方社會主義國家,也各有不同的特色,但都是史達林主義的各種「變種」。東方國家社會主義可總結為一個公式:國家所有制＋計畫經濟＝浪費,停滯,短缺和官僚主義與依法腐敗。他的結論是:「病因已明,那麼唯一有效的處方就是實行非國有化和揚棄『計畫經濟』,建立正常健全的市場經濟——這是現代商品經濟不可抗拒的客觀規律,否則就是絕症。匈、波、蘇等改革的效果以至成敗就取決於此。」

1993年1月8日,湯戈旦因病在天津病逝。秦永敏寫道:

「湯戈旦作為一個一生追求共產主義,同時又能以學者的態度明辨是非的求道者,在幫助中共奪取政權後,反而成了中共眼中的死敵,並且客觀上完全和當代中國誕生的民主牆志士成為同道,這絕不是一個偶然的事情,它清楚地表明這個政權已經是它自己理想的敵人,任何曾經為它效力的人只要保留了它的理想,那麼被它消滅都只是時間問題,因為近現代中國最偉大的政治學者梁啟超早就精闢的指出:『共產黨人的勝利,就是共產主義的失敗。』」

04 欽本立：為新聞自由拚死一搏

欽本立（1918年8月13日至1991年4月15日）：蒙古族，資深媒體人，曾任上海《世界經濟導報》總編輯。中學時代參加左翼學運，後在上海任新聞記者。1949年，加入中國共產黨。1956年，任《文匯報》黨組書記兼副總編輯，隨即在反右運動中遭留黨察看兩年處分。文革中，再度被批鬥，被下放至五七農場，妻子被迫害致死。1980年，主持創辦《世界經濟導報》，該報成為1980年代倡導改革開放的標誌性媒體。1989年4月，他不顧來自上海市委書記江澤民的壓力，發表悼念胡耀邦的文章。《導報》事件成為1989年民主運動期間新聞工作者爭取新聞自由的最後一搏。4月26日，欽本立受到停職處分；同年9月，《導報》停刊。1991年4月15日，欽本立因胃癌病逝，享年七十三歲。此前，《中國日報》同人發給欽本立的慰問電，可概括其為新聞自由奮鬥的一生：「威武不屈，欽總樹天下報人風範；真理不死，《導報》是十年

改革先鋒。」

欽本立：浙江長興泗安人。他是家中長子。1936 年，入讀名牌學校杭州高中。1939 年 4 月，參與「反對壓制、要求民主」的學潮，被省教育廳開除，理由是「思想偏激、行為不軌」。這是他一生抗爭的序曲。

抗戰時期，欽本立考入朝陽大學攻讀法律專業。由於參加並組織學生運動，在大三時被學校開除學籍。

肄業後，欽本立沒有從事法律行業，轉而從事新聞工作。多年後，他如此解釋其職業選擇：「當時新聞工作者有一種正義感，有一些正義感的人在做新聞工作。」他先後在《時事新報》、《商報》、《商務日報》等報社做記者。1946 年，他落腳上海，輾轉於《文匯報》、《經濟週報》、《工商天地》等多家報刊，並為《時與文》、《展望》、《時代日報》等報刊撰稿，兼有記者、編輯和撰稿人三種身分。

1949 年，欽立本加入中國共產黨。同年 5 月，上海戰役後，任《解放日報》財經組組長，後任《新聞日報》採訪部主任。1951 年，他被調到北京任職於《人民日報》財經部、國際部。1956 年 9 月，返回上海，任《文匯報》黨組書記、副總編輯，實際上其地位高於非中共黨員的總編輯、新聞界元老徐鑄成。

1957 年，毛提出「雙百方針」，號召「大鳴大放」。欽本立帶領《文匯報》回應，積極向中央提意見，「火候相當厲害」。

同年 6 月，《人民日報》突然發表一篇點名批評《文匯報》的社論〈文匯報一個時期的資產階級方向〉，揭示了「雙百方針」的目的在於「毒草只有讓他們出土，才便於鋤掉」，宣告反右運動的

開始。7月,《文匯報》被毛澤東點名批評,欽本立被調離《文匯報》,被處以留黨察看兩年、行政降三級的處分,後來在《解放日報》雜誌做編輯。

1966年,文革開始。欽本立先是被關三個月牛棚,後被下放至五七農場勞動改造。他長期被單獨關押,獲釋後一度連話都不會說。他的妻子顧曉嵐是《解放日報》資深編輯,被迫害致死。

文革結束後,欽本立獲得平反。1978年12月,調入上海社會科學院,先後任院黨委委員、世界經濟研究所黨委書記、副所長以及《社會科學》雜誌主編。

1980年6月,在錢俊瑞倡導下,欽本立以個人名義向《文匯報》借兩萬元,本著「讓世界了解中國,讓中國了解世界」的方針,主持創辦關注經濟和政治體制的《世界經濟導報》。他說,辦報主要是為了探索在中國進行新聞改革,絕不辦一份一般性質的報紙。《導報》剛剛辦起來時,他自己拿著報紙上街賣,《導報》就像他的孩子一樣,他非常心疼。

後來,欽本立接受外媒訪問時指出,《導報》的「不一般」在於:第一,《導報》不是由政府或黨的部門創辦,而是由學術機構和團體創辦;第二,《導報》自籌資金、獨立核算、自負盈虧;第三,《導報》實行理事會領導下的總編負責制。

欽本立曾用「打擦邊球」比喻自己在職業生涯中把新聞自由、言論自由運用到當時所允許的最大限度的實踐:「應當承認,中國新聞界長期存在『輿論一律』的束縛,有些限制不盡合理,新聞自由是有限度的。這有歷史的原因,也與一部分人,特別是一部分政府官員對新聞自由的認識有關。正因為此,新聞界才有不斷突破框框、突破禁區的任務,才提出了新聞改革和制定新聞法的問題。顯然,這需要時間,需要有一個過程。在這個過程中,《導

報》堅持有利於改革與開放的基本原則,把握住一個『度』,即把我們的報導推進到所能容忍的最大限度,把『風險』減到最低程度;同時把握住一個『時機』,即隨著對新聞自由的不合理的限制的被突破,及時擴大報導的範圍和深度。」

《世界經濟導報》是 1980 年代倡導言論自由、新聞自由的先鋒,同《青年論壇》合稱「一報一刊」,抨擊改革阻力、探討自由民主,在思想解放和「新啟蒙運動」中扮演重要角色。曾在《導報》工作的范鈞認為,這份先驅的報紙推進了中國經濟體制改革進程,哺育了許多新時代經濟界的人才。1981 年,《導報》首次宣傳第三產業。《導報》還發表過一篇名為〈中華民族最要緊的還是「球籍」問題〉的評論,警告說「弄不好,中國將被開除球籍!」。1986 年,《導報》用「腐」形容自改革開放以來,某些官僚利用特權貪污、謀取私利的情形。

1989 年春的中國,山雨欲來風滿樓。4 月 13 日,欽本立到北京,在全國政協第一會議室,參加《世界經濟導報》特選書系《球籍:一個世紀性的選擇》發行儀式暨紀念「五四」運動七十週年座談會。欽本立先後見到李銳、朱厚澤[29]、戈揚、童大林[30]、李洪

---

29 朱厚澤(1931-2010):貴州織金人,原中共中央宣傳部部長。1949 年,加入中共,同年肄業於貴陽師範學院史地系。毛時代在貴州基層任職,多次受迫害。1978 年,出任中共貴陽市委書記等職。1983 年任貴州省委書記,推動經濟改革,當年貴州省工業總產值增長百分之十八,引起胡耀邦等高層注意。1985 年 8 月,出任中央宣傳部部長,成為胡耀邦的重要助手。在任期間,他提出「三寬論」(寬厚、寬容、寬鬆)方針,以放寬對文藝界與學術界的限制。1987 年 2 月,在反對資產階級自由化運動中被解職,改任國務院農村發展研究中心副主任。1988 年,任全國總工會第一副主席及黨組副書記。1989 年 12 月,被免去一切職務。晚年思想突飛猛進,與西方共和憲政思想接軌。出版有《朱厚澤文存》。
30 童大林(1918-2010):中共改革派官員。出生於福建廈門,1938 年 2 月赴延安,4月加入中共。1954 年,任中央宣傳部秘書長。1966 年,被定為「彭羅陸楊反黨集團」中陸定一(中宣部長)的幫凶,被關秦城監獄六年。改革開放後,任國家科委副主

林、曹思源、嚴家祺、張宗厚[31]、戴晴、陳子明等改革派人士,傾聽他們對時局的分析。當時,他已認識到「不能排除中國走『回頭路』的危險,也不能排除中國進入相當長一段停滯時期的可能性,也就是患上了『匈牙利病』」。《導報》發表了題為〈倒退不是沒有可能的——千家駒評李鵬政府工作報告〉一文,產生了石破天驚的效應。正在中國採訪的台灣《聯合報》記者王麗美,與《導報》密切聯繫,經欽本立同意,在《導報》發表該文的同一天,在《聯合報》加以轉載。

4月15日,胡耀邦突然去世,欽本立在當天印發的《導報》顯著位置上,向胡耀邦表示了深切哀悼。此後,在他的指示和決策下,由《導報》駐京記者張偉國與《新觀察》主編戈揚合作,聯手舉辦悼念胡耀邦座談會,並將座談會內容整理成長篇報導。張偉國詢問欽本立,《導報》有哪幾個版面可以使用。欽本立說,「有多少發多少」。文稿整理完成後,欽立本決定在《導報》四三九期上用五大版發表會議記錄。

4月17日,香港《華僑日報》報導,《導報》將開闢專欄悼念胡耀邦。上海市委得知此消息後,市委副書記曾慶紅、宣傳部長陳至立找到欽本立,要求審閱四三九期《導報》清樣。曾、陳等

任、國務院經濟體制改革委員會副主任、中國經濟體制改革研究會副會長、中國世界觀察研究所所長等職,倡導市場經濟。

31 張宗厚(1945-):河南孟津人,資深新聞工作者。1964年,考入上海華東師範大學數學系,文革中挨整,大學畢業後被充軍到中蘇接壤的新疆阿勒泰地區一個農場,接受「再教育」,後被調到新疆自治區廣播電台工作,開始新聞記者生涯。1978年,考取社科院新聞研究所研究生,畢業後留所工作。他與友人合著的《新聞學初探》、《新聞學再探》、《簡明新聞學》被許多大學作為教材使用。他是《新聞法》最早的研究者之一,發表大量文章,呼籲儘快制訂《新聞法》。1983年,調到新創辦的《中國法制報》(後改名《法制日報》),任評論部主任。後與于浩成創辦「中國法制與社會發展研究所」,任副所長。該所在六四後被關閉。

看了清樣以後提出，文章有些段落比較敏感，拿到報上發表不合適，建議作刪節。但欽本立表示：「出了事情我負責，反正江澤民同志沒有看過清樣，不必市委、市委宣傳部負責」。曾、陳說，現在不是哪個人負責的問題，而是社會效果的問題。欽本立還是堅持由他負責，不同意刪節。約談結束，欽本立立即打電話給印刷廠，預定車間印刷這一期的《導報》。

印刷廠簽樣之後，欽本立被叫到上海市委辦公室。市委宣傳部長陳至立和市委副書記曾慶紅再次提出刪掉兩段內容，爭論持續到半夜12點，雙方僵持不下。曾向江澤民彙報，江邀汪道涵一同到辦公室，親自施壓。

在強大的壓力下，欽本立表示回去作適當修改。但彼時已過了報紙出廠時間，他只攔住通過郵局投放到訂閱戶的發行管道。其他通過內部直送市委機關和中南海的訂戶，還有從印刷廠到街頭報販攤上的報紙，已開始派發。4月24日早晨，街頭出現的《導報》用了五個版面報導座談會。頭版主標題〈人民的悼念蘊藏著巨大的改革動力〉以大字排版，並配以醒目的胡耀邦肖像。

與欽本立有著幾十年交情的汪道涵，在翌日收到未經修改的原版《導報》後，先讓其妻打電話到欽府，宣布與《導報》脫離關係，後又親自打電話給欽，不問青紅皂白地痛斥欽不守信用（指欽已答應修改），並表示要與欽割袍絕交。

4月26日，江澤民在有一萬四千名黨政官員參加的大型會議上宣布：鑑於《世界經濟導報》總編輯、黨組成員欽本立同志嚴重違反紀律，決定停止其領導職務，並向該報派駐整頓領導小組。欽本立聽到該決定之後表示，「我不服氣，我要申訴！這完全是一起新的冤假錯案」。

在欽本立被撤職當天，鄧小平授意《人民日報》發表社論〈必

須旗幟鮮明地反對動亂〉，將學生運動定性為「動亂」和「一場有計畫的陰謀」，引發 4 月 27 日大遊行。

鄧小平對江澤民強硬處理《導報》事件留下深刻印象，這也成為江澤民被鄧小平等強硬派元老看中，以之取代趙紫陽的重要原因。由江澤民開啟的黑暗時代延續至今，中國的政治制度轉型為墮落和野蠻的權貴資本主義。張偉國說：「這裡面江澤民扮演了一個相當關鍵的角色。這是歷史的曲折。由於江澤民，使得中國社會付出了一個很高的代價。」

當時，抗議學生和市民得知欽本立被免職、《導報》被改組，將聲援《導報》、恢復欽本立的職務作為新的訴求之一。有人舉起「我們都是欽本立」的橫幅抗議。兩日後，數百名北京新聞工作者聯名致函上海市委，抗議江澤民撤銷欽本立的職務，指責其違反了新聞條例及中共自定的「黨政分開」原則。在北京的張偉國打電話給欽本立說：「方勵之、王若望、劉賓雁被處理時也沒有今天這樣的大的反應，這說明人民覺醒了，你是值得的，應感到欣慰。」

4 月 29 日，趙紫陽針對《導報》事件稱：「上海市委（在免去欽本立職務這件事上）過於匆忙地採取行動，把事情搞砸了。」在 5 月 1 日舉行的中共中央政治局會議上，趙紫陽稱江澤民查封《世界經濟導報》的粗糙的手法惡化了局勢，讓他們陷於更不利的局面。「導報事件是上海市委挑起的，就應當由上海市委來結束。」但趙紫陽很快失去權力，得到鄧小平等元老支持的江澤民不再聽從趙紫陽的命令。

5 月 3 日夜，上海市委舉行擴大會議，堅持認為處理欽本立的決定是正確的。第二天下午，市委宣傳部副部長、市委整頓《導報》領導小組組長劉吉（欽本立夫人商育辛在浙江杭州高中時的

同學）到欽本立家中，傳達江澤民在市委擴大會議上的講話，說欽曾講過要發動群眾逼鄧檢討，因此欽堅持要發四三九期原版是有思想基礎的。劉要欽對此寫出檢討，並說：「這是你最後一次機會，給你的時間不多了。」欽立即表示拒絕。由於對此誣陷的憤怒，他當即血壓升高而病倒。

同日，《上海青年報》等新聞單位和知識界人士相繼到《導報》聲援。次日，首都兩百餘名記者走上街頭，加入愛國學生的遊行隊伍，從而使八九民運的主體結構中增加了知識分子的成分。5月9日，首都記者代表在全國記協遞交有千餘名記者、編輯簽名的請願書。5月13日，北京學生開始在天安門廣場絕食。5月15日，上海知識界發表呼籲書。這一系列活動的中心內容之一，就是要求欽本立復職。

5月18日，《導報》舉行中外記者座談會，欽本立自停職後第一次公開露面，他對中外記者說：「我自己向來是守紀律的，倒是不守紀律的阻礙了《導報》的正常出版。……《導報》事件的根本原因是我國政治體制改革和新聞體制改革滯後」。

5月20日，欽本立得知胡績偉、曹思源在京組織人大常委會委員簽名，便參與組織上海萬名黨員簽名。

戒嚴之後，5月22日，欽本立率領《導報》同人冒雨上街遊行。期間，上海市委通過李銳、閻明復[32]、蘇紹智、夏征農、陳

---

[32] 閻明復（1931-2023）：中共開明派官員。北京人，其父閻寶航為東北軍高級將領，在國共內戰中投共。1950年代後期，他在中共中央辦公廳任翻譯組組長，曾擔任毛澤東翻譯。1967年11月7日，其父閻寶航因被指參與「東北幫叛黨投敵反革命集團」，在家中被抓走，關進秦城監獄，後在獄中死亡。同年11月17日，閻明復以「蘇修特務」、「楊（尚昆）家死黨」、「現行反革命」的罪名被捕，也被關進秦城監獄。在長期的監獄生活中，因只能面朝守衛可以看到的方向睡覺，臉部產生變形。1975年，因常用俄語自言自語，並表現出被竊聽妄想症狀，被秦城監獄上報患有精神病，使用電休克儀進行「治療」。文革後，任中共中央統戰部長、書記處書記、

沂、夏其言等人的管道進行斡旋,稱「只要欽本立肯檢討,就可以復職」,均遭欽的堅拒。江澤民曾對欽本立說過,我們都是老寫檢討的,如果你不善於寫檢討,我可以幫你寫好檢討。他跟欽本立開過這樣的玩笑。江澤民甚至說:「我是上海市委書記,《導報》過去受到過各方面攻擊的時候,我其實也承擔責任的。」江還說:「我也幫你們說過話的。」據欽本立的副手朱杏清[33]分析,當陣線還不太明確的時候,江澤民並不是老是以一種特別左的面貌出現,他甚至相信自己是黨內的比較開明的、接受教育的程度和個人的經歷在共產黨的幹部中還算是比較拿得出手的一個,他比黨內的不少土八路要來得洋氣得多。但是,這並不能說江澤民因此在思想上就是真正解放的,他在很大程度上是一個比較因循守舊的人。如果局勢不是向八九六四這個方向發展,而是向另外的方向發展,也許江澤民也會適應得很快。

但欽本立說:「這不是我和上海市委負責人的面子問題,而是《導報》和改革的面子問題。」張偉國回憶說:「我們在他的影響下,形成一個共識,就是一步不能退,如果能堅持下來,中國的新聞改革也許就是一個轉機。進一步進十年,退一步退十年。而且這個事件直接影響到新聞和知識界,參與到八九民運中去。」

政協副主席。八九民運期間,閻明復多次與新聞界、知識界人士及學生代表座談,勸說學生停止絕食,未果。1989 年 5 月 16 日,閻明復在得到總書記趙紫陽同意之後來到廣場,雖然對在廣場上的學生說了些打動他們的話,還表示願意一起靜坐和做他們的人質,但未能扭轉局勢,反而成為了後來其被撤職的重要依據。同年 6 月,於中共第十三屆四中全會上,閻明復與胡啟立、芮杏文一起被免去中央書記處書記職務。1990 年,更被免去中共中央統戰部部長、全國政協副主席以及全國政協黨組副書記等職務。1991 年復出,任民政部副部長,之後從事慈善事業。著有《閻明復回憶錄》。

33 朱杏清:媒體人,曾任《世界經濟導報》副總編輯,為欽本立得力助手。他認為,江澤民在《導報》問題上的做法贏得了黨內具有保守思想的元老好感,甚至成為其主要政績。江澤民能當上總書記,跟他在上海封閉《導報》這件事情有一定關係。

5月下旬，欽本立與他倚重的朱杏清、潘慕平[34]、張偉國等商量，局勢的演變已無法繼續維持《導報》的辦報方針和風格，與其將來被官方撤換主要人員，盜用《導報》的名義欺騙輿論，還不如在現在自己尚有控制能力的時候，給它劃上句號，以保持清白的名節。

　　基於上述考慮，他們以《導報》名義對外發表三點聲明：一、《導報》同人真切地希望這一事件能有一個圓滿的結局，由於上海市委決定及整頓領導小組進駐，《導報》的正常工作受到嚴重干擾，工作秩序被徹底打亂，當此關頭已不可能再發揮其十分關鍵的社會作用；二、現在的《導報》已不是原來自己的《導報》，欽本立也不是原來自己的那個欽本立，他們已和整個新聞改革融為一體了。《導報》的作用從來沒有今天這樣大過，全體同人此時的追求，不僅是要獲得《導報》事件的圓滿結局，而且是要根除導致這一事件產生的制度原因，以保證這類事件今後不會在《導報》或其他報紙再次發生，即要通過這一事件的圓滿解決來推動整個新聞體制的改革，促進中國的政治民主化進程。唯此，《導報》有進無退，不然，歷史不會原諒我們；三、縱觀整個事件，誰是誰非，人民群眾、青年學生、廣大新聞工作者已經用遊行、聲援、簽名等行動作了裁判──《導報》沒有錯，欽本立沒有錯，所以不存在檢討的問題，至於上海市委和其負責人對自己的錯誤是否願意檢討認錯，那是他們自己的事情，但需要重申的是，《導報》對自己合法權益受到的侵害，仍然保留依法起訴的權力。

　　已經被元老們內定為取代趙紫陽的總書記的江澤民，自然不會理會欽立本和《導報》的呼籲。六四鎮壓後，《導報》終於成

---

34 潘慕平：曾任《世界經濟導報》駐華盛頓記者。

了江澤民掌權的祭品。1989年9月,中宣部和新聞出版署在北京召開關於落實壓縮報刊工作的省市委宣傳部長、新聞出版局長會議,會議決定,《世界經濟導報》撤銷登記、停辦。此前,欽本立被軟禁,張偉國、阮江寧[35]、陳樂波[36]、許小微[37]等一批編輯記者被逮捕入獄。要聞部負責人陸一在黨員重新登記時被不予登記、行政記大過處分。陳至立還要求所有參與《世界經濟導報》的人員,此後不得從事新聞出版行業的工作。

1989年底,欽本立因胃癌住進醫院。即便在醫院,當局也對他實行嚴密監控,極少有人敢去探望他。

就在生命的最後時刻,欽本立完成了思想上的一次偉大超越。他向朋友談到自己當年選擇共產黨「看來是選擇錯了」。他的夫人對他說:「你的有些言論不像一個共產黨員,而倒像是一個社會民主黨的黨員。」他回答說:「如果自己真的成了社民黨的一員,應該感到榮幸。」

老友王若望前往醫院探望時,欽本立欲哭無淚,悲嘆道:「王若望,我覺悟的晚了,我們的命運是共同的。1957年我們都被打成右派,你覺悟了,我沒有,我還在盡一份愚忠。直到今天,我才明白,只是晚了,可惜了。」他還說:「1989年那場風波過去了,但我有句話,叫『方生未死』,你懂我的意思。現在不是人民怕政府,而是政府怕人民。」

---

35 阮江寧:《世界經濟導報》編委,因與張偉國等策畫發起對江澤民的行政訴訟,六四後被關押一個月。
36 陳樂波:《世界經濟導報》編委,因與張偉國等策畫發起對江澤民的行政訴訟,六四後被關押十個月。
37 許小微:《世界經濟導報》編委,因與張偉國等策畫發起對江澤民的行政訴訟,六四後被關押一年多。

王若望說:「你病成這樣,心裡還想著人民。」欽本立老淚縱橫,緊緊握住王若望的手,用顫抖的聲音說:「你也是。但他們不喜歡我們,我也不愛他們了。只是太晚了,人到這種境地才有這樣的覺悟,太可惜了。王若望,若望……國家沒有希望了,只願鄧小平不要再做仇者快親者痛的事,留給他的時間不會太多,不多了……人民會有評說,不需要百年……」

1991年春節,張偉國出獄,去華東醫院探望欽本立。此時,欽本立的胃癌已擴散到肝部,但他還是掙扎著給張偉國寫了幾個字:「導報精神不死。」

1991年3月29日,上海市社科院黨委書記在欽本立的病床前,宣布對其留黨察看兩年的處分決定。這是上海市委故意對其進一步羞辱和打擊,大大加重了其病情。

1991年4月15日,欽本立於上海華東醫院逝世。這一天正是胡耀邦去世兩週年的日子。

上海《世界經濟導報》被封殺、欽本立被免職,是八九民運中,早於六四屠殺的一場對新聞自由的屠殺。欽本立就像是阻擋坦克的王維林,是在一黨專政、輿論一律的中國,召喚新聞自由的一面旗幟。張偉國表示:「他是想要突破共產黨對媒體的壟斷性控制,嘗試用打擦邊球的方式,來恢復民間辦報的傳統。儘管他的努力失敗了,因為有1989年這樣一個背景,他也在共產黨的體制裡面,把新聞的邊界拓寬到一種極限。從這個意義上來講,中國新聞史上有他的影響和位置。」

05 | 趙紫陽：小朝廷何足道哉，大丈夫無所謂了

趙紫陽（1919年10月17日至2005年1月17日）：中國前總理，中共前總書記，中國地位最獨特的持不同政見者和政治犯。中學時代，因支持抗日而參加中共革命。1938年，加入中共黨，任河南滑縣縣委書記等職務。1949年後，調到廣東任職，後出任中南局書記兼廣東省委第一書記，成為最年輕的省委書記。1966年文革爆發，受到批鬥，被下放到湖南漣源縣湘中機械廠勞動。之後復出，主政內蒙及四川，頗有政績。1980年，上調中央，任政治局常委、副總理及總理。1987年，任中共總書記，名義上排名第一，但他後來承認，自己只是鄧小平的「大秘書長」。他與胡耀邦一起推動了1980年代的改革開放，但當改革深入到政治體制領域，觸及鄧小平等元老的既得利益，便面臨失去鄧的信任而失勢的命運。1989年春，因胡耀邦去世引發民主運動，趙紫陽主張在民主和法制的軌道上解決問題，反對戒嚴，反對派兵鎮

壓，與頑固派元老決裂，並被非法罷黜。趙紫陽晚年的十六年，處於軟禁或半軟禁狀態，他拒絕認錯，突破官方意識形態牢籠，在自由民主憲政的思考上不斷精進，認識到除了西方議會政治制度，改革「別無他途」。他在跟友人談話中表示：「西方的議會民主制顯示了它的生命力，是現在能夠找到的比較好的、能夠體現民主、符合現代要求而又比較成熟的制度。現在還找不到比它更好的制度。……只有這種制度比較符合現代文明，比較符合民意，有利於體現民主，並且是比較穩定的一種形式。……幾乎所有的發達國家實行的都是這樣一種議會民主制。幾十年來發展比較快的新興國家，逐步轉向議會民主制的趨向也越來越鮮明。我想這絕不是偶然的。」趙紫陽晚年長期患呼吸系統和心血管系統的多種疾病，多次住院治療，後病情惡化，經搶救無效，於 2005 年 1 月 17 日在北京逝世，終年八十六歲。中共當局嚴密控制他的葬禮。2019 年 10 月 18 日，在其逝世十四年後，經其家人與當局漫長的談判，趙紫陽與夫人

> 梁伯琪的骨灰合葬於北京昌平區民間公墓天壽園。民間人士撰寫的輓聯可概括趙紫陽的一生：「青史留名，人心自在，小朝廷何足道哉；難為漢相，寧做楚囚，大丈夫無所謂了。」趙紫陽去世後，根據其生前錄音整理出版的回憶錄《國家的囚徒》（又名《改革歷程》）之中英文版先後出版。2016年，香港中文大學出版了四卷本的《趙紫陽文集》。

趙紫陽：生於河南滑縣桑村鄉趙莊。父親趙廷賓，家中有數十畝田地。中原地區殷實農民積累財富的手法不多，無非是勤儉、攢錢、買地。趙紫陽回憶兒時光景，印象最深的是家中那兩口大缸，用來醃漬家族常年食用的鹹菜，用的是從鹽鹼地中淘洗出來的「小鹽」；而「大鹽」，即一般的食鹽，是捨不得買的。趙紫陽是長孫，又是獨子，深受祖父和父親疼愛，祖父常給他饅頭吃，家中其他人都只能吃粗糧。

1933年夏，趙紫陽考取開封省立初級中學。1935年，北平爆發一二九運動，他與同學參加聲援北平學生的臥軌請願行動，要求政府停止進行內戰、出兵抗日。1936年，他考入武昌高級中學。1938年2月，他與中共組織取得聯繫，被派往冀魯豫省委黨校學習。同年5月，正式加入中共。9月，年僅二十歲的趙紫陽被中共委任為滑縣工作委員會書記，大量發展黨員，並在當地發動土改，對地主施行文鬥、武鬥、反省三種形式輕重有別的懲罰。

趙紫陽的父親趙廷賓在土改期間，遭到批鬥、抄家、所藏的銀元被掠奪，悲憤之下吐血而亡，年僅五十五歲。在此事中，趙紫陽體現了共產黨人六親不認、殘酷冷漠的一面。後來，王震等元老卻攻擊趙「與共產黨有殺父之仇」。

　　在中日戰爭及國共內戰中，趙紫陽在黨內一路升遷。1947年，趙參與冀魯豫邊區土改的「灣子會議」，會後對地主富農大開殺戒，階級滅絕。1949年後，趙紫陽任中共中央華南分局常務委員、秘書長、農村工作部部長、副書記等職。之後，作為「南下幹部」一員，被調到廣東，以「土改專家」身分協助陶鑄推動廣東土改。因廣東原領導人葉劍英等在土改中的政策較溫和，陶趙改用「疾風暴雨式」土改，並開展整頓幹部隊伍和「反地方主義」運動，造成古大存等一系列冤假錯案，廣東茂名還發生大規模餓死人事件。在1958年的人民公社化運動中，趙在內參上發表調查報告〈從化四日〉，又主張砸鍋煉鐵、拆房積肥，受到毛的賞識。隨後，趙推動「反瞞產」運動，將農民的糧食搜刮殆盡，造成1959年冬、1960年春大批農民餓死。1960年3月，趙紫陽來到南海縣一戶麥姓農家視察時，看到麥氏兩幼童兄弟為了舔一隻飯勺裡的飯汁而打架，他感觸良多，回到省委後，對陶鑄說：「舊社會中，國民黨把人民逼反，今天，難道共產黨也要把人民逼反麼？」但直到中央召開「七千人大會」轉變政策，他們還是「奉旨辦事」，絲毫不敢「逆龍鱗」。1965年，趙紫陽升任中南局書記兼廣東省委第一書記，成為最年輕的封疆大吏之一。趙紫陽對於毛時代的諸多罪惡都有份，手上沾滿無辜者的鮮血，否則不可能一路青雲直上。趙紫陽的家人和推崇者將他塑造成毫無瑕疵的道德完人，並不符合歷史事實，也不符合中共的權力運行規律。

　　1966年，文革爆發，趙紫陽淪為廣東「頭號走資派」，被羅

列「八大罪狀」並遭監護審查。他被關押在一座廢棄的兵營，隨時被士兵帶去接受各種群眾組織的批鬥。1970 年 6 月 30 日，趙紫陽和夫人梁伯琪以及兩個子女被下放到湖南省漣源縣湘中機械廠勞動。他被安排當鉗工，做五六式半自動步槍加工後修銼、鑽孔的活，雖身患嚴重皮膚病，仍堅持在生產線上勞動。

1971 年，毛澤東重新啟用趙紫陽，任命其為內蒙古黨委書記。1972 年，又調任廣東省委第一書記。1975 年，再調任四川省委第一書記。四川是大饑荒和文革的重災區，趙赴任時幾乎是「路有凍死骨，千里無雞鳴」。他大刀闊斧改革，率先廢除人民公社，給農民鬆綁，推行「包產到戶」，也叫「聯產承包責任制」，其實質就是給農民以生產自主權，讓他們自己決定生產經營活動，結果一下子就把生產積極性調動起來，迅速提高了糧食產量，解決了九千萬人的「吃飯」問題，四川民謠傳頌「要吃糧，找紫陽」。鄧小平後來說：「趙紫陽是我把他調到四川去的，那時四川人民沒有吃的，趙在四川三年就解決了這個問題，實際上只有兩年，另外一年被『四人幫』干擾了。」

1980 年 2 月，在中共十一屆五中全會上，趙紫陽當選為中共中央政治局常委（排名第七）。3 月，任中央財經領導小組組長。4 月，任國務院副總理，接管了總理華國鋒的經濟工作領導權。1980 年 9 月，趙取代華，出任國務院總理。1981 年 6 月，他在中共十一屆六中全會上當選為中共中央副主席，黨內排名上升為第四。1987 年 1 月，趙取代胡耀邦，出任中共中央總書記，並任中共中央軍委第一副主席。

趙紫陽在中樞施政的不到十年時間裡，念茲在茲的，是一種「我們欠老百姓太多」的「還債情結」。正如趙紫陽的子女在〈祭先父趙紫陽百歲冥壽文〉中所說：「對於權力，先父與其他一些人

有不同的理解；他認為，天下是大家的，我們是為大家辦事的。他一生臨淵履冰，言行謹慎。但在泰山壓頂時，卻是咬定青山不放鬆。為什麼呢？他說，因為『我們欠老百姓太多，我們正在還債！』還債的情結，先父縈懷多年。據我們所知，許多老前輩在文革結束後，都有這種濃重的內疚情結。他們覺得，對中國人民，尤其是中國農民，欠得太多。這就是為什麼要進行改革，為什麼改革要從農村開始的原因吧？」

在擔任國務院總理期間，趙紫陽是中國經濟體制改革的實際組織者和領導者。他認為，勞動者應該擁有自由勞動的權利和自由生產的空間，可是，政府過去把勞動者管得死死的，這也不許幹，那也不許幹，把他們的一切都控制起來，嚴重地束縛了他們的生產積極性。因此，中國經濟改革的一個要義就是必須給群眾以生產自主權，必須從根本上調動其生產積極性。在農村改革上，他推動土地承包製。在國有企業改革上，他推動所有權與經營權相分離，建立經濟責任制，大膽引進並推動設立股票市場和期貨交易，促進全國商品流通，提出沿海經濟開發，一步步引領中國從計畫經濟的困境邁向市場化和全球化的坦途。

在擔任總書記期間，趙紫陽遏制了「反對資產階級自由化」運動，成立中共中央政治體制改革研究室，提出一套實現政治體制現代化的設計方案。概括起來說，就是先黨內後黨外，先高層後基層，從黨中央開始，並且首先從他自己做起，有序穩妥地進行，不能一步到位，否則也會發生社會變亂。他提出，應該改變過去那種一切重大決策都由中央常委會決定的例行做法。他在第十三屆中共中央政治局第一次例會上，主持制定出中央會議議事規則，規定一切重大決策都必須提交中央委員會、中央政治局投票表決，少數服從多數。他還提出，在黨的最高層不設總書記，

實行中央常委輪流坐莊，一人一票。這樣做的目的就是要防止黨的最高領導人走上個人專政的道路，防止他包辦一切、個人決定重大問題。

另一方面，趙紫陽還指出，不僅要擴大黨內民主，還要擴大社會民主；而要擴大社會民主，就必須改變執政黨包攬一切的做法，必須實行黨政分開。他提出，在中央政府各部委中不設黨組，在各級黨委中不設對口部門，在工礦、企業、學校等基層單位中不設黨的專職隊伍。他還特別強調，絕不能讓各級黨的第一把手當太上皇。在議事和人事等問題上增加透明度，變內定模式為公開模式，實行黨務公開、政務公開、財務公開，直接選舉村、鄉、縣、市幹部，差額選舉省以上幹部。他還提出，必須發揮各種社會組織作用，實行村民自治、工人自治（加強工會監督作用），讓群眾自己管理自己；必須保障人民的公民權利，給人民以言論自由。他還強調說，黨絕對不能控制一切，黨應努力建立民主與法治的新秩序，並監督政府依法行事。

然而，六四事件讓趙紫陽的政治生涯提前終結，也讓其改革大業毀於一旦。學運初期，趙紫陽中了左派的調虎離山之計，按原計畫赴朝鮮訪問，失去了處理學運的先機。鄧小平下令發布《四二六社論》，局勢便難以挽回。按照趙紫陽秘書鮑彤的說法，因為趙紫陽同情胡耀邦、同情學生，鄧小平早在四月下旬就已決定拿掉趙紫陽。鮑彤指出：「鄧小平是要保他自己，保證他死後中國不出赫魯雪夫，讓他身敗名裂。為了這一點，即使把黨打得稀巴爛，用黨的名義向老百姓開槍，他也在所不惜。六四是鄧小平為了他自己的利益，由他個人決定，由他個人發動的一次以群眾為對象的軍事行動。」

1989年5月3日，趙紫陽在紀念五四運動七十週年的會議上

發表講話，肯定學生的愛國熱情。這份談話緩和了學生激動的情緒，有些學校已復課。5月4日，趙紫陽在會見亞洲銀行理事時，強調使用民主和法制的手段解決問題，並認為應當通過協商和對話，在理性和秩序的氣氛中解決。5月16日，趙紫陽在會晤來訪的戈巴契夫時，透露鄧小平才是國家重大事務的最後決策者。他只是說出了一個事實真相，卻被鄧小平視為「叛徒」。5月19日，鄧小平在家中召集八大元老（除鄧之外，包括陳雲、李先念、彭真、鄧穎超、楊尚昆、薄一波、王震）及趙紫陽之外的四名常委（李鵬、喬石、胡啟立、姚依林）開會，做出罷黜趙紫陽的非法決定。

5月19日凌晨4時50分，趙紫陽前往天安門廣場，對學生發表了一番簡短談話：「我給同學們講幾句話。我們來得太晚了。對不起，同學們。你們不管怎麼樣說我們、批評我們，都是應該的。我這次來也不是請你們來原諒我們的，不是的。只是說，現在同學們的身體，到了現在，已經是非常地虛弱了。你們都是絕食到第六天、第七天了，不能再這樣下去了。絕食時間長的話，這對身體會造成將來難以補償的損傷，對生命有危險，大家都知道。我們現在一定要、最重要的就是趕快結束絕食。……你們還年輕啊，同學們，來日方長。你們應該健康地活著，看到我們中國實現『四化』的那一天。你們不像我們，我們都已經老了，無所謂了。」這是趙紫陽離開政壇前的最後一次向公眾亮相。

趙紫陽曾說：「君子動口不動手，一動手，打死了就沒有了。」後來，真的動手了，真的打死了。人心收服的努力、道義資源的培育、百家爭鳴的局面、政治改革的設計……全都化為烏有，「落了片白茫茫的大地真乾淨」。

趙紫陽在與子女閒話時說過：「膽小的人有原則。」此話頗費

解，因為是悖論；膽小的人，怎麼會有原則呢？後來人們明白，他說的膽小的人，是指不敢肆意而為的人。在六四事件中，他是一個「膽小的人」，他選擇了苦路，他懼怕那悠悠後世的罵名。六四鎮壓後，鄧小平曾派王任重等元老來與趙談話，勸說他作檢討，只要他作檢討，可保留政治局委員的職務。趙斷然拒絕。

1989年6月23日至24日，中共十三屆四中全會審議並通過李鵬代表中央政治局提出的《關於趙紫陽同志在反黨反社會主義的動亂中所犯錯誤的報告》。趙紫陽做出十一點答辯，予以駁斥。

趙紫陽下台後一直被軟禁在北京東城區富強胡同6號的家中。中共中央辦公廳對趙紫陽的限制有四條：一、可以在家接待客人，但不接待記者和外國人。二、外出活動要警衛局派隨衛人員，可以到郊區公園散步，如要到繁華人多的地方，警衛人員可勸阻。三、考慮到北京地區高爾夫球場都是外資或合資經營，打球的都是外國人或港澳人士，建議不要到這些地方去打球。四、如果要到外地去，可以安排到內地省分，不要到沿海或敏感地區。具體方案報中央批准。

1997年9月12日，趙紫陽發出〈致十五大主席團並轉交全體代表的一封信〉，敦促中國共產黨重新評價六四。這封信給趙紫陽帶來了更嚴厲的軟禁。同年10月13日，趙紫陽向中共中央政治局七位常委發出公開信，信中指控對他的軟禁是對社會主義法制的粗暴踐踏：「自從信（致十五大主席團並轉交全體代表的信）發出之後，我就被禁止會客、外出，完全限制了我的自由，把我從半軟禁升級為完全的軟禁了。⋯⋯我不知道我究竟觸犯了什麼法律⋯⋯這樣不明不白的隨意就可以對一個人實行軟禁，可剝奪一個人的公民權利，難道不是對社會主義法制的粗暴踐踏麼？⋯⋯⋯⋯自從1989年6月以來，我被非法軟禁、半軟禁已

有八年之久，不知這種被剝奪自由的日子還要持續多久？這對我一個年近八十歲的老人的身心健康來說，無疑是一個很大的傷害。……我希望能夠早日解除對我的軟禁，恢復我的人身自由，使我不再在一種孤寂、抑鬱的情境中度過餘年……」

在晚年軟禁生涯中，趙紫陽潛心讀書，深入思考，痛定思痛，改弦更張。他明確表示，「現代化」就是「西化」，就是要同西方現代文明匯合；東方文化是落後的，是開不出自由、民主、人權之花的。他贊成「西學為體，中學為用」的主張，不贊成「中學為體，西學為用」的主張。在他看來，不僅西方所實行的市場經濟已成為世界的主流經濟，而且西方所實行的民主政治也已成為世界的主流政治，西方所倡導的「自由」、「民主」、「人權」、「法治」等理念具有人類普適價值。

趙紫陽一再表示，美國很值得研究。美國的制度和價值觀是植根於人心的，因而能很好地發揮公民個人的積極性和創造性，能很好地發揮社會組織對國家權力的監督作用。他說，從國際範圍來看，美國才是「三個代表」。這個世界由美國來主導要比由其他國家來主導好些，要比由德國、法國、日本、俄羅斯和中國來主導好些。雖然美國所推行的對外政策也是以維護本國利益為出發點的，但它所倡導的自由、民主、人權等價值理念，對人類社會的進步有利。他對於美國各州自治制度很是欣賞，認為這一制度能很好地處理中央與地方的關係，能充分地發揮地方的積極性。他認為，中國應該借鑑美國各州自治制度，擴大各省的自治權，更好地發揮各省的積極性。

1998年，丁子霖、林牧等人發表《自由與公民權利宣言》、《社會公正與公民權利宣言》。該文件曾祕密送達趙紫陽手中，得到的回應是：完全同意宣言的內容。此時，趙紫陽在思想認識上

已有了巨大的飛躍:「自己過去認為腐敗是由人的素質不行,或用人不當,以及社會風氣不好造成的。其實不然,腐敗的產生乃是制度的產物。由於是公有制,沒有產權約束,由於是集權,權力不受制約,由於沒有公開監督,形成了體制性的腐敗,所謂『領導帶頭,層層分配,人人下水,個個沾光』,這是災難性的。」

2005年1月17日,趙紫陽在北京病逝。趙紫陽兒女們給父親的輓聯是:「能做你的兒女是我們畢生的榮耀;支持你的決定是我們不變的選擇。倡民主堅守良知兒女為你驕傲;今西去終獲自由風範永存人間。」劉曉波在悼念文章中寫道:「趙紫陽在六四那一場人性與獸性的鬥爭中,放棄最高的權力,自願選擇站在失敗者一邊,回歸民間道義立場,成為有漫長強大專制傳統的中國歷史上一個人格奇蹟。……紫陽先生生前,他的自由被囚禁在六四大屠殺那一刻,自此以後的十五年來,他已經成為大陸民間所追求的自由中國的道義象徵;紫陽先生身後,趙公家人讓時鐘停擺在2005年1月17日7時零1分,這一刻,已經銘記在大陸民間的悼念中,載入中國人爭取自由的漫長歷史中。」

06 | 李志綏：只應社稷公黎庶，那許山河私帝王

李志綏（1919年12月30日至1995年2月13日）：醫生、作家。中日戰爭期間，畢業於四川成都華西協合大學醫學院。1954至1976年，擔任毛澤東的保健醫生；1972-1976年，任毛澤東的醫療小組組長。1988年，移民美國。1994年，在蘭登書屋出版英文版《毛澤東私人醫生回憶錄》，其後中文版在台灣出版。由於書中敘述親眼所見的毛澤東其人其事，詳細披露了毛不光彩的真實面貌，引發中共高層震怒。歷史學家余英時予以高度評價：「李志綏的回憶錄，比較詳實地記錄了他在毛澤東身邊二十二年的見聞，這部書的史料價值將隨著時序的推移而越來越增高。」1995年2月13日，李志綏美國芝加哥郊外家中因突發心臟病去世，享年七十六歲。

　　李志綏：生於北京一個著名的醫生世家。其大曾祖父李德立是清朝同治年間御醫，卻留下遺言不准子孫後代做御醫。其祖父懸壺濟世，自己開診所，李家住在北京南城琉璃廠附近的大宅

院。其父棄醫從文，曾赴法國留學，與周恩來是同學，後來加入國民黨，在國民政府中任職。

1931年，李志綏十一歲時，日本侵占東北，劍指華北，他和母親逃離北平，南往蘇州。隨後，他在美國衛理公會設立的東吳大學附屬中學就讀。他在那裡接受全盤美式英語教育。學校宗教氣氛濃厚，他開始學習聖經。1935年，他受洗為基督徒。

1936年，李志綏與出身富裕基督徒家庭的吳慎嫻結識並一見鍾情。此時，日軍往南深入，他和母親逃往武漢。次年，再逃到國民政府的戰時陪都重慶。

1939年，李志綏入四川成都華西協和大學醫學院就讀。此校於一世紀前由加拿大教會所創辦。日本占領北京後，許多北京協和醫學院的教師和學生逃往成都。1941年，華西協和與北京協和醫學院完成戰時併校。兩所大學都屬於洛克菲勒基金會。校中大部分教授為美國人，用英文課本教學，李志綏接受了完整現代西方醫學訓練，畢業時有華西協和大學醫學院和紐約州立大學的兩張畢業證書。

1945年，日本投降，李志綏完成外科實習，到南京中央醫院工作。院裡設備現代化，醫生們極為盡職。他的志願是成為神經外科專家。

1946年11月，李志綏與吳慎嫻結婚，此後兩人相伴一生。

此時，國共內戰開打，時局不穩。李志綏的一個同學在香港做醫生，建議他去生活較安定的香港工作，香港醫生收入頗豐。

1948年12月，李志綏離開南京前往香港。但他未在香港久留，轉到澳洲東方公司，在雪梨行醫，時而在往返澳洲和紐西蘭的船上做船醫。他收入穩定，妻子也搬到香港，租了房子，在英國公司工作。

不久，李志綏收到母親及早先加入共產黨的大哥的家書，希望他回國團聚，並為新政權服務。隨後，他又收到一封來自中共中央軍事委員會衛生部副部長傅連璋的一封短信，邀請他回國。與那些對新中國充滿憧憬、希望回國施展抱負的海外華人一樣，李志綏夫婦於1949年6月從香港北上，回到百廢待興的中國。然而，這個錯誤的選擇改變了他與家人的後半生。

回國後，李志綏被安排到香山中共中央機關醫療門診部當醫生。1950年秋，他進入中南海醫療門診部工作。1952年，他加入中國共產黨，為毛澤東患有精神分裂症的兒子毛岸青治病。1955年4月，他因醫術高明、工作出色，受到毛澤東接見，被毛選為其專任保健醫生。此後二十二年間，除了1970年曾被流放黑龍江五個月外，他一直都在毛身邊工作。在毛晚年重病期間，他出任毛的醫療組組長，一直到毛死去，後來還參與毛的屍體的保存工作。

毛猜忌心極重，發動多次政治運動，幾乎將一起打天下的戰友清除殆盡。毛身邊的工作人員，也不斷被其撤換，失寵之人，下場都很悲慘。像李志綏這樣能在其身邊服侍二十多年的，實屬罕見。李志綏的回憶錄出版後，有媒體訪問他：「為什麼沒有其他醫生取代您的位置呢？」他的回答很坦誠：「就醫術說，肯定很多醫生比我高明，但要做毛的醫生，如果不了解他想什麼，那這醫生是做不成的。如他1970年罰我到黑龍江做赤腳醫生巡迴醫療，他去廬山開會，發生了『設立國家主席』的矛盾，和林彪鬧翻。等會後回來，他受涼生病，得了肺炎。周恩來指派三個醫生給他看病，三人不知他的心情，循常規照片說他得了肺炎。他聽後發脾氣，立刻派專機把我從黑龍江接回來。我知道有政治原因，否則不會病得這麼厲害。我對他說：不要急，病可以好的。只說病是『支氣管炎』。他說：『這些醫生是林彪派來的，林彪希望我的

肺爛掉。」邊說邊用手搥胸部。我說，不會爛掉的，醫生們開的藥不錯。他才同意服用了。他疑心特別重。」多年來，李志綏謹言慎行，幾乎不與任何人交往，才得以避禍。

毛死後，李志綏被視為汪東興派系的人物，被發配到江西五七幹校勞動改造。1979 年，他被調回北京，出任解放軍第三〇五醫院院長。1980 年，他任中華醫學會副會長、中國老年學會副會長，還擔任《中華醫學雜誌》及《美國醫學雜誌》中文版主編。離開中南海後，他終於獲得了部分的自由。

翻譯家巫寧坤教授是李妻吳慎嫻的表弟，也是當年被中共欺騙回國的知識分子之一，被打成右派受到殘酷迫害。李志綏為毛當「御醫」期間，因「伴君如伴虎」，不敢與親人來往，更不敢對其施以援手。直到 1980 年代，兩家才恢復往來。巫寧坤對這位「談笑自若的白衣書生」的表姐夫非常欽佩，「每逢親友有病，常去麻煩他，而他是從不推脫的」。1986 年秋，作家沈從文臥病在家，上醫院看病困難重重。巫寧坤請求李志綏幫忙。李志綏二話沒說，拿起聽診器就趕去沈從文家。

李志綏自 1954 年被任命為毛澤東的保健醫生後，便將平日所見所聞寫成日記，記錄下來。1966 年，文革中興起抄家風，害怕受到牽連，李家將日記全數燒毀。1976 年，文革結束後，李志綏靠著驚人的記憶力，將多年來在毛身邊的工作經歷重新寫成二十多本筆記本。

1988 年，李妻吳慎嫻被查出患有慢性腎功能衰竭，在已移民美國的兩個兒子勸說下，李氏夫婦決定赴美治病。李志綏為了出國的事，專門寫信給鄧小平，鄧小平批准了。那時是趙紫陽執政，比較開放、自由，他走之前沒有任何人找他談話。他隨身攜帶的二十多本筆記本也沒有遭到搜查。

1989年1月，李妻在美國病逝，去世前叮囑丈夫說：「一定要將在毛身邊工作的經歷寫出來，為了你，為了我，也為了我們的後代。」李志綏決心完成妻子的遺願，寫出回憶錄。隨後，北京發生「六四」屠殺，李志綏在精神上與中共決裂，加快回憶錄的寫作，希望以此揭露毛澤東暴虐荒淫的真面目，將毛澤東拉下神壇。

　　據李志綏的次子李二重追憶，「父親許諾了母親。任何能夠令母親瞑目的事，他都樂意去做。他不會將『愛』口口聲聲掛在嘴邊，他將悲痛化為行動的力量。因為，『一個承諾就是一個承諾』，這是永遠的誓言」。於是，李志綏開始了日以繼夜的伏案生活。「握著筆時，他走進歷史。從1989年3月到11月，他每天寫作至少十個幾小時。這十幾個小時，同時是一種矛盾的存在。他一方面秉筆直書，盡情發洩多年來的鬱悶；一方面卻免不了重新回想過去那些壓抑不快的日子，一次又一次的浮上心頭，翻滾不已。……他平均每天至少寫上三千字，每章從始至終是以事件起因開始，發生過程，最終結果，全書形成了一個接一個生動、驚險、曲折的描述，使人們看到政治人物背後人性的一面，以及政治事件為人性支配的一面。」

　　李志綏的本行是醫生，此前從未寫過醫學以外的文章，對非醫學著述的出版、發行完全外行。他整理並完成一千三百頁文稿後，託人探詢有無出版社願意出版。結果，四處碰壁。一位朋友建議，不妨先以英文出版，可以取得更廣泛的影響。美國久負盛名的出版社蘭登書屋接受了書稿，該社總編輯埃伯斯坦（Jason Epstein）說，「世界歷史上，在一個獨裁者身邊達二十二年之久，除了李志綏，找不到第二個人。」書稿由歷史學者戴鴻超[38]翻譯為

---

[38] 戴鴻超（1929-）：河南人，華裔美籍政治學者，作家，翻譯家。1948年，成為流亡

英文，再由學者石安文（Anne Thurston）擔編輯助理，加以潤色補充。李志綏又連續三年協助定稿修訂、校對。1994年10月，初稿完成之後第六年，《毛澤東的私人醫生回憶錄》之英文版終於問世，立即轟動世界。李志綏接連四個月冒著風寒，馬不停蹄地接受訪談及演講。

李志綏在書中詳盡描述治療毛身體和精神上的毛病、毛中晚年的生理與心理變化、毛的性生活、毛對身邊人事物和國際局勢的態度、中南海內部鬥爭、宮廷性政治，以及中共決策高層的神祕內幕等。透過李醫生的親身觀察與記錄，以真摯細膩的筆觸，描繪出一幕幕不可思議的荒謬劇，這本回憶錄堪稱了解毛與共產黨前所未有的第一手珍貴史料。

本書另一主軸敘述李志綏對毛從由衷敬佩到徹底幻滅的轉變，他穿過宮廷帷幕走入毛的真實生活，親眼目睹了毛濫用權力玩弄人與事，性生活糜爛，並以宣傳口號鼓動個人崇拜，尤其是他漠視政策的失敗，導致廣大人民的痛苦。李志綏直指，毛幕前幕後的所作所為，正如中國專制時代的帝王。

書中揭露的若干事實，讓人神共憤。書中「餓殍遍野」四字用了多次，大饑荒時代，可憐的老百姓不知道自己怎麼死的，還在指望週末晚上在舞會「選妃」的紅太陽拯救他們。毛喜歡身材高挑、皮膚白嫩的少女，其淫亂超過歷史上的昏君。毛的包皮過長，平常沒有清洗的習慣，被其中一女友感染上陰部滴蟲病，

學生，經香港到台灣。1954年，畢業於台灣大學，後留美，獲伊利諾大學政治學碩士與博士。之後任底特律大學政治系主任暨榮譽退休政治學教授、台灣大學客座教授、成功大學客座教授、全美中國研究協會會長、哈佛大學國際事務研究中心研究員、史丹福大學胡佛研究所研究員。著有：《現代國際政治經濟學：富強新論》、《槍桿、筆桿和權術：蔣介石與毛澤東治國之道》等。

成了帶原者，又傳染給其他女友。李建議毛洗洗私處，毛的反應是：只要他自己不會有症狀就好了，沒有必要清洗，「可以在她們身上清洗！」此一細節顯示，毛比最底層的地痞流氓更粗鄙卑劣。

曾有媒體訪問該書英文編輯石文安：「英文版讀者有些批評，覺得以李志綏醫師和毛的醫病關係，依照醫師的職業倫理，好像不該有那麼多細節的揭露？」石文安回答說，毛是一個大國之君，毛的一切與中國甚至世界的走向息息相關，「應該這麼說，也就是有一個比醫病倫理更高的倫理」，使李醫師覺得義無反顧，必須揭露給世人知道。「李志綏家人的紀念文章，透露李醫師是安眠藥的重度使用者，才知道他幾十年來承受的心理重擔，以及釋放此等壓力的過程極其複雜與艱難。《毛澤東私人醫生回憶錄》的完成，想必是他自我解放的最後一關。」

李志綏自己則說：「在毛的統治下，凡是在政治上批判一個人，總是要揭發他的個人生活問題，從高崗、饒漱石到下面基層，一無例外，還要動員醫生出來揭發。用西方的醫生道德來看，是講不通的。我也是西方醫學教育出來的。醫德問題要看什麼人，對一般人，當然要守密，但毛不同，他做的那些事，已不是一個人的人權問題，而是涉及廣泛的道德和政治含意。因為他不僅是『公眾人物』，還是十億人口的統治者，我覺得我不能守口如瓶，應該讓人們知道真相。」

李志綏沒有實現成為醫學專家的理想，他為毛服務，延長毛的壽命，對深陷毛時代苦難之中的中國民眾而言，顯然是做了壞事。但他一介平民，身處歷史的巨輪之中，別無選擇。在毛身邊工作時，他不可能成為刺殺秦王的荊軻。然而，他晚年在自由的美國，轉型成一名秉筆直書的歷史學家，終於對作為當代秦始皇的毛澤東投擲出驚天地、泣鬼神的一劍。歷史學家余英時在〈一位歸國

學人淒涼的一生〉一文中寫道:「李志綏在回憶錄中說,他想成為一個神經專科醫生的夢想從未實現,他對於新中國的希望則完全破滅了,他的家庭生活整個毀掉了。他所經歷的是國破、家毀、妻亡、事業無成的一生……他曾期待著一種艱苦奮鬥但將是太平盛世的生活,把自己的專業貢獻給自己的家園。但他的一生卻貢獻給一個帶頭禍亂中國的人而這個人的品質之低劣又是史無前例的。以致李志綏在垂老之年還必須把他的痛苦的一生如實地寫出來,向他自己和子孫作一個交代。更為諷刺的是,這部以血淚織成的回憶錄反而成為他對於中國和世界歷史的唯一的正面貢獻。」

余英時還在長篇書評〈病榻上亂天下的毛澤東〉一文中寫道:「在我所讀過的一切有關毛澤東的回憶作品中,李志綏此書無疑是最翔實可信的一種。……李志綏寫這部回憶錄是在美國寫成的,他已遠離中國的現實政治,超越了原來的御醫角色,故能取客觀的態度而暢所欲言。……這裡所謂的『客觀』是指他寫此書時已擺脫了當年對毛澤東和共產黨的無保留的崇拜和服從,因此他不但能衝破禁忌、記錄了大量的事實,而且也不為自己的過去辯誣。相反的,作者在書中隨處都流露出一種批判性的反思,這一批判性的精神便是本書客觀性的保證。」一向溫文爾雅的余英時,在讀到書中毛的邪惡暴虐的章節,不禁發出衝冠之怒:「我在作歷史分析時,盡量保持客觀冷靜,但是我也不可能完全掩飾我的憤怒。不論毛澤東的主觀願望如何,近三、四十年中國的災難,他個人的責任比任何人都要大。幾千萬中國人的死亡、無數家庭的毀滅、整個中國社會生機的長期斲斷,都是在他當權的二十七年造成的……讀史者如果面對這樣血淚凝成的人間悲劇而竟然無動於衷,那只能說他是別具一副心腸了。」

劉曉波在書評文章〈被中國人寵壞的頑童〉中寫道:「當我在

1994年歲末讀完李志綏先生的《回憶錄》之後，目瞪口呆，有種毛骨悚然，全身冰涼的感覺。⋯⋯儘管李醫生的敘述很樸實，但是那一件件事實卻具有直入魂魄的衝擊力。縱有千種猜測和萬種想像，不讀這本《回憶錄》，我也無法想到毛澤東作為活生生的人的荒唐和惡劣。」劉曉波繼而指出：「毛澤東在中華民族歷經百年動亂、備受殖民者的侮辱之際，以他個人的智慧、毅力、狡黠、狠毒和一種極為通俗化的千年至福的全盤社會改造方案，利用了整個民族的不成熟、弱智，使我們由極度的自卑轉變為極度的自信，於是，我們便遵奉毛澤東為大救星。然而，正是這巨大的成功和我們衷心的寵愛給了他隨心所欲、濫用權力的自由⋯⋯人類歷史上只有極少的時期的野蠻暴政可以和毛澤東時代的嚴密、深入人心相比。」劉曉波還指出：「直到今天，仍有一些海內外的研究者把毛視為一個理想主義者。這些人完全忽略了，不論一個社會的統治思想是什麼，哪怕是最純潔的理想主義的思想，一旦藉助專制暴政對不同的信仰強求一律，那麼他所實行的就不是理想主義而是野蠻行為了，是對人的尊嚴和自由的踐踏，無論被踐踏者是自願的還是被迫的，都改變不了其野蠻性。」

《毛澤東私人醫生回憶錄》出版後，李志綏準備寫第二本書——《中南海回想錄》。然而，由於辛勞過度，1995年2月13日，李志綏在家中突發心臟病，驟然去世。他前一天晚上還在宴請老同學，第二天就走了。有人懷疑他的死因，但美國警方及法醫宣布他並非死於謀殺。

李志綏用厚厚一本回憶錄，表達了與反毛聖女林昭在獄中寫的詩歌〈血詩題衣〉同樣的民主自由價值：「雙龍鏖戰玄間黃，冤恨兆元付大江。蹈海魯連今仍昔，橫槊阿瞞慨當慷。只應社稷公黎庶，那許山河私帝王。汗慚神州赤子血，枉言正道是滄桑。」

一九二〇年代人

07 | 劉賓雁：人生最應該探求和堅持的是真相和真理

劉賓雁（1925 年 2 月 7 日至 2005 年 12 月 5 日）：報告文學作家、記者和持不同政見者。曾任《中國青年報》、《人民日報》記者、中國作家協會副主席和獨立中文筆會第一任會長。1957 年，因發表報告文學〈在橋梁工地上〉，被毛澤東點名打成右派，被流放勞改二十二年。文革後，復出文壇，發表〈人妖之間〉、〈第二種忠誠〉等大量揭露官僚腐敗的報告文學作品，深受民眾敬佩和愛戴。1986 年 12 月，與王若望、方勵之一同被鄧小平點名批判，視為「資產階級自由化」典型。次年 1 月，被開除出黨。1988 年，赴美訪學。1989 年六四屠殺後，公開譴責中共暴政，從此留在美國，主持普林斯頓中國學社，任自由亞洲電台特約評論員。2005 年，在普林斯頓病逝，享年八十歲。

劉賓雁曾在回憶錄中寫道：「一個人走上什麼樣的道路，往往並不取決於自己——既不決定於他的天性，也不以他的願望為轉

移。……我生來是一個愛幻想、有幾分怯弱又不善社交的人。在正常環境下,我多半會成為一個離群索居的詩人,或埋首古籍的學者。我的母親,我童年的夥伴和我本人,絕不會想到我在三十歲上捲入中國的政治漩渦,成為全國聞名的政治罪人。更不會有人猜到,三十年之後,我會重蹈覆轍,第二次被開除出中國共產黨,在全中國遭到最劇烈的譴責和批判……」

劉賓雁出生於長春,在哈爾濱長大。祖父是「闖關東」的山東人。父親在一戰期間曾作為華工,到俄國和法國助戰,學會了俄語,歸國後在中東鐵路當翻譯。父親帶回的俄國文化,對劉賓雁的成長起了決定性作用。

劉賓雁的童年和少年時代,東北在張作霖和張學良父子統治下,「一切都是寧靜而秩序井然的」。日本人從俄國人手中買下中東鐵路後,他父親失業,家庭陷入困境。滿洲國建立後,他卻享受到新聞出版自由,閱讀大量左派書籍。1942年,他初中畢業,被迫輟學,寄居姐姐家並開始自學。

1943年,劉賓雁加入共產主義小組。1944年,他加入中共,並被安排到中共中央晉察冀分局城市工作部所在的河北西柏坡接受指示和訓練。他後來如此分析共產黨吸引青年的原因:「馬克思主義思想對於青年人具有特別的魅力,中國的苦難實在是太深重了,中國對於改變自己奴隸地位的願望實在是太強烈了,因而越是主張激烈、徹底、變革的思想,便越是富於吸引力。」

1945年,只有初中學歷的劉賓雁,用偽造的中央大學文憑,應聘到天津耀華中學當老師。抗爭勝利後,他回到哈爾濱,從事共產黨的青年組織工作。

中共打敗國民黨建立新政權後,劉賓雁對未來充滿美好期待。1951年,他調到北京參加共青團中央正在創辦的報紙《中國

青年報》擔任記者。不久，他與朱洪結為夫妻。他開始以紀實文學的形式寫作，這種寫作形式要求細緻的調研以及近乎小說式的細節和描寫手法。

1955年，劉賓雁在肅反運動中遭到審查和批判，五個月後重獲自由。當年秋天，他赴三門峽採訪。

1956年，劉賓雁根據在三門峽採訪素材寫成報告文學〈在橋梁工地上〉，發表於四月號的《人民文學》。副總編秦兆陽專門寫了按語，給予很高評價，說「我們期待這樣的作品已經很久了」。接著，劉賓雁的另一篇報告文學〈本報內部消息〉也在《人民文學》上發表。前者從黃河大橋工程師曾剛、橋梁隊隊長羅立正及技術室主任周維本的工作及爭執中，突顯出官僚主義如何妨礙社會發展，令有能之士失去貢獻的機會。它批判黨內官僚主義，口氣很溫和，卻是1942年延安文藝座談會以來少有的揭露黨內陰暗面的、有鋒芒的作品。後者從《新光日報》的女記者黃佳英的經歷，展現出當時政治如何控制媒體無法報導社會性問題，以維持政治意識形態一致性，並打壓任何不照章辦事的知識分子。兩篇作品引起巨大社會反響。在劉賓雁的影響下，報告文學這個文學體裁在全國流行開來。與此同時，劉賓雁還提出一個響亮的文學口號——「干預生活」。

1957年5月，毛澤東號召人們「大鳴大放」，向黨提意見。劉賓雁憑著新聞記者的敏感，更由於高漲的政治熱情帶來的自信心，決定直接向毛澤東進諫。25日，他起草了一封給毛的信：「請您注意：一，黨內高級幹部中，一個特權階層已經形成。他們已完全脫離了黨組織與群眾的監督，成為新的貴族。二，在多數工礦企業中，黨的組織處於癱瘓狀態。東北的一些工廠中，黨員起好作用的不到四分之一；在機關中，黨內健康力量不得伸張，

占優勢的仍然是教條主義與宗派主義的思想。有些機關黨員領導幹部政治熱情衰退者竟達三分之一以上。關於黨與群眾關係的普遍惡化,就無須寫了。」這些看法與南斯拉夫共產黨高級幹部吉拉斯寫的《新階級》如出一轍。

在寫這封信的前十三天的5月12日,《中國青年報》發表了劉賓雁寫的關於上海工人罷工、中共上海市委壓制言論自由的報導〈上海在沉思中〉。毛澤東看到這篇文章,當即批示:「看來,有的人不是想把事情搞好,而是想把事情搞亂。」毛將劉看作是「要在中國煽起匈牙利式的暴亂」的「右派」代表。毫不知情的劉賓雁卻忠心耿耿地向毛進言,簡直就是毛嘲笑的「自投羅網」。用劉賓雁的說法就是,「我看見危機,同時走向自己的危機」、「我墜入為百萬人設好的陷阱」。

6月8日,《人民日報》發表社論〈這是為什麼?〉,鳴放運動頓時轉為反右運動。1957年7月8日,身為《中國青年報》編輯部第二黨支部書記的劉賓雁,在報社全體大會上被黨委書記余世光點名為右派,被群起而攻之。他的朋友和同事戚學毅在一場批判大會前夕以跳樓自殺抗議,給他帶來極大震撼。多年後,他沉痛反思說:「反右運動給中國和中國共產黨造成的傷害是致命的。從此,知識分子和幹部將只有很少數人有勇氣對黨和政府提出批評。黨組織腐敗的傾向、黨中央和毛澤東錯誤的決策,對毛澤東的個人迷信將暢通無阻。黨內與全社會的民主將不是逐步擴大而是不斷縮小,直至實行法西斯專政。」

劉賓雁等一百多名報社員工被打成右派,流放到太行山區最貧困的山西省平順縣勞動改造。「我們此刻的目的是改造自己,這就必須憎惡自己,也憎惡和自己相同的人。……每個右派分子身上都印著無形的卻又是人人得而見之的烙印,他們將比刑事犯罪

分子更受蔑視與賤視。」

此後，劉賓雁在與妻子兒女相隔離的狀態下在農村勞動了十三年。他在回憶錄中寫道：「毛澤東確是比史達林高明得多。何必把反對自己的人統統殺掉呢？給以懲戒，又戴上『帽子』，他們若繼續『作惡』，那麼還有一個『勞動教養』乃至判刑後的『勞動改造』等著他呢。當年若像史達林那樣把政敵和地主富農以及反革命分子都殺光，四年後那個『階級鬥爭年年講，月月講，天天講』又哪裡去找鬥爭對象呢？八年後發動文化大革命，也就找不到『地富反壞右』這些特別能喚起革命義憤的靶子了，紅衛兵也就沒法用肉刑和滿門問斬的鍘刀來訓練革命膽魄了。」這段話準確地概括了中共極權主義與蘇共極權主義的差異，在操縱人心和挑動群眾鬥群眾上，中共更勝一籌。

1958至1960年，在大躍進和大饑荒造成中國農村大動盪的三年，劉賓雁分別在山西和山東的三個縣分農村中度過，親眼目睹了毛的錯誤政策將中國農村從生機勃勃變得死氣沉沉。「人民公社化好像抽乾了人民的骨髓，而繼之而來的大饑荒又熬乾了他們的肚腸，直至奪走數以千萬計的生命。」他本人餓得雙腿浮腫，邁過一個田坎都很吃力。「吃」佔據了他幾乎全部思維，並擠掉了廉恥感，「我體驗到，從人性跨入獸性，並沒有多少距離，只須邁出一步……」

1966年6月，文革爆發，劉賓雁再次受到批判，被關進牛棚，隔離審查。他一度產生自殺的念頭。1969年4月，他被下放到河南潢川縣的五七幹校勞動改造。他沒有挨過打，沒有受過酷刑折磨，但他深信「人格受到的侮辱要比皮肉之苦痛苦得多」。

中國出現政治變局，文革結束，並非中共高層具有良性和糾錯力量，而是暴君毛澤東肉體死亡。1979年1月12日，劉賓雁重

新回到《中國青年報》並獲得平反。他重獲政治權利後採訪的第一個人,是一位名叫曹天予[39]的「反動學生」、一個受難比他更重、更久的人。由此,他意識到,自己今後注定將是這一類人的代言人。

1979年3月16日,劉賓雁與一萬多人一起到人民大會堂聽鄧小平作報告。這是鄧第一次講「堅持四項基本原則」和「反對資產階級自由化」。劉賓雁意識到,鄧小平這個反右運動操盤手,並非真正的改革者。「『四項基本原則』的提出,只能有一個理由:它表明這個領導集團企圖把中國的改革嚴格限制在經濟領域,絕不觸動舊的政治制度和舊的一套意識形態。至於『反對資產階級自由化』,其效用則是可以在任何時候對於任何危及既得利益集團及其意識形態的思想或行為給以懲罰。」

儘管如此,從1979年開始,調入《人民日報》的劉賓雁,利用並不完整的採訪和報導自由,發表大量揭露社會問題的報導和報告文學作品。其中,1979年發表的〈人妖之間〉、1986年發表的〈第二種忠誠〉,分別以中華人民共和國建國以來地方官員最大貪污案──黑龍江賓縣王守信貪污案和非共產黨黨員陳世忠及倪育賢的經歷,正面批評共產黨黨員如何從特權中取利,黨員的身分和黨龐大的關係網等社會體制成為貪污的溫床,即使有忠誠的共產黨員向上級報告,也遭到打壓,反映共產黨所追求的「第一

---

39 曹天予:科學史研究者,美國波士頓大學哲學系教授。1957年,還是初中生,被打成沒戴帽子的「小右派」。上大學時又被打成「反動學生」,送進勞改營。文革時期又成了「現行反革命」,直到1978年仍在「管制」之中。劉賓雁十分同情曹天予的遭遇,撰文為之申冤,促成其獲得平反。後來,劉賓雁還勸曹出國留學。曹赴英國留學,獲得劍橋大學博士學位,後任教於美國波士頓大學。著有《從流代數到量子色動力學》、《20世紀場論的概念發展》,主編有《勞動產權與中國模式》、《現代化、全球化與中國道路》等。

種忠誠」是盲忠，不需要獨立思考，而真正有利社會發展、為創造更好的社會體制而作出批評的「第二種忠誠」卻被共產黨打壓。

劉賓雁發展了從 1950 年代已形成的寫作風格。〈人妖之間〉所揭露的社會矛盾，不再是侷限於某一橋梁工地或某一報社編輯部之類的個別的特定單位；在跟蹤王守信這個貪污犯從一個粗鄙淺薄的女人變成「當代英雄」的過程中，劉賓雁追查到縣委、地委、直到中央商業部某局等許多單位，深入到社會生活的許多領域。他探討了王守信之所以能成事的土壤，第一次在報告文學中引起人們對共產黨內的腐敗以及中國社會政治制度問題的注意。這部作品的發表，被人稱為「等於引起一場地震」。

劉賓雁的所有作品都融入他的政治、哲學、經濟學的見解。他不但淋漓盡致地描繪事件的過程，而且以政論的語調來夾敘夾評。敘述時生動簡潔，繪聲繪色；議論時邏輯嚴密，鋒利明快。所有分析、引申、挖掘，政論性極強，鞭辟入裡，富有真知灼見。〈人妖之間〉在《人民文學》上發表後，又作為單行本出版，發行一百多萬冊。記得當時上初中的我，跟父親搶著閱讀，這本書堪稱帶領我睜眼看世界的第一扇窗戶。

報告文學是 1980 年代改革開放時代中國最具時代特徵的文學形式。劉賓雁是其開創者，年輕一代的蘇曉康、麥天樞等人將其發揚光大。香港資深媒體人李怡評論說：「劉賓雁選擇報告文學這種形式去寫作，主要是因為在中共體制下，新聞一直是管得死死的。即使在思想最開放的 1980 年代，劉都說過『理論界是活了，文學界也會跟著活起來，最死的是新聞。』但劉自認是新聞記者，生平最想獻身新聞事業。在新聞管得死死的情況下，他就從文學入手，寫出既有真實背景事實，又帶文學虛構意味的故事。他寫的每一篇報告文學作品，都廣受關注，引起轟動，首先不是它的

文學性,而是它的現實性。實際上他作品的文學性很強,批判鋒芒尤其銳利。我從他的作品和生平中獲得的人生啟示,就是作為一個寫作者,一定要敢於揭發事實真相。新聞要報導真相,無法如實報導,就另闢蹊徑,從文學入手報導真相。寫評論更要基於事實真相。這世界最需要的是真相,人生最應該探求和堅持的是真相,真相就是 Truth,就是真理,就是做一個真正的、忠於自己的人。」

在法治不彰的中國,劉賓雁成了民眾心目中的「劉青天」。異議學者郭羅基[40]指出:「劉賓雁得心應手地運用報告文學的武器,為民申冤。胡耀邦雖然大刀闊斧地糾正了歷次運動中的冤、假、錯案,那都是有案可查的,社會底層還有多少無案可查的幾十年的沉冤?『找劉賓雁!』劉家門庭若市,來自全國各地的人們排著隊向他傾訴冤情。他因此而獲得『劉青天』的美名。『青天』是清官頭上的一方天。劉賓雁不是官,手中並無尚方寶劍,也無龍頭鍘,何以成為『青天』?如果有人寫一部《『青天』列傳》,從古到今只有一個劉賓雁是奇特地靠筆桿子支撐『青天』的。『劉青天』發揮作用的機制是這樣的:一篇報告文學出爐,廣泛地動員了輿論,廣泛的輿論產生強大的壓力,強大的壓力推動權力機構的運作,中紀委、檢察院什麼的派人調查,或本單位黨委重新審查,於是進入糾錯程式。為什麼不說中紀委、檢察院或黨委是『青天』?因為他們是被動的,始發站是劉賓雁,到他們那裡差不多

---

[40] 郭羅基(1932-):江蘇無錫人,異議學者,作家。1955 年,考入北京大學歷史系。1958 年,提前畢業並留校任教。在反右運動中,被指為「右傾」。1970 年代末至 1980 年代,撰寫大量呼籲思想解放的文章,被鄧小平點名批評。1982 年,被趕出北大,放逐到南京大學。1989 年六四事件後,被拒絕黨員重新登記,教授資格被取消。1992 年 11 月,郭羅基前往美國講學,先後在哥倫比亞大學和哈佛大學從事研究。他始終堅持愛國者和馬克思主義者的立場。

是終點站了。為什麼冤民們不去找別的記者？因為僅僅報導事實不一定能產生動員輿論的作用，寫真實還要加上作家的眼力和筆力，才能畢其功、奏其效。」

1985年初，在中國作家協會第四屆代表大會首次自由選舉中，原來並未列入候選人名單的劉賓雁，以第二最高票當選作協副主席。

1986年，因改革陷入困境，中國多所大學爆發學潮。鄧小平下令展開「反對資產階級自由化」運動。12月30日，鄧小平就學潮問題與幾位中央負責人談話，提到劉賓雁時疾言厲色地說：「對於那些明顯反對社會主義、反對共產黨的，這次就要處理。可能會引起波浪，那也不可怕。對方勵之、劉賓雁、王若望處理要堅決，他們狂妄到極點，想改變共產黨，他們有什麼資格當共產黨員？」

1987年1月24日，《人民日報》社紀委正式開除劉賓雁的黨籍及公職。這個決定，按黨章規定，應該召開黨支部大會討論，但這個會始終不敢開。上頭分別找過劉所屬支部的黨員談話，發覺百分之九十以上的人反對開除劉賓雁，而且難以說服和壓服。在《人民日報》報社以外，當局也作過試探。他們找過中國作家協會黨組，三名黨組成員都認為開除不妥，對共產黨不利。那時，相當部分中國人還存有是非善惡判斷，在宣布開除劉賓雁那天，從下午三時起至十時，共有二十七位客人到他家裡表示慰問和支持。

1988年，經趙紫陽批准，劉賓雁赴美訪學。1989年，中國發生六四屠殺，劉賓雁在西方媒體上公開反對中共武力鎮壓學運。7月，他赴法國巴黎，與嚴家其、萬潤南等人發起成立民運組織「民主中國陣線」。11月，劉賓雁被中國作家協會主席團決議開除中

國作家協會會籍,並撤消中國作家協會副主席、主席團委員和理事等職,亦被中國政府禁止返回中國。

流亡美國期間,在非常困難的情況下,劉賓雁曾努力想辦好兩份容易攜帶、方便郵寄的小報——中文的《大路》和英文的《中國觀察》(China Focus)。但由於中共當局嚴厲查禁,兩份媒體完全無法進入中國,最後只能夭折。

劉賓雁身在美國,卻心繫中國。他的妻子朱洪說:「這些年來,他一心牽掛的就是中國這片土地上的發展變化和中國老百姓的安危禍福。他最大的心願,就是聽到來自中國這片土地的聲音,也希望祖國土地上的人民能聽得到自己的聲音。晚年病重,每次聽到有什麼朋友從中國大陸回來,他都要千方百計請到家裡來,或者輾轉打電話過去,請他們說一說他們親眼看到的中國社會情況,隨時想掌握來自中國大陸的第一手資料。每次聽到,這幾年中國大陸伴隨著經濟發展而出現的社會腐敗和年輕人喪失道德理想的現狀,他都感到憂心如焚。」

然而,劉賓雁在美國的最後將近二十年時間,未有重要著作問世,思想觀念上也未能突破早年的「第二種忠誠」。這或許是高齡流亡者不得不付出的沉痛代價。

2005年2月23日,由旅美雕塑家譚寧製作的劉賓雁半身像在普林斯頓大學圖書館揭幕,劉賓雁到場主持儀式。四天後,為慶祝劉賓雁八十歲生日,海內外一批作家合作出版散文集《不死的流亡者》,劉賓雁親自出席簽名會。他在活動中表示,目前正在撰寫回顧自己一生、思索中國歷史和現實的著作《走出千年泥潭》:「再活十年(我覺得少了點)的話,我會更加珍惜時間。近年來悟出一個道理:對於中國,個人的作用是太有限了;但是它又是別人代替不了的。只要腦子還好用,就一定要多留下一點東西,不

管年輕人愛不愛看。總之，一方面覺得自己能夠不死、不精神崩潰、不家破人亡，太幸運了，應該多做點事；現在，心裡就更是誠惶誠恐了……相信我，絕不會辜負大家對我的期待！」

劉賓雁於 2002 年患直腸癌，其後擴散到肺部與肝區。2005 年 12 月 5 日，在普林斯頓去世。

2006 年 6 月 10 日，遺孀朱洪遵其遺願，攜其骨灰回到北京，於 2010 年安葬於京郊的天山陵園。劉賓雁生前為自己寫的墓誌銘「長眠於此這個中國人，曾做了他應該做的事，說了他自己應該說的話」，卻未被允許刻在墓碑上。

《紐約時報》發布的劉賓雁的悼詞指出：「現代中國鮮有劉賓雁這樣的知識分子，如此大膽而且堅持不懈地公開抨擊和揭露中共黨內貪腐。而且他是作為一個『自己人』在這麼做，作為一個黨員和中共官方出版物的撰稿人，在一個歷史上幾乎不存在公開的異見表達的國家——這也許是有關他職業生涯最了不起的一點。」

08 | 林牧：何日黎民能作主，也將白鐵鑄元兇

林牧（1927年10月至2006年10月15日）：異議人士。早年參加中共革命，1960年起任中共陝西省委副秘書長。1960年代中期，胡耀邦在陝西推動改革時，兼任胡耀邦辦公室主任及胡耀邦秘書。胡耀邦受批判後，林牧受到長達十二年的政治迫害，兩度入獄、兩次被開除黨籍、被勞改八年半。文革後，獲平反，先後出任中共陝西省委宣傳部副部長、省委副秘書長、國務院科技幹部管理局長、中共西北大學黨委書記。1986年，胡耀邦被鄧小平等元老非法罷黜後，林牧再次受到整肅。1989年，胡耀邦去世引發八九民主運動，林牧到天安門廣場支持學生，發表公開聲明〈獻給當代中國最可愛的人——絕食請願的人民英雄們〉。六四鎮壓後，他拒絕認錯，被開除黨籍。此後，他完成了從體制內開明改革者到體制外異議人士的轉變，積極參與民間人權活動，曾多次被警方短暫拘押。著有回憶錄《燭爐夢猶虛》。2006年10

> 月 15 日，林牧在西安家中因病去世，享年七十九歲。

林牧：原名駱荃桂，出生於陝西安康小南門外駱家莊。祖父為富商，父親也是商人，當過安康商會會長、佛教會會長、慈善會會長、救濟院院長等，參加過辛亥革命。

林牧少時聰穎，自幼在家裡的私塾讀四書五經，從小學到中學，成績都很優秀。17 歲上高二時，加入中國民主同盟。左派的中學校長推薦他閱讀斯諾的《西行漫記》和范長江的《中國的西北角》，他還閱讀了艾思奇的《大眾哲學》及蘇聯小說，思想急遽左轉，從追求自由民主轉向共產主義。晚年他對自己的這段思想轉變深感懊悔。

1946 年，林牧高中畢業，到西安考大學，同時被西北大學法律系、西北工學院電子系、復旦大學外語系、西北農學院水利系錄取。他先在西北大學上了一年，後轉到西北工學院。

1948 年 7 月 4 日，林牧帶著二十多個同學投奔中共大本營延安，拒絕上級安排他返回國統區做地下黨工作，入延安大學學習。之後，他被調到中共西北局、西北軍政委員會工作。1949 年 11 月，加入中共，先後任西北行政委員會文教委員會副處長、潼關縣縣委書記、陝西省委宣傳部辦公室主任、科學高教處處長等職。1960 年，任陝西省委副秘書長，後兼任省委第一書記胡耀邦辦公室主任。

林牧在肅反、反右等政治運動中險些落馬，被愛才的上級保護勉強過關。他意識到：「中共黨內也是人治不是法治。在黨內鬥爭中整誰不整誰，往往因人而異，沒有一定之規。」作為陝西黨

內少數的「秀才」，他先後為多名省委書記撰寫文件和報告，他承認：「在內部肅反、反右派鬥爭中，我都是先受審查、批判，然後有省委領導提出『沒有反黨動機』、『無心說錯話』、『黨要保護人才』等理由保護過關。但是，保護過關的條件是立功補過，就是上陣整人。歷次政治運動的前期，一般是整我的時候；政治運動的後期，有時是我上陣整人的時候。我在整別人的時候，白天勉強端出一付黨性凜然黨氣熏人的面孔，去批判那些觀點同自己差不多，甚至不如自己嚴重的勇於思考、敢於直言的黨內黨外的優秀人物；晚上痛苦得吃安眠藥，甚至躺在被窩裡悄悄流淚。……連續不斷的政治運動已經把我改造成為一個具有雙重人格的人。雖然靈魂深處是一個十分厭惡階級鬥爭和無產階級專政的自由、平等、博愛的王國，可是，在行動上只是一個製造文字的工具。不管我思想上通不通，你說反左我就寫反左，你說反右我就寫反右。反正天塌下來有大個子頂著呢！我們小人物不負責任，也負不起那個責任。沒有權利就沒有責任感，有多大權利就有多大責任感。這是我的切身體會之一。」

林牧勇於自我反省。他在《自傳》裡寫道：「我這一生思想最荒謬、做錯事最多的，是在『大躍進』時期。我有責任對歷史作出如實的交代。」在「大煉鋼鐵」運動中，林牧的家鄉安康的森林和自然環境受到毀滅性破壞。他後來說，他很多年都不敢回去，因為愧對父老鄉親。

1964 年末至 1965 年 3 月，林牧以中共陝西省委副秘書長、胡耀邦辦公室主任身分，參加胡耀邦在陝西省發起的「解放思想解放人，放寬政策搞活經濟」的改革。這場改革僅持續了三個多月（林牧形容為「百日維新」），胡耀邦很快遭到批判和免職，與陝西省委第二書記趙守一、陝西省長李啟明一起被打成「西北三

家村」。包括林牧在內的諸多支持者也受到暴風驟雨般的批判和整肅。林牧受到長達十二年的政治迫害，兩度入獄、兩次被開除黨籍、被勞改八年半。

1966年6月16日晚，林牧不堪羞辱，服了一百多片安眠藥，想一死了之。但是，被人發現後，送到醫院搶救，二十四小時後，他又活過來了。

1966年6月18日，中共西北局和陝西省委決定，對林牧實行隔離審查。此次隔離審查，他的關押地換了四次：第一次被關在第四軍醫大學神經病科；第二次被關在西安市西大街夏家什字的公安廳招待所；第三次被關在蓮湖公園附近一個普通的院子裡；第四次被關進陝西省公安廳看守所。他被打成「反黨集團骨幹分子」、「國民黨特務」、「反革命分子」等。

1967年5月，林牧從「隔離審查」對象變成「軍事監護」對象，被關在西安的73號院。當時，這個院裡關了73個人，大院套小院，一個房子住一個人，彼此不能聯繫。

林牧曾受到「四面出擊」的刑罰。所謂「四面出擊」就是前後左右都站著公安戰士，前面的人狠狠一拳把他打得倒向後面；後面的人，一隻手扶起他，另一隻手再狠狠一拳把他打得倒向前面；左右兩邊的人照樣仿效。這一次痛打，雖然沒有留下傷痕，卻讓他的筋骨痛了一個多月。

林牧在回憶錄中寫道：「我在坐監獄的時候，隨時都想自殺，只要能夠弄到手的東西，都可以作為我的自殺工具。我吃過有劇毒的夾竹桃枝葉；吃過不少鐵釘子和大頭針；絕食，已經記不清有多少次了。但是，夾竹桃枝葉只能使我嘔吐；鐵釘子，都是直插下去，排泄出來，沒有一根斜插下去刺穿腸子；絕食7天，仍然能夠下地掃院子，後來被牢頭、禁子發現，強迫進食。當時陝

西省委的肖純曾經說過：『我們要整得你們這些反黨分子求生不得、求死不能。』他們確實是這樣幹的。沒有生的自由，也沒有死的自由。這才是慘絕人寰的政治迫害！」

直到1969年9月10日，陝西省革委會來人宣布：第一，林牧歷史上沒有叛徒特務問題，且對錯誤有認識；第二，結束軍事監護，送回原單位，接受群眾批判、監督。原來，中共九大召開前，毛澤東點名叫胡耀邦等兩個當年的「紅小鬼」參加九大。胡耀邦出席九大，算「解放」了，他的秘書林牧也「半解放」了。

但不久後，胡耀邦再次被打倒，林牧也被送到五七幹校勞動改造四年半，後來又轉到商洛勞動改造四年。

1978年11月，文革結束兩年後，林牧終於獲得平反，先後任陝西省委宣傳部副部長、勞動人事部科技幹部管理局局長、西北大學黨委書記。

1989年4月15日，胡耀邦去世。一生追隨胡耀邦的林牧悲痛欲絕，擬了輓聯：「才如海，功如山，氣如虹，不愧中華民族英烈；清似水，明似鏡，直似弦，堪為共產黨人楷模。」、「水晶肝膽，赤子心腸，難躲明槍暗箭；錦繡河山，神州大地，必見舜日堯天。」很快，民間悼念活動演變成「反官倒、反腐敗、要民主、要自由」的全國性民主運動。

林牧應中共黨史資料出版社之邀，到北京參加寫作記念胡耀邦的文章。5月17日，林牧到天安門廣場看望絕食的學生時，寫了一份公開聲明〈獻給當代中國最可愛的人──絕食請願的人民英雄們〉，表達對學生愛國民主運動的支持。他寫道：「可敬可愛的青年同學們、朋友們：你們以為民請命、為國捐軀的大無畏的英雄氣慨，為推動改革、爭取民主、反對腐敗、振興中華而進行絕食請願。你們的愛國行動得到首都百餘萬群眾和各省市、

各行業數以千萬計的群眾的堅決支持和聲援。我到天安門廣場看到這個偉大而悲壯的場面，激動得熱淚盈眶。稍有一點良心和愛國愛民之心的人，身歷其境都會像我一樣受到教育、激勵和啟發。……這一次和平的人民運動，規模之大、擴展之廣、水準之高、秩序之好，在中國歷史和世界歷史上都是前所未有的。中國人民真正站起來了，而且不是由某一個政黨、某一些救世主扶著站起來的，是自己站起來的。中國人民從來也沒有像今天這樣精神振奮、意氣風發、幹勁衝天、鬥志昂揚。舊中國傳統觀念加於人民的因循守舊、安分守己、中庸之道、難得糊塗、官貴民賤、個人迷信、窩裡鬥、各顧各、阿Q精神以及有時排外、有時媚外等精神枷鎖和臣民意識一掃而空。官風不正、社會風氣和社會治安不好等一度被人們看作不治之症的污泥濁水，行將被人民運動這一股洶湧澎湃的滾滾浪潮沖洗得越來越乾淨。近些天來，各大城市連小偷和其他犯罪者都少見了。中國人民不再是醜陋的，而是光彩照人的了。這是一次全民思想的大解放，傳統觀念的大突破，民族精神的大發揚。不論運動在發展中還會遇到多麼大的挫折，受到多麼大的壓制和打擊，歷史終將證明：這次運動是在中國深化改革、加速實現現代化、民主化、法治化的一個偉大的轉捩點和里程碑。」最後，林牧還呼籲說：「我懇切希望絕食請願的同學們珍惜自己的有用之身，在目前運動已經取得初步成果的時候，恢復正常的飲食。推動改革，促進民主和法治，實現社會主義現代化的任務還十分艱巨，我們的路還很長很長。你們是民族的菁英，祖國的未來，要吃飽肚子，恢復健康，再來繼續革命吧！」這份聲明廣泛流傳，影響甚大。

5月21日，林牧回到西安。次日晚，他準備再去北京，火車不通，只好從襄樊繞道走。5月23日，他搭公共汽車到襄樊，京

漢路也不通,他又到河南南陽油田,在南陽聽到六四大屠殺的消息。他前往上海,再轉往浙江金華,在友人家躲避。

8月下旬到10月底,林牧到杭州,借一家親戚在賣魚橋附近的空房住了兩個月。他寫了多首舊體詩宣洩心中的悲憤,如:〈弔秋瑾〉:「八十年前反暴君,暴君如草鋤還生。西湖難貯英雄血,綠慘紅愁愁殺人。」〈謁岳墓〉:「英雄遭際古今同,千古冤血一樣紅。何日黎民能作主,也將白鐵鑄元兇。」〈斥秦〉:「信史從來斥暴秦,殺人如草不聞聲。古為今用翻鐵案,陳勝劉邦是亂民。」〈哀扶蘇〉:「宅心仁厚拒屠刀,柔懦不能抗趙高。卅萬雄兵齊束手,任由孺子亂秦朝。」〈辟秦〉:「亂世人心思辟秦,夢魂縈繞武陵春。桃源若許操舟渡,願作漁人一問津。」與此同時,他還寫了一篇五萬字的長文:〈八九民運的歷史經驗和中國的未來〉。

1989年底,陝西當局在北京幾家報紙和陝西省的報紙、電台、電視台發表通知,勒令林牧回西安「交待問題」。這是變相通緝。林牧擔心連累浙江的親友,1990年春節期間回到西安。

1990年7月19日,林牧給鄧小平和中共中央寫了一封信,題為〈最後的忠諫〉,托陝西省委主要負責人轉送。林牧說:「當時,我明知鄧小平是一個為了維護一個人、一個黨的專制權力不擇手段、不知悔改的人,為什麼還要作什麼『最後的忠諫』呢?這有兩點原因:一點是我的頭腦裡殘存的傳統道德在起作用。我考慮到:不管怎樣,我總算做過四十年共產黨員,而鄧小平對我個人在文革後的平反,起過作用,有『滴水之恩』,我在離開共產黨之前,作一次『知其不可為而為之』的『最後的忠諫』,可以做到我不負共產黨和鄧小平,而是共產黨和鄧小平有負於人民,也有負於我。另一點是:我當時不願忍受清查和勸降的糾纏,索性

把事情做絕，促使他們早一點把我開除出黨。」

1991年10月，林牧因一直拒絕認錯，被陝西省紀委開除黨籍。

此後，林牧以自由撰稿人身分，積極參加民間的人權民主活動，經常受到監視、監聽、傳訊、抄家、綁架、關押和不許在中國講課、發表文章、出版著作等種種政治迫害。

1995年，林牧被推選為總部在紐約的「中國人權」國內理事，同年與四十五名科學家、學者、作家共同發起「呼籲寬容」建議書與致全國人大常委會要求釋放異見人士的公開信。5月，他在杭州被非法拘留三天。

林牧晚年常常用稿費資助身處困境的異議人士，還通過一些經商的學生、後輩的關係為出獄的良心犯介紹工作。年輕一輩民運人士楊海[41]在一篇悼念文章中寫道：「由於出身於政界，林牧先生對中共的運動規律、行為模式十分了解，具有豐富的政治經驗。出於責任感，林牧先生對許多冒進年輕朋友給予耐心的幫助和力所能及的保護，當這些朋友受難時，他每每都是仗義直言、慷慨救助。這讓人感觸很深。林牧先生對政治受難者的關注與關懷幾乎成了他日常生活的一部分，這種十年如一的堅持，其實只是出於林牧先生作為獨立知識分子的一種最樸素的情懷。」

2005年1月18日至31日，因趙紫陽逝世，林牧被公安人員非法拘留兩個星期。有分析人士指出，林牧此前在海外媒體撰文批評胡錦濤和溫家寶欺世盜名的「和諧社會」理念，讓胡溫惱羞

---

41 楊海：陝西人。1989年，在青島海洋大學讀書的楊海積極參加民主運動，任青島高自聯負責人，六四鎮壓後被判入獄一年。出獄後，一邊從事廣告業，一邊繼續為中國民主奔走發聲，常年受中共當局打壓，並二度入獄。他的妻子和女兒於2011年離開中國，流亡美國。2023年12月22日，他由馬來西亞輾轉來美。

成怒,故而動用警察力量對老人下手。

2006年10月15日下午1時,林牧於西安家中逝世。

在林牧的遺體告別式上,西北大學有關方面提出,弔唁大廳顯示的輓聯要交由校方審查。林牧家屬提出兩幅輓聯,一條是「一生光明磊落恒念信仰縱然千曲百折仍從容戰士哉,兩袖清風不阿垂範青史不求福貴權勢任蹉跎文人兮」,另一幅是「一身正氣沛滄溟,鐵骨丹心照汗青」,西北大學審查兩天後答覆說:「內容不妥,不好辦。」在這種情況下,家屬決定不要任何輓聯,也不准許其他方面強加其他輓聯。

同樣是因為六四與中共體制決裂的鮑彤在一篇悼念林牧的文章中寫道:「林先生認定,中國人不是奴隸,應該得到公民權。為了這個極平凡但又極崇高的信念,他無保留地獻出了自己。凡是不願意失去自由的中國人,都是他為之奮鬥的親人。」

劉曉波在〈從中共黨員到中共體制的叛逆者——悼念林牧先生〉一文中指出,「因為六四之痛,林先生完成了由黨內開明派向民間民主派的轉變,也再度將自己置於長期受監控的敏感人士之列」。

劉曉波回憶:呼喚寬容和平反六四的公開信,源自林牧的創意。他在家裡起草了公開信的草稿,然後親自帶著草稿來到北京,與許良英一起商量修改和組織簽名。為了嚴肅起見,兩位老先生要求所有參與者都必須親自簽名,丁子霖夫婦就專程從南方老家趕回北京來簽名。最後,這封公開信,由德高望重的王淦昌院士領銜,各界傑出人士連署,其中有備受公眾尊敬的楊憲益[42]、

---

[42] 楊憲益(1915-2009):翻譯家,作家,詩人。生於天津,早年就讀教會學校,後留學英國牛津大學,1940年回國任重慶大學副教授。自1953年起,楊憲益任外文出版社翻譯專家,與夫人戴乃迭將大量中國古典文學經典作品翻譯為英文(如:《魏晉

吳祖光、樓適夷[43]、周輔成[44]、范岱年[45]、汪子嵩[46]、包遵信、王若水、

南北朝小說選》、《唐代傳奇選》、《宋明平話小說選》、《聊齋選》、《儒林外史》、《老殘遊記》、《離騷》、《資治通鑑》、《長生殿》、《牡丹亭》、《唐宋詩歌文選》、《紅樓夢》等），又將大量西方文學作品翻譯為中文（如：《英國近代詩抄》、《奧德修紀》、《阿里斯多芬喜劇二種》、《古羅馬喜劇三種》等）。在反右運動中，楊憲益被指「右傾」。期間，曾遭批鬥。從1968年到1972年，夫婦二人在一步橋監獄關了整整四年，同時受了各種的侮辱。1986年冬，楊憲益加入中國共產黨。1989年，六四事件發生後，楊憲益接受英國廣播公司採訪，譴責當局血腥鎮壓，他將做出如此決定的黨內死硬派比作「法西斯」，宣布退出中國共產黨。中共多次遊說不果，於1990年3月將其「開除出黨」。著有自傳《漏船載酒憶當年》及詩集《銀翹集》。

43 樓適夷（1905-2001）：原名樓錫春，浙江餘姚人，作家，翻譯家，出版家。1950年代，任人民文學出版社副社長，兼任人民文學出版社副總編，同時擔任《譯文》、《世界文學》等雜誌的編委。文革期間，樓適夷被打倒，關進牛棚。1969年9月，被下放湖北咸寧向陽湖的五七幹校。1973年，因年老體病獲准離開咸寧，回到家中。文革後，得到平反。1980年代，發表多篇文章支持思想解放運動。

44 周輔成（1911-2009）：四川江津縣李市鎮人，倫理學家，中國倫理學會會長，北京大學哲學系教授。早年入讀清華大學國學院，後在多所大學任教。文革後，引入西方倫理學經典，倡導人道主義，「以人為本」、「人格正義」、「公正和諧」成為他畢生的學術宗旨和根本理念。1989年，學潮乍起，4月21日，周輔曾等學者、作家發表致當局公開信，支持學生的民主訴求。六四鎮壓後，他說：「六四之後，我講了四個少見：一屆政府昏庸無能到這個程度，少見；一代學子忘我獻身到這個程度，少見；一個政黨專橫殘忍到這個程度，少見；一種制度誤國誤民到這個程度，少見。」、「四十年了，中國人讀書人吃盡苦頭，前三十年是唾面自乾，自我羞辱。後十年開始想做出點人樣子來，給斯文掙回面子。現在是官逼民反。我活不了幾年了，再不能任人家拎著脖子要來要去了。」、「六四之後，我讀報上的文章，實在想不出個詞來形容他們。那天聽一個孩子說他的小朋友，『你不講理』。我覺得共產黨的理論可以用『不講理』三個字盡括。」

45 范岱年（1926-）：浙江上虞人，科學哲學家，科學史家，中國科學院科技政策與管理科學研究所研究員。他的論文，尤其是譯作，是科學哲學和科學社會學得以在中國建立的根基。在反右運動中，他身為中國科學院辦公廳整風核心領導小組成員，反被打成了右派。對此，他的態度是：「慶倖被打成右派的是我自己，而不是由自己來打右派。」

46 汪子嵩（1921-2018）：浙江杭州人，哲學家，古希臘哲學專家。1945年，自西南聯合大學哲學系畢業。後考入北京大學文科研究所，師從陳康學習古希臘哲學。1949年至1964年，任教於北京大學哲學系。1964年至1987年，任《人民日報》理論部編輯、高級編輯、副主任。曾任中華全國外國哲學史研究會理事長，《中國大百科全書‧哲學卷》編委會副主任。主要著作有：《古希臘的民主和科學精神》、《亞里斯多德關於本體的學說》、《希臘哲學史》等。

湯一介[47]、樂黛雲[48]等人。結局不出所料，仍然被當局無情封殺。

劉曉波接著寫道：「1998年，林牧先生又與丁子霖女士、江棋生先生等人一起簽署了《自由與公民權利宣言》和《社會公正與公民權利宣言》。兩宣言的宗旨，不僅在於敦促政府關注社會公正和尊重公民權利，更重要的是推動公民運動，呼喚公民社會。特別是後一個宣言，用今天的話說，實際上就是公民維權宣言。進入新世紀，林牧先生發表大量的政論和參與了多次民間簽名活動，他以親歷來揭示歷史真相和中共罪行，以勇氣來針砭時弊和呼喚社會公正，以極大的熱情來關注人權和支援民間維權。對維

---

[47] 湯一介（1927-2014）：天津人，北京大學哲學系教授。父親為哲學家湯用彤。他早年自北大畢業後即留校任教。1958年後，湯一介受到「反右傾運動」的衝擊和打壓。1966年，文革開始，湯一介被北大造反派領袖聶元梓打為「黑幫」，被終止講課資格，每天要在校內勞動，或打掃廁所，或在廣場上拔草，或清掃馬路等等。1969年，他與妻子、被劃為「極右派」的樂黛雲一起被下放到江西鯉魚州五七幹校勞動改造。1971年，兩人回到北京。不久，為了躲避迫害，湯一介加入四人幫的「梁效」寫作組。四人幫垮台後，他又經歷了長達一年的調查。後回北大哲學系任教。1984年，他促成中國文化書院建立，這是中國第一家民間學術團體。1980年代至1990年代，他參與多份知識分子呼籲民主自由的簽名活動。2010年6月29日，北京大學儒學研究院成立，湯一介出任院長。

[48] 樂黛雲（1931-2024）：苗族，貴州人，中國比較文學學科開拓者，北京大學中文系教授。1948年，大學招生考試，她前往北京，最初報考北大外語系，後為沈從文賞識，進入北大中文系學習。大學期間，投身中共革命，加入地下組織民主青年同盟。1952年，畢業留校任教。1957年初，樂黛雲和幾位青年老師想辦一個學術刊物，在老師王瑤勸說下，未能實施。1958年，反右運動擴大化，樂黛雲被認為試圖辦「同人刊物」，有關八人都被打成右派。作為支部書記的樂黛雲，更成為「極右派」，下鄉勞動改造，當過豬官、伙夫、趕驢人、打磚手。1962年，回到北京大學，分到圖書館資料室。文革期間，由於丈夫湯一介被批鬥，再次受到衝擊。文革後，樂黛雲重返講台，後赴美做訪問學者，將西方比較文學引入中國學界，在北大創建比較文學研究所。她出版有英文自傳《暴風雨：一位中國女性的奧德賽》（To The Storm: The Odyssey of a Revolutionary Chinese Woman），如實記述自己經歷的政治運動。又在台灣出版自傳《我就是我：這歷史屬於我自己》，也不迴避若干敏感話題。後來在中國出版《九十歲滄桑：我的文學之路》，則只能表示「很多真話實在是不敢講」。

權人士陳光誠、高智晟和郭飛雄的無辜繫獄,林先生更給予了極大的關注。因此,幾乎在每一個敏感的日子裡,林牧先生都要受到當地警方的騷擾和迫害;但幾乎在每一民間維權的個案上,大都能聽到林老先生的聲音。」

早在 1997 年 7 月 27 日,林牧就寫下了《遺書》:「為了維護我個人和千百萬中國人的人的權利、人的尊嚴,我決心獻出自己的生命。⋯⋯我相信:一個光明的中國,一個自由、民主、富強、文明的中國,不久就會出現。我死而無憾。」林牧的女兒林紅講述了父親生前最大的心願:「他的心願一直都是尋求一個自由民主的國家,那是他最大的願望。他說,他們這一輩人可能是不會看到了,但是不行還有下一輩。但是他一直為這個努力著。」林牧的一位後輩在輓聯上寫了一句話:「您為後輩人尋找一條光明的路。」這句話最能代表林牧對後輩的影響。

09 戴煌：即便被殺頭，也要說真話

戴煌（1928年2月至2016年4月19日）：原名戴澍霖，中共黨員，作家，新華社高級記者。抗戰期間從軍、入黨，報導國共內戰各戰場的戰況。1949年後，先後到韓半島報導韓戰，到越南報導北越抗法戰爭。1957年，因發表〈反對神話和特權〉一文，被打為右派分子，發配到東北林場勞改。1978年，平反後重返新華社，撰寫了包括李九蓮案在內的大量推動平反文革期間的冤假錯案的報導。2007年，反右運動五十週年時，接受自由亞洲電台訪問，痛斥「毛澤東是大騙子，騙了全中國」。戴煌晚年常常幫助弱勢群體上訪維權，起草公開信為被冤殺的農民曹海鑫呼籲。主要著作有：《胡耀邦與平反冤假錯案》、《九死一生：我的右派歷程》、《直面人生》等。2016年2月19日，戴煌因肺炎、心臟衰竭在北京病逝，享年八十八歲。李銳敬獻的輓聯寫道：「鐵骨錚錚以天下興亡為己任，九死一生捍真實新聞勇擔當。」

戴煌，江蘇阜寧溝墩鎮人。1944年4月23日，十六歲的戴煌參加新四軍並加入中共。十九歲時，他成為新華社記者。戴煌晚年回憶和反思自己的一生說：「當年我參加新四軍，黨和軍隊最著名的口號是：自由、民主、平等、博愛。我們打天下多少同志犧牲了，結果天下掙來了，最後有沒有自由、民主、平等、博愛呢，鬼影子也沒有。我從十六歲到現在，八十多歲，六、七十年了，我還在想這八個字什麼時候才能實現。」

國共內戰期間，戴煌作為隨軍記者，足跡遍佈各大戰場。中共建政後，他以戰地記者身分，派赴韓戰戰場及越南抗法戰爭前線，撰寫大量戰地報導。他在越南採訪報導長達一年時間，深受越共領導人胡志明的賞識。

1956年3月的一天，新華社國內工作會議照本宣讀朱德剛從蘇共二十大帶回來的赫魯雪夫「祕密報告」，只准聽，不准記，也不准洩露給沒有參加會議的人。該報告嚴厲批判史達林的個人崇拜，在戴煌心中激起狂瀾。他由此聯想到中國國內對毛澤東的個人崇拜。

7月下旬，戴煌從上海回到闊別多年的蘇北故土，發現鄉親們的生活依然困苦不堪。他進而發現，當地不少幹部熱衷於撈錢撈物，吃喝玩樂，欺壓群眾，私設公堂；不服氣的黨、團員和老百姓再怎麼上訪上告，上面的人似乎都無動於衷，使得個別鄉親失望至極，只得飲恨自戕而亡。

當年10月，發生了「波匈事件」。為了吸取教訓，戴煌決心履行一個共產黨員的義務，把自己對國家政治生活的種種思慮和在上海、蘇北等地的所見所聞，向黨的最高領導層和盤盡託。

當時，戴煌已在外交學院專攻英文，學習很緊張，只能利用週末節假日的空閒，背著妻子，在辦公室悄然寫成〈反對神話和

特權〉一文。

1957年春，毛號召發起整風運動。受到激勵，戴煌在外交學院鳴放座談會上第一個發言，其主要觀點是：全黨全國最嚴重、最危險、最最令人擔心的隱患，莫過於「神化與特權」。如果不立即予以控制與消除，而聽任其發展蔓延，必將導致國蔽民塞，全國各民族都會跟著遭大難。對其抑制與消除的最最有效的辦法，就是大膽批評，切實監督，改進選舉；人民代表要講真話，對人民說話要算數，確保和尊重人民應有的民主自由權；舉國上下都該講平等，取消一切足以助長特權現象的或明或暗的措施與制度等等。

不日，新華社召集所有學外文的同志開鳴放座談會，戴煌又照樣講了一遍。

誰知，戴煌話音剛落，就成為「引蛇出洞」的「蛇」。新華社社長兼《人民日報》總編輯吳冷西在新華社全國系統的電話會議上斷然宣布：「總社反右鬥爭取得了重大勝利，戴煌被揪出來了！」一夜之間，新華社大院裡糊滿了五顏六色的「檢舉」、「揭發」和責罵戴煌的大字報，接著是沒完沒了的大會小會的批判。

戴煌不服，主動拿出那封給毛主席和黨中央的尚未寫完的長信草稿，以昭心跡。沒料到這又恰似釜底「添」薪，被反右好漢們如獲至寶地稱做「萬言書」，讓新華社印刷廠連夜排印，人手一份，作為發動全社人員向其進行總攻擊的「炮彈」。

7月25日，新華社在〈中央機關反右鬥爭蓬勃開展〉的綜合新聞中點了戴煌的名。8月7日，新華社又專門以〈新華社揭發反黨分子戴煌的一系列反黨言行〉為題，播發了一條長達三千多字的新聞。

次日，全國各大報幾乎悉數刊用。《人民日報》把標題改為

〈清算這個極狂妄極反動極卑鄙的反黨分子——新華社連日來圍剿戴煌〉；上海《文匯報》的標題是〈戴煌想幹什麼？〉。

緊接著，《解放軍報》發了一條新聞：〈新華社解放軍分社攻破一個右派小集團〉，說這個「集團」以戴煌與李耐因為首，成員還有韓慶祥與路雲等人。

隨之，南京《新華日報》發表〈「戴青天」還鄉記〉，把戴煌揭發的家鄉一個最壞的新惡霸描繪成一個大好人——既然戴煌成了「敵人」，那麼「敵人」所反對的當然就是「好人」。

就這樣，戴煌就成了新華社第一個被「揪」出來的黨內「右派」，被開除黨籍、軍籍，撤銷記者職務，工資由一百五十多元變成二十八元。妻子受不了周遭的指指點點，被迫與他離婚。

隨後，戴煌被發配到北大荒850農場勞動改造。剛到北大荒時，每人口糧定量是每月一百斤。隨著大躍進的瞎折騰和隨之而來的三年大饑荒，口糧定量減到七十二斤，早晚只能喝稀飯，後來越來越少，逐漸變為六十三斤、四十八斤、三十六斤、十九斤。

戴煌身高一米七八，去北大荒前，體重一百九十六斤。後來由於長時間飢餓，他穿上棉大衣、棉襖、棉褲、絨衣、絨褲、鞋子等，加在一起才九十二斤，扣除衣物十斤，實際只有八十二斤。一次，他實在餓極，跑到地裡捉了許多老鼠，一次煮了大大小小八十二隻，一頓吃完。

右派囚徒們每天還要幹繁重的體力勞動。有一次，為了運送伐好的圓木，從山上往下拉雪扒犁。往下衝時，拐彎處有人拉著車往上走，為了不傷到人，戴煌用身體當阻力，擋住了雪扒犁，左腿受傷，一根肋骨骨折。腿傷一直伴隨著他，晚年時候，他要靠拐杖支撐行走，腿腳更加不便。

很多發配北大荒的右派未能生還。戴煌後來回憶：「我親眼

看到死去的就有幾十個。」戴煌本人在回北京的路上，從哈爾濱經牡丹江轉車，他連天橋都上不去，從月台上火車兩三個台階，都是同行的兩個人抬著他走上去的。在從北大荒回來的火車上，就有一個同行的右派死去了，他原來是銀行幹部。列車長說，不能帶進關內。但大家強烈要求，一定要把難友的遺體帶回北京。後來，到了天津，列車長又說，不能把死人帶回北京。大家只好將難友的屍體從車上抬下來，放在天津的一處停屍房，通知其家屬、子女到天津去接屍體。

1961年，戴煌獲准回新華社，被安排在資料室工作。1962年初，中共召開七千人大會，對1958年大躍進運動以來的一些錯誤做了糾正。之後，對1959年廬山會議後被打成「右傾機會主義分子」的幾百萬黨員幹部進行鑑別、平反。

於是，戴煌寫了《回顧這幾年我所走過的道路》，近十萬字，堅持自己的觀點正確。之後，此文被送黨小組、黨支部、黨總支、黨委逐級傳閱，結論是：材料寫得很好，雖然遭了這麼多大難，還能堅持向黨講真話；這份材料將被列印出來，送中南海去。

在此期間，戴煌與第二任妻子潘雪媛結識並成婚。

然而，好景不長，1962年10月，毛澤東「千萬不要忘記階級鬥爭」、「打退翻案風」的指示傳達下來。新華社領導立即翻臉，說戴煌仍堅持「反黨立場」，對他展開批判。1964年4月23日，是戴煌參加新四軍、加入中共二十週年。新華社專門選擇在這一天處理他，將其開除公職、勞動教養兩年。戴煌被發配到北京南苑附近的團河農場接受勞動改造。

當時，妻子潘雪媛挺著大肚子，悲傷地給丈夫送行。戴煌被帶走的第五天，潘雪媛早產一個月，生下一個女孩，她坐月子期

間,一塊肉都沒有吃過,只吃了一個雞蛋。

1966年,文革開始。戴煌勞教期滿,但勞改農場強迫他留場就業。後來,他被押解到天津清河勞改農場。1969年,又被押解到山西太原勞改隊,在那裡待了將近九年。

1976年10月6日,江青等「四人幫」被抓捕,文革結束。1978年元旦剛過,戴煌在勞改隊勞動時左肋受傷,請假回北京過年和養傷。不久,他的右派被「改正」,之後回新華社上班。那時,妻子潘雪媛因為長期在工廠遭受壓迫,已精神失常,認不出丈夫了,後來在戴煌的照顧下才慢慢恢復。

戴煌有一句名言:「必須要說的話,哪怕說出真話來,可能要被殺頭,那我也說。」他為了說真話,付出了被勞改二十一年的沉痛代價。

戴煌獲得平反,也支持當時胡耀邦主持的平反冤假錯案工作。1979年6月14日,胡耀邦邀請戴煌和其他兩位新華社同仁到家中談端正黨風、改革開放、反腐敗、四個現代化等「新政」。由此,他對胡耀邦留下極佳印象。

戴煌經常為新華社寫內參,他接觸到李九蓮案後,寫了一篇內參。李九蓮是江西贛州冶金機械廠學徒。她將對文革的思考寫入日記,在1969年2月29日寫給男朋友曾昭銀的信中透露她對林彪的懷疑。其男友持信告密,李九蓮以「現行反革命罪」拘留審查。林彪事件後,李九蓮獲釋。1974年,她再次被捕,次年被興國縣法院判處有期徒刑十五年,剝奪政治權利三年。另有四十多人因為同情李九蓮而被判刑,此外還有六百多人受刑事、行政、黨紀處分。文革結束後,李九蓮未獲平反,遂繼續抗議,公開批評「華國鋒把黨政軍大權獨攬於一身」。1977年12月14日,江西省委認定李九蓮在服刑期間重新犯有「惡毒攻擊華主席」、

「喪心病狂進行反革命活動」等反革命罪,同意鄱陽縣法院判處李九蓮死刑,並放在其家鄉贛州執行。當局宣布要槍斃李九蓮時,用竹簽子將其的舌頭和上顎串起來,免得她在街上遊行時喊口號。李九蓮被綁在汽車上遊行,一句話都說不出來。李九蓮被處死後,「除了一群蟻螻在這具屍體亂爬亂鑽外,沒有人理會這具血肉模糊的殘骸。……最後還真有一個人對這具開始發臭的屍體產生興趣,是贛南機械廠的退休老工人何康賢。他把李九蓮的乳房和陰部割了下來,帶回家享受。」

1980年1月,胡耀邦讀了戴煌寫的內參,作出批示,此案得以重新審查,李九蓮獲得平反。

多年後,《炎黃春秋》雜誌社社長杜導正邀請戴煌寫《胡耀邦與平反冤假錯案》,戴煌一口答應。他連續採訪八個多月,搜集了兩百萬字的材料。他認為,當年胡耀邦發動真理標準大討論,推倒「兩個凡是」,全面地撥亂反正和平反冤假錯案,是其一生當中最輝煌,也是全國人民最難以忘懷的歲月。如果沒有那段波瀾壯闊的、把全黨全國從崩潰的邊緣奮力挽回的歲月,就不可能出現1980年代的改革開放。1995年9月初,戴煌完成的初稿在《炎黃春秋》上開始連載。

之後,《胡耀邦與平反冤假錯案》的書稿先在香港出版,再「出口轉內銷」,在國內出版,第一版就印了十五萬冊。

1989年,天安門民主運動期間,戴煌舉著新華社記者的牌子,走在長安街上支持學生,之後受到清查,但他拒絕認錯。

1990年,62歲的戴煌從新華社退休。

2004年,戴煌被《南方人物週刊》評為公共知識分子五十人之一。

戴煌屢屢為若干底層民眾的冤案奔走呼號,常年都在家中接

待一批批全國各地來的訪民，替他們書寫申述，轉交材料，甚至陪他們上訪申冤，為他們聯繫記者和律師，以求公道。早在1980年代，戴煌一家住在新華社正門對面一處約五十平米的屋子，家裡就兩間臥室，一間他們一家住，一間會留給訪民住。「那時吃飯還要糧票，父母會把家裡的糧票和一部分工資拿出來給訪民。」戴煌的女兒戴為偉說，自己當時還上學，常常按照父親要求，帶著來上訪的人去上訪接待站，久而久之，對每個接待站都變得熟悉。

戴煌介入最深、最為曲折悲壯的人權案例就是曹海鑫案。1997年6月，戴煌接觸到曹海鑫冤案。曹海鑫是河南鄭州市金水區祭城鄉常砦村的一位農民，1995年4月當選村民組長。因清查前任組長曹新豹假公濟私、將全村數千萬元土地轉讓費揮霍殆盡一事，得罪了與當地公、檢、法有著千絲萬縷關係的曹新豹一夥，受到侮辱、陷害、恐嚇。在生命受到嚴重威脅之時，他被迫拿起獵槍試圖嚇走歹徒，結果在爭奪中，獵槍走火，擊中上門滋事的歹徒曹新春，導致其當夜死亡。當地公安局卻作出「曹海鑫僅因村民間的一般糾紛，故意開槍殺人」的定性。1997年5月，法院對曹海鑫作出死刑判決。

戴煌不顧七十高齡，與幾位年輕記者趕赴鄭州調查採訪，寫出〈關於曹海鑫一案的重大情況反映〉，送達河南省政法委和省高法。回京後，又寫了〈鄭州對一起命案的審判存在問題〉，由新華總社印發供高層領導參閱。從1997年6月介入該案，一直到1998年9月25日曹海鑫被祕密處決前的一年多時間，戴煌都在為制止枉殺無辜而努力。當得知枉殺無辜成為既成事實後，他痛心疾首，雙腿一下子癱得不能動彈。為了冤死的曹海鑫及其遺下的孤苦無依的妻女，為了懲治真正的罪犯，戴煌與李普、張思

之、杜導正、邵燕祥、方成[49]、張黎群[50]、牧惠[51]、謝和賡[52]、藍翎[53] 等十位文化、新聞界的老人聯名在武漢《今日名流》雜誌發表〈十

---

49 方成（1918-2018）：原名孫順潮，雜文筆名張化，生於北京。漫畫家，雜文家，與丁聰、華君武並稱「中國漫畫界三老」。1947 年春，任《觀察》雜誌漫畫版主編和特約撰稿人。1951 年，任《人民日報》美術編輯。1957 年，因寫了篇名為〈過堂〉的雜文，諷刺教條主義，險些被劃為右派，從此擱筆。1979 年，重新開始漫畫創作，有大量漫畫及雜文發表。他也是當代中國「幽默學」開拓者。主要著作有：《方成漫畫選》、《方成自述》、《英國人的幽默》、《方成全集》等。

50 張黎群（1918-2003）：中共改革派官員，資深新聞工作者。原名黎儲力，筆名黎群，四川蒲江人。早年就讀於中央大學。1937 年，前往延安。1938 年，加入中共。1949 年後，歷任團中央辦公廳副主任，共青團中央委員、常委，《中國青年報》社長兼總編輯，西南局辦公廳副主任。他配合主管共青團工作的胡耀邦，以「新聞真實命根子，實事求是志堅貞。左右逢源非吾願，須與青年共憂歡」為使命，將《中國青年報》辦成了當時發行量第二的報紙。反右運動中受到衝擊，被迫寫自我批判的文章〈檢討我的資產階級新聞觀〉，鄧小平說，「既然糊塗，就不能再辦報紙了」，遂被貶回老家工作。文革期間，被監禁七年。文革後，先後任浙江大學黨委第二書記、中國社科院青少年研究所所長、中紀委教育室主任。晚年主持東方文化研究會，支持《東方》雜誌，但該雜誌仍因敢言被停刊。參與編輯《胡耀邦傳》，著有《一本未寫完的書》。

51 牧惠（1928-2004）：雜文家。生於廣西，曾在中山大學中文系讀書。抗戰時期，打過兩年游擊。1949 年後，長期在《紅旗》雜誌及《求是》雜誌工作，被戲稱為「打著紅旗反紅旗」。牧惠一生勤勉，「耍筆」生涯六十載，談古論今，針砭時弊，為民呼，與民喊，出版有四十多部雜文集。八九學運中，他支持學運，參加首都知識分子記念胡耀邦活動和聲援學運的活動。六四屠殺後，他寫雜文批判中國當局倒行逆施。

52 謝和賡（1912-2005）：作家，中共情報人員。早年被派到國民黨軍隊工作，又與戀人、演員王瑩赴美國從事宣傳統戰活動，後身分暴露，被美國驅逐出境。回國後，任《世界知識》高級編輯兼歐美組組長等職。1957 年，謝在反右運動中因提了「中南海應向老百姓開放」的意見，被打為右派，流放黑龍江省。1967 年，謝在文革中再次被捕，受王瑩牽連遭到迫害，被打成「美國特務」。1974 年，獲知王瑩被迫害致死消息而精神失常，後被治癒。文革後，在外交部工作。

53 藍翎（1931-2005）：文藝評論家、雜文家。原名楊建中，山東單縣人。山東大學中文系畢業後，在北京師範大學工農速成中學任教師。1954 年，藍翎和李希凡合著〈關於《紅樓夢簡論》及其他〉、〈評《紅樓夢研究》〉，得到毛澤東的肯定。此後，藍翎被調入《人民日報》社文藝部任職。1957 年，被劃為右派分子，隨後下放唐山柏各莊農場勞動改造。文革後，調回《人民日報》，歷任文藝部編輯、評論部主任。著有《龍捲風》等。

萬火急冤殺好人〉一文。學者肖雪慧[54]評價說，此文是當代中國左拉發出的《我控訴》。

面對曹海鑫冤死後留下的孤苦無依的妻女，戴煌等人不僅在道義上全力支持，還在經濟上施以援手。他們一開始就一致決定：所有來自刊登曹案真相一文的稿酬全部捐給曹海鑫之女曹帥將來上大學。戴煌從 1999 年 4 月開始陸續將一筆筆稿費以及電視劇編用費存入郵局，兩年後將連同活期利息總共為 15250.37 元的這筆錢託人轉給曹海鑫妻女。所附詳細清單上有三點說明：「一、全國刊發或轉載這篇長文的報刊還有一些，但由於有的因此被查封，有的經紀人不夠誠實，都未能寄來稿酬；另外電視劇本雖已寫妥但未能獲准開拍，就未能支付後續費用，不然這次請你們轉交的款項會多一些。二、我與一些記者去鄭州查訪的費用完全由分社負擔的，我們幾乎沒費什麼錢。至於我們完成初稿後派人去鄭州核實的盤纏，為海鑫全家和事件現場十多張照片的翻拍擴印以及向各地專遞稿件照片和一切通訊聯絡費用等等，都是區區小數，是我們這些老同志歷來慣盡的義務，請玉春母女不必掛齒。三、你們與玉春母女收款後，都幫忙寫個收條，以便於我向這些老同志一一通報，完成我這個『財會』人員必須完成的手續，謝謝！戴煌 2001 年 8 月 22 日清晨。」

---

54 肖雪慧：學者，異議知識分子。1968 年，高中畢業後上山下鄉。1974 年，到成都第七中學當教師。1976 年，因公開批評文革的極左現象而遭報復。文革後，考入四川大學哲學系，畢業後任教於西南民族學院。1989 年，積極投身成都民運，六四鎮壓後被收容審查十九個月，從此被剝奪授課的權利。學術上，從事以倫理學為主研方向的廣泛的人文學研究，此外撰寫大量雜文、隨筆、政論文，以伸張人道、民主、理性、人權，多次被評為「百名華人公共知識分子」。主要著作有：《倫理學原理》、《主體的沉淪與覺醒》、《自我實現——主體論人生哲學》、《理性人格——伏爾泰》、《守望良知——新倫理文化視野》、《複合人格——馬基亞維利》、《教育：必要的烏托邦——蕭雪慧教育隨筆》、《獨釣寒江雪》、《公民社會的誕生》等。

戴煌本人既是這場鬥爭的主將又包攬了眾多煩瑣的具體事務，勞心又勞力，而此時的他已是身患重病、剛動過大手術的七十幾歲高齡老人。而且，他做的遠不止這些，他同時在幾條戰線上向黑暗、腐敗出擊，到處樹敵，遭受到來自多處的報復和迫害。就在這段時間，他還在《南方週末》上揭露了齊齊哈爾的一起事件：某廠女廠長下台後，新廠長銳意改革，被失去既得利益的一方行兇刺傷。作為為曹海鑫鳴冤的主將，戴煌被河南省高法扣上「一再散布謠言，包庇偏袒殺人凶手」的嚇人帽子；而齊齊哈爾那位被他揭的女廠長因上有靠山，刑事案不了了之，還有恃無恐地控告戴煌和《南方週末》侵犯名譽，讓戴煌和報社吃上官司，並被一審法院判決賠償精神損失費二十四萬元。

戴煌還針對四川涼山的貪官污吏寫了兩篇文章，一篇叫〈權柄魔術師〉，另一篇叫〈在層層厚網的覆蓋下〉。文章披露，當地一個副州長的兒子，在飯店裡面吃飯，另外一人無意碰倒他擺在地上的空酒瓶，他就拿刀將人家殺了。文章發表後，涼山的貪官污吏居然到北京法院告戴煌。戴煌感慨地引用蘇聯過去一部話劇裡面的台詞：「沒有良心的權力是卑鄙無恥的，沒有權力的良心是軟弱無力的。」劉賓雁去過後，戴煌在1990年代之後充當了十年前劉賓雁的角色，只是他身處的時代和環境更加艱難，他屢戰屢敗，屢敗屢戰。

2007年，反右派運動五十週年之際，戴煌接受自由亞洲電台訪問，直斥「毛澤東是一個大騙子」，騙了中國，也騙了他本人。他呼籲中共當局徹底否定反右運動：「1957年的問題如果不解決了，這是非常不得人心的。你叫人家說話，『知無不言，言無不盡，言者無罪，聞者足戒，有則改之，無則加勉。』說得多漂亮啊。結果大家出來提意見、講話了，馬上又說這是引蛇出洞的陽

謀。一個革命領導人可以來騙人的,居然到現在還不改正。」

戴煌的一生都在為新聞自由奮鬥,他說過:「人民的記者,應該具有最清醒的頭腦和一副硬骨頭。」他還指出:「很多記者寫文章都要看上面的眼色,明明應該要寫的,看上面的眼色就不敢寫,當然就牽扯到新聞自由了。對我來說,我看到對人民有利的,我都要寫。要看上面的臉色就不敢寫,這就是『一言堂』,這哪是革命呢。反封建、反專制,反來反去,打著一個人民的旗號,還是要人家來喊萬歲,這不是和封建帝王一樣嗎。打天下的時候掛羊頭,坐天下就賣狗肉,這不是騙子嘛。過去幾千年的封建帝王,也只是到了朝廷上,讓臣子跪下來喊萬歲,並沒有叫從上到下、男女老少整天喊萬歲、萬萬歲,萬壽無疆,這個超過秦始皇啊。那我看不慣。」

2016 年 4 月 19 日,戴煌因肺炎心衰病逝北京首都醫科大學宣武醫院。他的女兒戴為偉表示,家人決定「老人後事從簡,但希望新華社能把他檔案復印一份給我們。父親當了二十二年右派,至今沒有一個明確說法,1979 年說『改正』,我們也不明白具體含意」。據悉,新華社老幹局官員是日下午前往病房看望,家屬已提出這一要求,卻未得到正面回應。

學者肖雪慧將戴煌譽為中國的左拉:「當許多人對迫在眉睫的社會問題不是裝聾作啞就是熱中於粉飾太平之時,他到處向黑暗和腐敗出擊;在人心麻木、冷漠,越來越多的人習慣於充當練達看客的世態中,他到處扶弱濟困,為弱者伸張正義,去挑戰製造不公、製造冤案的龐然大物。」

10 | 許醫農：我把自己當做火炬，至少照亮一個角落

許醫農（1929年9月10日至2024年10月12日）：資深編輯。北京大學中文系新聞編輯專業畢業。1980年代任職於貴州人民出版社，1990年代任職於北京三聯出版社，先後編輯出版有「傳統與變革叢書」、《山坳上的中國》、《長江，長江》、《顧準文集》、「三聯—哈佛燕京學術叢書」、「憲政譯叢」、「歷代基督教學術文庫」等上百種影響深遠的著作，成為當代中國思想啟蒙運動的重要推手，深受業界、學界和廣大讀者的推崇。2024年10月12日，在北京永享安歇，享年九十五歲。

許醫農：生於湖南長沙一個城市貧民家庭，幼時父親癱瘓，只能靠畢業於女子職業學校的母親手工勞作養家。

1938年，長沙大火之後，父母離婚。父親回到貴州黃平，許醫農和姐姐隨母親回到邵陽外祖母家，在邵陽念小學。受外祖父與作為知名學者的舅父李柏榮的薰陶，從幼年起便學習古代詩文。

1943年，許醫農從藍田縣明憲女中讀完初中，因家境困難無法繼續升學。尚不滿十四歲的許醫農回到邵陽老家，教幼童兩年，為自己積攢學費。兩年後，復學入高中，接觸身為中共地下

黨的老師，一度有過延安夢。

1948 年，許醫農高中畢業，改男妝遠走南京闖天下，之後如花木蘭般參加解放軍，並將父母起的名字許莉改為許醫農。

1952 年，許醫農從紹興選調到南京航空工業專科學校深造，卻因體檢不合格被退學，大學夢碎。

1953 年，許醫農遭受一場嚴重車禍，全身癱瘓，臥床不起，兩年後奇蹟般痊癒。

1955 年，許醫農考入北大中文系新聞編輯專業，圓了少年時代的北大夢。1958 年，北大中文系新聞編輯專業整體合併入人民大學新聞系，由此轉入人大。1959 年，從人民大學畢業，被分配到貴州人民出版社工作。

許醫農身材瘦弱，卻心比天高，她後來回憶：「我的家庭出身、成長環境、時代背景塑造了我的性格——強烈的個人奮鬥、自強不息、不甘沉淪。這一性格特徵貫穿了我從少年時代直到今天的整個一生。回顧人生路，在每一個命運安排的十字路口，可以說都受益於我的性格而做了自己命運的主人。」

1959 年至 1978 年，在時代的洪流中，性情直率的許醫農成為政治祭壇上的犧牲品，被打成右派、被批鬥、下工廠、勞動改造，最寶貴的二十年青春年華白白虛擲。她後來說：「我是個典型的『50 年代知識分子』，十八九歲初涉人世時，便親歷國民黨瀕臨崩潰的混沌歲月，然後帶著被解放與個人新生者的無限崇敬、信仰、期望投身革命，然後趕上了中國歷史上這空前的大折騰、大變化、大悲歡的半個世紀。曾有過立功受獎當勞模的光榮，也經歷過批鬥勞改當牛鬼蛇神的苦難。」

許醫農的編輯生涯，始於改革開放之後的 1980 年代，她已年過半百。

1980 年至 1983 年，許醫農在貴州人民出版社編輯出版了多種兒童文學作品，不少被稱為「小精品」。

1984 年，許醫農編輯出版《青年生活嚮導》，作為編輯自己寫了八十六萬字中的十三萬字。該書三易其稿，首印二十萬冊，當年三次印刷共四十七萬冊，出版後收到讀者來信近九千封，名列 1986 年「首屆優秀青年讀物獎」榜首。

1985 年，許醫農參與主編「傳統與變革叢書」。1985 年至 1988 年，出版三批共十六種，印刷共五十七萬冊。作為編輯，她為林毓生[55]用英文寫的《中國意識的危機——「五四」時期激烈的反傳統主義》一書的中文譯文提出四十四處質疑與修改建議，有四十二處被接受。該書的出版，為保守主義政治哲學思想首次被引入中國。貴州人民出版社因這套叢書，從一個地方社成為學術重鎮。

1988 年，許醫農編輯出版了任教於中山大學的何博傳[56]寫的《山坳上的中國》一書。正如許醫農在〈編者心聲〉裡所說，「這

---

55 林毓生（1934-2022）：思想史家，中央研究院院士（人文及社會科學組）。生於瀋陽，後隨家人遷居台灣。1958 年，畢業於台灣大學歷史系，深受殷海光影響。後赴美留學，1970 年獲芝加哥大學社會思想委員會哲學博士學位，師從古典自由主義經濟學家海耶克。1970 年起，歷任威斯康辛大學麥迪遜分校助教授、副教授、教授，2004 年成為該校歷史學系榮譽教授。他是第一個對五四以來中國激進主義思潮提出反思的思想史家，他特別指出：「中國知識分子所以接受西方個人主義的思想和價值，主要是借它來支持並辯解反傳統運動。……由思想史的觀點來看，個人主義的諸價值之所以並未深植於五四知識分子的意識中，主要是因為他們在根本上將個人主義諸價值與民族主義和反傳統思想糾纏在一起的緣故。」主要著作有：《中國意識的危機》、《政治秩序與多元社會》、《中國激進思潮的起源與後果》、《知識貴族的精神：林毓生思想近作選》等。

56 何博傳：學者。孤兒出身，1962 年，畢業於廣東師範數學系，學生時代參加過中國第一代電腦的研製工作。長期執教於中山大學科學哲學室。1989 年，其代表作《山坳上的中國》一出版即引起轟動，還曾一度被列為禁書。2005 年，《山坳上的中國》被三聯書城推薦為對中國近二十年影響最大的圖書之一。

是第一本為這個時代『唱哀歌的書』，是刺破國人做不完的『安樂夢』的蒺藜，是向心中只有『美好藍圖』的同胞長鳴報警的鐘聲！是為不甘落伍的炎黃子孫書寫的並非危言聳聽的『盛世危言』！」

《山坳上的中國》涵蓋了1980年代中國發展中面臨種種最緊迫的現實問題、疑難、困境和危機，以激揚的文采，從直觀的社會學、未來學、問題學角度，對中國現代化進程中所可能遭遇的民族文化傳統及固有國情中的諸多缺陷表示憂慮。作者還首次倡議建立一門與「全球問題學」相對應的「中國問題學」專門學科。有學者指出，在1980年代的中國，能像《山坳上的中國》集中描述研究中國現實危機的書，在國內是第一部。古往今來所有「敢為天下先」者，無不冒著種種風險，倘若心中沒有國家與民族安危大局的人，不可能具有共闖改革難關的歷史責任感。作者何博傳如此，編者許醫農亦如此。

何博傳回憶，此書最早投稿給重慶出版社，卻因為遇到「清除精神污染」運動而被退稿，後來轉給許醫農，許醫農冒著陪作者坐牢的風險拍板出版。該書出版後，「震動朝野上下」。「一是，當時有中新社記者在《羊城晚報》以《山坳上的奇人》為題說到，中共中央『人手一冊』；跟著，《人民日報》、《中國青年報》、《光明日報》全國記者『人手一冊』。二是，該書是1989年4月上市的，北京通知『停印』。後來，全國書商偷偷瘋印此書，還售出高價。原價幾元的書，通常以十幾到上百元出售」。貴州人民出版社曾找到六個不同版本的盜印版，卻無可奈何。

《山坳上的中國》與蘇曉康等人的《河殤》、劉曉波的《選擇的批判》以及劉賓雁的報告文學並列，成為1980年代中國知識分子追求自由民主、探索中國未來出路的最強音。許醫農作為該書的「助產士」，其貢獻不亞於作者本人。

1989年2月，許醫農編輯出版了《長江，長江：三峽工程論爭》一書。這是中國第一本公開從政治、社會、經濟和生態環境等角度系統論述三峽工程的書，出版發行此書的目的是追求中國社會決策民主化和科學化，是向以領導意志為決策依據的陳舊的政治體制的挑戰。該書第一版共印刷發行五萬冊，其中三萬冊在六四之後被下架、被焚燒、被化為紙漿。

　　一篇記念許醫農的文章指出：「《長江，長江》一書的編輯出版，展示了許醫農在編輯領域的敏銳洞察力和對社會重大問題的責任感，這本書不僅是一部關於三峽工程的學術性著作，也是中國在發展與環保之間權衡的一個縮影。」

　　當時，三峽工程可行性論證的十四個專業組的領導權均為三峽工程「主上派」或「留蘇派」把持，「反對派」的意見不能得到充分發表和應有的重視。根據中共中央和國務院三峽工程籌備組（組長李鵬）的規定，不准公開三峽工程可行性論證的內容，不准出版關於三峽工程的書籍和專業文章，一切都在黑箱中進行。

　　李銳提議，由《光明日報》記者戴晴出面，編著一本關於三峽工程爭論的書，趕在1989年全國人大和全國政協會議之前出版，把爭論的觀點告訴人大代表和政協委員，告訴全國人民，讓大家都參與到三峽工程決策中來。然而，戴晴完成文稿後，找不到一家媒體敢於發表。「絕望之中，就如上蒼主使一般，突然接到一個電話，貴州人民出版社的許醫農！四十年代末即參加了革命的許大姐是全國最有見解、最肯為作品與作者作出個人犧牲的資深編輯，當時正代表貴州社在京組織另一套書稿。至為關鍵的是——『牢牢掌握』終於也有了一個小砂眼兒小漏洞——她有權在出版社審批的同時給我們一個書號。開印。」

　　1989年六四之後，《長江，長江》被定性為「一本宣揚資產階

級自由化的書,是一本反對四項基本原則的書,是一本為動亂與暴亂製造輿論的書」。《長江,長江》一書中的文章作者、採訪者與被採訪者,被告黑狀,被單位黨組負責人找談話,指出問題的嚴重性,要求不能再在公開場合發表對三峽工程的意見。許醫農也受到批評,一度被命令停止編輯工作。

　　許醫農在貴州人民出版社退休前編輯完成的最後一本重量級著作是 1994 年出版發行《顧準文集》。顧準是冤死於毛時代的經濟學家和政治哲學家,被譽為當代中國思想最深刻的知識分子——在台灣與之同時代、有同樣的思想深度和學人風骨的,大概就是殷海光。顧準對市場經濟的追夢、對憲政主義的嚮往、對「完美民主」的警覺、對革命烏托邦的反省,深深打動了飽經滄桑的中國思想圈,許醫農責任編輯了《顧準文集》,對中國當代思想史的發展軌跡產生了重大影響。

　　香港城市大學哲學博士徐全[57]在一篇評論文章中指出,許醫農透過對顧準思想的整理讓中國人看到,人間不可能建立天國,只有實實在在的進步,這是保守派的自由憲政主義者具有的價值座標。顧準是這樣的人,整理他作品出版的許醫農也是這樣的人。許醫農經歷了中國最動盪的二十年戰爭,也經歷了政治運動風起雲湧的三十年。在她的生命中,半個世紀都在不安、失望、挫敗中度過。但和顧準一樣,許醫農沒有放棄對中國憲政之路的追求。顧準、許醫農這一代中國知識分子傳承了這樣的精神。他們為民前鋒的精神和勇氣,在彌足珍貴的中國學人群體中,留下了最閃亮的腳注。

---

[57] 徐全(1986-):新聞評論人、歷史學者,主要研究領域為晚清及民國思想史、共產革命史。生於江蘇,後遷居香港,香港城市大學哲學博士(中國近代史專業)。著有《銘誌天星:國軍紀念碑百年激盪史》、《歷雨迎鋒:國軍抗戰紀念碑考》。

徐全還寫道：「因為許醫農，我們這一代人才看到了顧準的思想光照。在我本人讀大學的那個年代，很多大學生、大學教授，都將顧準的著作當作是床頭書。從文革結束開始，顧準對暴力革命、政治集權的反思，以及對市場經濟的推崇，一直受到中國人文社科研究者們的尊敬。……我真切希望當代中國知識分子與出版人，勿忘許醫農、記念顧準，永遠為一個公平、正義、充滿民主主義精神和自由憲政價值的中國，而努力奮鬥，讓中國人民能夠作為世界公民而抬起頭、挺起胸、有尊嚴地立於世界文明之林。」

1993年4月，許醫農從貴州人民出版社退休。她到北京組稿時，遇到北京三聯出版社總編輯董秀玉，後者邀她到三聯工作。從此，許醫農「開始在心儀已久的三聯陣地上與年輕同行們共同開拓三聯事業新局面，超齡服役七年」。在三聯，她責編了以「三聯—哈佛燕京學術叢書」、「歷代基督教學術文庫」、「憲政譯叢」、「經營智慧叢書」四個系列為主的八十三種書，約三千多萬字。

編輯出版「歷代基督教學術文庫」的原因是，基督教學術經典是西方思想文化的基本組成部分，然而，在百年來的西典漢譯事業中，基督教學術經典的譯述卻至為單薄。這套文庫通過系統地翻譯和出版西方基督教經典著作，為中國學術界提供了深入了解基督教思想和神學的機會。

「憲政譯叢」是中國第一套、迄今也是唯一一套以憲政基本理論為主題的系列出版物。該譯叢從多方面立論，其議論所要解決的不是一個國家選擇何種政體的問題，而是提供如何保持一個社會良性運行機制的理論，其核心是如何解決權力制衡問題。

「三聯—哈佛燕京學術叢書」影響尤為深遠。浩劫之後的中國

學術界，很多人都是通過此一平台正式出版第一部著作，而且大多都成為其成名之作。許醫農離開三聯之際，該叢書已出六輯四十三種，一千多萬字，總印數包括重印三十七萬多冊，平均每種印數達八千冊以上。其中，盛寧[58]的《人文困惑與反思》、倪梁康[59]的《現象學及其效應——胡塞爾與當代德國哲學》、茅海建[60]的《天朝的崩潰——鴉片戰爭再研究》、楊念群[61]的《儒學地域化的近代形態——三大知識群體互動的比較研究》、王振忠[62]的《明清徽商與淮陽社會變遷》、劉躍進[63]的《門閥士族與永明文學》等書均榮獲多種

---

58 盛寧（1945-）：文藝理論家，《外國文學評論》雜誌副主編。先後畢業於復旦大學外文系、北京大學西語系英美文學專業研究所。曾任教於南京大學，後調中國社會科學院外國文學研究所工作。代表作有《人文困惑與反思》、《二十世紀美國文論》、《新歷史主義》等。

59 倪梁康（1956-）：西方哲學學者。江蘇南京人，弗萊堡大學哲學博士，浙江大學文科資深教授，主要從事現象學及近現代西方哲學研究，博士論文題目為《胡塞爾現象學中的存在信仰問題》。主編有：《胡塞爾全集》。

60 茅海建（1954-）：歷史學者。上海人，華東師範大學歷史學碩士，師從陳旭麓。先後任教於北京大學、華東師範大學、澳門大學。2015年10月，獲得第三屆思勉原創獎。其近代史研究突破了官方主流的民族主義敘事，指出開放與西化是中國的出路。代表作有：《天朝的崩潰》、《苦命天子》、《近代的尺度：兩次鴉片戰爭軍事與外交》、《戊戌變法史事考》、《從甲午到戊戌：康有為〈我史〉鑒注》、《戊戌變法史事考二集》、《「張之洞檔案」閱讀筆記：戊戌變法另面》、《戊戌時期康有為、梁啓超的思想》。

61 楊念群（1964-）：歷史學者。北京人，中國人民大學清史研究所博士，中國人民大學清史研究所副所長、教授、博士生導師。主要著作有：《儒學地域化的近代形態——三大知識群體互動的比較研究》、《楊念群自選集》、《中層理論——東西方思想會通下的中國史研究》等。

62 王振忠（1964-）：歷史學者，主要從事歷史地理、明清以來中國史及域外文獻與東亞海域史研究。復旦大學歷史學博士，復旦大學中國歷史地理研究所教授，安徽大學講席教授。代表作有：《明清徽商與淮揚社會變遷》、《水嵐村紀事：1949年》、《袖中東海一編開——域外文獻與清代社會史研究論稿》、《社會歷史與人文地理：王振忠自選集》、《徽學研究十講》等。

63 劉躍進（1958-）：文學史家。北京人，中國社會科學院研究生院文學系博士，研究方向為漢魏六朝文學。中國社會科學院文學研究所所長、研究員、博士生導師，兼任《文學遺產》雜誌主編、中華文學史料學學會會長。代表作有：《門閥士族與永明文學》、《中古文學文獻學》、《南北朝文學編年史》等。

獎項。

那幾年，許醫農平均一個禮拜閱讀三、四十萬字，每天平均約五萬多字的審稿量。「沒人用鞭子抽我，我自己把自己綁在戰車上，除了一日簡單三餐和不足五小時的睡眠，我晝夜不停的運轉：組稿、審稿、改稿、讀書，與作者、讀者保持廣泛聯繫，寫信、交流、探討……對別人，事業是人生支柱之一，對我則是人生的全部。我捨棄了自己原有的各方面興趣、愛好，1993年至今，甚至沒進過一次西單商場……常有人問我：你為什麼讓自己活的這麼辛苦、緊張、勞累：你到底圖什麼？從中得到了什麼？」

許醫農的回答是：「捫心自問：我得到的是一種對自己活著的意義與價值的充分自信與認定，一種精神上的極大滿足。這實在與編輯職業的特殊性密不可分。人類從茹毛飲血蠻荒時代發展到征服宇宙太空的今天，當然離不開物質產品基礎，可是歸根究底是靠精神產品的創造與積累，代代相繼而發展前進的……任何大思想家、理論家、文學家、科學家的不朽創造中都凝聚著編輯的心血勞動！因而編輯事業對我們有著一份特殊苛求，這是關於『科學的巨人遇到了巨人般的編輯』的故事。我當然稱不上『巨人般的編輯』，但是，我確信：二十年來我在自己崗位上的付出絕對不是可有可無。」

許醫農在與年輕編輯分享人生經歷時指出：「最早成為我終生信念的人生信條的，是莎士比亞在戲劇《一報還一報》中的那句名言：『上天生下我們，是把我們當作火炬，不是照亮自己，而是要普照世界』，這比個人奮鬥出人頭地的羅亭（俄國作家屠格涅夫小說《羅亭》的主人公，多餘人的典型代表）高了一個境界。我常想：一個古代西方的人文主義者尚有這樣的襟懷，我們難道不更應該作火炬嗎？沒有莎士比亞那份智慧與偉大，談不上照亮世

界,能照亮一個小角落,照亮自己身邊的人也不錯呀,就算沒有白來人生一趟。總之,我的人生信念用一句話概括:不為攫取為奉獻,不為自己為他人。」

許醫農以編輯工作為榮:「讀者回饋使我熱血沸騰,感受到個人心靈與千萬人民的憂樂苦難相聯,看到自己的心血、勞動成果反映出時代脈搏的跳動,關聯至國運興衰,這種精神上的充實感不就是編輯這個事業的特殊性給予的厚贈麼?我這個人一大特色就是有一腔不冷的熱血和忠誠。我確信:如果當教師,我會是最好的教師;如果當醫生,我會是最好的醫生。但是教師不過面對學生,醫生不過面對病人,唯有咱們這編輯職業,一本書推出,面對的是整個社會,關聯到萬千人的憂樂與成長……為這樣的事業絞盡心血,哪怕以身殉道,值得!」

2000年,許醫農以七十歲高齡結束在北京三聯出版社的工作。之後,她仍活躍在編輯一線:2008年,為廣西師範大學出版社的「理想國」品牌,編輯出版了多本專著。同時,她還參與李銳日記的編輯工作。

也正是在這段時間,作家余杰與許醫農結識,並邀請許醫農參加其處女作《火與冰》的新書發表會。許醫農在新書發表會上對這本新人寫的新書予以高度評價,卻也坦誠地指出該書編輯校對不佳,有若干錯字。後來,余杰被中宣部下令封殺,許醫農聞訊表示聲援,並積極幫聯繫出版,卻未能成功。有書商表示願意出版余杰的學術論文集《彷徨英雄路:轉型時代中國知識分子的心靈史》,許醫農自告奮勇幫忙編輯校對,不取分文。數年後,該書才由余英時教授推薦、張灝教授作序,由台灣聯經出版社出版。

2013年,年逾八旬的許醫農,有感於習近平的倒行逆施,念念不忘對中國的民主、法治與前途發表意見:「當下大中國正處在

一個非同尋常的歷史抉擇的交叉口,何去何從?關係億萬炎黃子孫和浩瀚中華山河國土的命運安危!」

在最後的歲月裡,許醫農受洗成為基督徒,常常去教會禮拜。

2021年,許醫農離開位於北京錦繡馨園的家,與姐姐一起入住養老院。

2024年10月12日,許醫農因心衰在北京去世。

貴州獨立書店「西西弗」創辦人薛野,在一篇紀念文章中寫道:「許老師助產的是第一等難度的精神作品。設想沒有她助產的這些書,漢語的精神維度、眼界和對話能力會差幾個段位?少多少可能?希臘人認為人最高境界不是當官發財,是做到人可能的卓越(arete),許老師當得起這個詞。中國古人標準是三不朽:立言立德立功。許老師的心血已經化身到她一生編輯的數千萬字文稿,百種名作。她立了轉型社會非常之言,立了打開精神維度之功,立了盡心盡性盡力之德。許老師這樣的人是文化英雄,放在世界哪個領域哪個國家都是個一等一的人。許老師一生最大的成就可能不是出版,是她的德性。經歷了這麼多苦難,還可以活得這麼赤誠。打成右派,下放到工廠做工二十年,沒有變成廢人,這是何等的堅韌。當歷史給她一點仁慈之時,她像個星體一樣爆炸。她努力活成一個莎士比亞說的火炬,她也真的是一個火炬。」薛野最後指出:「許老師們以他們的德性反抗了宿命,也反抗了各種決定論,從而在一點一點去除加在我們命運上的詛咒。如果我們有內心的聖賢祠或威斯敏斯特,那麼這是他們應去的地方,因為他們改善了我們的歷史命運。」

一九三〇年代人

11 | 司徒華：我永遠與大家在風雨崎嶇的民主道路上前進

司徒華（1931年2月28日至2011年1月2日）：香港民主派政治元老和精神領袖。原名司徒衛華，香港人暱稱「華叔」。早年曾為教師，繼而為小學校長，執教四十年。自1970年代參加社會運動，於1973年出任香港教育專業人員協會首任會長。1985年，晉身香港立法局教育界功能組別議員，同年出任《基本法》起草委員會委員。1989年，六四屠殺後，參與成立「香港市民支援愛國民主運動聯合會」（支聯會）和「香港民主同盟」（民主黨前身），領導推動香港民主政制改革。1989年，獲美國「中國民主教育基金」頒發「中國民主傑出貢獻獎」；1997年，獲捷克「人民需求基金」頒發人權獎；2001年，獲國際教育聯會頒發「人權及工運獎」；2002年，獲美國教師會頒發「Bayard Rustin 人權獎」。2011年1月2日，因病在香港去世，享年八十歲。

司徒華：生於香港赤坎鎮塘邊鄉東華里，父親為香港船廠及牛奶公司工人。童年家境清貧，性格孤僻內向，慣於獨立思考。他晚年回顧說：「在少年時候，我就認為，堅持一個正義的信念，是要付出代價的，甚至是最高的代價。『還有豪情似舊時』，至今，我仍時刻這樣地準備著，不管有沒有恐嚇威脅。」

司徒華十一歲時，香港被日軍攻占，他與家人遷回家鄉廣東省開平。戰爭結束後，回到香港，繼續學業。1946年2月，獲油麻地官立學校下午校錄取入讀第七班。他在該校接觸到具中共背景的《學生文叢》月刊，認識了中共的新民主主義革命理論，認定這是救國出路。1949年，升讀皇仁書院。1950年，畢業離校。

根據司徒華回憶錄所述，1949年中共建政後，他聽到「中國人民站起來了」，滿含熱淚，彷彿看見康莊大道。1949年，他由中共地下黨員廖一原介紹，加入新民主主義青年團。同時，參與成立「學友中西舞蹈研究社」，後改名為「學友社」。他向學友社領導歐陽成潮主動要求加入中國共產黨，結果被拒，令他感被遺棄，內心十分難受。

1952年9月至1961年，司徒華在紅磡街坊公立學校（紅磡街坊會小學）任教師及教務主任。1961年，出任葛量洪師範學院校友會觀塘學校校長，直至1992年退休。

司徒華終身未婚，據說是念念不忘早逝的紅顏知己黃少容。他們同在1961年到葛師校友會觀塘學校任教，互生情愫，但黃少容得知自己身患頑疾後，就與之分手。黃少容於1983年去世，生前鼓勵司徒華信教，司徒華因此成為基督徒。

1970年代，司徒華參與爭取中文為法定語文運動，又發動教師罷工反對削減文憑教師薪酬及金禧事件等社運。1973年，香港教育專業人員協會成立，他獲選為首任會長。司徒華說：「教協既

是工會,也是教育團體,同時亦為民間團體。我們從工運走到社會運動,再踏上從政之路,這是必然的發展規律。」

1980年代,中英就香港前途展開談判,雙方極力拉攏司徒華等香港本土社運領袖,希望談判中能打民意牌向對方施壓。當時任新華社香港分社社長的許家屯[64]在回憶錄中寫道,他曾告知司徒華「香港將來找什麼人做行政長官,應當好像新加坡一樣,找一個李光耀,司徒華應該可以成為香港的李光耀」。許家屯還寫道,司徒華「曾經是年輕教師愛中國、要求回歸中國的一派,他曾經自己要求參加共產黨」。

司徒華的版本卻是「許家屯來到我家,邀請我加入共產黨,但我拒絕」。他曾對記者表示:「1983年,許家屯來了當新華社香港分社社長,曾叫我組黨和入黨。我記得,他分別叫我和李柱銘分開組黨,要人有人、要錢有錢。我記得,他沒有說組黨目的,只是說同李柱銘分開,不要兩人走在一起。」但司徒華拒絕了。許家屯又叫一個國安部林姓的人來司徒華家勸說。當時剛推出《鄧小平文集》,司徒華說,你看看《鄧小平文集》,幫助共產黨做事不必入黨。對方沒有說什麼就走了。

---

[64] 許家屯(1916-2016):中共改革派官員。原名許元文,江蘇如皋人。曾任中共江蘇省委第一書記、中共港澳工作委員會書記、新華社香港分社社長(相當於香港中聯辦主任)。1989年春夏之際,中國發生學運,許家屯默許中國駐港機構支持學運。1989年5月20日北京宣布戒嚴,在他的支持下,中共控制的、在香港發行的《文匯報》在5月21日以「開天窗」形式發表社論,刊登了「痛心疾首」四個大字。六四鎮壓之後,北京對支持學潮的官員進行清洗,在海南省長梁湘被免職後,許家屯感到威脅,決定出逃。1990年4月30日,許家屯出走美國,是六四後出走海外的中共最高級官員。1991年3月3日,中共中央政治局批准開除其中共黨籍,撤銷第七屆全國人大常委會委員職務。1993年,出版《許家屯香港回憶錄》,同年8月在美國接受無線電視的記者專訪。

司徒華後來解釋，他未加入共產黨是因為「從批判《武訓傳》、胡風事件，到反右、廬山會議，連綿不絕的政治鬥爭，使人難以信服的事情層出不窮」，他身邊那些曾回國升學或參加建設的學友社朋友，除了不明不白死掉，絕大部分後來都跑回香港。面對這些事情，他表示，少年時候的理想，不但沒有實現，反而成為一個更遙遠的夢。

不過，司徒華與北京一直保持良好關係。1985年，北京當局任命他為《基本法》草案委員會委員。1988年，他在《基本法》草案不記名祕密表決時，投了反對票，中共竟在記者會上公開披露和指責。他體會到了中共的無恥。鄧小平曾談到香港「一國兩制」五十年，鄧說到興起時表態，如果五十年不夠，可以再加五十年。這令司徒華「愕然復凜然」，他認為中共領導人「不知法治精神為何物」，如此重大事情竟隨意變化、信口開河。

六四成為司徒華人生的轉折點。他回憶說：「六月四日凌晨，軍隊開始屠城，我感到極端震驚和無限悲憤，從未有過的哀傷，但又竟然哭不出來。那夜我沒有睡過，全晚都在看電視，定睛看著螢光幕，當時有很多香港記者仍在北京，他們拍了很多現場的畫面，即時傳回香港播出。我看著那奔馳的坦克、掃射機槍的士兵、群眾推著裝載死傷者的板車、攔阻坦克推進的無名英雄──極端的震驚和無限的悲憤，填滿了胸膛、腦子、血管、整個身體。我從來沒有這樣的哀傷，都流不出眼淚，只咬緊牙關，握緊拳頭。」

司徒華從少年時代就左傾，雖然從報章上看到數十年來中共政治運動的血雨腥風，但畢竟沒有親身體驗，對中共的邪惡仍估計不足，六四屠殺如同當頭棒喝：「北京血腥鎮壓的整個過程，令我們非常震驚，同時也出乎我的意料之外。我完全不曾想到，

即使中共一向以來都很殘暴,但竟然可以在全世界面前,出動正規軍隊,用坦克車、機關槍,屠殺自己的同胞。我完全想不到,但竟然是事實。從這件事我看到,中共最本質的就是敵視人民,權力第一,絕對的權力不容許任何挑戰,有任何侵犯他們權力的人,即使是手無寸鐵的、善良的、成千上萬的群眾,統統格殺勿論。六四事件,令我對中共有了最本質的認識,我對中共已不再存有任何寄望。」

隨後,司徒華與李柱銘一起退出《基本法》草委會。但草委會未直接批准他們退出,中國政府高調宣布解除二人之草委資格。

司徒華連同香港多個民間團體策動香港市民支持學運,成立「香港市民支援愛國民主運動聯合會」(支聯會)。其主要綱領包括「結束一黨專政、建設民主中國」。他強調,自己愛國、愛同胞;但愛國並不等於愛黨,也不等於愛一個政權。他說:「作為支聯會主席,我理性上的決定是,對支援中國的民主運動,能夠做到而又應該做的事,我們就要去做,我們不怕困難,不怕犧牲,全心全力堅持支援中國民主運動。」

六四鎮壓後,支聯會發起「黃雀行動」。該行動是飽讀詩書的司徒華從曹植詩句「拔劍捎羅網,黃雀得飛飛」中取名。該行動由牧師朱耀明、藝人岑建勳等人加盟策劃支援,支聯會先後向香港各界募資千萬元,招募走私商人參與偷渡活動,並和西方國家領事館商討庇護程序。司徒華生前接受訪談時透露,「黃雀行動」營救的民運人士達數百人,其中他親手所救的就包括吾爾開希和柴玲等人,支聯會單單為救前者使用了六十萬元。「黃雀行動」前線總指揮陳達鉦[65]說,司徒華在行動中「既是我的戰友,又是我的

---

[65] 陳達鉦(1944-):香港人,人稱「六哥」,商人及社運人士,反共雜誌《前哨》創辦

上司和領導」，因為司徒華提供營救名單和資金。

「黃雀行動」營救出數百名被中共通緝的學生領袖和知識分子。他們在營救人員幫助下偷渡到香港，住在新界租屋內或香港支聯會義工家中，每人每月可獲得三千元港幣生活費。他們還得到香港各界的關愛，醫生為他們義診，香港明愛捐出衣服，香港電訊提供移動電話。牧師朱耀明和律師何俊仁幫助他們辦理政治庇護手續，安排出國逃亡計畫。

「黃雀行動」的細節極度敏感，許多涉及的人物、細節，多年來一直沒有曝光。香港部分營救者為此失去生命與自由。在幫助蘇曉康和孔捷生偷渡時，營救快艇在虎門鎮外海遭到中共兩艘邊防巡邏艇以衝鋒槍掃射，有營救人員受傷。據陳達鉦披露，行動成員已知喪生案例有六名，四人因黑夜碰船而死，兩人因躲避邊防快艇的追截，船隻失火被燒死。在營救王軍濤及陳子明的案例中，因事情失敗導致超過一百人被中共提訊，羅海星、李龍慶[66]、黎沛成[67]等被判刑。其中羅海星被中共判刑五年、坐監兩年。

人之一。在營救中國民運人士的黃雀行動中，他是前線指揮之一，有一百三十三人由他偷運渡港，包括封從德、項小吉、王超華、張倫、呂京花、陳一咨、蘇小康、徐剛、劉再復、吳仁華、孔捷生、遠志明、老鬼、蔡崇國等人。

66 李龍慶：「黃雀行動」前線實施者。1989 年，他是深圳一家酒樓經理，月入豐厚。天安門槍聲過後，陳達鉦安排他化身「黃雀」，營救逃亡學生和知識分子來港。1990年初，李龍慶在營救王軍濤、陳子明時失敗，在深圳過關時被捕，被判囚四年，兩年半後保外就醫。當時，他的長女出生不久後，囚禁兩年多期間與世隔絕，在獄中曾殺老鼠做成肉乾充飢。二十七年後，他首次接受媒體訪問說：「那時兵荒馬亂，又話學生搞事，但為何有這麼多人支持呢？我不知誰對誰錯，只是認為是公平的、又不是害人的事，就去做。」他還說：「只可以話人生平白失去了兩年自由，但自己做過的事，我從未後悔！」他每年都會到維園六四晚會，在人潮之中手持燭光。

67 黎沛成：陳達鉦的小兄弟，奉命參與「黃雀行動」行動，中伏被公安抓獲，判刑四年半。陳達鉦北上北京同公安部達成協議：中國放人；自己退出黃雀行動。黎沛成服刑兩年後獲釋。

被「黃雀行動」拯救的作家和畫家高爾泰，在一篇文章中如此描寫到香港後跟司徒華的初次會面：「我喜歡他老教師形象，優雅而平民的風度。特別是臉上幾道深刻的皺紋，總使我想到著名的黑人影星弗里曼。⋯⋯先生談話中，常用古詩詞。信手拈來，都成妙諦。從陶淵明到龔自珍，如數家珍。」

多年後，支聯會成為香港最有聲望的民間組織之一。司徒華概括支聯會的運作模式，總結出三條經驗：「第一，所有工作人員，都是從信念出發的義務工作者；第二，財政制度嚴謹，珍惜涓滴，時刻注意開源節流；第三，領導成員多元化，既穩定而又不時更新。」司徒華或許不會想到，他去世僅十年後，支聯會就在中共打壓和《港區國安法》威脅下被迫解散。

其後，司徒華又與李柱銘等人成立了香港首個政黨——「香港民主同盟」（港同盟），不久與另一個組織「匯點」合併為香港民主黨。民主黨曾是香港最大的單一政黨。

香港回歸後，司徒華預感到，香港終會中國化。許多人勸他移民海外，但他決定與香港市民在一起，反專制、爭民主，共同奮鬥。他引用林則徐的詩句「苟利國家生死以，豈因禍福避趨之」自我勉勵。

香港居民往返中國需要使用回鄉證，但大約有三十多名香港民主派骨幹在六四後被北京視為異見人士，不予頒發回鄉證，其中就有司徒華、李柱銘、劉慧卿等人。司徒華的回鄉證在天安門事件後，回國時被中國邊檢沒收吊銷。1995 年、1999 年，他兩次希望能領回鄉證，均遭拒絕。2004 年，司徒華在立法會開會時表示，有人傳話問他是否願意祕密到內地去，商討政制改革問題，但被他婉言謝絕。他說，他向來不喜歡做事鬼鬼祟祟。

2004 年 7 月 17 日，司徒華宣布不再參選立法會選舉，從此將

精力集中在支聯會上。身為支聯會主席,他是維園六四燭光晚會等六四悼念活動的靈魂人物,直至去世,他一直堅持主張「平反六四」。

司徒華前後擔任了十八年立法局和立法會議員。期間,經歷了起草《基本法》、爭取「八八直選」、六四事件、籌組港同盟和民主黨、反對臨時立法會;回歸前後,反對《基本法二十三條》立法、爭取「零七、零八」雙普選等事件,始終走在最前線。

2005 年 11 月 27 日下午,香港民主派在遮打道行人專用區舉行「一二‧四」遊行誓師大會,司徒華發表演講指出:「我一定永遠與大家在風雨崎嶇的民主道路上前進!即使實現了普選,民主政制仍須鞏固發展,我也一定繼續與大家一起前進,直至心臟停止跳動的那一天。心臟停止跳動了,倘若有所謂在天之靈,也還是會與大家並肩攜手!」

2007 年 5 月 25 日,香港「民間電台」邀請司徒華作「平反六四」論壇的嘉賓。此民間電台由曾健成[68]、梁國雄等人創辦。後來,香港特區政府引用《電訊條例》檢控他們十多項罪名。司徒華於 11 月 18 日正式收到票控,指他參與非法使用無線電設備。各界均批評香港政府此次做法是選擇性票控,有政治目的。

該案件由 2007 年 11 月 26 日第一次上庭應訊開始,經過九次押後、六次上庭應訊、一次預審、兩日聆訊、一次法院駁回中止聆訊申請及一天正式聆訊。司徒華在提堂時,誓言會公民抗命,

---

[68] 曾健成(1956-):綽號阿牛,香港社運人士,前香港立法局議員,前東區區議會樂康選區議員,香港政治組織「民主救港力量」召集人、「保釣行動委員會」召集人、「苦業主團結陣線」召集人及香港民間電台台長、「社會民主連線」常務委員。他於反對逃犯條例修訂草案運動期間有作出參與及支持。2018 年 5 月 31 日起,曾健成與多名義工在銅鑼灣時代廣場對開鐘樓旁,先後擺放一尊劉曉波的白色半身像和一尊銅製全身坐像。

堅決不認罪，強調一旦被定罪，「坐監就坐監」。在 2008 年 1 月，東區裁判法院法官游德康以《電訊條例》違反《基本法》和《人權法》為由，撤銷司徒華等六名被告的無牌廣播等十四項控罪。

2009 年 8 月，泛民主派中的公民黨和社會民主連線計畫發起民主派立法會議員辭職以進行「五區公投」，藉此向北京當局表達普選訴求，並把補選作為向北京施壓的「變相公投」。起初，民主黨召開內部會議，司徒華並無排除補選方案，曾提出心目中的五區總辭名單。但隨後司徒華公開表示，從未說過支持「五區補選」，民主黨將不參加「五區公投」。5 月 16 日，「五區公投」日在建制派杯葛及民主黨不參與下，投票率不到兩成，以失敗告終。

2010 年 5 月 24 日，民主黨高層進入中聯辦，與中聯辦官員舉行自 1989 年六四以來首次會面，稱為「破冰之旅」。中聯辦副主任李剛會後表示，對民主黨不認同「五區公投」表示歡迎。社民連等黨團抨擊說，民主黨與中聯辦祕密會面，出賣盟友及抽五區公投後腿。

2010 年 6 月，針對香港功能組別產生辦法，民主黨召開黨員大會表決通過 2012 年政改立場，方案最終實質增加十個民選議席，包括五個區議會功能組別議席。作為資深黨員的司徒華，表示支持區議會改良方案。

2010 年六四前夕，司徒華撰文〈香港家書〉指出：「由 1989 年至目前這二十一年，經濟雖然繼續有所發展，但出現了這樣的情況：金權結合；貪污比 1989 年嚴重千倍萬倍，由上至下幾乎無官不貪，貪污款額以億計；道德淪亡、敗壞猖獗；貧富懸殊，弱勢社群飽受欺凌壓榨；雖然沒有大規模的公開血腥鎮壓，但異見人士、維權人士等，受到嚴密監控、被拘捕、判罪入獄。」他繼而寫道：「六四是一個發展轉折的重要關鍵。如果當年接受了『平

等對話』和『反官倒』的要求,到今天,經歷二十一年,不但經濟發展得更好,民主政治也有所發展。六四使黨內的開明健康力量受到整肅,失去了制衡力量,這是今天有負面現象產生的根本原因。我為什麼堅持『毋忘六四』、『平反六四』,就是基於上述的認識和了解,期望中華民族由此走上康莊大道。」

2010年,司徒華宣布自己患上末期肺癌,正在接受治療。雖然抱恙,但他仍活躍於政圈,繼續出席維園六四燭光晚會。同年9月,又染上肺炎,健康情況日益轉差。

2011年1月2日,司徒華於香港威爾斯親王醫院離世。「一寸春心紅到死,四廂花影怒於潮」,這是他生前集龔自珍詩句而成的一幅對聯,也是他一生的自我寫照。他生前最大心願,是看到「平反六四」、「民主中華」來臨,他為此終生努力,他坦言「成功不必我在,功成其中有我」。臨終前,他寄語一起奮鬥的同伴「平反六四,爭取民主,繼續努力」;他留給支聯會義工的遺言是「我好愛他們」;他的最後囑咐是「我死後,請把我的骨灰分為兩份,一部分撒向海面,北望祖國大地;另一份要貼近香港土地、香港市民,安置在歌連臣角花園」。據悉,撒海的那份,撒在西貢大坳門(大澳門)對開向北的海面,那是每年紀念六四而放飛民主風箏的山水地。

在去世後才出版的回憶錄《大江東去》中,司徒華如此總結自己的一生:「有人說,我將終身貢獻給民主事業,沒有家室反而是大眾之福。請別把我說得太偉大。其實,我主要為的也是自己的理想。因無家室之累而無後顧之憂,不戚戚於貧賤,不汲汲於富貴,一直輕裝上路,敢於承擔,較別人容易做到。我覺得,這樣的生活,才使我感到快樂,我不覺辛苦,亦不感到有什麼犧牲的痛苦。當自己可以貫徹肯定的理想和信念,就不會覺得是犧牲。」

然而,《大江東去》中還披露了一段驚人的歷史:1949年後,司徒華在中共的領導下,長期以教師身分做地下工作。如同德國作家君特·格拉斯在回憶錄《剝洋蔥》中承認少年時代曾加入少年黨衛軍一樣,這段披露掀起軒然大波,甚至直接影響其蓋棺論定。與司徒華共事多年的一些香港民主派人士稱,司徒華從未對他們說過這段歷史。有評論認為,他不講出來,可能怕會引起很多誤會和爭論。

高爾泰對此解釋說:「先生當初忠而被謗、信而見疑,連分辯的機會都沒。後來反抗,弱不敵強,不堪持久高壓,心理疲勞過度,內心矛盾不可彌合,再回頭已來不及了。創深痛巨,難以言說,能不令人唏噓!」司徒華去世前彌留之際,曾拉著兩個妹妹的手大哭。高爾泰說,他很重視這個細節,「悲劇英雄人性的一面,反襯出生活在別處的艱難。也使得大江東去的潮聲,聽上去如此悲切,讓人動容,也讓人警省。」

香港資深評論人李怡則在回憶錄中指出:「我相信是健康的因素改變了司徒華的決定。傳聞中國對他的治療略有援手。但不確定。在他生命的最後歲月,他的親弟弟、一生在中聯辦服務的司徒強,與他接觸甚多。他晚年的改變是一個謎。我只能想,或許人在生命遭到嚴重威脅時,有時候難免會軟弱和作妥協。這一念之間的改變,就影響了香港的抗共運動與民主思潮。從此,民主黨的支持度直線下滑,香港的民主運動也陷於分裂。『愛國民主派』式微,本土民主派應運而生。」李怡最後頗為中肯地評論說:「司徒華數十年來,作為抗共組織的創立者和領導者,功績彪炳。他本是剛強和有原則的人。但作為一個人,他也有人的弱點,罹患癌症後的軟弱妥協,可說是晚節不保,對香港民主運動留下深遠挫傷。只不過作為朋友,我對他也許不能夠求全責備了。」

12 流沙河：文人，寫下去即是勝利

流沙河（1931年11月11日至2019年11月23日）：本名余勳坦，詩人、學者、古文字研究者。1957年，因創作歌頌人性、批判奴性的詩作〈草木篇〉而被毛澤東點名批評，被劃為右派，送鄉下勞動改造二十餘年。文革後，得到平反，重返文壇。晚年，轉向古典文化和古文字研究，致力於文字學常識的普及和糾偏，著有《流沙河認字》、《文字偵探》、《白魚解字》、《正體字回家》、《字看我一生》等著作。長期關注民主自由人權議題，支持受當局打壓的川籍異議人士廖亦武、冉雲飛、王怡、余杰等人，並與妻子吳茂華一起簽署《零八憲章》。2019年11月23日，因病在成都去世，享年八十八歲。

流沙河：出生於成都忠烈祠南街，幼年成長於金堂縣城。父親余營成出身於金堂縣地主家庭，四川法政學堂畢業，1945-1949年任國民政府金堂縣軍事科長，負責辦理兵役，中共建政後遭逮捕殺害。母親劉可芬，雙流縣鄉下人，受其繼母之拐賣而為余營成妾。

流沙河自幼受母親啟蒙，1938 年起先後入讀金堂縣小學、金淵小學。1944 年，入讀金堂私立崇正中學，曾參與修建廣漢軍用機場，以使美軍 B-29 轟炸機起飛反攻日軍。1947 年，入讀四川省立成都中學，癡迷於現代文學中的魯迅雜文、巴金小說、曹禺戲劇、艾青詩歌。十七歲時，以「流沙河」為筆名發表短篇小說處女作，筆名取自《尚書·禹貢》之「東至於海，西至於流沙」，因當時國人名字慣為三字，所以加入「河」字。

1949 年，流沙河以第一名成績跳級考入四川大學農業化學系。他讀了半年便選擇離校，投身「創造歷史的洪流」，返金堂老家，執教於鄉村，並筆耕於課餘。

1950 年，流沙河由業餘作者調任《川西農民報》、《四川群眾》專職編輯。1952 年，轉入四川省文聯，成為專業作家。

1956 年，毛澤東提出藝術與學術應該「百花齊放、百家爭鳴」，以「陽謀」來「引蛇出洞」，誘騙知識分子發聲。1957 年初，流沙河與白航、石天河、白峽等詩人創辦《星星詩刊》。前一年 7 月，流沙河被視為有創作前程的青年詩人，送去北京參加中國作協舉辦的「全國青年創作講習班」。10 月 30 日，他學成歸來，一路上情緒愉快，精神飽滿，時而倚窗凝思，心潮起伏，信筆借用白楊、藤、仙人掌、梅、毒菌等植物，揮就五首寓言式散文詩。所寫非草即木，便冠以〈草木篇〉為總題，以唐朝詩人白居易的詩句「寄言立身者，勿學柔弱苗」開篇。全詩如下：

《白楊》：她，一柄綠光閃閃的長劍，孤伶伶地立在平原，高指藍天。也許，一場暴風會把她連根拔去。但，縱然死了吧，她的腰也不肯向誰彎一彎！

《藤》：他糾纏著丁香，往上爬，爬，爬……終於把花掛上樹梢。丁香被纏死了，砍作柴燒了。他倒在地上，喘著氣，窺視著

另一株樹⋯⋯

《仙人掌》：她不想用鮮花向主人獻媚，遍身披上刺刀。主人把她逐出花園，也不給水喝。在野地裡，在沙漠中，她活著，繁殖著兒女⋯⋯

《梅梅》：在姐姐妹妹裡，她的愛情來得最遲。春天，百花用媚笑引誘蝴蝶的時候，她卻把自己悄悄地許給了冬天的白雪。輕佻的蝴蝶是不配吻她的，正如別的花不配被白雪撫愛一樣。在姐姐妹妹裡，她笑得最晚，笑得最美麗。

《毒菌》：在陽光照不到的河岸，他出現了。白天，用美麗的彩衣，黑夜，用暗綠的磷火，誘惑人類。然而，連三歲孩子也不去睬他。因為，媽媽說過，那是毒蛇吐的唾液⋯⋯

這時，《星星詩刊》選編創刊稿件，恰好有一空白，主編白航叫流沙河再選一稿，他便將〈草木篇〉作了補白。1957年元旦，當《星星》創刊號面世之際，〈草木篇〉就首次發表了。

全文不足五百字的〈草木篇〉，不過是一組託物言志的散文詩，所謂「有感於情，有結於心」。它生動的擬人化，簡潔的語言，在構思上以小見大。這組散文詩通過各種草木對比，表達作者鮮明的愛憎。「藤」為一己私利，扼殺美好而在所不惜；「毒菌」生來就是為了害人，往往具有漂亮的偽裝；與之對比，「白楊」的寧折不彎，「仙人掌」的風骨和韌性，「梅」的純潔和忠貞，都可視為人的立身之本，作者深情地予以歌頌。

〈草木篇〉剛剛發表，毛澤東就反戈一擊，發動「反右」運動。毛澤東點名指這組詩歌「有政治思想問題」，是「向人民發出的一紙挑戰書」，「四川還有個流沙河，寫了個〈草木篇〉，那是有殺父之仇的人⋯⋯」，「我們在民主革命運動中，傷害了一些人的感情，那些有殺父之仇，殺母之仇，殺兄之仇，殺弟之仇的

人,時候一到就會來一個〈草木篇〉」。

　　善於察言觀色的四川省委書記李井泉對毛的言行亦步亦趨,將〈草木篇〉的發表視為「螞蟻出洞了,烏龜王八都出來了」,下令「堅決把反黨反社會主義的〈草木篇〉批臭」。《四川日報》奉命評論〈草木篇〉「假百花齊放之名,行死鼠亂拋之實」,誅心之論,不寒而慄。其他批判者紛紛響應,口誅筆伐,叫罵〈草木篇〉抒發的絕不是深刻的人生哲理,卻是為舊社會的哀鳴輓歌,是對新社會的刻骨仇恨和拚死反抗。批判者指出,流沙河說梅花「把自己許給了冬天的白雪」,乃是「盼望國民黨回來」;流沙河說樹藤「糾纏著丁香,往上爬」,乃是「對人類歷史上最民主最先進制度的誣衊」!

　　於是,流沙河被定為「右派分子」,接下來的是長達半年的批判鬥爭。據他回憶:「批判越演越烈,升級到『反革命』與『階級仇恨』的高度,海內為之側目。我想不通,抗辯,發言見報,自取其辱而已,有個什麼用呢!」

　　當時,流沙河是一個缺乏政治經驗、性格軟弱的年輕文人,在政治壓力之下,將同情和支持他的人士向黨和盤托出。四川當局利用這些資料,炮製了「流沙河反黨小集團」,其中二十四名成員全都遭受各類不同程度的迫害。流沙河、茜子[69]、曉楓(鐵流)[70]、

---

[69] 茜子:詩人,原名陳謙,七君子反黨集團之一。反右運動中,被開除公職,判處十年徒刑,關押於成都勞改隊。1980年平反回四川省文聯。
[70] 曉楓(1933-2024),作家、記者。原名黃澤榮,晚年用筆名鐵流。1957年反右時,被劃為右派,七君子反黨集團之一,因不認罪反改造,被判刑二十年,刑滿後又強制留場勞改三年,共關押勞改長達二十三年。1980年底,平反回歸《成都晚報》。後下海經商致富。聯絡全國右派難友創辦非牟利的記述右派歷史的雜誌《往事微痕》。2010年,他拿出一百萬元成立「鐵流新聞基金」,捐助因為言論表達而受到迫害的記者和作家。2010年10月,包括鐵流在內的一群中國新聞工作者聯名致函全國人大常委會,要求取消媒體管制,實現新聞自由。2014年8月29日,發表〈「破除枷

儲一天[71]、石天河[72]、丘原[73]、瑤攀[74]等七個核心成員（七君子）所受迫害最嚴重，多人家破人亡。

流沙河因「老實交代問題」和「檢舉揭發有功」，且屬於「欽犯」，四川省作協機關考慮將來萬一中央又問起他了不致找不到，就予以「從輕處罰」：開除共青團團籍，開除公職，留機關「做反面教員」監督勞動——包括掃地、掃廁所、燒水及拉車。

鎖，啟蒙民眾」，必須清算劉雲山反改革罪行〉一文。2014 年 9 月 13 日，八十一歲的鐵流被北京警方帶走，隨即被刑事拘留，羈押在北京市第一看守所。他很可能是中國「尋釁滋事」案中年齡最大的嫌疑人。後又增加「非法經營」的罪名。10 月 23 日，北京市公安局對其執行逮捕。11 月 24 日，由北京移送戶籍地成都羈押，同時被羈押的還包括其保姆黃敬。當局大肆株連，鐵流夫人、兒子均被禁止出境。2015 年 2 月 25 日，成都青羊區法院以「涉嫌尋釁滋事罪」和「涉嫌非法經營罪」判處鐵流有期徒刑二年六個月，緩刑四年，並處罰金三萬元人民幣。出獄後，他繼續接受外媒訪問，捍衛言論自由。

71 儲一天：作家。在反黨集團案中被判處死緩，囚於大竹監獄，1982 年獲平反。
72 石天河：詩人、作家。本名周天哲，湖南長沙人。抗日戰爭中流亡失學，自學寫作。1948 年，在南京參加地下革命工作。1949 年，參加解放軍。歷任《川南日報》副刊編輯，四川文聯理論批評組長，《星星》詩刊編輯。1957 年反右運動中，被打成反革命集團案首犯，被判處十五年徒刑，刑滿後被強制留場勞動改造，一共被關押二十三年。1979 年，得以昭雪，任教於江津師範高等專科學校。著有長篇童話詩《少年石匠》，論文集《文學的新潮》，專著《廣場詩學》，另有《石天河文集》四卷（詩《復活的歌》、雜文隨筆《野果文存》、評論《劫後文心錄》及詩學專著《廣場詩學》）。2010 年，在香港出版回憶錄《逝川憶語》，書中詳細回憶了「星星詩禍」始末，「噩夢驚回憶逝川，一行一字一潸然。春風未識花先碎，星火方燃雪暗天。屢見英華淪恨海，敢憑枯墨著遺篇。更闌輾轉難成寐，舊鳥梟聲到枕邊」，全書字字血淚、字字反思，真情化作淚水，大義成就詩篇。
73 丘原：詩人，劇作家。在川大讀書時，曾任文工團長。畢業後，調省文聯任專職作家，能寫詩、寫小說、寫散文、寫電影分鏡頭劇本，能導演、能表演、通音律。反右運動中被打成右派，被開除公職，關押於成都寧夏街市大監。獲釋後，流落成都鹽市口開一間小作坊營生。為人不改俠義，見流沙河拉車掙扎過街，憐惜地叫他歇口氣，到茶館喝碗茶，如兄長對弟弟般說：「你從文聯出來，別過那苦役生活，我有一碗飯吃，你也不會餓肚子。」流沙河婉拒其好意，說自己還年輕，不怕吃苦。後來，邱原以反革命集團首犯被捕，在獄中用竹筷在磚上磨尖刺入動脈自殺。他的妻子張天秀領回遺物，那被單，洗紅錦水一江水。
74 瑤攀：作家，七君子之一。反右運動中，開除公職送回老家管制，後死在獄中。

1958年,參與煉鐵運動;1961年,在建築工地種菜及守菜園;1962年,到四川省圖書資料室協助工作。

在資料室庫房,流沙河欣喜發現一堆「破四舊」留下的舊書,多是先秦典籍。他後來回憶:「《莊子》讓我在人生艱難的時候,都保持開朗豁達狀態」。當時他想,自己這一生還有這樣多的精力可用,但能用在何處?他開始補課,讀數學、古代天文學、現代天文學、動物學、植物學,還有古代經學、古文字學。

文革開始,流沙河被抄家、遊街批鬥十二次,被趕回老家金堂,監督勞改,在鋸木廠當了六年木工,還曾拉架車、服雜役,淪入社會最底層。但他仍偷偷讀書、寫作與翻譯。他研讀了四書五經、先秦諸子、中國古代史、民俗學、古人類學、唐宋明三代的野史筆記、天文學,在廢紙背面書寫筆記。他還對許慎《說文解字》做了十萬多字筆記,並花三年寫就一本約八萬字的古漢字普及讀物,但被紅衛兵搶走。

流沙河喜歡蘇俄文學。文革時期,他經歷了抄家和焚書。當時,他悄悄寫過一首短詩,只能在心中默默誦讀:「留你留不得,藏你藏不住,今宵送你進火爐,永別了,契訶夫。夾鼻眼睛山羊胡,你在笑,我在哭,灰飛煙滅光明盡,永別了,契訶夫。」在勞動改造中,他一度以鋸木為生,在腹內寫下了一些詩句,比如「愛他鐵齒有情,養我一家四口;恨他鐵齒無情,啃我壯年時光」。前面還有兩句——「紙窗亮,負兒去工廠」,當時兒子六歲,流沙河背著兒子勞動。

1978年,流沙河作為全國最後一批「右派」獲平反。他對坎坷的命運泰然處之,他多次說過,他在沉冤受辱時沒有自殺,是有「寧為狗活,不為獅死的準備」,這是沉痛無奈的言論。在文革期間,他重讀了《莊子》,甚為得益。讀完後,他心安理得了,一

下就覺得心可以靜下來。「不累於俗，不飾於物，不苟於人，不忮於眾」；而且「見侮不辱」，《莊子》這部書教了他一種生存的哲學，教了他怎樣對待客觀環境。他斬釘截鐵地說：「《莊子》這一部書最具有戰鬥力。凡是認為《莊子》這部書很消極的，都是淺薄之人，沒有把《莊子》讀透。」

對於給他帶來二十年坎坷命運的〈草木篇〉，流沙河並不認為是多麼了不起的作品，只是年輕時的習作：「鮮不鮮，很難說。說它們是花，我看不太像。無論如何，我寫的那一篇，看來看去，既不悅目，聞來聞去，也不悅鼻，沒法提供『美的享受』。它是水，它是煙，它是狼糞的點燃，絕不是花，瓶插的，盆栽的，園植的，野生的，它都不是。它不可能使人娛而忘憂，只會使人思而忘嬉。」他還說：「我兒子一直對〈草木篇〉特別感興趣，想知道到底是什麼樣的大毒草，讓他爸爸成了這麼一個大右派？結果一直到我平反了，他才看到這首詩，他非常失望：居然是那麼膚淺、幼稚的幾句詩！」

對於被自己連累打成反革命集團成員、受到比自己更為殘酷迫害的文學同仁，流沙河心存愧疚和虧欠。2002年，他在一場大病後寫了一首名為〈滿江紅‧賤軀臥疾反省〉的詞，其中有這樣幾句：「命真苦，霜欺蝶。絲已染，焉能潔？恨平生盡寫，宣傳文學。早歲蛙聲歌桀紂，中年狗皮賣膏藥，謝蒼天，罰我絞腸痧，排污血。」

還有一次，記者問：「人生中第一次意識到荒謬是因為什麼？假如能穿越，你想對二十五歲那年的自己說什麼？」流沙河回答說：「1957我當了右派。我的思想本身非常左傾，非常激進，怎麼會說我『右』啊？假如能回去，我會痛罵自己一頓。我在1957年以前的每次運動都表現得非常左，總是上綱上線，用非常左的

口吻批判別人。如果能回到那一步,我會痛改前非,遠離政治。」

記者又問:「在所有已經失去的東西裡,哪樣最惋惜,哪樣最無所謂?」流沙河回答:「就是光陰啊,時間。我失去的時間有二十年。一是戴著右派帽子整整二十年,如果不參與政治,這段光陰不會失去;二是『運動』使我們這一輩子過下來兩手空空一事無成,全部都失去了。因此對我來說就是雙重損失了。現在我八十二歲了,我越來越覺得世界上的書,還有那麼多沒有讀過,這件事讓我非常非常遺憾。」

流沙河的自嘲時時在談話和文字中閃現,在詩裡這樣自我描繪:「瘦如猴,直似蔥。細頸項,響喉嚨。⋯⋯淺含笑,深鞠躬,性情怪,世故通。」在〈這傢伙〉一文中,如此給自己畫像:「這傢伙瘦得像一條老豇豆懸搖在秋風裡。別可憐他,他精神好得很,一天到晚,信口雌黃,廢話特多。他那張烏鴉嘴 1957 年就惹過禍了,至今不肯噤閉。自我表現嘛,不到黃河心不死!」

在上個世紀八、九十年代,流沙河重新提筆寫詩歌,寫下不少名作。他還與諸多台灣現代詩人交往甚密,編撰了多部台灣現代詩選,堪稱兩岸詩歌交流的先驅。

1989 年,在六四屠殺之後的血腥氣中,流沙河斷然宣布封筆,不再寫詩,如同德國哲學家阿多諾所說:「奧斯維辛之後寫詩是一件可恥的事。」他曾多次懊悔與懺悔地表示,此前不該在詩裡寫「他(鄧小平)是人民的兒子」,他哪裡是人民的兒子,而是六四的劊子手!為此,他內疚、羞赧與懺悔達三十多年,在朋輩與同代文人中,他以六四劃線去重新取捨。

2008 年夏,劉曉波組織《零八憲章》簽名。余杰將此事告知流沙河和夫人吳茂華[75],兩人都慨然簽名。劉曉波被捕後,中共當局對第一批三百多位簽名者一一展開盤查。在成都,廖亦武、

王怡、冉雲飛、流沙河等人都被警察找去「喝茶」。流沙河在接受外媒訪問時表示：「他們是有找我去問話，問我是否有簽名？我說是有這事的。主要是我在說，我說過了一百年之後這就是愛國主義。其次就是，我只是簽了一個名，這是在憲法允許的言論自由範圍之內，我簽了名之後就沒有做其他任何事，之所以簽名是因為我覺得這篇文章寫得好。」

2011年，流沙河在採訪中說，他這一生，「不但偶然，根本就非常可悲」。他甚至說：「我的人生是失敗的。」怎麼理解這句話？作為流沙河的忘年交，廖亦武指出，可以以老師講過的一個關於「假國」的故事作為解讀：曾有一個假國，被另外一個國家侵略，遭受滅頂之災，老百姓都在逃難。假國最富的一個商人抱著一塊價值連城的美玉也在逃跑，突然聽到廢墟中傳出一陣嬰兒的哭聲。他循聲尋找到了一個嬰兒，他想把嬰兒帶走，但是手中抱著玉，就沒法抱嬰兒，抱嬰兒，就沒法抱玉。他猶豫了一下，最後還是拋下了玉，抱走了嬰兒。旁邊另外的商人很不理解，說你太划不來了。這個富商回答說，這個假國，什麼都是假的，玉也是假的，只有嬰兒的哭聲才是真實的！他丟掉了玉，他是失敗者；但是他珍視人類生命的傳承，能說他是失敗者嗎？放在今日中國，像流沙河這樣的少數人，捨棄那塊玉，抱起嬰兒，按照世俗觀念，肯定是失敗者，但流沙河就是這麼一個人。他到晚年越活越明白，把世事看得很穿很透。廖亦武逃離中國之前，最後一次去老師那裡，流沙河背了兩句詩：「風中黃葉樹，燈下白頭人。」可見，流沙河是真實的，他說自己「失敗」，可能那並非是

---

75 吳茂華：基督徒，作家，編輯，成都秋雨教會資深成員。長期擔任《龍門陣》雜誌編輯，著有《明窗亮話》。《零八憲章》首批簽名者之一。

一九三〇年代人

個貶義詞。中國的真實的歷史，都是「失敗者」寫的。

2013年1月12日，時事評論家李承鵬[76]攜首部雜文集《全世界人民都知道》在故鄉成都舉行演講簽售會。不料，有關部門高度關切，此會竟然成了「默簽」，主辦方不准李承鵬說話，包括開場白。請來的嘉賓流沙河、冉雲飛等人，也成了必須排除的「干擾」因素，不准介紹，不准讀者提問。高齡八十二歲的流沙河在被警察強行架走之前，對李承鵬說了一句話：「文人，寫下去即是勝利。」李承鵬聞言，潸然淚下。

晚年，流沙河致力於古漢字研究，他感慨說：「感謝古老的漢字，收容無家的遠行客。感謝奇妙的漢字，愉悅避世的夢中人。」他並不是「躲進小樓成一統」，而是通過漢字來寄託自由理想，並明確反對毛澤東時代至今實施的漢字簡化政策。

流沙河是一位文化普及的勤勉工作者，長期耕耘在傳播推廣第一線。他在各種場合開設多種系列講座，或講解傳統經典，或回溯歷史故實，無論黌門閭巷，不辭舟車勞頓，燃火傳薪，樂此不疲，通俗鮮活，連場爆滿。由這些講座整理而成的《詩經現場》、《流沙河講詩經》、《流沙河講古詩十九首》、《詩經點醒》、「流沙河回憶民國故事」、「流沙河談中外文化交流」、「流沙河詩文吟誦」、「易經破迷」等書或視頻節目，網路熱議，閭裡風傳，澤被市井，惠及童稚，廣受好評。

---

[76] 李承鵬（1968-）：足球記者、評論人，暱稱「李大眼」。生於新疆，畢業於四川師範大學，1990年代末加盟《足球報》，因文筆辛辣、犀利、幽默，粉絲眾多，被譽為球評界的「魯迅」。曾因揭露足壇黑幕，多次遭有關部門打壓，被迫離開體育採訪圈。後轉型成為公共知識分子，撰寫大量時評。2014年，其社交媒體和博客帳號被註銷。代表作包括：《中國足球內幕》、《你是我的敵人》、《李可樂抗拆記》、《李可樂尋人記》、《全世界人民都知道》等。

流沙河才思敏捷，詩如其人，如聶甘弩和楊憲益，他有很多膾炙人口的對聯和詩句，如：「偶有文章娛小我；獨無興趣見大人。」、「四方風雨寫史筆；百尺樓台讀書燈。」、「無事不登三寶殿，有權便搞一言堂。」、「什麼社會還談愛國，如此謊言也想興邦。」、「能富民，則反側自銷，從古安邦須飽肚；不遵憲，即寬嚴皆誤，後來治國要當心。」

流沙河的反毛言論，也引發毛左和新左派的瘋狂攻擊，他們用文革語言辱罵他是「地主階級的孝子賢孫」。

2019年，流沙河病危之際，幾次昏迷，醒來後，猶問香港「反送中」大學生被困是否解除。病床旁邊的老友曾伯炎如觸電般感動，後來寫出輓聯：「彌留時，醒來猶問港仔近事，憂國憂民，如此菁英，今遭幾？文化界，通今博古大家風範，文香詩馥，澤惠華夏，無盡期。」

流沙河去世後，作家余世存從千里之外送來敬撰的一副輓聯：

「自草木而扶搖，鋸齒齧痕，得海運能徙南冥，臨終索東方之珠，回向流沙，河漢一生，余言非詩文所囿；

因蟋蟀唱故園，白魚解字，聞楚歌而飲魯酒，遺世而川流大德，敦化餘勳，坦然千古，偵探惟至真依歸。」

沙河老忘年交冉雲飛的師弟鄭萬勇也敬撰了一副輓聯：

「辣手劈靂摧草木，斯文掃地，鋸齒齧痕廿載，俯首牛馬走，嗚呼鋸匠巨匠乎？

贏肩鼎力扛國故，皓首窮經，白魚解字米壽，橫枕莊周夢，哀哉斯人詩人也！」

一九三〇年代人

沙河老人有幽默秉賦，其在天之靈讀到「鋸匠巨匠」與「斯人詩人」之對，當會淒然一笑。

13 | 梅兆贊：我的兄弟姐妹是那些為自由獻身的中國人

梅兆贊（Jonathan Mirsky，1932年11月14日至2021年9月5日）：資深記者，中國及西藏問題研究專家，中國民主人權運動的支持者。他早年就讀於哥倫比亞大學、賓夕法尼亞大學，獲博士學位。又曾到英國劍橋大學和台灣學習中文和中國歷史。他年輕時代思想左傾，是毛澤東的崇拜者。1972年，他與一批美國左派知識分子應邀訪華，但在中國看到令人震驚的真相，讓他「在四十八小時內由毛粉變成了反革命」。1975年，他移居英國倫敦。1980年代，梅兆贊擔任多家國際媒體駐華記者，撰寫大量關於中國的報導。他曾六次訪問西藏，後來與達賴喇嘛成為好友。1989年6月4日凌晨，他在北京街頭親眼目睹中共軍隊屠殺學生和民眾，他本人被士兵打掉牙齒、打斷手臂。他因關於天安門報導獲得1989年英國年度國際記者獎。1991年起，他被中國外交部列入「入境黑名單」，終生不得入境中國，但這並不妨礙他繼續

對中國議題發表真知灼見。他是最早認識到中共「改革開放」謊言的西方知識分子，並批評西方為了跟中國做生意而忽視中共極權主義的本質、犧牲人權議題。2021年9月5日，梅兆贊在英國倫敦病逝，享年八十九歲。

梅兆贊：生於紐約曼哈頓。其父親阿爾弗雷德·E·米爾斯基（Alfred E. Mirsky）是一位傑出的生物化學家，母親芮芭·裴夫·米爾斯基（Reba Paeff Mirsky）是音樂家和童書作家。其父親曾在1930年代前往北京，幫助建設協和醫院。

少年時代，梅兆贊在紐約費爾德斯頓學校就讀，後來在哥倫比亞大學攻讀歷史學。1954年，他在劍橋大學國王學院學習，遇見一位前美國在華女傳教士，後者建議梅兆贊學習漢語。梅兆贊花三年時間和第一任妻子、同樣也是漢語學生的貝特西（Besty）一起研修中文。此後，他在台灣開設語言學校，同時學習中國文學和歷史。他本來是要做一位中國和亞洲歷史學家，但是時代潮流將他推到當代中國的風口浪尖上，他轉而從事當代中國的報導，他的新聞寫作以深刻、尖銳著稱，數十年來享譽英美乃至國際新聞和研究中國的政治以及學術領域。他本人探索中國的歷程，也頗具歷史與新聞性。

1966年，梅兆贊獲賓夕法尼亞大學中國史博士學位，並開始在達特茅斯學院教書，擔任東亞語言和領域研究中心聯席主任。

1960年代的美國，是左翼學生運動和社會運動的高峰期。作

為教授的梅兆贊也深陷其中,是反越戰抗議活動的積極參與者。他多次前往東南亞,對北越政府官員進行長時間的採訪。

1969年,梅兆贊與另外五名堅決反對「美國霸權主義」的美國人,漂洋過海,投奔共產中國。他在發表於1969年8月的一篇文章中記述了當時的經歷:「我們乘坐的船從日本長崎出發,行駛了四天以後,距離中國十七英里的水域,被中國海岸警衛隊攔截。跟對方交涉了五天以後,被告知:毛主席不同意你們來這裡,他老人家讓你們打道回府,回到你們自己的國家做鬥爭去。」

當時,梅兆贊心懷的一個理念,是「四海之內皆兄弟」(賽珍珠翻譯中國古典名著《水滸傳》時所用的英文名字)。他心中的理想國裡,沒有種族之分,機會和權利均等,包括在公眾場合說話的權利、選舉和被選舉的權利。他以為,中國廣袤的土地上,所有人都是他的兄弟姐妹;他想像中,中共帶領全國人民打造出的政體,乃是世界上最先進的。直到多年後,他親眼目睹六四屠殺,他心目中的兄弟姐妹恰恰是那些在共產中國敢於想像和追求民主中國並由此坐牢、由此遭受痛苦和折磨的人。

1972年,梅兆贊的「中國夢」終於得以實現。那一年3月,尼克森訪華後不久,梅兆贊與旨在反對越戰、推動美國和共產中國建交的左派激進派團體「美國關注亞洲問題學者委員會」(Committee of Concerned Asian Scholars)的二十多名成員一起,受邀訪問中國。整個行程,都由中方出資。同行的《紐約時報》專欄作家理查・伯恩斯坦(Richard Bernstein)回憶說,代表團成員事先特地學會中文的「國際歌」,準備為東道主演唱。

那時,中國的文革已進行到第六個年頭。梅兆贊回憶說:「跨過羅湖橋,從香港進入中國,大家激動得互相擁抱:『終於踏上人民共和國的土地了!』前來歡迎我們的中方代表也很熱情:『美國

朋友，歡迎你們！到中國來，最想看什麼？』我們回答：『什麼都好！』主人建議：『要不要去一個典型的中國工人家裡參觀？』我們回答：『當然！當然！』」

第二天一早，美國客人被帶到廣州一棟住宅樓，被介紹給一個「典型」的工人家庭：一對夫婦，兩個孩子，一個老奶奶，兩室一廳，有單獨的廚房、廁所，電視機、收音機、好幾輛嶄新的自行車都擺在那裡；床上的被褥都是新的。那位工人為大家介紹工廠裡都有多少工人、工資多少、多少人有手錶、自行車等等。

第二天一早，梅兆贊因為很興奮，五點鐘就起床了。接待他們的工作人員還沒有來，他走出下榻的旅店，走上街頭，很快來到昨日參觀過的那棟住宅樓。就在這時，他碰巧看見昨天結識的那位年輕工人。那個工人正好也看見他，邀請他到家裡「喝杯白開水」。這一回，展現在梅兆贊眼前的，完全是另一個場景：「沒有電視，嶄新的自行車也不見了，只有一輛很舊的自行車擺在那兒；床上的被褥看上去也有年頭了；廚房、廁所也是跟很多家合用的，兩室一廳變成了一室一廳。」他問這位工人：「昨天看到的都哪兒去了？」工人說：「昨天你們看到的，都是上面安排好，專門給外國朋友參觀用的。」

梅兆贊回憶，當時他踉踉蹌蹌地回到旅館，「心潮澎湃」得不可言喻。從此之後，他開始「對每一個地點、每一次介紹、應該如何理解每件事的說法都持懷疑態度」。在短短四十八小時裡，他從「毛粉」變成了一個幻想破滅的懷疑論者。梅兆贊在 2012 年出版的《我的第一次中國行：學者、外交官和記者反思他們與中國的第一次邂逅》（My First Trip to China: Scholars, Diplomats and Journalists Reflect on Their First Encounters With China）一書中寫道，在廣州碰到的那位工人，是他到中國採訪多年來，遇到的最

勇敢的一個人，因為那是在 1972 年，在當時的情況下，說出真相需要冒巨大風險。

此時，中方負責人已在旅店大堂裡等候他了。

「你上哪兒去了？」

「到外面隨便走走。」

「擅自出去走，你得寫檢討。」

「這有什麼可檢討的？」

東道主隨後架起梅兆贊的胳膊，上了電梯之後，把他反鎖在房間裡。「什麼時候想好了，什麼時候再出來。」

梅兆贊根本不能相信，眼前發生的這一切。另一方面，一同來中國的那些美國人對這件事的反應，也讓他記憶十分深刻。隨行者中，除了理查·伯恩斯坦之外，其他人都說，中方做得沒有什麼不對的：「就像你到誰家吃飯，人家會拿出最好的飯菜來招待一樣。」還有兩個人說：「那個工人，你敢肯定他不是台灣派來的特務？」

本來定好六個星期的行程，三個星期之後，梅兆贊覺得很難繼續看下去。但隨行的人說，你要是提前回去，這不是給那些反動派們以口實？那時，西方已有一些學者，像麻省理工學院的白魯恂（Lucian Pye），對毛、文革以及共產中國總體上所取得的成就提出質疑。梅兆贊被說服留下來，完成整個旅程。多年後，他對當初留下表示後悔。

1975 年，梅兆贊離開學術界，移居英國倫敦，並成為一名記者。隨後，他出任《觀察家報》駐華記者，還為包括《獨立報》和《文學評論》在內的多家報章撰稿。在漫長的記者生涯中，他曾隨同英國歷屆首相和外相等到北京，採訪的人物包括周恩來、鄧小平和李登輝。

梅兆贊對西藏尤其感興趣，先後六次前往那裡。他還前往印度採訪達賴喇嘛，兩人成為朋友。梅兆贊很早就指出，西藏問題不僅僅是「共藏問題」，更要看到許多中國人對少數族裔的帝國主義心態，這一點恰是許多華人知識分子所難以接受的。他一直關心西藏問題，晚年曾撰文分析藏人自焚的真正原因。

1989年春，西藏民眾發生示威抗議，作為中共在西藏最高領導人的胡錦濤，調動軍隊展開血腥鎮壓——這是一場被大多數中國人忽視的鎮壓。梅兆贊聞訊前往西藏採訪，當他採訪胡錦濤時，作為中華沙文主義者的胡錦濤毫不掩飾地展現其仇藏態度——他不喜歡西藏的海拔、氣候，甚至輕蔑地說「藏人沒文化」。經過這一次採訪，梅兆贊的結論是：胡錦濤是一個毫無民主素養、根本不尊重少數族裔的歷史文化的獨裁者。如果人們早些讀到這篇報導，後來就不會產生「胡溫新政」的幻想了。

1989年6月4日凌晨，梅兆贊冒險前往槍聲四起的天安門廣場。當時，軍隊接到鄧小平的命令，對和平抗議者進行血腥鎮壓。凌晨3點左右，梅兆贊在離開現場準備提交一份關於鎮壓的報導時，遇到一群武裝警察。他們發現他是外國記者後，對他大打出手，導致他左臂骨折，數顆牙齒脫落。

時任英國《金融時報》駐京記者的羅伯特‧湯姆森（Robert Thomson，後來任默多克新聞集團執行長）也在現場，冒著生命危險，上去將梅兆贊救下來，帶著他離開廣場。

梅兆贊強忍傷痛，設法通過電話口述了他的文章。上午，他又騎車回到天安門，在那裡看到士兵向試圖進入廣場尋找孩子的父母開槍，他還看到士兵向前來救治傷員的醫生和護士開槍。

「天安門廣場成了一個恐怖的地方，」梅兆贊在鎮壓當天刊發的報紙頭版文章中寫道，「坦克和士兵與學生和工人對抗，裝甲運

兵車被點燃，石頭上有一灘灘血跡。」

在另一篇刊登於6月11日的《衛報》的文章中，梅兆贊描述了他目睹的中國的兩面：「有這樣的中國人，星期六夜間（6月3日晚至6月4日凌晨）的屠殺是他們下令進行的，是他們駕駛著坦克碾過天安門廣場上的學生，是他們手持AK-47步槍對著醫生和護士掃射的，是他們對被綁起來了的、受了傷的學生殘酷折磨的。」

「但也有另外一些中國人，不認同殘忍、暴戾的中國大眾。過去幾個月裡，他們人數眾多，政治敏感度高，堅持非暴力抗爭；是他們將自由女神像運到天安門廣場，並解釋說：美國的自由女神像用一隻手擎火炬，中國雕塑的自由女神像用兩隻手臂高擎火炬，是因為在中國，捍衛自由乃更艱巨的歷程。在另外這些中國人當中，還有冒著立即可能被處決的風險而准許英國廣播公司的記者帶著攝像機到醫院的停屍房去拍攝擺起來的屍體的醫護人員，為的是讓世界知道真相。」

六四之後，梅兆贊選擇與後一類中國人站在一起，且義無反顧。他堅信，前一類中國人顯然代表不了後一類中國人；不僅如此，正是前一類中國人在剝奪後一類中國人的言論自由、選舉自由、結社自由。從那以後，他竭盡全力為後一類中國人發聲，毫不掩飾地表達對他們的同情，對他們當中「明知不可為而為之」的勇士，表達由衷的尊敬，並捍衛他們的尊嚴，並告訴他的讀者：中共是以暴力來維持統治的，中國的大批民眾不認同這一體制，儘管只有少數人公開這樣講。

在後一類中國人中，就有到廣場上救死扶傷的協和醫院的醫生和護士——這所醫院正是半個多世紀之前梅兆贊的父親到中國幫助建立的。如今，他在某種程度上繼承了父親的事業——作為

記者，他將這些醫生和護士的事蹟記載下來並報導出去，他們中的許多人遭到軍隊的殺害。

經歷了這一場劫難，在梅兆贊內心深處，中共的合法性蕩然無存。在那之後，他針對中共的歷史，不斷進行調查、反思，得出的結論是，在1989年六四屠殺之前，中共的執政記錄已經問題重重，包括大饑荒、反右、文革等，反覆見證了其執政的不合法性。

梅兆贊發自天安門廣場的報導，使他榮膺1989年度英國國際記者獎。

1991年，梅兆贊在實質上被驅逐出中國，此後上了中國政府的黑名單，再也無法重返中國。兩年後，他接受《泰晤士報》在香港的東亞版主編職位。1998年，他認為報社為了保護其所有者魯珀特·梅鐸（Rupert Murdoch）的商業利益而減少對中國的批判性報導，憤而辭職。

對於中共統治者，以及在他看來為保持經濟關係而無視北京侵犯人權行為的西方領導人，梅兆贊的批評尖銳而憤怒。他在職業生涯中經常談到共產黨對敘事的控制——在他看來，這對中國社會整體構成了一種嚴重傷害。1993年，他在《觀察家報》的一篇文章中寫道：「對中國人來說，撒謊創造了一個不確定的世界，這個世界裡，回答問題最常見的方式是『不清楚』。除了在直系親屬或最近的朋友身邊，基本上沒什麼地方可以肯定什麼是真相。」

2005年8月25日，梅兆贊在《國際先驅論壇報》發表了一篇對中國作家余杰的訪談，他寫道：「當今的中國，沒有誰比獨立作家余杰更敢於仗義執言了。不久前，談到日本人參拜靖國神社的事，余杰說道：『日本人參拜靖國神社，我們大加抨擊，可是在北京市中心就矗立著我們的靖國神社——毛澤東紀念堂。毛殺死的

中國人,日本人沒法比,而我們卻把毛當神來供著,實在讓人感覺丟臉。要是我們連承認自己的問題的勇氣都沒有,日本人根本不會拿我們當回事兒。」在中共的眼裡,有兩件事被視為一級思想罪。一是毛澤東的巨幅畫像依然高懸在天安門廣場,現任的中共領導都自稱是毛的正宗嫡傳——這一點不能非議。二是北京隔三差五地譴責日本首相參拜靖國神社——這一點也不能非議。而余杰卻不懼險惡,一腳踏上了中共思想控制的兩個禁區。」

在西方與中國共同上演「全球化」狂歡的年代裡,梅兆贊是最早戳破此肥皂泡的中國問題專家之一。他在一篇文章批評柯林頓政府將中國視作「戰略夥伴」——《牛津字典》對「夥伴」的第一項解釋是:「分享人,與人分享風險和利益。」他反問:美國可以和中國分享什麼?美國奉行民主制度,中國卻是要求整個社會完全臣服的極權政府。「美國某些官員希望與這樣的政府保持『夥伴關係』。假如美國聽取此意見,美國的道德必將蕩然無存。」

2010 年,劉曉波榮獲諾貝爾和平獎,梅兆贊評論說:「諾貝爾和平獎委員會的決策,將促使國際間和中國進行貿易往來的同時,比從前更多地顧及到人權問題。中國政府不要以為『要想和我們做生意,就必須閉口不談人權』的做法在國際上將是暢通無阻的。」他進而指出,過去幾十年來,一代又一代的中國民主、維權人士,冒著巨大的風險,不怕犧牲,堅持推動中國的民主事業。這些優秀的中國人的堅韌不拔,讓外界不能不為之所動。

在嚴辭批判中共的同時,梅兆贊沒有放過民主國家裡他認為是綏靖的政客。他注意到,六四剛過不久,幾乎所有外國政要都勇於至少在口頭上指出中共體制的問題,但後來,有些人為了給他們與中共修好營造良好環境,乾脆說:「中國就是這個樣子。」

2013 年,梅兆贊在一篇評論中,竭力將中共極權政權與中國

的歷史文化分開來:「聽到一些政客說:要了解中國,必須先懂得中國擁有古老、漫長的歷史和文化。針對中國古老的文化,中共乃反其道而行之,那些政客難道不知道嗎?敘利亞、伊朗也都擁有漫長的歷史,怎麼好像沒聽你們也以同樣尊重的口吻來談論這些國家呢?」他還寫道,有些人常說:「在中國,沒有人敢對政要提出批評,因為那裡不是一個民主國家。」但是,這些人在說這個話的時候,對相當一些中國公民不僅勇於針砭時弊,而且勇於把牢底坐穿,公然視而不見。相對於那些認為中國人壓根兒就沒有挑戰權威的勇氣、壓根兒就不渴望民主、從文化上藐視中國的「外國人」,梅兆贊親眼目睹了中國人民、工人、學生、知識分子甘願以生命來捍衛人權,為自由而獻身,他的感想是:「在如此艱困的情形下,他們依然奮爭,一波接一波;真不知道他們如何有這番勇氣?!面對這些予以我們如此激勵的中國人,我們如何能夠不為之而感動?」

2014年10月1日,已將近八十二歲的梅兆贊,走出家門,到倫敦市中心的中國駐英大使館前面,融入數千名抗議人士當中,聲援香港的雨傘運動。他對與會人士說:「我希望你們知道,很多像我一樣的人支持你們,不管身居世界何處,我們都站在你們一邊!」

2021年9月5日,一生都將歷史學家的專業背景融入有關中國的報導和寫作的梅兆贊,在倫敦家中去世。

當年在天安門廣場救下梅兆贊的羅伯特·湯姆森評論說:「在非洲一些國家,人們說:一個擁有智慧的長者與世長辭,就彷彿一座圖書館在熊熊烈火中消失。失去像梅兆贊這樣一位擁有如此學識和見解的人,豈不恰如一座圖書館在熊熊烈火中逝去。」

梅兆贊的好友、英國前外交官和作家、《中國政變:邁向自由

的大躍進》（China Coup: The Great Leap to Freedom）一書的作者蓋思德（Roger Garside）表示：「梅兆贊對極權獨裁的弊病有著敏銳的洞察，他開始譴責毛政權的惡行的時候，這種譴責還遠沒有成為一種時髦。」

梅兆贊的友人之一、美國首屈一指的中國問題研究者林培瑞（Perry Link）評論說，梅兆贊是一位勇於自我否定的知識分子，不是每個人都能夠對自己過去認同的理念進行深刻反思。

研究中國政治和歷史的美國學者梁思文（Steven I. Levine）[77]追憶說：「在認識梅兆贊很多年以前，我就已經在拜讀他在《紐約書評》等刊物上發表的文章了。他的關於中國的評論，即便在頂尖學者中也是首屈一指的。」

梅兆贊一生的同情都是在被權力壓迫的反抗者和勞苦大眾一邊。在他辭世之際，中國境內依然是一黨專政，但他看到了中國民眾的抗爭，並盡其畢生之力捍衛那些普通民眾、尤其是那些勇士的尊嚴。在此意義上，他本人也是一位勇士。

---

77 梁思文：歷史學家，美國蒙大拿大學高級研究員，哈佛大學博士。專攻現代中國政治及外交政策、美國—東亞關係，曾出版多本著作，包括與亞歷山大・潘佐夫（Alexander V. Pantsov）合著《毛澤東：真實的故事》、《鄧小平：革命人生》、《蔣介石：失敗的勝利者》，與韓德（Micheal H.Hunt）合著的《弧形帝國：美國在亞洲的戰爭，從菲律賓到越南》。

14 ｜李‧愛德華茲：美國的保守主義是建立在反共基礎上的

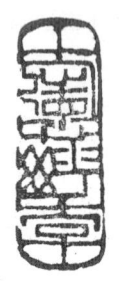

李‧愛德華茲（Lee Willard Edwards，1932年12月1日至2024年12月12日）：天主教徒，美國保守主義作家，歷史學者，思想家，社會活動家。愛德華茲長期在美國保守派媒體和智庫任職，是喬治城大學政治新聞研究所創始所長，也是傳統基金會資深研究員。他創辦或支持了「美國青年自由組織」（YAF）等多個頗有影響力的反共組織。1990年，他發起成立「共產主義受難者紀念基金會」。2007年，在其持之以恆的努力下，以1989年天安門民主女神為原型的共產主義受難者紀念碑在華府市中心落成。美國眾議院亦通過立法，授權「共產主義受難者紀念基金會」擴大其學生課程，在全國課堂上宣傳共產主義的罪惡。2024年12月12日，愛德華茲在華府郊區維吉尼亞阿靈頓郡亞歷山大市的家中去世，享年九十二歲。其主要著作包括：《羅納德‧雷根：政治傳記》、《高華德》、《保守革命：重塑美國的運動》、《全球經濟：變化

> 中的政治、社會和家庭》、《若望‧保祿二世在我們國家的首都》、《冷戰簡史》及自傳《恰到好處：追求自由的一生》等。愛德華茲獲得的各種榮譽包括：匈牙利共和國功績勳章、立陶宛千年之星勳章、愛沙尼亞馬里亞納十字勳章、中華民國外交友誼勳章、約翰‧阿什布魯克獎、里德‧歐文獎、YAF傳奇獎、沃爾特‧賈德自由獎和杜魯門─雷根自由獎章。

　　李‧愛德華茲：出生於芝加哥南區。他受到父母的政治觀點的影響，他們都是共產主義的反對者——他的父親威拉德（Willard Edwards）是《芝加哥論壇報》的全國政治記者，發表了很多反共和批評羅斯福左派政策的評論文章。

　　後來，他們舉家搬到馬里蘭州銀泉，愛德華茲在那裡長大。青年時代，他先後就讀於杜克大學、巴黎索邦大學和美國天主教大學，獲政治學博士學位，其博士論文題為《國會與冷戰的起源：1946-1948》。他還曾在美國陸軍服役兩年。

　　1956年，作為巴黎索邦大學的研究生，愛德華茲目睹了匈牙利學生在布達佩斯街頭發動革命，推翻了共產主義政權。當蘇聯坦克鎮壓自由戰士時，他對西方的袖手旁觀感到震驚，並立下終生誓言：「我發誓用我的餘生來打敗共產主義，幫助那些為自由而戰的人們。」

多年以後，共產極權統治在蘇聯東歐崩潰。2008年6月3日（此日期呼應了中國的六四屠殺），前捷克總統、作家和政治犯哈維爾與牧師、歷史學者、原東德祕密警察檔案館館長、後來擔任德國總統的約阿希姆・高克等在捷克首都布拉格華倫斯坦宮簽署了《關於歐洲良知和譴責共產主義罪行的布拉格宣言》（Prague Declaration on European Conscience and Communism）。該宣言號召「在全歐洲範圍對共產主義罪行展開譴責和相關教育」。很多西方的反共知識分子、前政治犯及政治活動家都在該宣言上簽名，愛德華茲是簽名者之一，他看到了歐洲的去共產化，但亞洲尤其是中國的去共產化尚任重道遠。

1960年，愛德華茲協助創立了「美國青年自由組織」（YAF），並擔任該組織的雜誌《新衛士》的首任主編。他還創辦或幫助維持了若干重要的反共組織，例如全國俘虜委員會、自由中國委員會和美國世界自由委員會等。

1963年，愛德華茲擔任亞利桑那州參議員巴里・高華德（Barry Goldwater）總統競選活動的公共資訊總監。高華德被視為是1960年代美國保守主義運動復甦茁壯的主要精神人物，常被譽為「保守派先生」。雖然高華德在1964年的大選中慘敗，但其支持者在十數年後重新聚集於其精神繼承者雷根旗下，促使雷根贏得1980年總統大選——愛德華茲就是雷根重要的支持者之一。1967年1月，雷根就任加州州長後不久，愛德華茲就為雷根撰寫了第一本傳記：《羅納德・雷根：政治傳記》。

愛德華茲撰寫了多位保守主義代表人物的傳記，如高華德、小威廉・F・巴克利（William F. Buckley, Jr.）及沃爾特・賈德（又譯「周以德」，Walter Judd）——在《自由的使者：周以德的生活和時代》（Missionary for Freedom: The Life and Times of Walter Judd）

一書中，他特別梳理了這位美國政治家與中國的淵源，以及一生反對中共政權和支持在台灣的中華民國的立場。愛德華茲還完成了一部歷史著作《保守革命：重塑美國的運動》，由此成為保守主義陣營中重要的歷史學家和思想家。他一生筆耕不輟，直到晚年還與身為作家和政治評論家的女兒伊麗莎白・愛德華茲・斯伯丁合著了《冷戰簡史》（2016 年），還完成了自傳《恰到好處：追求自由的一生》（2017 年）。他一生完成了二十五本著作。

愛德華茲長期在大學及智庫任職。他是喬治城大學政治新聞研究所的創始所長、哈佛大學約翰・F・甘迺迪政府學院政治研究所研究員、史丹福大學胡佛研究所媒體研究員、美國天主教大學政治學兼任教授。他還曾任費城協會主席、傳統基金會保守派思想傑出研究員——傳統基金會於 2024 年舉辦了「年度保守黨領袖李・愛德華茲講座」。

愛德華茲常常出席保守派政治行動會議和費城協會等定期論壇，與巴克利、拉塞爾・柯克、斯坦頓・埃文斯（Stanton Evans）等保守主義作家、思想家一起受到年輕保守派人士的熱切追捧。

愛德華茲在大學裡特別開設了一門課程，講述 1960 年代美國的歷史——包括「正反兩個方面」，反面是人們耳熟能詳的反越戰運動、左翼思潮和垮掉的一代，正面是被學界和媒體遮蔽的以高華德和雷根為代表的右派的崛起。

愛德華茲在受訪時曾表示，他的保守主義和反共思想的基礎是天主教信仰。他從小在衛理公會的教堂長大，青年時代放棄了信仰。他在巴黎求學期間，喝了很多啤酒，追了很多女孩，卻從未找到人生的意義。回到美國後，他決心重新將宗教信仰作為人生的目的和意義，在華府的幾家教堂聚會後，在天主教的聖彼得教堂重新與耶穌基督相遇。1958 年 12 月 13 日，聖露西日，他在

聖彼得教堂加入教會、領取聖餐。

愛德華茲一生中最重要的成就是成立「共產主義受難者紀念基金會」（Victims of Communism Memorial Foundation，VOC），「作為一個教育、研究和人權機構非營利組織，致力於記念世界各地被共產主義殺害的一億多人，並為那些仍然生活在極權政權下的人們爭取自由」，並以此為基礎建立共產主義受難者紀念碑、共產主義受難者博物館。

1990年，在一個週日早午餐時，愛德華茲與家人討論決定，成立一個組織來記念世界各地共產主義的所有受害者，並教育美國人了解共產主義的暴行。

隨後，愛德華茲與友人布里辛斯基（Brzezinski）、埃德溫·福爾納、列夫·多布里安斯基（Lev Dobriansky）等人共同創立了「共產主義受難者紀念基金會」，並擔任榮譽主席。

1993年12月17日，美國總統柯林頓簽署了一項由國會議員羅拉巴克（曾擔任雷根總統的撰稿人）等提出的法案，支持在華盛頓修建一座共產主義受難者紀念碑。後來，愛德華茲回憶這一構想的初衷：「在1989年柏林牆倒塌之後，我們在第二年的年初聚在一起，我感覺人們對共產主義的記憶已經開始消退。人們都說，現在柏林牆已經倒了，共產主義至少在中歐和東歐面臨崩潰，那麼，我們還是關注自己的事吧。但對我來說，這還不夠，因為我覺得應該談論共產政權做過了什麼，談論共產政權所犯下的罪行，談論共產主義受難者，這非常重要。所以，就是在那一刻，我們決定為共產主義受難者建造一座紀念碑。」

2003年，愛德華茲以美國傳統基金會資深研究員的身分，應邀前往北京中國人民大學和上海復旦大學給研究生辦講座，他還與一些中國學者和中共官員作了交流。中方安排愛德華茲做一個

有關美國保守主義的報告。愛德華茲在演講中指出：「美國的保守主義是建立在反共基礎之上的，如果你們想了解我們，了解我們信仰什麼，了解我們會做什麼，意識到這一點非常重要。」他還對北京和上海的中共官員提出，應該忠於歷史事實，「你們承認了大躍進的錯誤，造成數千萬人死亡，你們承認文化大革命的錯誤，毛澤東做錯了。你們卻不願談論天安門事件。但天安門事件是一個行動和象徵，你們應該在不久的將來面對這個事實。」

愛德華茲後來接受媒體訪問時表示：「我在中國的印象是：他們知道某些事件的某些真實情況。在中國歷史上發生的一些事件，比如文革，大躍進、毛犯的錯誤，可是當我談到具體事件時，比如天安門事件，他們都默不作聲。當談到他們缺乏宗教信仰自由、言論自由、自由使用網際網路的權利、多黨派選舉、獨立的司法制度、真實的民主權利時，他們就會說，現在中國經濟狀況好多了，這樣就會使人民滿意。其實並不是這樣，世界上每一個男人、女人和兒童的內心都充滿了對自由的強烈渴望。自由不會被更多的物質、更高的薪水、或上海和北京的許多摩天大樓收買。人民必須被賦予所有的自由，不僅僅是經濟上的自由，還包括宗教信仰自由、政治自由、司法獨立，以及一切民主權利。」

經過長達十七年的努力，2007年6月12日，在雷根總統著名的「推倒這堵牆」演講發表二十週年之際，共產主義受難者紀念碑在華盛頓市中心的國會山旁邊（麻薩諸塞大道和新澤西大道交界點的一塊三角地帶）豎立起來。

新鑄的共產主義受難者紀念碑是高四點二公尺的古銅雕像——一位青年女子，雙手高舉火炬。這個造型取材於1989年北京天安門廣場上的民主女神像，那座白色的塑像曾在廣場上聳立了幾天，後被中共軍隊推倒。底座正面刻有「獻給那些在共產黨

政權下死亡的一億多受害者和那些熱愛自由的人民」，碑後題字是「為所有那些遭受奴役的國家和人民的自由和獨立」。

在紀念碑揭幕典禮上，愛德華茲表示，這是世界上第一座紀念共產主義受害者的紀念碑，它代表了遭到共產黨政權殺害的一億人民的聲音。最初，紀念碑的設計藍圖共有三個草案：柏林牆、布蘭登堡城門和天安門民主女神像。在討論時，所有東歐國家的代表，包括飽受蘇共踐躪的波羅的海三小國，都一致地投票給天安門民主女神像。愛德華茲指出：「我們最終選擇了這座民主雕像，因為這不但是暴政的象徵，讓人們知道：如果人民站起來開始談論改革、民主和自由，一個殘暴的政黨會怎麼做？我們都知道在天安門廣場發生的大屠殺。所以這象徵著這個悲劇事件。不過，這座雕像同時也象徵著自由，這個女神手中高舉自由的燈塔。」

當日，布希總統出席儀式並發表講話指出：「這座紀念碑反映了我們對自由力量的信心。自由之火在每個人的心中燃燒。」布希將「共產主義」比作恐怖主義：「這一意識形態奪走了估計高達一億無辜的男人、女人和孩子的生命。」布希進而指出建立這座紀念碑的意義：「共產黨政權不僅奪走了受難者的生命，他們還企圖盜竊他們的人性，抹殺他們的記憶。隨著這個紀念碑的落成，我們要恢復受害者的人性，恢復對他們的記憶。我們為這座紀念碑舉行落成典禮，因為我們有義務讓未來子孫記錄下二十世紀的罪行，並保證未來不再重蹈覆轍。」布希也談到紀念碑的形象設計：「設計這個紀念碑塑像的人們完全可以為這個場地選擇一個描述鎮壓的形象，比如曾隔離東西柏林的柏林牆複製品，或者冷冰冰的前蘇聯古拉格集中營，或者白骨堆砌的紅色高棉殺人場。然而，設計者選擇了一個希望的形象——一位女神手持自由的火

炬。她讓我們想起了共產主義的受難者，也讓我們想起了戰勝共產主義的力量。她提醒我們，只要屠殺上千萬人的意識形態仍然存在，只要其仍在苟延殘喘，那麼與這股比死亡強大的力量作鬥爭將繼續進行。」

愛德華茲評論說：「在我看來，這是布希總統自 2001 年 911 恐怖襲擊事件以來，做的最有力的演講。」

紀念碑揭幕儀式後，在世界各地引起強烈反響。西方民主國家普遍認為，這座紀念碑有助於提醒人們記住共產政權對那些受難者犯下的罪行，同時讓人們看到自由和民主的希望。中共外交部發言人對此表示不滿，稱這是「干涉別國內政」。俄羅斯共產黨也對此表示譴責。

愛德華茲笑稱：「我們得到了來自美國各少數族裔團體的巨大支持，其中包括越南裔、華裔、匈牙利裔等，真的非常溫暖人心。可是與此同時，我們也遭到中共外交部發言人及俄羅斯共產黨領導人的公然抨擊，我想可以這麼說，當中共和俄羅斯共產黨譴責你，那麼你一定是做對了。」他繼而指出：「中共政府的反應完全不合邏輯，因為我們並沒有干涉其內政，我們所做的一切就是使用了一個歷史上發生的事件作為象徵。天安門事件是個事實，這在歷史上真實發生了。在我看來，如果中共想與美國政府和美國人建立有意義的關係，它們就應該公開承認天安門廣場到底發生了什麼。因為任何良好的關係、真正的關係，都必須建立在事實基礎之上。顯然，中共至今仍在否認。從這個意義上說，我認為我們無法改善與他們的關係。另一件有意義的事是，中共政府對布希總統的講話感到驚訝，他明確提到中共是共產主義受難者的兩大犯罪者之一，明確提到在中國發生的這場事件。這也激怒了中共。中共之所以無法承認這個事實，是因為他們不想面

對真相。他們只有面對真相，才不會被國際社會孤立。」

2019年，愛德華茲在一場演講中特別指出，共產主義不是一種政治或經濟體制，而是一個邪教組織。他還特別表達了對香港抗爭者的支持：「在毛澤東主義者習近平的領導下，中共控制著中國社會的一切。但是勇敢和執著的人權活動者拒絕被沉默。他們冒著巨大的個人危險，堅持為一個自由和民主的中國呼籲奔走。他們的勇氣在香港具體體現出來了。在那裡，男女青年面對警棍，催淚彈，和水炮車發出的藍色水柱，毫不畏懼。有一位女士說：『如果我們不抗議，香港就有可能淪為另一個中國城市。』」

愛德華茲繼而指出：「我們在西方的能為爭取民主的香港民眾做些什麼呢？歷史告訴我們通向民主的道路是不平坦的。那是一條漫長而曲折的道路。但是自由世界所享有的和平和繁榮告訴我們這條路通向的目的地是值得我們所付出的犧牲的。我相信中國獲得自由的那一天正在到來。而且會來得比中共能夠意識到的更早。1989年1月，東德的共產黨頭目號稱柏林牆還會聳立一百年。同年11月，柏林牆轟然倒下。中歐和東歐的共產政權隨之相繼解體。獨裁者在他們快滅亡之前往往顯得特別強大。我們知道共產中國正被一系列嚴重問題困擾：其中包括一個發展日益緩慢的經濟，一個腐敗的政府，一個拚命想保住自己權力既獨裁又有內鬥的中國共產黨，廣泛的對基本人權的訴求，一個嚴重退化的生態環境，以及一個想在東南亞建立勢力範圍的人民解放軍。這些問題是一個一黨專制的共產政權不能解決的。只有一個人民做主的民主社會，才能解決這些問題。我相信世界上人口最多的國家首次走向自由和民主的那一天正在到來。」

愛德華茲還認為，西方社會沒有對中共的極權統治給予重視，西方必須改變其綏靖政策：「我們需要吸取教訓。我認為，我

們放縱了中共政府對法輪功、維吾爾族人、藏人以及其他民族和中國宗教人士採取的極權主義策略。這也是一個錯誤。美國和西方沒有盡其應有的一切來支持中國人民去實現民主。」

愛德華茲特別提及川普總統在 11 月 7 日共產主義受難者紀念日發表的聲明，他說：「我希望這將成為總統的宣言。在未來多少年後，直到不再有共產主義的受害者為止。……我們很高興，我們感到非常欣慰。川普總統得以與我們會面，與持不同政見者見面，並允許在共產主義下遭受苦難的人們向他以及通過他，向美國人民講述他們的故事。」他認為，川普總統在向人們展示建立一個「沒有邪惡共產主義的未來」的信念，「西方也在覺醒」。

2024 年 12 月 12 日，一年前才退休的李・愛德華茲在維吉尼亞州阿靈頓郡亞歷山大市的家中因胰腺癌去世——當天是瓜達盧佩聖母節。他在生命的最後幾個月裡，常常平靜地與身邊的親友討論死亡問題，他膝上蓋的毛毯上，有瓜達盧佩聖母的繡像。他與比他早兩年去世的妻子的墓碑，由共產主義受難者紀念碑的雕塑家設計，有教宗若望・保祿二世手持羊角杖的形象和「不要懼怕」的字樣。

「我的一生都在追求自由」，愛德華茲自傳中的這句話，正是他一生的概括。如果再補充半句的話就是：他的一生都在反對共產主義。

15 | 班旦加措：人對自由的珍愛，就如雪下暗藏的火苗

班旦加措（Palden Gyatso，1933年至2018年11月30日）：藏傳佛教僧人，轉世活佛，西藏獨立運動支持者，中共政治犯。11歲時，他出家成為僧人，後常駐於哲蚌寺。1959年，曾因維護西藏宗教和文化傳統、反對中共的殖民統治而被捕，判刑七年。後越獄逃亡，被捕後加刑八年。刑滿後，又被強制「留場勞改」九年。1983年，他終獲自由，三個月後，因張貼主張西藏獨立的大字報，再度被判刑八年。1992年，班旦加措刑滿釋放，流亡到印度達蘭薩拉西藏流亡政府所在地，受到達賴喇嘛的接見。隨後，他完成並出版自傳《雪山下的火焰：一個西藏良心犯的證言》，該書被翻譯成各國語言，並被改編成電影。他屢屢受邀訪問美國和歐洲，在國際論壇上演講和作證，揭露中共在西藏的暴行。2018年11月30日，班旦加措在印度達蘭薩拉去世，享年八十五歲。

班旦加措：出生於西藏江孜鎮和日喀則之間的一個藏族村落。父親是一名虔誠的佛教徒、富裕的地主，他們家跟班禪喇嘛的父母親是鄰居。

據班旦加措回憶，共產黨來之前，西藏的鄉村生活悠閒寧靜。藏人有窮有富，但在「舊社會」，並沒有聽說過有餓死人。共產黨來了以後，1950年代強迫進行土改，後來又實行公社制，一般人的生活水平沒有提高，反而餓死了很多人。

據班旦加措說，他是一位活佛轉世：「我出生後不久，離我村有兩天步行路程的扎類吾其寺的高僧所組成的探訪團就來到我家。探訪團宣布我是一年前逝世的一位高僧喇嘛的轉世童子的候選人之一。」

十一歲時，班旦加措剃髮為僧，在嘎東寺出家。

1951年，年輕的班旦加措第一次在人群中遠遠見到同樣年輕的達賴喇嘛。「我們相信達賴喇嘛是慈悲的佛主轉世的，在雪山之國他是所有西藏人的精神和政治寄託，他不但守護佛教真諦，也保佑人民的福祉。」

1952年，班旦加措與其他二十個僧侶在上師面前宣誓，變成正式的喇嘛。多年後，他發現，自己是這批人中唯一的倖存者，他們中有的人在監獄裡死去，有的人在文革期間被打死。

班旦加措在寺廟中過著與世無爭的修行生活，但也漸漸覺察到越來越多中國人來到西藏。剛開始，中國人的表現很友好，接濟窮人，布施寺廟，舉辦演出，放映電影。

隨後，班旦加措進入拉薩附近的哲蚌寺洛色林佛學院進修，接受了正規且系統的佛教義理教育，師從印度高僧仁曾丹巴大師。

1953年冬，有大批僧侶從康區和安多逃到拉薩，班旦加措從他們口中聽到很多關於西藏其他地方所發生的可怕事件，知曉中

國人將很多喇嘛和寺廟的土地都沒收了。

一個朋友借給班旦加措一本已翻閱得很破爛的小書，這是1933年去世的十三世達賴喇嘛的遺囑。他被十三世達賴喇嘛的一項預言震懾住了：「紅色意識形態」將要崛起，它將摧毀西藏的政教系統。

1959年，不堪中共苛政的藏人在拉薩發動反共的抗議活動，隨即演變成一場實力懸殊的武裝衝突。大量藏人被殺害。班旦加措與上師逃離寺廟，在路上聽到共軍轟炸拉薩的巨響。

班旦加措回到故鄉的嘎東寺後不久，中共軍人接管了該寺廟，強迫僧人上政治學習班。單純的僧人們很難理解共產黨的階級鬥爭理論。中國軍官手指那沒收來的衣物大聲申斥，從年長僧侶的那堆衣物裡挑起一件厚厚的毛料袈裟，通過翻譯厲聲問：「這是從哪裡來的？」僧侶回答：「羊毛。」簡單的回答把對方愣住了，他以為翻譯漏翻了什麼，就盯著他看。翻譯重複了問話：「這是從哪裡來的？」僧侶再次回答：「綿羊。」而軍官將新的答案強加給他們：「是從窮人那裡剝削來的。」

然後，中國殖民者給每個僧侶劃分階級成分，班旦加措被劃為「富農子弟」。中共鼓動大家揭發上師是「印度間諜」，班旦加措拒絕出賣上師，遭到殘酷毆打。「兩個士兵把我的手用繩子捆在身後，然後再把繩子綁在一個木樁上。他們收緊繩索把我的雙臂從背後往上吊起來，越收越緊，兩只手臂被拉得幾乎脫臼。我痛得尖叫，小便失禁了，除了自己的尖叫以外，我什麼也聽不見了，守衛的拳頭雷雨般落在我的身體上。」

1960年，班旦加措被江孜軍管會白朗縣軍事法庭判處七年有期徒刑，並劃為反動階級，刑滿之後三年，還得繼續戴這頂帽子，並剝奪一切政治權利。他和很多藏人被關押在一處由廢棄的

小寺廟改建的勞改營，強迫從事重體力勞動。然後，又被轉到藏南茂密森林地區的山南監獄。在大饑荒那幾年，很多獄友被餓死。中印發生邊境衝突期間，他們被送回羅布昆澤監獄。

班旦加措因忍受不了酷刑和飢餓，與獄友們一起策畫越獄。他們逃離監獄後，往不丹方向翻山越山嶺，走了五天四夜。就在可以眺望到不丹邊境時，一隊騎兵從東邊的雪地裡追趕而來，同時向他們開槍射擊。大家都開始奔跑，班旦加措跳在一塊大岩石後面，一顆子彈打在他身旁的石頭上，聲音震耳欲聾。他把身體緊緊貼在石壁上，幾乎停止呼吸。他聽到槍聲和士兵們踩在雪地上的腳步聲，他們正向他走來，接著步槍的槍托打擊他的頭部和背部。腦袋深處有一長串的響聲，他失去了聽覺，還沒有站穩，兩個年輕的士兵已把他的雙手綁在身後。其他同伴們也都被逮捕了。

之後，班旦加措被轉到江孜監獄，被戴上沉重的手銬和腳鐐。在一場批鬥大會後，一個高級軍官站起來宣判刑期，他的刑期第一個被讀出來：班旦加措加刑八年，連續服刑，加上三年剝奪政治權利。

持續七個月時間，班旦加措的雙手被銬在背後，他沒有能力作最簡單的事情，一切生活起居都得靠難友們的幫助。他常常做夢，夢見自己可以做最普通的一些事情：把一個杯子舉到嘴邊；自己解開褲帶；用指頭梳理頭髮，從進監獄以來他的頭髮已經長得很長了，裡面長滿了蝨子，他很想用手去抓一抓。

後來，獄方選中班旦加措去學習西藏傳統的羊毛地毯的紡織技術。一個守衛替他把手銬打開，他感覺一部分肉也被揭走了。他的手仍然保持在背後的姿勢，他試著把雙手移到前面來，可是沒有辦法。他一再嘗試，但是雙臂完全是僵直的，手無法從背後

移到前面來。他在肩膀上著力，要把臂膀往前搬，但是一切都沒有用，他還是不能移動。一種刺骨的疼痛通過肩膀沿著手臂往下延伸。他突然想到也許雙手已經作廢了，這讓他幾乎發狂。經過兩個星期的治療，他的雙手才恢復如常。

文革爆發後，班旦加措因被人告發偷偷祈禱，遭到批鬥、毒打。「同監的難友們擁過來，從後面和兩側推我，有些人甚至踢我。牢頭拿了一條舊的粗繩子把我全身捆住，雙手捆在後面，使我無法動彈。我的胸口、手臂、肩膀以及肋骨上遭到了雨點般拳頭的捶打。犯人們知道如果不重擊我，那麼自己也會被控訴成為不支持社會主義。」

班旦加措還曾跟死刑犯一起被送到刑場，目睹死刑犯被處決，當局以此威儡他。他在回憶錄中寫道：「囚犯被命令跪在溝前，然後一排機槍掃射了。子彈的力量把他們彈到溝渠裡，士兵們再度瞄準，從近距離給那些在第一輪沒有打死的人補上槍。開槍之後的一分鐘是完全的死寂。那一天共有十五個人被槍決了。死者的家屬會收到一張帳單，上面列具發射子彈的數目和捆綁他們的繩子價格，從而得知他們的親人是被槍決的。」

1975年，班旦加措長達十五年的刑期結束了。12月24日早晨，獄卒告訴他不需要去勞動，而去行政大樓去報到。他被告知，他被分配到寧塘磚瓦廠「留場就業」，那裡是一個聲名狼籍的勞改營，跟監獄並無本質的差別。

1976年，毛澤東死去，隨後「四人幫」被抓，中共黨內出現重大的權力轉移。但對遠在西藏的班旦加措這樣的囚徒而言，「這只不過是穿著新鞋走老路」。事實上，共產黨有兩項基本的原則是不會改變的：第一，關於西藏的獨立問題；第二，關於宗教自由問題。

1980 年，共產黨新總書記胡耀邦到拉薩，公開向藏人道歉。警衛們把《西藏日報》發給眾人，讓他們讀胡耀邦重新恢復西藏的宗教自由的承諾。然而，班旦加措每天早上醒來時，就知道自己仍在勞改營裡，寧塘勞改營裡還關著二百多個犯人，雖然大家都老早就服完刑期了。

直到 1983 年 5 月，班旦加措才被允許回到一半已成廢墟的哲蚌寺。他發現，許多僧人都被迫還俗，結婚生子。剩餘的寺廟幾乎淪為市集。

班旦加措夜晚悄悄外出，在拉薩市內張貼大字報，鼓勵西藏人民覺醒，反抗壓迫者。他在大字報中寫道：「我們生存在虎口之中，被吞下去是遲早的事情。現在的改革和所謂的寬鬆政策不過是一種裝飾和點綴。只要毛的接班人鄧小平的政權在全國穩固了，他也會用手中的權力再度壓迫西藏人民。」

1983 年 8 月 26 日晚，班旦加措再度被捕。他只過了三個月的自由生活。在審訊過程中，他被用開水燙、用電警棍擊打。

1983 年 11 月 9 日，拉薩市檢察院完成了對班旦加措的起訴書。起訴書寫道：「被告人班旦加措反革命煽動一案，經拉薩市公安局偵查終結。移送本院審查起訴，現查明犯罪事實如下：被告人班旦加措在西藏軍區西大門西側埂牆茂王山、布達拉宮等處，張貼鼓吹『西藏獨立』的反動傳單。1983 年 8 月 26 日在該犯住處搜出日記本中記錄有給達賴喇嘛寫的反動信。其內容至為反動，攻擊我社會主義制度，對黨和黨的政策進行惡毒的誹謗，叫囂要實現西藏獨立，還抄有『西藏國旗』說明書。油印的反動傳單一份和書寫反動傳單的工具等物。上述事實清楚，證據確鑿，被告已供認不諱。本院認為：被告人班旦加措書寫鼓吹『西藏獨立』的反動傳單等物，已構成反革命煽動罪。為了打擊反革命犯罪活

動,維護社會秩序,根據《中華人民共和國刑法》第一百零二條第二款、第六十二條之規定,特提起公訴,請依法判處。」代檢察員為陳誠富。

1984年4月19日,拉薩市中級法院判處班旦加措有期徒刑八年,剝奪政治權利二年。班旦加措提出上訴。隨後,西藏自治區高級法院做出刑事裁定書,駁回上訴並維持拉薩市中級法院拉法的刑事判決。審判員為土登、羅曲;代理審判員為王傳清。

這一次入獄,班旦加措的苦難一點都不比上一次輕。當獄卒巴角得知他堅持西藏獨立後,「他把電棍從底座拿起來,用這新的玩具刺向我。我整個身體在電流之下痙攣,他一邊罵著髒話,一邊把電棒刺進我的嘴裡,拿出來再一次插進去。他再度走向牆,選了一支更長的電棍,我感到整個身體被撕裂了。我還迷糊地記得,一名警衛把他的手指伸進我的嘴裡,把我的舌頭拉出來,避免我窒息,我也依稀記得一名警衛怕得逃離了房間。⋯⋯記得當時全身顫抖,電流掌控我全身,令我劇烈地顫抖。我失去知覺,醒過來時,發覺自己躺在嘔吐物和小便之中。記不得躺在那兒有多久,我的嘴腫脹起來,下巴不能移動,嘴裡有巨痛,吐出一些東西來,那是我的三顆牙齒。那次之後的幾個星期,我都不能夠吃硬的食物,我全部的牙齒在這次受刑中都脫落了。」班旦加措的遭遇表明,從本質上來看,鄧小平時代跟毛澤東時代是一樣的,並不存在一個「春江水暖」、自由浪漫的1980年代。

1992年8月,班旦加措刑滿釋放。十三天後,他在友人的幫助下,翻越喜馬拉雅山,最終抵達西藏流亡政府所在地印度達蘭薩拉。

班旦加措得到了達賴喇嘛的單獨接見,距離他們上一次相見,已過去三十三年。他如此描述這次會面:「經過這樣漫長的時

間再一次拜見達賴喇嘛,我內心激動不已,立刻向他全身匍匐在地,並且呈獻一條哈達。『仁曾丹巴上師的學生』,達賴喇嘛說,我過於緊張而無法抬頭看他,『你受了很多的磨難』。我安靜地坐在地上,他開始問我監獄裡的情況,他已經從其他犯人那裡聽到關於我的事。他提到很多難友們的名字,我感到他非常真誠地關注我們。這一次會見超過了兩小時,我有機會告訴他,我們大家對他的忠誠。離開房間時我哭泣起來,這樣的會見是我一生最大的願望,我得到一套新的袈裟,這是 1961 年以來第一次又重新穿上了袈裟。我穿著新衣,走到達賴喇嘛居所對面的寺廟去,祈禱所有其他人都能夠從苦難中得到解脫。我所能做的只是把我所看到、聽到和一生所經歷的奇特經驗親自作證並取證。苦難都已經刻在西藏的河谷和山脈上了,雪山之國的每一個村莊和寺院都有人們受苦的悲慘故事,這種苦難會繼續,直到西藏獲得自由那天。」

此後,班旦加措定居達蘭薩拉,並不時應邀到歐美各國的國會、人權組織發表演講和作證,控訴中共在西藏犯下的暴行。有記者曾問他:「你在獄中度過了三十多年,經歷了飢餓、禁閉、半年手銬、兩年腳鐐、吊梁毒打、電棒捅進嘴裡。什麼是你最痛苦的經驗?」他回答:「出賣和揭發別人最折磨我。黨要大家表忠誠,要求每個人檢舉他人,這就造成有些人對難友上線上綱的指控和子虛烏有的誣陷。我最怕這種批鬥和獎懲大會,說了假話害人,不說假話害己。但是一開始害人,害了一個,就會再去害一百個,精神就墮落了。挨打可怕,但是一個人的肉身的承受度是很大的,打傷了(如果不死)還能痊癒,精神一旦崩潰,就永遠失落了。」

1997 年,班旦加措的自傳《Fire Under The Snow》(雪山下的

火焰)在倫敦出版。此書是他以藏語口述,學者次仁夏加翻譯成英語。後來,學者廖天琪再從英語譯為中文,於 2003 年在美國由勞改基金會出版。

1997 年 5 月,達賴喇嘛為班旦加措的回憶錄作序指出:

「班旦加措的證詞是一部傑出的關於受難和忍耐的故事。

在他三十一年的牢獄生涯中,班旦加措忍受了酷刑、難耐的飢餓和無窮無盡的「思想改造」,但是他始終拒絕向壓迫者屈服。他之有勇氣這樣做,甚至能寬恕他的加害者,這不僅僅是西藏人天性達觀的賜予,我想這跟佛教教導人們應當具有愛心、仁慈、寬恕,以及天下萬物皆相親相屬有關,它是我們內心平和充滿希望的泉源。

《雪山下的火焰》生動地展現了西藏當代歷史和隨之而來 1949 年的被侵占。班旦加措記錄了文革的恐怖年代,以及他對難友們的深切同情。他個人可能被處死的威脅並沒有嚇住他,倒是那些他親眼目睹的絕滅人性的殘忍行為令他極為驚怖。

這本書能幫助許多原先僅僅風聞古老佛教的文明傳統和結構遭到粗暴破壞的人,進一步了解實況。寺廟和內部藏書及文物的摧毀,不僅是西藏的悲劇,也是人類文化遺產的巨大損失。一些重新被修復的宗教機構所面臨的各種壓制尤其嚴重,僧尼們不能像以前獨立西藏時代那樣自由地研究和侍奉。從班旦加措的身上,我們看到人類精神核心的人性價值,如善良、忍耐、敬業等還依然倖存了下來,他的故事給我們巨大的啟發。

成千上萬的西藏人跟班旦加措一樣逃離了故鄉。當他終於平安地到達流亡之地後,班旦並沒有放棄信念,安靜度日,他的正義感和因西藏人的遭遇而產生的憤慨使他不能平靜。面對中國共

產黨多年來對西藏的抹黑和歪曲,他把握機會要向世界披露西藏的真相。

我相信很少有讀者不會被班旦加措的故事和他的堅毅執著而感動的。跟班旦加措一樣,我也是樂觀的,我期待有一天西藏重新恢復成為一個和平的地方,人們能夠和睦相處。我們也許無力單獨達到這個目的,但是班旦加措顯示了,我們並不是這樣無助的,甚至單一的個人也能有所作為。因此,我希望讀者能受到他的啟發,對西藏問題產生同情與支持。」

2018年11月30日,班旦加措病逝於達蘭薩拉。他的肉體雖已離開,但他的反抗精神卻永存,正如他生前所說:「我們有抵抗非正義的集體意志,它如同火焰一般不能被撲滅。我回顧以往,就能看見人對自由的珍愛,就如雪下暗藏的火苗。」

16 ｜周素子：耐得霜寒若許，瘦影還如故

周素子（1933 年至 2022 年 11 月 24 日）：作家、詩人。自幼接受傳統人文教育，通曉古文詩詞音韻。先後就讀於杭州師範學校（音樂專業）、福建師大音樂系。1957 年，尚未出大學門，也未寫一張大字報，卻被打成右派，閨秀成賤民，「嫦娥」成「毒蛇」。1960 年，與同為右派的丈夫陳朗[78]一起被發配蘭州。文革時，陳朗被打成歷史反革命囚禁十年，周素子顛沛流離、含辛茹苦地養育三個女兒。文革後，獲「平反」，在杭州擔任大學中文教師、雜誌編輯、中國崑曲研究會副秘書長。1995 年，隨家人移居紐西蘭，擔任紐西蘭《新報》專欄作家、紐西蘭漢學會會長。2008 年，加入獨立中文筆會。多年來致力於記述反右和文革等中共政治運動的受難者

---

[78] 陳朗：詩人，作家，編輯。他是一位出身世家、擅長文史的才子，六歲能詩，七歲能賦。1945 年，考入內遷的國立杭州藝專。1951 年，供職中蘇友協。1956 年，調中國劇協《戲劇報》任編輯。1957 年，因言劃「右」，被打成「東郊反黨集團」成員，下放保定安國縣農村、京郊懷來桑乾河畔，後發配大西北。文革後，獲平反。晚年與妻子周素子移民紐西蘭。

> 群體的人生經歷。主要著作有:《右派情縱》、《晦儂舊事》、《周素子詩詞鈔》、《西湖賦》等。2022 年 11 月 24 日,在紐西蘭病逝,享年八十九歲。

周素子曾有一首〈花心動・辛未初春與詩友探梅靈峰〉:「一徑青芝,初雪霽,迎來恁多詩侶。掬月泉(泉名)開,籠月樓(樓名)新,都是昔時幽處。孤山招得冰魂在,問瘦影、可還如故?儘先後、分題拈韻,相尋佳句。耐得霜寒若許。想此日山間,垂鋤荒圃。公子情多(清季靈峰最初植梅者蓮溪公子),衲子緣深(靈峰寺住持墨真法師),曾使蕊芳先吐。兵戎過也餘無幾,尚須仗、詞人修補(清末湖州周慶雲曾補種梅花)。沉吟久,難摹眼前萬樹。」這首詞,看是詠梅,但何嘗不是周素子的自畫像?

周素子:出生於浙江雁蕩山東麓樂清縣大荊鎮一個書香世家。祖父為當地名醫。大伯父為同盟會員,辛亥革命元勳,民國建立後首任杭州縣知事。父親琴棋書畫兼通,書法享有盛名。兄長周昌穀、周昌米均為著名國畫家。周素子從小受到良好的傳統人文教育,詩詞、古文、國學皆有很深造詣。

中共奪取政權後,周家房地產被沒收,全家掃地出門。周素子的祖父生前出錢造橋、修亭、建廟,造福一方,囑咐後人耕讀傳家,不要做官,生前絕沒想到周家會落到如此淒慘的地步。周家藏書甚多,土改時農民把周家藏書搜出來一把火燒盡,其中包括一些珍貴的宋版書,目的就是要「分周家十幾個紅木書櫃」。

在「新中國」,周素子家人的下場都很悲慘:母親出生貧苦,一輩子辛勞持家,親自下田做農活,做生意養大子女,結果淪為

地主婆；父親一生讀書，僅因做過國民黨基層小官而被打成歷史反革命；一位堂哥在「鎮反」運動中被誣為土匪遭殺害；當過警官的長兄被勞改十三年；兩個姐姐都是鄉村教師，長姐夫因參加過三青團被勞改，長姐全家成為「反革命家屬」；二姐命運更慘，丈夫坐牢，自己劃為右派，迫於生計改嫁農民，文革中被逼瘋，文革後落水而亡；在浙江美院當教授的哥哥周昌穀，文革關牛棚，挨批鬥，憂憤早逝。其餘親族亦無一倖免，後代很多變成文盲。一個書香門第煙消就此雲散。

　　初中畢業後，周素子進入杭州音專，學鋼琴與二胡，受教於音樂教育家顧西林。後考上福建師大藝術系學鋼琴，被鋼琴家王政聲教授視為得意門生，予以精心培養。由於琴藝出色，她常在福州市各種大型音樂會表演鋼琴獨奏，所奏曲子均為蕭邦、柴可夫斯基等西洋鋼琴名曲。當時在上海音樂學院附中的少年天才鋼琴家殷承宗曾與周素子通信討論音樂。

　　1957年，反右風暴來臨，二十二歲的周素子正在福建師大學習。她沒有發表過任何「右派言論」，沒有寫過一張大字報，僅僅因為太出類拔萃，太獲老師寵愛，就遭到同學嫉妒，又因出身於「官僚地主反動家庭」，竟受到「只專不紅」的大批判，最後劃為右派，被迫退學，告別了青春的歡樂，也中斷了音樂生涯。反右運動中，像她這樣「沒有右派言論而戴上右派帽子」的受難者不在少數。多年後，她九死一生，劫後歸來，卻已然不會彈鋼琴了。

　　周素子在一篇回憶文中寫道：「1957年是我人生自出生以來遭受到最大最殘酷的變化。我從單純的青年學生成了政治犧牲品，打入了敵人之列。我從無邪的天之驕子，成為受歧視的階下囚，從此時時陷於強勞力、受污辱的戴罪之境。我從驚訝這些變

化,到習慣這些變化,並在變化中尋求生存之道,我漸漸堅強。」

1958年底,「右派」嫁「右派」——周素子與更大的「右派」陳朗成婚。

周素子在學校打掃廁所,放鴨養豬,並到林場墾荒植林,種薑種紅薯,又回校參與大煉鋼鐵等強勞力懲罰。她生活在精神與肉體的雙重痛苦中,羨慕不識字而「無憂無慮」的山農。1959年春節,學校允許右派學生回家過年。此時,周素子的父親因成份為地主,又在國民黨內任過要職,即使年過六十,也在強迫下鄉務農之列。她的父母親被下放在杭州郊區錢塘江邊江沙沖積地,名為新沙的地方勞動。「那日我沿著江堤尋訪他們,據說附近梵村是宋周邦彥的故里,雖江上白帆點點海鷗飛翔,但是父母親流落在此,生計困難,景色縱好又有何益?……和父母小聚後,拜別他倆,我到河北大平原的白洋淀畔的藥材之鄉安國看望勞動中的丈夫陳朗,我們都處在右派處置的等待中,我第一次深入北方農村,那裡的貧窮、荒涼令人震撼,時在冬春荒欠之時,公社食堂吃的是帶沙的薯乾窩頭,清水燒乾菜湯,其他一無所有。」

1960年10月,周素子及剛出生的女兒跟隨陳朗從北京下放到蘭州。母女倆「自願」遷出北京戶口。她在〈育女記——給母親節的禮物〉一文中寫道:「生兒育女是聖人也難免。只要是孕婦、產婦,人們都會比平時更關懷她,但是我卻很坎坷,我沒能享受到孕婦、產婦該有的待遇,然我沒有怨恨,我只有遺憾。我的女兒都生活在動盪不安的年代,生活困苦。她們的父母都是右派,因此她們的命運都帶有『原罪』,注定是來受苦受辱的。」

1966年,文革爆發,陳朗淪為押上萬人大會高台的「牛鬼蛇神」,監押囚禁。1971年,罪名從「右派」升級「反革命」,送往青隴交界的紅古農場勞改十三年,妻女前往探望,竟不准交談。

丈夫雖戴罪服刑，畢竟還有一片獄瓦可棲身，還有一碗牢飯可吃，十多年裡，周素子的感覺是：「他的境遇雖惡劣，但對我還算安慰。」她和三個女兒卻流離失所，溫飽難求。被抄家四次，一度封門逐出，逃至衛戌司令部，零下十幾度的寒夜，睡在會客室板凳上。

「不容然後見君子！」苦難中的素子仍存遠志，聰慧好學，除音樂專業，學過針灸、裁縫，儘管比十年寒窯王寶釧還苦，卻像母雞一樣護著三個女兒，千方百計讓她們接受初級教育，為三個女兒的日後發展提供了第一台階。

1969年，中共當局以蘭州為軍事重鎮，將「地富反壞右」等九種人全部逐出城市。周素子又帶著三個幼女冒著早春的嚴寒，長途跋涉到陝西富平縣落戶。這是黃土高原的溝壑區，嚴重缺水，極度貧窮，生存十分艱難。

1969年底，為了孩子的前途，周素子決定離開北方，回家鄉求生存。她帶著分別為七歲、五歲、二歲的三個女兒，再次流浪，經歷千辛萬苦，回到浙江，投靠杭州郊區嫁給農民的二姐。由於沒有戶口，逢五一、十一等節日，當局整頓社會秩序，周素子即被當作盲流關押看管。而且沒有戶口就沒有糧票，就吃不到飯。

為了落戶杭州農村，周素子又返回陝西富平和甘肅蘭州，經過難以想像的漫長的奔波煎熬，終於拿到戶口。其間的艱辛曲折，她都寫在〈戶口的故事〉中：好不容易拿到杭郊轉塘派出所的「准入證」，再赴西北富平，在公社辦公室坐台階二十多天，感動辦事員，同意將戶口轉回蘭州；接著上蘭州公安局「折騰」九天，死磨硬纏，總算搞到蘭州遷杭郊的「准簽證」（贏得辦公室外「跑戶口」者集體羨慕）；然後，千辛萬苦春節前「蹭車」回杭（各

地車站均掛出「一週內通往全國各地無票」），過五關斬六將，歷經八月之艱，居然將母女四人戶口成功轉回杭郊。

此後八年，周素子在小鎮做雜貨店售貨員，月薪二十七元，這是她淪「右」後最穩定的飯碗。

但母女們的「右難」仍在繼續。年終，公社召開「對敵鬥爭大會」，周素子照例要被揪上台示眾，孩子們也跟著遭殃。大女兒的尿盆成了全宿舍公器，每晨還得去倒，稍露抱怨，即遭耳光，飯菜票也被「革命的小朋友」公然拿用，飯盒扔入山溝。

1978年，文革結束兩年了，當地政府仍不讓大女兒上高中，因為高中「只為貧下中農服務，不培養右派子女」。二女兒考取杭州藝校，因成分被涮。

1979年，陳朗右派改正，返京復職，全家團圓。三個女兒因十三年未見父親，連一聲「爸爸」都叫不出，用老家方言稱他「老倌精」——對老人貶中有褒之稱，以掩蓋情感生疏造成的尷尬。

周素子也右派改正，返城任教於杭州機械工業學校。1986年，又任《風景名勝》雜誌編輯。

周素子以堅韌的抗戰意志，在千千萬萬家破人亡悲劇的毛澤東暴政時代，創造了家庭完美倖存的罕見奇蹟，正如她自己所說：「文革浩劫的十年中，我們全家人的遭遇可以寫一部廿四史。」

1988年，浙江文人、書畫家吳藕汀有感於周素子一生坎坷、一生頑強，曾作〈玉樓春〉一詞相贈，前半闋是：「絕塞苦吟西海道。博涉莊騷深窈窕。多風多雨不知愁，伉儷情深同管趙。」

1990年代初，周素子的三個女兒相繼移居紐西蘭。1995年，周素子同夫君陳朗也離開故土，依親移民到紐西蘭，總算脫離恐怖的「社會主義偉大祖國」。

與周素子夫婦相識半世紀的文化老人周有光[79]，很慶幸周素子苦難半生終於有個平靜安定的下半生。他寫信給遠在地球另一隅的周素子說：「你們是塵世不容的仙侶，被中原的濁浪沖出人寰，遨遊於茫茫神空，降落於海外仙島，居然落地生根，蔚然成林。真是，天涯何處無桃園！」

　　有很多在中共統治下承受巨大苦難的華人，到了西方自由世界後，卻因長期受愛國主義、民族主義的洗腦，轉而為中共辯護和唱頌歌，這也是一種怪異的斯德哥爾摩綜合症。更多人則「一朝被蛇咬，十年怕草繩」，即便到了自由世界，還是沉默是金、遺忘是福。周素子卻決定不負在新的家園享有的言論自由，重新提筆，記述親友家族苦難，為歷史作證。1990 年代後期，陳朗和周素子在女婿陳維健創辦的中文報紙《新報》上開設副刊專欄「朗素園」，陳朗談詩文，周素子撰文回憶自己和親友的苦難歲月。她的文筆幽雅，哀而不傷，娓娓道來，細讀之下篇篇含血、句句帶淚。

　　周素子一家飽受暴政迫害，對極權主義有很深認識。她將專欄文章彙編成第一本著作《右派情縱》。書中記述了近百名身為文化名人的右派的悲慘遭遇，歷史學家余英時在序言中稱讚說：

---

[79] 周有光（1906-2017）：江蘇常州人，原名周耀平，經濟學家，語言學家，文字學家。通曉漢、英、法、日四種語言，曾參與主持《簡明不列顛百科全書》中文版編譯。畢業於上海聖約翰大學，與合肥四姐妹之一的張允和結婚，為沈從文之連襟。婚後，夫婦同往日本留學。歸國後，周有光當過經濟學教授和銀行高管。1955 年後，專職從事語言文字研究，曾參加擬定《漢語拼音方案》，建立漢語拼音系統，被稱作「漢語拼音之父」。1966 年，文革開始後，被打成「反動學術權威」，房子亦被造反派占去。1969 年，被下放寧夏平羅「五七幹校」勞動。文革後，繼續從事語言文字及文化研究。出版有《周有光百歲口述》、《朝聞道集》、《拾貝集》等。他曾接受外媒訪問說：「中國將來必須放棄共產主義，只要中國一天離不開共產主義，中國的前途就無法擺脫黑暗。」「沒有獨立思考就沒有教育，今天的教育之所以失敗就在於這個地方，訓練人家迷信，迷信馬克思主義。」

「《右派情蹤》一書給『反右』名單增加了近百人的個案,這是很重要的貢獻。當年有資格成為『反右』的受難者,今天至少已在70歲以上。因此我迫切地期待著至今仍倖存的受難者都能聞素子女士之風而起,把他們周邊的難友一一記錄下來,使『反右』成為一段有血有肉的歷史,永遠活在中國人的記憶之中。這是所謂『活死人,肉白骨』的偉大事業,其功德是無量的。」

學者何英傑[80]指出:「往事恰如風柳,撩人亦暖亦寒。二十二歲,周女士蒙受不白下鄉勞改,折磨達二十三年之久,獨力撫養三個女兒長大。其間遭遇,我不敢想像。假若我羈押荒漠,妻子帶著幼兒餓凍乞活,如何忍辱二十年?此等苦楚,此等命運,使我深深折服於她的堅韌。甚者,此等局外人想都不敢多想之事,過去便是過去,當事人有誰仍願意回想?周女士不然。她劫餘發憤,重入陰暗之中,慢慢拾起那些被恐懼與淚痕刻蝕見骨的記憶殘片。一回想,一回痛。一回死,一回生。方知隻字片語,盡是勇者心淚。書者何辜,讀者何幸!……算算年歲,當初最年幼的右派,如今已近八十。物故人非,平白凋零。罪名雖已平反,傷痕猶自深埋。但願中國早日撫平這一輩人的創痛,使油盡免於燈枯,薪盡幸得火傳。也願生者頤養天年,更傳語子孫切切慎思明辨,何以如此壯闊江山,如此深厚文明,如此血性兒女,卻在二十世紀破敗得、糟蹋得如此不堪。這樣,則新一代青年長成之時,中國當有自信從橫掃斯文的狂潮中站定,大哭一場,洗心革面。《右派情蹤》裡記有《不須曲》一段緣,前賢憂國,悽然紙上。我不揣冒昧,爰和一首以綴序末:未盡劫灰孰可侵,悲歌燕

---

80 何英傑:學者,詩人,旅居紐西蘭,曾師從陳朗、周素子學習古典文學。作品及編注有:《西海詩詞集》、《周素子詩詞鈔》、《眠月之山》、《秋半軒詩詞鈔》、《滄海樓詩詞鈔》等。設有網站「未來的國文課」https://classics123.wordpress.com/。

趙久銷沉。不須更嘆思凡曲,叩破重閽有鳳音。」

隨後,周素子又完成回憶錄《晦儂舊事——老家的回憶》等,以親身經受的苦難,控訴了黨國苛政的黑暗殘暴,同時又以溫情筆調回憶,在那個暗無天日的時代,始終沒有被暴政摧毀斷絕的人性之善,那是她的唯一動力,在黑暗中不至於對人世絕望。何英傑指出:「《晦儂舊事》憶述很多細節,直擊毛時代『激情燃燒的歲月』,真切感受生活在『偉大的毛澤東時代』,國人是多麼的不幸!大陸沉,五嶽悲;詩書棄,禮樂廢;天柱折,大道微。」

周素子用血淚和紙筆為歷史作證的同時,也熱情參與反抗中共暴政的民主人權運動。她每年都參加六四紀念活動,直到病體衰弱,再也不能站立起來。她的兩個女兒分別嫁給積極從事民主人權活動的陳維健、陳維明兄弟,亦成為海外華人中的一段佳話。

周素子因而成為中共駐紐西蘭使領館的監控對象,上了禁止回國的黑名單。她是紐西蘭乃至全球的中國民主人士中,一位備受尊敬的博學而慈祥的長者。

周素子病逝後,馬大勇教授寫了一首〈減蘭‧悼周素子先生〉:「顛連痛史,海嶠山涯亦可死。疾雪霜鐘,忍淚含愁說晦儂。臨風歌泣,何處花開似故國。如此人間,留與人間素心蘭。」

17 譚蟬雪：雪中之蟬，長鳴不已

譚蟬雪（1934 年至 2018 年 6 月 1 日）：敦煌民俗學研究專家，敦煌研究院文獻研究所副研究員，毛時代地下刊物《星火》參與者之一，為《星火》創辦人張春元[81]的戀人，也是文革第四大反革命案件「星火案」受刑者之一。1958 年，她被打右派。1960 年，她以「反革命罪」入獄，判刑十四年。1973 年底，她出獄後被強制安排在酒泉電機廠「就業」。1980 年，譚蟬雪獲平反，任教於酒泉師範學院。1986 年，調敦煌研究院敦煌文獻研究所工作，至 1998 年退休，後居上海。在敦煌研究院工作期間，她潛心研究、著

---

[81] 張春元（1932-1970）：右派，異議知識分子，《星火》案主犯，中共暴政受難者。河南上蔡人，1949 年底參軍，後參加韓戰，為志願軍坦克兵，韓戰後任交通部副部長王首道小車司機。1956 年，作為調幹生入蘭大歷史系學習。1957 年，反右運動中被劃為右派，下放農村勞動。1959 年 6 月，以筆名司馬章在《電影文學》發表文學劇本《中朝兒女》，並應邀出席長春電影製片廠新片攝製計畫會，不料其下放的天水馬跑泉公社黨委致函長影，其右派身分暴露，投拍作罷。1950 年代末，毛的大躍進政策引發全國範圍的饑荒和其他社會問題，張春元和他的朋友們創辦民間刊物《星火》，號召國人起來鬥爭，結束暴政。1960 年 7 月，張春元被捕。8 月 10 日，越獄。1961 年 9 月 6 日，再捕歸案。原判無期徒刑，後因與同案犯聯繫，被當局以「在押期間繼續從事反革命活動」罪名，於 1970 年 3 月處決於蘭州。此冤案直至 1980 年代才被「平反」。

> 述頗豐，在民俗、服飾、文獻等研究中均有突破性成就，先後發表學術論文三十餘篇，出版學術專著九部。晚年自費出版回憶錄《求索》、《煉獄英魂》，卻遭公安查抄。又編輯《林昭文集》，撰寫《張春元傳》。2018年6月1日，譚蟬雪病逝於上海。譚蟬雪生前曾說：「我的名字隱含了一生命運坎坷，如同『雪中之蟬』。」

譚蟬雪：生於廣東開平一個大家庭。後來隨著父親在電信局工作的調動，遷居廣西梧州。1950年5月，畢業於廣西梧州師範學校，之後在廣西人民革命大學、桂林市中國語文專修學校工作。1955年8月，調到桂林市文化局工作。1956年9月，以調幹生身分前往蘭州大學中文系就讀。

在反右前夕，蘭大校園「裴多菲俱樂部」帶來的熱切討論中，有譚蟬雪活躍的身影。她一度曾有「蘭大林希翎」的美稱。1957年，譚蟬雪被打成右派。隨後，蘭大將右派學生集中起來，分成兩撥，一撥下放到天水，一撥下放到武山。譚蟬雪被下放到天水甘泉公社勞動改造。這些流放天水、武山的同學，假日經常聚在一起，談論對當時大饑荒的觀察與反思。多數情況，他們都聚在張春元工作的拖拉機站，在那裡暢所欲言。張彥在《星火》一書中寫道：「張春元濃眉方臉，身體強壯；譚蟬雪身材纖細，有兩道柳眉。張春元頑強而粗率，而譚蟬雪卻很溫和，一對寧靜的眸子

透著理性。在獨裁政權統治下、饑荒肆虐的土地上，愛情火花原本難以點燃，不過兩人很快都甘冒生命之險證明他們的感情。」

到了1959年5月，這群人開始討論，應當將大饑荒的真相寫出來，扎實地做一些啟蒙工作，與更多人共享理念，他們的活動範圍應當突破蘭大、甘肅、知識分子這三個圈子。這時大家就有了一個想法：「我們辦一個刊物吧。」顧雁[82]首先提出將刊物命名為《星火》。

張春元讀到林昭的詩歌〈海鷗之歌〉，冒險跑到蘇州與之見面，一見如故。後來，他讀到林昭的另一首詩歌〈普羅米修斯受難的一日〉，便請求在他們籌劃的刊物《星火》上發表這首詩歌。林昭一開始擔心給對方帶來危險，但後來同意了。

張春元負責組織稿件，向承鑑[83]、苗慶久[84]承擔刻鋼板和油印工作。1960年1月，《星火》創刊號在天水武山縣問世，儘管它只有八頁，製作簡陋，且只油印了三十份，但在那個漆黑一片的時代，卻是石破天驚之舉。

在創刊號上，有顧雁撰寫的發刊詞。發刊詞寫道：「團結起來，丟掉幻想，準備戰鬥！」發刊詞還譴責共產黨「腐化反動」、「在國內民怨鼎沸叛亂四起，在國外陷入處處楚歌」、「把全民的天下當做私有財產」。張春元發表的文章有〈糧食問題〉、〈農民、

---

82 顧雁（1935-）：上海人，北大物理系畢業生、蘭大物理系研究生。1957年，被打成右派，下放勞改，參與《星火》的編輯和撰稿。在《星火》案中被判刑十七年，服刑於青海。文革後平反，任教於蘭大。1985年，升教授。後調中國科大物理系。

83 向承鑑（1938-）：江西武寧人，1956年考入蘭大化學系，反右運動中被劃為右派。因《星火》案，被判刑十八年。文革後平反，分配蘭州連城鋁廠中學，任高級教師、教導主任、校長。

84 苗慶久（1932-2015）：北京人，出身地主，公安司令部邊防保衛局中尉。1955年復員後，作為調幹生入蘭大物理系。反右運動中被劃為右派。因《星火》案，被判刑二十年。文革後平反，任蘭州連城鋁廠中學高級教師、校長、廠教辦主任。

農奴和奴隸〉，譴責中共剝削農民，「當今的統治者和歷史上任何統治者一樣，利用農民革命爬上了天安門，登上了寶座」。他指出，沒有土地所有權是農民面對的關鍵問題。《星火》上發表的文章，完全擺脫了官方意識形態和話語方式的束縛和限制，不打擦邊球，不「打著紅旗反紅旗」，明確而徹底地反對中共的極權主義統治，在同時代知名的大右派以及數十年後的民主派知識分子中罕有人能企及。

當時，譚蟬雪在《星火》群體中負責對外聯絡、爭取援助。多年後，她在受訪時表示：「當時不論是天水，還是武山，都是窮鄉僻壤。我們不可能有個圖書館，不可能查找什麼資料，但是現實和農民就是我們最好的老師。孟子說過：『無惻隱之心，非人也；無羞惡之心，非人也。』我們看到農村發生餓死人、人相食這些事情，可以麻木不仁，可以明哲保身，可以佯醉不醒。但是我們流動著的卻是滿腔熱血，我們看到現實情況非常痛心。⋯⋯眼前發生的一切教育了我們，促使我們決定應該怎麼辦。我們有這樣的認識，是因為我們就生活在那種環境中。那時廬山會議已經召開，接下來林昭和我們聯繫上了，她寄來《南共聯盟綱領草案》等資料對我們也很有幫助。」

幾個月後，這群學生再次集會，決定讓《星火》定期出刊，並郵寄給各地的高級官員，促使他們反對中央的極左政策。

譚蟬雪決定將大饑荒的真相帶到香港，她出生在離香港很近的廣東開平，認為自己有辦法穿越邊境。她先來到廣州的姑媽家，再與姑媽一起實施偷渡計畫。結果，她們抵達邊境附近的一個村莊時，被民兵查獲。她給張春元寫信告知自己被抓的處境，張春元趕來營救她，卻落入羅網。1960 年 9 月，譚蟬雪和張春元分別被押上從廣州北上的火車。四天之後，到達蘭州。他們被關

進關押省級要犯的蘭州貢元巷看守所。從那以後，這對戀人再無說話的機會。

1960年9月，「星火案」全案偵破。在這起全國「第四大反革命集團案」中，先後有四十三人被捕，其中大學教師二人、研究生一人、大學生十二人（蘭大八名）、幹部三人、農民二十五人。最後，判刑者多達二十五人，除了林昭、張春元、譚蟬雪之外，有支持他們的杜映華[85]、羅守志[86]等當地官員，有顧雁、苗慶久、向承鑑、胡曉愚[87]、何之明[88]、楊賢勇[89]、孫和[90]、陳德根[91]、梁炎武[92]、田昌文[93]、胡學忠[94]、謝成[95]等右派學生和右派教師，以及

---

[85] 杜映華（1927-1970）：甘肅隴西土店子村人，隴西師範學生地下黨員，歷任中共漳縣副書記，武山縣委書記處書記、城關公社第一書記。1959年，劃右傾，開除黨籍，下放勞動。1960年2月，因《星火》案被捕，判刑五年。1970年，與張春元同被處決。

[86] 羅守志：甘肅武山洛門羅坪人，武山縣委農工部長。1960年2月，因《星火》案被捕，判刑五年。文革後平反，任武山四門中學校長、縣人大秘書長。

[87] 胡曉愚（1929-1999）：九江人，北大化學系研究生，留校助教，1955年調蘭大，任化學系講師。反右運動中被劃為右派。因《星火》案，被判刑十五年。文革後平反，任蘭大教授。

[88] 何之明（1936- ）：長沙人，1956年考入蘭大物理系。反右運動中被劃為右派。因《星火》案，被判刑十五年。文革後平反，任教蘭州連城鋁廠中學。1982年，移居美國。

[89] 楊賢勇（1933-2003）：四川人，1955年蘭大中文系調幹生。反右運動中被劃為右派。因《星火》案，被判刑十年。文革後平反，任蘭州三十四中高級教師。

[90] 孫和：上海人，1949年春參加解放軍，1956年入蘭大歷史系。反右運動中被劃為右派。因《星火》案，被判刑八年。文革後平反，任蘭州連城鋁廠中學高級教師、教導主任。

[91] 陳德根（1932-2009）：四川達縣人，師範畢業生，1956年考入蘭大生物系。反右運動中被劃為右派。因《星火》案，被判刑八年。文革後平反，分配到蘭州連城鋁廠中學，中教一級。1989年退休。

[92] 梁炎武（1935-2012）：廣州人，北大研究生，留校助教，因顧雁受牽連，判刑七年。

[93] 田昌文：武漢人，1955年考入蘭大數學系。反右運動中被劃為右派。因《星火》案，被判刑五年。文革後平反，回武昌中學任教。

[94] 胡學忠（1936-1972）：武漢人，1955年考入蘭大化學系。反右運動中被劃為右派。因《星火》案，被判刑五年。刑滿就業，因胃癌病逝。

[95] 謝成：隴西人，1954年考入蘭大中文系。反右運動中被劃為右派。因《星火》案，

王鳳歧[96]、賈啟賢[97]、劉武雄[98]、雷煥章[99]、雷振華[100]、謝思敬[101]、雷岩家[102]等農民。另有三人管制，兩人戴帽。十三人釋放。受該案牽連的右派學生馮淑筠[103]、鄧得銀[104]、呂綏生[105]等也都命運悲慘。張彥寫道：「『星火』燃燒了不到一年似乎就熄滅了。在中國共產黨執政近四分之三世紀的時間裡，它不過是反對黨權力濫用的無數小規模反抗之一，可能轉瞬就被遺忘。但在許多中國人看來，它的故事如今已經成為抵抗一黨專政的代名詞。」

多年後，譚蟬雪向調查記者江雪講述了她與張春元所見的最後一面：1965年冬，那是在天水體育場「反革命集團案」公判大會上。那天，他們都被五花大綁著。在台上，他們被分開得最遠，一個在最東頭，一個在最西頭，她只看到一眼他模糊的身影。她記得，那天天奇冷，陰沉得厲害。會場上，突然有人大喊

被判刑三年。出獄後捲入另一「現行反革命案」，再遭捕。1980年，兩案皆平反，先後任天水四中高級教師、校長、甘肅省政協委員。

96 王鳳歧：農民，死於武山看守所。
97 賈啟賢：農民，基層幹部，因《星火》案被判刑八年。
98 劉武雄：農民，因《星火》案被判十五年。
99 雷煥章：農民，因《星火》案被判刑七年。
100 雷振華：農民，因《星火》案被判刑七年。
101 謝思敬：農民，因《星火》案被判刑七年。
102 雷岩家：農民，因《星火》案被判刑三年。
103 馮淑筠（1931？-1968？）：蘭大化學系學生。反右運動中被劃為右派。因《星火》案，被關押近一年。無罪釋放後，蘭大拒絕接受，四處流浪，文革中被遣煤礦，死於礦難。
104 鄧得銀（1932？-1968？）：蘭大化學系學生。反右運動中被劃為右派。因《星火》案，被關押、調查，後無罪釋放。1961年，大學畢業，分配通渭中學任教，文革中被打死。
105 呂綏生（1935-）：蘭大化學系學生。反右運動中被劃為右派。因《星火》案，被關押、調查，後無罪釋放。1961年，大學畢業，分配蘭州西固第六中學，勞役打雜。文革中，遭毒打，妻小趕入農村，備受歧視近二十年。1981年，任教蘭州教育學院。1985年，調甘肅中醫學院任教授。

了一聲「譚蟬雪」！她知道，那是她的獄友葉青。

文革爆發後，中共當局對反對者展開法西斯式的屠殺。1968年，林昭遇害。1970年3月22日，張春元和支持《星火》的武山縣委書記杜映華同時殉難。在張春元赴死前，與之關在同一所監獄的譚蟬雪希望讓張春元知道她一直愛著他，託一名為他送餐的獄友傳話，「你永遠活在我心中」。張春元也託獄友王中一帶兩句話給譚蟬雪：「一是我對國家、對人民捫心無愧，就是對不起她，不能陪她走完人生道路；希望她一定好好活下去，前景光明無限。」張春元遇害後，當局在區內各監獄張貼告示，譚蟬雪看到這張告示，一個月後，她白了頭。

多年後，作家伊娃訪問譚蟬雪時問道：「在十四年漫漫獄中生活中，你有沒有反思過自己，懷疑過自己？」譚蟬雪回答說：「在我坐牢以後，有時候我們犯人坐在一起聊天，她們就問：『你幹啥了嘛？年輕輕的。』我就說了。她們說：『你為什麼要為別人做？你說了，你做了，那些農民能聽到看到嗎？你不是白說了。』我說：『不是白不白的問題，我憑我的良心衡量是對的還是錯的。』我那時就想，十四年是一個漫長的時間，我能不能等到出獄的那一天，我不管它。但我有一個信念，我做的是對的事情，沒有做錯。我也相信，終歸有一天會重見天日。只是遲和早的問題。我對自己有信心。我看到有些人自殺，我想沒有必要。人生的經歷可以是多種多樣的。那時，我和家裡人沒有聯繫，一切事情，就我自己一個人扛著。……我有一個好朋友王漢光經常寄點錢和糧票給我，幫助我。我出獄是1973年底，差不多坐滿刑期了。我一人走過這段路，回頭來看沒有覺得怎麼樣。比如吃不飽飯，我吃兩個紅薯就是一頓飯。譬如我們放風時，經過伙房曬乾菜的地方，偷了一些乾菜，乾菜怎麼拿？塞在尿罐子裡。拿回來洗一洗

吃起來還挺香的。」

1973年，譚蟬雪出獄，但並未獲得完全的自由，而是被強制安排在酒泉電機廠「就業」。1980年，譚蟬雪獲平反，調入酒泉師範學院任教。1986年，又調入敦煌研究院文獻研究所工作，至此終於圓了青年時代的「敦煌夢」。十年磨一劍，她經過潛心鑽研，發表多篇學術論文，出版了《敦煌石窟全集民俗畫卷》、《敦煌石窟全集服飾畫卷》、《敦煌歲時掇瑣》、《三教融合的敦煌喪俗》、《曹元德、曹元深卒年考》、《敦煌婚姻文化》等多部學術專著，還參與參編《敦煌學大辭典》，成為國內外公認的敦煌民俗學研究專家。1998年，她從敦煌研究院退休，隨女兒定居上海。退休後，她仍未停止敦煌研究工作，除了繼續參與編輯《敦煌石窟全集》外，還出版了《敦煌民俗》、《盛世遺風》、《解讀敦煌：中世紀服飾》等專著。

2015年，由於身體原因，八十一歲高齡的譚蟬雪不能繼續從事文史研究工作了，她將多年積累收藏的《河西寶卷》資料全部捐獻給甘肅圖書館。這批資料包括清代刊刻本、抄本、民國印本及民間手抄本和寶卷說唱錄音磁帶，以及她本人的研究手稿、研究目錄。

2004年，七十歲的譚蟬雪開始致力於搜集《星火》事件的資料，撰寫那段被湮滅的歷史。她說：「我做這些，不只是為了張春元，這是我一生當中所做過的良心上能交待過去的事情。」進而，她以「歷史賦予的社會責任，拿起筆來還歷史之真實」。

首先，譚蟬雪需要找到《星火》的原件。《星火》當時只油印了三十多份，大都被查獲銷毀，如何找到原件呢？

譚蟬雪先去蘭大歷史系詢問。蘭大歷史系工作人員說，你講的這些事情，聽都沒有聽說過。這時，她遇到一位熱心的張老

師,張老師帶著她去天水法院,但一提及調查檔案,回答是:「不可能!」後來,法院院長說「以個人的身分來,我們不能給她看!她想看,拿蘭大的介紹信來!」

譚蟬雪當晚坐上火車,回到蘭大。她請張老師幫忙,到校長辦公室去,開一份介紹信,意思就是現在學校編寫校史,譚蟬雪要去你們那裡,查閱當年的檔案。

另外,譚蟬雪還得到張老師一位學生的幫忙。這位學生在天水法院和武山法院都有熟人,提前和那些人聯繫,告訴他們:「如果譚老師來了,你們一定要幫忙,帶她看看檔案。」

就這樣,譚蟬雪在隴海線上來回奔波多次,終於成功獲准到檔案室查檔案。管檔案的說:「你要找誰的檔案?」她說:「我要找張春元、苗慶久這幾個人的檔案。」管理員馬上翻記錄本,翻出來一看,喊著說:「他們是反革命呀!」譚蟬雪看到對方臉色都變了,就說:「對呀,當年是反革命,但是後來平反了呀!」她跟對方解釋:「反革命還能背一輩子呀?現在蘭大都敢於把這段經歷寫在校史上,那檔案為什麼不能看呢?」管理員被說服了,就去拿檔案了。

譚蟬雪看到了《星火》案每一個人的卷宗,還看到一本厚厚的「罪證」——封面上寫著「罪證」。她拿著一翻,全部的材料都在裡面,真是如獲至寶、欣喜若狂。當然,她不能多說,還要顯得若無其事。檔案員走出走進的,她就假裝鎮靜地翻看材料。材料找到了,但怎麼能複印出來?她想了想,對管檔案的人說:「你給我的檔案,我需要複印,複印出來,我回去就可以寫校史了。」管理員說:「複印呀?我們有個影印機。」譚蟬雪馬上說:「需要多少費用,我都可以給你。」她私下還給了管理員個人一些「費用」,管理員就把她所需要的檔案全部複印了,第一期《星火》、

第二期還未完成的《星火》都複印到了。她在檔案館待了兩、三天。檔案員很年輕，也不懂什麼，她也不多說什麼。

譚嬋雪發現，相關檔案可謂包羅萬象，包括在拘留所時張春元託一名女醫生帶給譚嬋雪的幾張字條——「雪：七月半來此被關，已知我們為大學生，此處一切好，我現在單房三號一八，可給弟去信，由我來辦。親朋不可理，一切謠言不可信，安心等著，老實守法，千萬給我一回信！告知近況，前次帶來的衣物收到否，還缺何物⋯⋯」、「雪：醫生應允幫忙，我們感謝她那善良的願望和好心；你一定要寫幾句話，請託醫生交我，否則我怎麼知道你收到了呢？坐牢我不怕，也不悲傷。而最愁人的是你近來怎麼樣了？身體如何，快給我來信！」、「雪：今天接見請求不允，近在咫尺似天涯，一牆之隔難相見，真沒有辦法！我給你寫了二次字條，收到沒有？望告，切切！」當時他不知道，那些紙條，全被女醫生交上去了。這幾張兩三釐米寬的小紙條，後來都作為「星火反革命集團案」的證據，放在張春元的案卷裡。一直到2006年，四十六年過去了，譚嬋雪才在查閱案卷時第一次看到它們。看到這些發黃的，黏貼在案卷中的紙條，她彷彿看到他的心。隔著幾十年的歲月，它依然是鮮活的、熾熱的。

和這些紙條放在一起的，是「星火反革命集團」案的其他罪證。譚嬋雪這才知道，早在1960年的4月和5月，和他們一起下放到天水勞動的蘭大右派學生中，就有人向當局告密了。其中一份檔案寫到：「案件的線索來源：1960年4月，蘭大右派分子陳友達向省公安廳反映：蘭大下放在武山及天水等地勞動鍛煉的右派分子張春元、譚嬋雪、孫和等人經常去蘭州與學校右派互相來往，祕密交談，散佈反動言論，行動十分可疑。」除了陳友達，另外還有兩個告密者，是他們的同學鄭連生和柴繼德。有人

告密，加上她回廣東老家偷渡被抓，《星火》同仁就這樣全面暴露了。

譚蟬雪在其生命的最後十多年，因為寫作《星火》的歷史，在其身邊出現了一種奇怪的氛圍。這種氛圍讓她想起六十年前的那場反右運動，想起毛時代的政治迫害。毛時代並沒有過去。

2007年，譚蟬雪完成了第一份《星火》事件的文字記錄《求索——蘭州大學「右派反革命集團案」紀實》。同年，香港舉辦「反右五十週年研討會」，主辦方邀請譚蟬雪出席。她被有關部門阻攔，沒有去成。

2010年，《求索》一書由香港天馬出版有限公司出版。在朋友們幫助下，譚蟬雪自費印刷了一千五百本，贈送給海內外各大圖書館、親朋好友。

2013年，譚蟬雪又完成《煉獄英魂》。這本書在印刷廠印好後，因為有內奸舉報，全部被沒收。沒收時，印刷廠問：「你們沒收，要不要和作者見個面？說一說。」他們說：「不要，不要，不要。」他們自稱是「文化稽查隊」，沒有出示書面文件給譚蟬雪。譚蟬雪譴責說：「中華人民共和國憲法保證公民出版自由，你能和他們講清楚嗎？」

2013年，獨立紀錄片導演胡傑拍攝完成紀錄片《星火》，譚蟬雪應邀去香港參加首映式並公開發言。回來後，居委會的人找上門來，問她為什麼去香港？她反問：「我沒有人身自由？」對方打哈哈：「哪裡哪裡，只希望以後你出門能說一聲。」

2015年，美國明鏡出版社將《求索》、《煉獄英魂》兩書合集為《星火——蘭州大學「右派反革命集團案」紀實》出版。胡傑在序言中提到：「學術界對《星火》刊物的重要性遠遠沒有認識，研究則還沒有開始。」對此，譚蟬雪表示：「對此我不悲觀，所謂

『薪盡火傳』。比如冉雲飛的文章〈反右與大饑荒的關係：以《星火》為例〉就挺不錯的。現在有一些年青人是有頭腦的，他們稱呼自己『我們是您的小星火』，現在小星火們一粒、兩粒、三粒的閃爍，我希望有一天，他們能星火相連，結成一片。我相信後繼有人，我們拭目以待。」

譚蟬雪還整理了《林昭文集》。有一天，約好了人，正要出門去印，居委會主任上門來，要求她不要出門，也不要再去印書。但她還是把書印出來，送給那些關心林昭、關心歷史的年輕人。那是厚厚的一大本書稿，簡易地釘在一起，有488頁。

2015年夏，譚蟬雪腰骨骨折，還戴著腰托，就開始在電腦上寫作《張春元傳》，要作為張春元罹難四十五週年的紀念。2016年春，她已寫好了，熱情的王中一表示願意承擔印刷工作，在常州找了印刷廠。但某一日，當地的文化稽查大隊突然來查，說是非法出版，把已印好的五百本書全部沒收。不久，處理結果下來，印刷廠被罰款五萬元，她自己則損失了八千元印刷費。

2018年6月1日早上，譚蟬雪在上海廣粵路上的一家社區託管中心走路時摔倒，送醫後腦出血，最終去世。「嶺南弱女子貞固永存，塞外大丈夫風骨千秋。」譚蟬雪的追悼會上，一幅輓聯準確地總結了她坎坷又堅韌的一生。

譚蟬雪去世前幾年，在接受伊娃訪談時說過：「為民族復興、祖國富強、人民幸福；為民主與科學真理，需要有人去喋血，去獻身，去赴湯蹈火、挺身而出！青春無怨無悔。因為它始終與人民同呼吸、共命運。歷史翻過沉重的一頁。惟願和諧社會早日實現，民主陽光普照大地，悲劇不再重演。林昭、張春元、杜映華……死了的，才是最優秀的。他們的精神不死！他們的名字將鐫刻在歷史上、刻在活著的人心上。這只是啟蒙主義的起點，這

也是一場接力賽,星星之火,勢必燎原,人間終會灑滿陽光,灑滿愛!」

18 | 林希翎：我將身上的十字架背負到生命的最後一刻

林希翎（1935年10月25日至2009年9月21日）：原名程海果，著名學生右派，作家，社會活動家。1957年，作為中國人民大學學生，為胡風案鳴不平，大膽直言「毛主席的話又不是金科玉律」，被作為「極右分子」開除學籍、留校監督勞動，此後被逮捕判刑十五年。1973年，刑滿獲釋後，繼續鳴冤，再次被捕。文革結束後，她是極少數鄧小平親自下令不予平反的學生右派之一。1983年，經胡耀邦、習仲勳獲准，前往香港探親。同年底，赴法國定居。此後，她活躍於歐洲、美國、香港、台灣，也屢屢回中國訪問，與海外民運、台灣國民黨及民進黨政府、中共當局都保持某種微妙的關係，也多次發表引起巨大爭議的言論。2009年9月21日，林希翎在巴黎院病逝，終年七十四歲。林希翎在胡耀邦逝世二十週年時曾獻上輓聯：「八無八有：無私無欲、無怨無悔、無辜無奈、無仇無敵；有心有肺、有情有義、有肩有骨、

有膽有識。」這也是其自況。

　　林希翎：生於上海，所以取名為海果。父親程逸品，原是東北流亡學生，後入北京大學，專攻語言學，與傅斯年是好友，曾在上海創辦世界語學院，後赴台灣，任教於台大。母親林靜枝為浙江溫嶺人，出身書香門第，畢業於上海產科學校。

　　林希翎自稱「抗戰之女」，童年時代是在兵荒馬亂中度過的。日本攻占上海之後，全家逃難到浙江，居住在外公在溫州溫嶺的老家。

　　1949 年，共軍占領溫嶺，在溫嶺中學念高中的林希翎報名參軍，任文書和教員，寫文章，編劇本。後調入幹部部組織科。因父親的問題，她在部隊沒能入團入黨。

　　1953 年，時為排級幹部的林希翎作為調幹生被保送到人民大學法律系讀書。在大學期間，她博覽群書，堅持獨立思考。她撰文投稿，發表後引起很大反響，得到胡耀邦、吳玉章、謝覺哉等賞識。她與胡耀邦的秘書曹治雄談戀愛，並從後者那裡得到一份赫魯雪夫揭露史達林的祕密報告，當天帶回宿舍看，「看到半夜，全身發抖。我沒有想到我所崇拜的史達林這麼殘暴，人們說蘇聯的今天是中國的明天，難道明天這麼黑暗？我就讓好朋友同學分頭抄這個報告」。由此，她聯想到中國同樣存在對毛澤東的個人崇拜。

　　1957 年 5 月，各大學開始鳴放運動。在人民大學法律系四年級的林希翎，應在北大中文系讀書的好友劉秉彝[106]邀請，常常到北

---

106 劉秉彝：北大中文系新聞專業學生，曾是林希翎在新四軍中的戰友，與林昭為同

大看大字報。當時,林希翎覺得人大是教條主義的老窩,官僚氣太重,北大有民主傳統。5月23日,北大學生會組織關於胡風問題的辯論會,在北大三角地搭了一個檯子,許多人上台發言,氣氛非常激烈。本來她只是準備聽聽,沒想到會議主持者宣布要她講話,她上台就講開了,「一上了台這一輩子就下不來了」。

林希翎是學法律的,主要從法律的角度分析,認為胡風案在法律上是不成立的:

「胡風是不是反革命?這個問題還不能肯定,現在下此結論,未免過早。我過去也寫過文章批判胡風,現在想起來真是幼稚,很可恥。現在看來加給他反革命罪名的根據是很荒謬的。⋯⋯胡風的意見書基本上是正確的,⋯⋯他反對毛主席《在延安文藝座談會上的講話》。⋯⋯毛主席的話又不是金科玉律,為什麼不能反對呢?⋯⋯胡風反對宗派主義,黨內是有宗派主義的,胡風觸犯了文藝界的首長周揚、何其芳,所以才整他。⋯⋯說他們通信祕密,哪個人的信不是祕密的呢?說他們私人間的友誼是小集團,這就使得人相互不敢說真話,難怪有人說共產黨六親不認了!按照法律只有企圖推翻政權的才能叫反革命分子,而胡風顯然不是這樣的。⋯⋯兩年還想不公布胡風案件的下文,我看共產黨是有些為難,沒法下台,錯了也不肯認錯。⋯⋯真正的社會主義應該是很民主的,但我們這裡是不民主的,我管這個社會叫做在封建基礎上產生的社會主義,是非典型的社會主義,我們要為一個真正的社會主義而鬥爭!現在共產黨的官僚主義、主觀主義、宗派主義

學。反右運動中,被劃為右派,全班三十四人劃七個右派分子——林昭、韓其慧、楊吉林、劉秉彝、孫文爍、王國鄉、趙雷,全都被開除學籍,勞動教養。

很嚴重，我們不要以為共產黨用整風的辦法，採取改良主義的辦法，向人民讓點步就夠了。

我知道有很多人願意聽我的話，但也有些人害怕我的講話，我要講下去。我經過研究，認為歷史上所有的統治階級都有一個共同點，他們的民主都有侷限性，共產黨的民主也有侷限性，在革命大風暴中和人民在一起，當革命勝利了就要鎮壓人民，採取愚民的政策，這是最笨的辦法。現在他們封鎖新聞，例如北大如此轟轟烈烈，為什麼報紙就不報導！

人民群眾不是阿斗，真正要解決問題只有靠歷史創造者人民群眾行動起來。……各地大學聯合起來，匈牙利人民的血沒有白流；我們今天爭到這一點小小的民主，是和他們分不開的！

我不害怕，大家不歡迎我，我就滾蛋，我既然到這裡來，就是冒著危險，坐牢也沒關係。

聽說現在有風聲要收了，想封住人民的嘴吧，這是最愚蠢的。」

這些講話石破天驚，被北大師生奔走相告。此後一直到1957年6月13日，林希翎在北大、人大又參加演講、辯論五次，更進一步談到民主、法制、社會主義等一系列理論和實際的問題：

「現在的社會制度是一個過渡性的制度，不僅中國，連蘇聯也還沒有建成真正的社會主義，中國的社會主義還帶有封建性……

人民內部矛盾、領導與被領導的矛盾，是統治與被統治之間的矛盾。人民代表大會貫徹民主是睜眼說瞎話，民主黨派是點綴。

龐大的官僚機構是產生官僚主義的溫床。因此，整風應當是一場革命，應從體制上進行改革。」

林希翎的這些言論，在北京各高校引發激烈反響，一時成為大學生眼中「勇敢的化身」，甚至有很多外地的大學生坐火車到北京聽她演講。她所提出的胡風問題、肅反擴大化問題、社會主義體制的缺陷問題，直到文革結束後，中共當局才在一定程度上予以承認。可以說，林希翎在思想上的突破，整整超前了時代二十年，而這也成為她遭受權力殘酷迫害的根本原因。

　　《人民日報》隨即將有關情況通過 5 月 23 日的「內參」上報，劉少奇就此批示：「極右分子。請公安部門注意。」公安部部長羅瑞卿遂派便衣嚴密監控林希翎，搜集其一言一行。

　　6 月 20 日，《人民日報》發表新華社長篇通訊〈毒草識別記──中國人民大學學生駁倒了林希翎的謬論和謊言〉，號召人大學生「揭發林希翎及其同黨的反動言行」。隨後，毛澤東、鄧小平等中央領導人都點名批了林希翎，認定她是「學生右派領袖、極右分子」。

　　短短一個月裡，凡曾經支持或贊同，甚至僅僅同情或接觸過林希翎的人，很多都被劃為「右派」。林希翎說：「單單在北京，因我被打成『右派』的就有一百七十多人，在全國各地更是不計其數。」

　　1958 年 11 月，毛澤東親自批示對林希翎等人的處理：「開除學籍，留校監督勞動，當反面教員。」但在公安部長羅瑞卿的批示下，林希翎於 1959 年 7 月 21 日遭祕密逮捕。

　　1959 年 8 月，林希翎被北京市中級法院以「反革命罪」判刑十五年並剝奪政治權利五年，隨後關押到北京草嵐子監獄。1969 年，根據林彪「第一號令」，她又被轉移到浙江金華蔣堂勞改農場服刑。

　　程家四姐妹三兄弟，原能「坐滿一檯子」，但受老二林希翎

的牽連，一家人在劫難逃。母親林靜枝丟了工作，作為反革命家屬和全家「充軍」到寧夏農場，幾乎餓死在那兒；弟弟妹妹也都背著她的「黑鍋」，沒能繼續上學，只能在農村當木工，打打稻草，抬不起頭。「我們的娘苦頭吃足，溫嶺一搞批鬥，就拿她當靶子。台下的人成千上萬，台上漢子揪她頭髮，頭一抬起來，就壓下去。」林希翎的三妹回憶早些年過世的母親，眼淚早已哭幹。

多年後，有海外媒體記者訪問林希翎，詢問她是如何熬過那個時代的苦難的，林希翎回答說：「這些事情，彈指一揮間。肉體的痛苦倒還是次要的，主要是精神上的，他們把你孤立起來，許多人在孤立中垮了。對我來說，因為從小有一種基督教的信仰，耶穌基督的榜樣深深印在心裡。無知的群氓對耶穌扔石頭，釘十字架；面對大多愚昧的群眾，我早就做好了殉道者的思想準備，我經常將屈原的話寫在牆上、本子上：『舉世渾濁唯我清，眾人皆醉唯我醒。』那時審訊的人常常把他們的羅部長掛在嘴邊，我對他們說，告訴你們的羅部長，我願意用我的青春和生命就與羅瑞卿來一場豪賭，我寧可把牢底坐穿，也要讓你們羅部長的暴力萬能論徹底失敗。我有很強的自信。永遠不在獨裁者面前檢討認錯。」果然，林希翎入獄第七年，羅瑞卿就垮台了，其被冠以的罪名和受到的批鬥，比林希翎還要嚴酷。

1973年春，毛澤東在一次接見外賓後突然向中共北京市委書記吳德問起林希翎，得知早已判刑入獄，便下令說：立即釋放，安排工作。同年5月，林希翎提前兩個月獲釋，被安排在金華武義農業機械廠當檢驗工，工資三十五元，而且下令不准暴露其「大右派林希翎」的身分。第二年，她與同廠工作的1970屆大學畢業生、比她小十歲的樓洪鐘結婚。

1975，林希翎聽說鄧小平重新出山主持中央工作，就買了一

張硬座火車票，隻身上北京見「鄧大人」。結果，撞上「反擊右傾翻案風」的槍口，鄧小平再次失勢，林希翎則再次被捕，交原住地革命組織嚴加看管。

1976 年，毛死掉，四人幫被抓，文革結束。中共中央下達文件，宣布摘去全部「右派」分子的「帽子」。林希翎興奮地為二兒子取名「春臨」，認為「他的降臨是吉祥的象徵和歷史的轉折」。1978 年，在胡耀邦的關照下，林希翎被調到浙江省金華文聯工作，做刊物編輯。

1979 年春，林希翎不顧親人的反對，買了一張硬座票，赴京重新提出平反申訴。胡耀邦先後三次批示要為林希翎平反，但林希翎拒絕了胡耀邦的秘書戴雲提出的寫檢討過關的意見。

當年 7 月，人民大學黨委對林希翎案的「復查結論」中列舉了其三條罪狀：第一是在北大、人大作了六次演講，公開煽動改變社會制度；第二是公佈赫魯雪夫的「祕密報告」，反史達林；第三是「反對當時中央的整風方針和部署」。所以，人大做出「不予改正」的結論。

同年 10 至 11 月，林希翎應邀參加第四次全國文藝工作者代表大會，會後調到人民文學出版社任特約編輯，但不久就因當局干預被迫離開北京。

1980 年 4 月 21 日，中組部、統戰部、公安部、中共北京市委、北京市高院等五個單位召開聯合會議，商討林希翎案。主持會議者為中組部副部長楊士傑，胡耀邦親自委託處理林希翎案的中宣部幹部王仲芳出席會議並介紹了胡耀邦的三次平反批示，但會議結論仍為「不改正，不平反」。據林希翎了解，不改正不平反的原因，是原中共北京市委書記彭真等人以及原屬公安部部長羅瑞卿系統的人士堅決不同意。實際上，最大的阻礙是反右運動的

打手鄧小平，鄧小平明令章伯鈞、羅隆基、儲安平、陳任炳、彭文應等五個文化學術界的右派，和林希翎這一個學生右派不能平反。只有保留一些不平反的右派，才能表明鄧小平當年奉命反右是天經地義的。

1980年5月13日，就林希翎呈交的申訴書，《北京市高級人民法院通知》說：「經本院復查認為，原判認定的主要事實、定性及適用法律正確，決定駁回申訴，仍維持原判。希望你認罪悔改，徹底轉變反革命立場，投身祖國的『四化』建設。」這樣，林希翎作為「不予改正」的「終生右派」之一，活化石般證明著曾任中共中央反右辦公室主任的鄧小平的金科玉律——「反右運動的必要性與正確性」。

同年，林希翎向鄧小平發出一份萬言書，表示：「既然至今還把昔日的『右派』分為兩類，並且把我劃入了不能改正的『摘帽右派』中，那麼我不得不莊嚴地聲明：既然官方認為我的右派不是錯劃的，那麼也就沒有這個必要給我摘什麼帽子，還是把右派的帽子給我戴回去的好。因為在中央文件中曾指出給右派摘帽的原因是右派們經過了二十多年的思想改造和教育，現在都已改造好了，所以可以摘帽。人家那些『摘帽右派』是否改造好了教育好了都能變成左派了，我不知道。而我必須鄭重聲明，我是根本沒有改造好，二十三年來，我對極左派官僚強加在我頭上的『右派』、『反革命』罪名，我是從來未曾低頭認『罪』過和悔改過的。⋯⋯1957年我公開發表的那些觀點不僅至今基本不變而且有了新的發展，因此我是一個頑固不化的、根本沒有改造教育好的『大右派』。」這封信戳到了鄧小平的痛處——鄧小平在文革中被毛澤東打倒，但此前鄧小平積極參與了反右等諸多毛的暴政，是毛名副其實的政治打手。

1983 年，林希翎被借調至廣州，在省教育學院政治系任教，講授「法學概論」課程。同年，林希翎與丈夫離婚。因多年申請出境探親不獲批准，5 月憤而上書〈我的大聲疾呼——致中央黨政領導的一封信〉。6 月底，在胡耀邦的幫助下，她獲准前往香港探望幾年前移居香港的母親和大兒子。7 月初，她前往香港，並與專程從台灣到港的、闊別三十多年的父親見面。10 月，她應邀前往巴黎，任法國社會科學院中國近代資料研究中心研究員，從此定居法國。

1985 年 9 月 23 日，林希翎從法國到台灣探望癌症病情惡化的父親，她是最早持中華人民共和國護照赴台灣探親的中國公民之一。在台灣訪問期間，她應黨外人士之邀作了三場報告，直言批評國民黨及蔣介石，說發現國民黨與共產黨在很多方面很相似。她還說：「由於我三十多年來一直生活在大陸，受的是共產黨的教育，這兩年來又是生活在法蘭西，我的思想和說話向來是自由慣了的。我既不是共產黨的『統戰工具』，也決不作國民黨的『反共義士』。……我關心的是海峽兩岸的人民之間，特別是分離的親人骨肉之間，應當准許自由往來。」

1985 年，《林希翎自選集》在香港出版。

1988 年，林希翎在巴黎創辦《開放》雜誌，並任主編。

1989 年，北京發生六四屠殺後，林希翎參加當年 9 月在巴黎召開的「民主中國陣線」成立大會。

1993 年，林希翎加入法國國籍。

1997 年，林希翎十八歲的兒子因篤信邪教而患上了嚴重憂鬱症，跳樓自殺身亡。老年喪子，白髮人送黑髮人，林希翎悲痛欲絕。

2007 年，林希翎應邀到美國普林斯頓、洛杉磯等地，在兩場

「反右運動五十週年國際研討會」上演講,以中國未獲平反的最後一位在世右派分子做見證說:「我現在覺得,誰給誰平反呀!他們有什麼資格給我們平反!」她進而指出:「共產黨就是不能對自己的人民寬鬆一點。……反右運動以後,接下來的,大躍進運動,文化大革命,一直到八九民運,一直接下去的,鎮壓法輪功,當前對國內維權律師和異議人士的鎮壓,都是一脈相承。」

林希翎在紐約告訴媒體:「從歷史來看,當年將我們打成右派是錯的,因為我不是右派,而是自由知識分子。如果今天共產黨還是認為反對獨裁專制者是右派的話,那麼我莊嚴地聲明:我就是右派!官方沒有必要給我摘掉右派分子帽子,還是把帽子給我戴回去好。當局說給右派摘帽的原因是右派們經過二十多年都改造好了。可我根本沒有改造好,我從來沒有認罪和認錯。五十年前我公開發表的那些觀點,歷史已經證明是正確的。哪有正確的一方向錯誤的一方要求平反的?」

2009 年 9 月 21 日,林希翎在巴黎因病去世。她當年在人大的同學、作家吳昊[107]在〈我所知道的林希翎〉一文中評論說:「林希翎用她悲涼、超俗、智慧和屈辱的一生,為那個小得可憐的『右派分子分母』做了最後的『貢獻』;中國只要有一個右派,就說明當年的反右鬥爭是必要的;99.999% 的右派改正了,只要還有 0.001% 不改正,就說明當年的反右鬥爭只是『擴大化』問題。這就是邏輯,某些人至今仍在堅守的邏輯。正確者永遠正確,有理者永遠有理。」

林希翎的一部分骨灰於「頭七」那天安葬在巴黎拉雪茲神父

---

[107] 吳昊(1934-2014):雜文家、編輯。原名吳元富,北京昌平人。1955 年,為人民大學新聞系招收的首批本科生。1957 年,反右運動中被打為右派。平反後,曾任《人民日報》國內政治部主任、總編室主任,中國新聞文化促進會常務副會長等職。

公墓,剩下的部分於 2010 年 11 月 9 日安葬在溫嶺箬橫鎮太平山公墓。在太平山公墓的墓碑上,鐫刻著林希翎生前接受記者採訪時所說的一段話:「我在中國看到的是一種愚昧的幸福,很少有所說的智慧的痛苦,可惜我至死不能愚昧。我恐怕與任何當權者都難以合作,是一個永遠的批判者。幸運的是,在民間我有大批朋友、志同道合者。感謝上蒼,在我九死一生之際,總會派出天使,將我救出死亡的幽谷。我也無怨無悔,將身上的十字架背負到生命的最後一刻。」

19 周淑莊：我要為死去的親人討回公道

周淑莊（1936年至2023年9月19日）：「天安門母親」核心成員。1989年6月4日，周淑莊與段宏炳[108]的兒子、清華大學學生段昌隆被戒嚴部隊軍官近距離開槍射殺。從1990年代初開始，她與丁子霖及多位失去孩子的父母親們站在前列，勇敢而堅強地向世人披露六四慘案真相，以及作為母親看到兒子被無辜殺害所經歷的內心的痛苦與心碎。1999年，她因身心勞累患腦血栓病倒，自此與疾病抗爭二十四年。2023年9月19日，因病在北京去世，享壽八十七歲。

周淑莊：北京人。六四屠殺死難者段昌隆的母親。

段昌隆，1965年10月19日出生於北京，遇難時不足二十四歲，生前為清華大學化學工程系應用化學專業八四級應屆畢業生。

丁子霖在《尋訪六四受難者》一書中用「調停者段昌隆之死」為標題，記述了段昌隆遇難的過程：1989年6月3日晚上，段

---

108 段宏炳：中學退休教師，曾任北京西城區政協委員。早在1993年，他與妻子周淑莊就參加了天安門難屬的聯署活動。晚年疾病纏身，2009年3月3日病故。

昌隆出門去尋找妹妹與女友，當他推著自行車至民族文化宮附近時，正遇上東進的戒嚴部隊與民眾形成對峙局面。群情激動，情勢緊張，一場殺戮隨時都有可能發生。

段昌隆目睹這種局面，隨即跑步前去勸解。當他跑向戒嚴部隊前排一位看來是指揮員的軍官前時，一顆罪惡的子彈從這位喪失人性的軍官手中的小口徑手槍中射出，子彈擊中他左側心臟大動脈。他不是被亂槍打死，也不是官方所稱的誤傷，而是被戒嚴部隊故意殺害的，他就倒在開槍者面前。

段昌隆倒下後，現場有一位北京醫學院的學生把他背到附近的郵電醫院。醫院裡正好有一位清華大學學生，他從段昌隆的學生證中把姓名、班級抄在自己的褲腿上，跑回清華大學將情況報告給校方。段昌隆的死訊頓時傳遍整個清華園。

1999年2月2日，周淑莊在一段證詞中講述了當年尋找兒子的經過：

1989年6月3日中午，段昌隆從國家核技術局參加面試後回家，準備午飯後返校。周淑莊見兒子這段時間很消瘦，想多留一夜叫他休息一下。可他說不行。他說學校實驗室的機器還開著，正委託同學看著呢！還要準備畢業考試、寫畢業論文。他對母親說，他還要參加天安門的學生運動，忙得很。

正在這時，段昌隆同在清華讀書的女友來找他說：上午學校廣播站動員學生去天安門聲援，同學們都上街了。這時，在市急救中心工作的女兒段昌琦也打來電話說，正忙於搶救在六部口被防暴警察打傷的群眾，回家要晚一點。

段昌隆聽後，就給姐姐送飯去。他到了急救中心後，也投入救助工作。這天，姐弟倆一直忙到晚上十一點多才回家。在這之前，小女兒段昌君和段昌隆的女友也騎車出去，說到外面看看。

段昌隆回來不久，又推車走了，臨走前把身上僅有的幾枚硬幣掏出放在家裡，身上只帶了一把自行車鑰匙和學生證。

段家在西城區北端鼓樓附近，6月4日凌晨1至3點左右，不斷聽到外面密集的槍聲，由西南方向逐漸向該地區接近。這時，附近上街聲援學生的居民都陸續回來了，哭訴著戒嚴部隊開槍打死人的恐怖情景。

周淑莊的三個孩子都未歸家，急得她不知所措。大女兒段昌琦蹬車一趟趟去尋找弟弟和妹妹，均未找到。她說西單、南池子一帶軍警林立、槍聲不斷，無法接近去找人。這時，周淑莊預感到情況不好，已經支撐不住，由胡同口跑回家呆呆地坐在沙發上，外面傳來的密集槍聲好似狠狠地打在她心上，她全身緊縮成一團，兩手用力堵住耳朵熬到天亮。後來，她像瘋子一樣跑出家門，逢人便說：「我的三個孩子一個也沒有回來！」

4日上午9點多，段昌君和段昌隆的女友由天安門廣場輾轉回來了。她倆說，段昌隆並沒有和她們在一起，她們就在天安門東南側清華大學校旗下，段昌隆若去天安門肯定會和她們在一起的。她們估計，段昌隆由家騎車直奔西長安街去了。下午，周淑莊焦急地往清華大學打電話詢問兒子的下落，這才知道，兒子遇難的消息已經傳回清華。

當時，親友們擔心周淑莊和丈夫段宏炳看到兒子慘不忍睹的遺體後會受不了，就先去醫院認屍體，將段昌隆的血衣脫下來藏起來，給他換上新衣服，並進行防腐處理，最後剪下一縷頭髮以留作紀念。

然後，親友們才將周淑莊夫婦送到醫院太平間。周淑莊進到太平間，那裡還有二十六具屍體躺在地上，她看到兒子靜靜地躺在一張木板上，像是往常熟睡一樣，只是臉色蒼白，口鼻像倒吸

了一口氣沒吐出來，雙眼半睜著好像要向親人訴說些什麼。

周淑莊輕輕將兒子的眼皮抹下，說：「孩子，上路吧！每年的忌日，媽到墓地去看你！」她親吻著兒子冰涼冰涼的臉，這一切都冰透了媽媽的心！當她被人攙扶起來時，才意識到自己要和孩子永別了！全家嚎聲慟哭，在場的、路過的不相識的人群都陪他們痛哭不已。有些在場的青年攥緊拳頭，對她說：「這筆血債早晚要還的！」

這時，清華大學的救護車早已停在太平間外邊等候，聽說校方已與市教育、衛生部門商妥，同意把段昌隆屍體運回學校。6日上午，在學校開了追悼會，下午向遺體告別，師生們為段昌隆的遺體覆蓋上印有「民族魂」三個大字的紅旗，以此表達對死者的敬仰與哀思。之後，遺體送八寶山火化。八寶山一些在場的人還為段昌隆用松枝編織了花圈。9日，家人取回骨灰，安葬在北京西郊萬安公墓金區、舜組。

段昌隆的父親段宏炳四十四歲方得此一子，從段昌隆出生到長大成人，用了父母畢生精力，正當孩子即將大學畢業報效祖國，報答父母養育之恩時，卻被罪惡的子彈奪去了生命。段昌隆的死，對這個家庭是毀滅性打擊。

孩子被無辜槍殺，當權者對死者親屬不僅沒有任何道歉和安慰，反倒展開長年累月的監控和迫害。每逢清明、六四等所謂「敏感」時期，當局常常找周淑莊夫婦「談話」，還指派公安人員及便衣守候在家門口監視，連他們去墓地也不放過，一路明目張膽地尾隨，這使他們的心靈承受著極度悲傷又極度憤慨的雙重壓力。

開始幾年，周淑莊和家人面對警察的監控，精神幾近崩潰。慢慢的，她終於頑強地活下來。隨著時間的推移和冷靜的觀察、思考，她和丈夫逐漸覺醒。她表示：「我們不能再這樣無限度地忍

受下去，我們要維護自己做人的尊嚴，要行使自己做人的權利，要為死去的親人討回公道！」

周淑莊義正詞嚴地譴責劊子手：「兒子很優秀，對人世間充滿了愛心，正因為他的愛心，他無所畏懼地向戒嚴部隊走去。然而，事實是殘酷的，劊子手的子彈將他的生命永遠定格在那一刻，他倒下了，那麼年輕！中國的軍人們，1989年6月4日，在十里長安街上，在通往長安街的各個路口上，你們的槍口轉向人群，向人群開槍，這樣的慘無人道的屠殺行為，你們有一絲一毫的懺悔嗎?！」

周淑莊與丁子霖等難屬聯繫上之後，義無反顧地參與到「天安門母親」群體之中。丁子霖在一篇文章中寫道：「人們不僅應記住段昌隆的名字，而且也應該記住一位勇敢母親的名字。她叫周淑莊。她在我們天安門母親群體中，是最早站出來的一個，也是最早走上媒體的難友之一。她為那些含冤的死難者、為我們這個受難的群體不斷地奔走呼喊，從不在強權的淫威下退縮。」

另一位「天安門母親」重要組織者張先玲指出，周淑莊是最早參加「天安門母親」的成員之一，是一個很能幹的人，早期常常騎著自行車去尋找受難家屬，也經常在她家聚會，大家互相聊一聊，減輕心中的痛苦，然後也談談如何為親人討還公道。

1995年8月，蔣培坤、丁子霖夫婦倆在江蘇無錫遭到中共當局非法監禁與關押。周淑莊在群體抗議書上簽名，並挺身而出，通過海外媒體憤怒譴責當局對丁子霖夫婦的無端誹謗和迫害。

1998年，北京市公安局下文通知無錫中國銀行凍結以丁子霖名義存在銀行的一筆六四人道捐款。周淑莊除在抗議書上簽名外，還與張先玲等十多位難屬前往中國國安部大樓，與有關官員嚴正交涉。

1999年是六四屠殺十週年，這一年的5月17日，一百零八位六四難屬向中國最高檢察院遞交了控告劊子手李鵬的起訴狀。為此，周淑莊不顧體弱多病，無數次接受海外媒體採訪，嚴厲控訴殺戮者反人類罪行，終因不堪重負而突發腦血栓病倒。

　　段昌隆的墓地在萬安公墓，每年六四，周淑莊都會去參加「天安門母親」的集體祭奠活動，哪怕是坐在輪椅上，也會讓家人推著她去。這是她無法放棄的信念，每年這一天，她要去看看心愛的兒子。

　　張先玲提及，周淑莊晚年患病後，在別的事情上，有時候神智不是很清楚，但是一提到六四、一說到天安門母親，就馬上清醒過來。最後一次前往探望時，她說，「這件事情只能麻煩你們了，我現在也動不了了，不解決這個問題我是死不瞑目」。

　　2022年5月19日，由段昌隆的姐姐段昌琦代已說話不便的母親周淑莊宣讀了〈六四慘案三十三週年祭〉：

　　「這是1989年六四遇難者段昌隆的母親周淑莊，我是他的姐姐段昌琦。媽媽今年八十六歲了，患有腦血管後遺症，因說話困難，還是由我替媽媽來表訴。

　　……記得6月5日帶著父母去郵電醫院太平間去看弟弟，由於郵電醫院就在長安街旁邊，太平間地上躺滿了被槍殺的學生和市民。我的幾位同事先期到達，給弟弟擦去了臉上和身上的血跡，其中一位同事特意把自己的襯衫給弟弟換上，擔心我父母承受不了滿身是血的弟弟。此生我永遠都忘不了那一幕，昨天還是那麼陽光，那麼相信政府不會向他們開槍的弟弟，此刻卻躺在冰冷的地上，從此我們天上人間，陰陽兩隔。無論父母怎樣撕心裂肺地痛哭，都永遠不能把弟弟再喚醒。媽媽跪在地上緊緊地抱著

弟弟那一點溫度都沒有的身體，一遍又一遍地撫摸著他那蒼白的面頰。

我們的親人就這樣被執政黨和政府指揮的軍隊殘忍地殺害了，沒有想到的是這只是痛苦的開始。三十三年來，執政黨和政府對槍殺弟弟的罪行沒有任何解釋，反而是在任何他們所謂的『敏感期』對我們威脅、監視、控制，毫無人性可言。

2009年，爸爸含恨離世。媽媽因弟弟的離開，三年都不肯在床上睡覺，長期的痛苦與思念，讓她患上了腦血管病，生活不能自理。一個原本幸福的家庭，就這樣家破人亡了。

請問執政黨和政府你們有沒有摸著良心自問過，在中國首都北京的長安街上，動用軍隊坦克去槍殺手無寸鐵的子民，只是因為他們反腐敗、反官倒，這種史無前例的法西斯式暴行不僅會載入中國史冊，也會載入人類史冊。

三十三年來，我們不能也不會忘這刻骨的傷痛，『真相、問責、賠償』是我們始終堅持的三項訴求。『六四』慘案中所有遇難者和受傷者，你們的血絕不能白白流，天終究會亮的。」

在周淑莊彌留之際，雖已說不出話來，身體非常虛弱，但她用盡力量在堅持，因為她心中有未了的心願，就是兒子無辜被打死，三十四年過去了依然沒有看到希望，這是她心中最大的遺憾！

「天安門母親」群體在給周淑莊的悼文的最後寫道：「淑莊，放心吧，我們所有活著的難屬依然會堅持下去，直到六四慘案能夠在中國這片土地上得到公正解決，正義得到伸張。」

20 方勵之：民主不是賜予的，是自己爭取來的

方勵之（1936年2月12日至2012年4月6日）：美籍華人，天體物理學家，民主人權倡議者，1980年代「新啟蒙運動」代表人物之一。曾任中國科技大學副校長、中國科學院學部委員，被鄧小平點名開除出黨。1989年天安門屠殺之後，方勵之夫婦進入美國駐華大使館避難，一年後離開中國赴美。1992年，受聘為亞利桑那大學物理系教授。他在天體物理及相關領域做出卓越成就，還服務過多個人權組織：任美國物理學會「國際科學家自由委員會」主席、「關切科學家委員會」理事及「中國人權」共同主席。2012年4月6日，方勵之病逝於亞利桑那州圖桑市，享年七十六歲。

方勵之：生於北平一個平民家庭，父親是受過高等教育的鐵路部門職員，母親為家庭主婦。他先後就讀於北京師範大學附中、北京四中。1948年，年僅十二歲的方勵之被中共地下外圍組織「民主青年聯盟」吸收，參與反對國民黨的學生運動。

1952年，方勵之以優異的成績考入北京大學物理系。1955

年,他在大學期間加入中國共產黨。1956年,大學畢業後,被分配到中國科學院近代物理研究所,從事核反應堆理論研究。

1957年,反右運動前夕,方勵之受到毛澤東「陽謀」的鼓勵,與在北大工作的女友李淑嫻[109]等友人起草了一份給共產黨提意見的信件。李淑嫻被劃為右派,下放京郊門頭溝勞動;方勵之因人在科學院,遭到「從寬」處罰,被開除黨籍,下放河北省贊皇縣,從事挖水井等重體力勞動。他那一屆（1956屆）北大物理系的畢業生中,有超過三分之一被扣上右派分子的帽子。他意識到,自己從此被「打入另冊」淪為政治賤民,「我不再幻想『經過改造』會再成為受信任的人,事已不可逆轉。青少年時代對共產黨所抱有的天真和虔誠,就此消失殆盡」。

方勵之在農村勞動改造期間,毛澤東掀起「大躍進」運動,帶來慘絕人寰的大饑荒。方勵之從自己從事的物理學研究出發,發現這是一場荒謬的、反科學的政治運動,對共產專制體制有了最初的反思:「我強烈地感受到,自由對科學是多麼重要,沒有自由也就沒有科學。對這樣一個明顯的錯誤（畝產數十萬斤糧食）,

---

[109] 李淑嫻（1935-）:北大物理系教授,人權活動家。早年在北大物理系讀書時,與方勵之是同學和戀人。1957年底,她被「捕」劃為右派,立刻與方切斷聯繫。但方不撒手,給她寫信說:「我們還年輕,我們還可以譜寫未來。」隨後,方勵之也受到批判:「1959年初,幸運降臨:我終於也被開除黨籍,高興極了。按定義,我同李的階級地位一樣了。」兩人在逆境中結婚,相伴一生。1989年,北京爆發學潮。學潮初期,北京市委陳希同李錫銘認定,學潮「就是方勵之的老婆李淑嫻指使的」。方勵之從中科大被撤職後,去了北京天文台,他們抓不住任何把柄,只有栽贓給在北大教書的李淑嫻。按照共產黨的邏輯,方勵之是「受妻子株連」的。4月24日,陳希同李錫銘先向萬里彙報這一點,第二天向鄧小平彙報時,又強調「北大非法學生組織的幕後人物是李淑嫻」。六四鎮壓後,方勵之、李淑嫻夫婦遁入美國大使館。中共發布對夫妻二人的通緝令。次年,兩人流亡海外。李淑嫻建議丈夫重新回到物理學研究上。方勵之晚年在患病未知生死之際,對李淑嫻留下類似遺言的話:「這輩子,我們這個小家,在重大問題上,往往是你做的決定,執行了結果良好;未執行的,給這個家帶來嚴重後果……你的決定為我爭得這二十年有意義的生命。」

在物理系界,許多人是心中有數的。可悲的是,沒有一個人可以享有批評的自由,哪怕只是物理學的批評。……一個禁錮著科學自由的國家,豈有不鳴呼哀哉的!」

1958年8月底,方勵之結束勞動改造,被調入籌辦不久的中國科技大學。1959年,他被允許給大學生上課。1960年,他撰寫了粒子物理方面的論文,卻只能以筆名發表。

1961年10月6日,方、李兩人在困境中結為夫妻,一南一北兩地分居了十八年。方勵之後來在一封給妻子的信中深情地寫道:「當我還分不清友誼與愛情的青少年時期,撞見了你。生活好似明淨的湖面上的一條小船,自由且自信,只要願意,就可以駛向任一幻想的彼岸,生活的信條是,一切都應當美好,一切都必然美好,只要自己的心底是美好的。的確,一切都是詩,我將青春的熱情獻給了你……」

文革期間,方勵之再次遭到整肅。1968年6月,他在「清理階級隊伍」運動中作為「漏網右派」被關押在校內一所臨時性監獄中,紅衛兵強迫他寫懺悔書。科大有十位被迫害的知識分子自殺。1969年3月,科大全校被當局派去修周口店附近的鐵路,若干同事因傷致殘。

1970年,中科大遷往安徽合肥。方勵之等被送往安徽淮南煤礦接受煤礦工人「再教育」,下井挖礦三個月。8月,方勵之與其他教師一起到合肥中科大新校園,開始新學期的教學工作。他轉向相對論天體物理及宇宙學研究,寫出了《宇宙的創生》、《相對論天體物理的基本概念》、《從牛頓定律到愛因斯坦相對論》等著作。他後來解釋自己為何選擇研究天體物理和宇宙學:「天文學從來不追求世俗的榮辱,不屑於咄咄的權勢,它也不需要憐憫的同情。不,它不需要這樣的同情,相反,一個人,只有越多地接受

宇宙的陶冶，越多地得到宇宙的啟迪，才會有越強的堅定，一種用其他途徑都不能獲得的，信念上的堅定。」

文革結束後，方勵之於 1979 獲平反，恢復黨籍，被允許出國參加國際學術會議。1980 年 9 月，科大在基層實行民主選舉，他被選為物理教研室主任。1981 年 3 月，他當選為中科院學部委員（院士）。他在校內擔任多個職務，如自然科學史研究室主任、天體物理中心主任、該校學報主編等；他還曾任中國天文學會副理事長、國際天文學聯合會宇宙學分組組委等職。在此期間，他在多次公開演講中提出「馬克思的某些觀點已經過時」的觀點，引起最高當局的忌憚。

1984 年 9 月 17 日，在開明的中共總書記胡耀邦主政期間，方勵之被任命為中科大第一副校長。他在就任儀式上告訴師生：「我要把提倡思想自由作為本校的辦校方針之一。」當時的校長是同為物理學家、思想開明的管惟炎[110]。他們一起在科大推動一系列改革，營造了學術自由的環境。比如，實行黨政分開，各級共產黨的黨組織都不能介入教學科研事務的決策；經費分配和人員聘任及升遷等都由教授組成的委員會決定；教職工代表會和學生代表會有權評議和監督學校事務；取消政治輔導員制度，取消對學術報告會的政治審查。

在此期間，方勵之應邀到全國各大學和科研、文化教育機構

---

[110] 管惟炎（1928-2003）：物理學家。江蘇如東人。1957 年，畢業於蘇聯莫斯科大學物理系。回國後，歷任中國科學院物理研究所所長，中國科學技術大學校長、研究生院院長。當時，中科大實行實質上的校長負責制，管惟炎與方勵之搭檔管理學校，推動重大改革，包括三點內容：校長負責制下的教授治校、學生自治、提高知識分子待遇。1986 年底，科大引發八六學潮。1987 年 1 月，管與方同時被免職。管惟炎後來離開中國，任台灣清華大學物理系教授。2001 年，回上海探親，造訪科大，因拒絕提供學運人士名單，被國安在蚌埠勒令立即離開中國。2003 年 3 月 20 日，在台中因車禍去世。出版有《管惟炎口述歷史回憶錄》。

演講，倡導民主、自由、改革、現代化，他的觀點在全國高校和青年中迅速傳播，影響力溢出中科大和合肥。

1985年3月2日，方勵之在浙江大學發表演講指出：「大學是思想的中心，是探索自然界和社會真理的地方。對任何一種思想，我們都可以提出疑問，加以研究和發展，沒有任何思想可以作為正統而不能突破。這就是一個大學講台所必須有的特徵。沒有這個特徵，就不能算是大學的講台。」

1985年11月4日，方勵之在北京大學發表演講說：「大學中應有多樣化的思想與流派。如果一切都是單一的、排他的、狹隘的，必然造成缺乏創造性。」他知道，北大是高度敏感的地方，當局一定會派人來監聽並錄音，「每逢這種情況，講話用詞無需過激，幽默的暗示和嘲諷就足夠了。對於蠢笨霸道的正統意識形態，一場大笑就可以使它在人心目中的地位崩塌」。然而，這場演講還是引發高層震怒，安徽省委、科學院等部門的高官對他嚴厲訓斥。

1986年上半年，方勵之夫婦赴美國普林斯頓高等研究院做訪問學者。夏天，他回國後，發表多場演講，主張全方位開放，首先應當實現學術自由、言論自由和新聞自由。

1986年11月5日，方勵之在上海交通大學發表演講：「去年我可以批評北京市委，今年我就可以批評政治局。我說我可以批評，我說得不對你可以反駁，民主的意思不是我要強加給你我的意見，而是我可以表達我的意見。」他鼓勵大學生說：「希望每個年輕人都有自己的社會責任感，從自己的角度去認識和發揮自己的歷史作用。中國不是永遠靜止的，還是可以不斷地發展。既然知識分子是主導的力量，那麼中國的責任便應當在我們的身上。」他對當時人人都在討論的「民主」概念做出闡釋：「民主本身的

含意,就是首先承認每個人自身的權利,然後組成一個社會。即這個權利不是上面給予的,而是人生而具有的,這種權利就是人權。先肯定了人權,然後再爭取到民主,才是真正的民主。」

1986年11月18日,方勵之應邀出席同濟大學校研究生會和學生會聯合舉辦的「同濟大學文化潮」活動。同濟大學研究生陳破空[111]等人為方勵之組織了最大規模的演講會,近萬人出席,學生舉起「方勵之,共和國需要你」的標語。方勵之在演講中表示:「中國的生產不行、經濟不行、科學不行、技術不行……我們的精神文明和文化也不行,所謂道德水準也不行,政治體制上也不行……中國現在沒有一樣不落後」;「我們這三十年幹的事情,我覺得從社會主義體系來看,是失敗的。從馬克思、列寧到史達林、毛澤東,這種正統的社會主義到現在我們做的這種結果,實際上是失敗的」;「百家爭鳴中,科學研究中,馬克思主義只是其中一家,絕沒有君臨一切的指導地位。我們應當有獨立的創造、獨立的價值判斷標準,不能讓政治干涉學術」;「我自己個人的意見是欣賞全盤西化的觀點。所謂全盤西化的含意是什麼呢?我自己理解就是全盤地、全方位地開放。」

1986年11月,方勵之與許良英、劉賓雁共同發起召開「反右運動三十年歷史學術討論會」。由方勵之起草了一份會議通知,經許、劉修改後散發給予會者。但中共當局並未完全否定反右運

---

[111] 陳破空(1963-):異議人士,作家,政論家。原名陳勁松,四川綿陽三台縣人。曾就讀於湖南大學、同濟大學,為上海八六學潮主要領導者之一。1989年,在廣州中山大學任教的陳破空,在中山大學成立「民主沙龍」,並與學生領袖陳衛、于世文等一道推動廣州地區的民主運動。期間撰寫大量文告和宣傳品。六四鎮壓後,遭當局通緝,兩度入獄(1989年和1993年),歷四年半。後流亡美國,入讀哥倫比亞大學,獲公共管理碩士學位。主要著作有:《中南海厚黑學》、《假如中美開戰》、《關於中國的一百個常識》、《全世界都不了解中國人》、《紅色紙老虎內幕》等。

動,鄧小平是僅次於毛澤東的反右元兇,中共當局嚴防死守,禁止了這個會議的召開。

1986年11月30日,當局在合肥召開全國高等教育座談會,主管文教的國務院副總理萬里在會上嚴詞批判方勵之。方勵之毫不畏懼,與之激烈辯論了一小時十五分。

1986年12月4日晚,中科大學生在禮堂開始了第一次競選人大代表大會。方勵之在會上說:「民主不是自上而下給予的,而是從下到上爭取的。」5日,中科大一千多名學生上街遊行,抗議人大代表選舉過程是「走過場」,人選上級早已決定,他們希望有真正的民主選舉。這是當代中國第一次以政治改革(選舉改革)為訴求的遊行,這種訴求有普遍性。很快,引發了全國二十九個城市、一百五十六所大專院校的「八六學潮」。

12月30日晚,方勵之北上回家。當天,鄧小平就「八六學潮」問題與幾位中央負責人談話,點名批判方勵之、劉賓雁、王若望,要求開除三人黨籍。鄧的講話被作為1987年中共中央第一號文件下達。

1987年1月13日,中共中央紀律檢查委員會頒布〈關於共產黨員必須嚴格遵守黨章的通知〉,提出將宣揚資產階級自由化的黨員清除出黨。同日,《安徽日報》在第一版就中共中央和國務院決定改組中科大的領導班子,發表題為〈反對資產階級自由化的重大措施〉的社論,並由《人民日報》轉載,社論指出:「方勵之身為共產黨員,利用他的工作之便和地位、名望,到處遊說,發表了一系列錯誤言論和文章,肆意散布資產階級自由化思想。」

1月17日,中共安徽省紀律檢查委員會作出〈關於開除方勵之黨籍的決定〉。方勵之被調到北京天文台任研究員。1月20日,《人民日報》頭版公開了〈關於開除方勵之黨籍的決定〉。1月

28日,中共中央發出〈關於當前反對資產階級自由化若干問題的通知〉,「反對資產階級自由化」運動正式開始,方勵之的言論受到各報刊重點批判。由此,方勵之成為當代中國具有世界知名度的「持不同政見者」。

由於趙紫陽的干預,「反對資產階級自由化」運動草草收場。但中國民眾民主意識的覺醒與鄧小平及中共特權階層的獨裁慣性之間的矛盾並未得到解決。

1988年秋,方勵之開始積極參加北京高校學生的政治改革研討活動,並接受外媒採訪,公開批評鄧小平和「四項基本原則」。方勵之曾批評中共領導人在國外有存款,鄧小平惱羞成怒,一度謀劃控告方勵之犯下「誹謗罪」。

1989年1月6日,方勵之向鄧小平發出公開信,建議為記念中華人民共和國成立四十週年,頒行大赦,「特別是赦免所有像魏京生那樣的政治犯」。其美國友人林培瑞將信翻譯成英文發表。隨後,中科院一批科學家和北島等文化界人士也發起兩份類似內容的呼籲信。中國司法部反擊說,這些呼籲是「干擾中國的司法獨立」。

2月,方勵之撰寫了〈中國的希望和失望〉一文。他指出:「四十年的失望,根源就在四十年的社會制度本身。……中國的民主已走過很長的艱難的路,看來還將走相當長的艱難的路,也許要十年,也許要一代人,或更長。但是,無論如何,民主的趨勢在中國已經形成,很難再完全逆轉了。民主是爭取來的,不是恩賜的。這是五四運動以來的歷史,這也一定是今後幾十年中的歷史。正因此,我在被許多失望所困擾的今天,對未來仍然抱定了希望。」該文英文版在美國《紐約書評》發表,中文版在香港報刊登載,並由王丹等北大學生以大字報形式在北大張貼。

2月26日,美國總統老布希訪華,在北京舉辦告別晚宴,邀請方勵之出席。中共最高當局原本同意方勵之與會,卻又臨時變卦,採取戒嚴、截車等方式攔阻。隨後,方勵之召開記者會揭露當天的情況,該新聞上了國際媒體的頭版頭條。

4月4日,方勵之寫了一篇記念「五四」七十年的文章〈從北京天文台看中國民主進程〉,從利瑪竇來華開始,梳理一部三百年「科學注入史」,結論是:「這一段科學注入史也許有助於我們從更長的歷史背景上來理解今天的民主困境。第一,對中國的民主進程似還可以不必太悲觀,與三百年的科學注入史相比,七十年的民主注入時間雖已不短,但還不致令我們完全氣餒;第二,現代化和民主化的基本原則和基本標準,像科學的原則和標準一樣,是普適的,無所謂『東法』或『西法』之分,只有落後與先進之分,正確與錯誤之分;第三,阻礙現代化和民主化注入中國文化的錯誤觀念,與阻礙科學注入中國文化的錯誤觀念是相似的,即各種版本的『中國特色』論。」這段思想,可概括為一句方氏名言:「不存在一個所謂中國特色的現代化,就像不存在有中國特色的物理學一樣」。作家蘇曉康感嘆說,時至今日「中國模式」這個怪胎終於禍害全球,我們才得以返觀方勵之的先見之明,超越許多理論家和人文學者。

4月15日,被鄧小平非法罷黜的前中共總書記胡耀邦突然去世,引發學生及市民的抗議活動。方勵之支持學生的民主訴求,但一直沒有去遊行,也沒有去天安門廣場。中共當局卻將其視為「幕後黑手」之一。

六四屠殺發生後,方勵之夫婦在美國記者幫助下,進入香格里拉飯店暫避。

據當時的美國駐華大使李潔明的回憶錄披露:6月5日晚,方

勵之夫妻和兒子先主動投靠美國大使館,卻被政治處官員薄瑞光(Ray Burghardt)勸離,美方擔心若接納方勵之,會有更多人步其後塵。李潔明將此事報告華府,國務院及白宮的高級官員擔心方遭遇不測,進而引發美國輿論的批評,便下令重新請方氏一家到使館,向他們提供庇護。大約夜裡11時,薄瑞光和羅素兩名外交官來到建國飯店找到被美國記者安排躲到哪裡的方家三口。薄瑞光告知:「我們請你們去使館,你們是美國總統的客人,需要在使館裡住多久就多久。」一群人穿過飯店大門時,加速快跑,彎腰弓背,躲躲閃閃,直到方家三口鑽進美國使館的麵包車。6月6日零時,方勵之夫婦進入美國大使館,就此開始了歷時十三個月的避難生活。(方公子在6月底因另外安排需要離開大使館,又是一陣類似的特別小組祕密行動,把他偷運出去,送回北京方家的公寓。)

6月12日,中共當局以「反革命宣傳煽動罪」對方勵之夫婦發出通緝令,方勵之夫婦名列通緝令第一號和第二號。同日,《人民日報》刊發文章對方勵之口誅筆伐:「這次反革命暴亂,方勵之是主要煽動者之一。方勵之夥同極少數人,拿一些學生(學生中的歹徒除外)做人質,做政治賭注,製造動亂,煽動暴亂,妄圖搞亂全國,亂中奪權,顛覆中華人民共和國,可是你失敗了,因為違背人民的意願,低估了人民的力量。你溜了,溜到外國大使館去了。」次日,《人民日報》稱:「方勵之、李淑嫻是在最近北京發生的反革命暴亂中進行大肆煽動和幕後策畫的重要人物。」

7月,中共中央紀律檢查委員會辦公廳編輯並由法律出版社出版《方勵之的真面目》一書。7月31日,國務院學位委員會通知中國科學院,決定撤銷方勵之的學科評議組天文學分組成員和博士生指導教師資格。自然辯證法研究會決定撤銷方勵之所任各職務。

方勵之後來在自傳中寫道,自己的經歷在中國知識分子中具有普遍性:「他們都曾是共產主義的信仰者,或是忠實的共產黨員,或是無產階級領袖的不加懷疑的信任者。但是,對民主和科學的追求和嚮往使他們逐一唾棄了原來的信仰、原來的忠實和原來的信任,成了共產主義獨裁政權的『通緝犯』。」

1990 年 6 月 25 日,經過中美雙方漫長的談判,中共當局同意方勵之夫婦離境。方勵之夫婦搭乘美國軍機飛往英國,到劍橋大學任訪問學者。

1991 年 1 月,方勵之赴美,在普林斯頓大學和高等研究院講學,同時赴全美及世界各地演講和訪問。

1992 年 1 月,方勵之接受亞利桑那大學物理系的終身教授職位,全家人落腳圖桑市。方勵之的研究方向為天體物理學與宇宙學,每年皆有若干學術論文發表。2010 年,因宇宙學和早期宇宙的物理學方面的重要貢獻,他當選為美國物理學會會士。

在美國期間,方勵之回歸科學家的身分,與政治活動保持一定距離,但仍關注和支持中國的人權問題。1990 年代,他曾擔任紐約「中國人權」組織聯席主席。2000 年以後,他積極參加創辦「中國人權捍衛者」組織,一直到過世前都參加董事會。

2011 年,方勵之被診斷出罹患山谷熱,入院治療。

2012 年 4 月 3 日,方勵之感到身體不適,先訪家庭醫生,被誤診為感冒、肺炎,錯誤用藥,引發心臟問題。6 日早上,方勵之準備出門到學校前,突然心臟驟停,與世長辭。

方勵之曾獲得引力研究基金會 1985 年論文首獎;1989 年甘迺迪人權獎;美國物理學會 1996 Nicholson 獎章。他還獲有羅馬大學、多倫多大學等多所歐洲及北美大學的榮譽學位。

在方勵之的追思會上,李淑嫻致辭說:「他的坦誠,他的正氣

及對真理的追求,他的不在乎官位利益,使他在常人看來的順境中又一次次遇險。……勵之在八十年代,在科大作過一次科普報告,名為〈靈魂不死〉。若把精神,處事原則,規則……理解為靈魂,勵之的靈魂是不死的。他的靈魂在他的親人中,在他親密的學生中,在未來的後繼者中,它將會越來越被理解和繼承。」

作家蘇曉康在一篇紀念文章中指出:「離開兩個人,我們沒法描述中國的八十年代,一個是鄧小平,一個是方勵之。而隨著歲月流逝,在大歷史,或大時間概念之下,方勵之的意義會越來越超過鄧小平。這是毫無疑問的,因為有一個眾所周知的先例:人類至今並將永遠記住伽利略,誰還知道當初迫害他的教皇姓甚名誰?」

評論家弗里曼・戴森(Freeman Dyson)在〈一個偉人的遺產〉一文中指出:「方勵之留下了一個二重的遺產:他是一個引路的政治異議人士和引路的科學教育家。他一直認為他作為一個教育家的貢獻更重要、更有價值。歷史證明他是對的。他在世時,他作為政治異議人士更享盛名,但他知道他作為教育家對世界的影響會更持久、更具變革性。作為政治異議人士,他的遺產是成為一群具有反叛精神者的榜樣。」

一九四〇年代人

21 ｜賀星寒：我從此就站在了共產主義體系的外面

賀星寒（1941 年 1 月 14 日至 1995 年 12 月 9 日）：原名賀心涵，作家，詩人。中學時被劃為「右傾學生」，取消大學入學考試資格，淪為無業青年，被迫遠走新疆，成為第一代「盲流」，當過汽車司機，後招工到鐵路局，赴東北修鐵路。十六年底層生活的歷練，為其創作提供了豐富的素材。文革後，回到成都，任四川省曲藝團創作員、創作室主任、四川省作協理事。1989 年，起草支持學運的公開信，徵集四川文藝界知名人士簽名。六四鎮壓後，拒絕認錯，被處以行政記大過處分。其代表作有：《賀星寒隨筆集》、《後六四備忘錄》及小說《旋轉的紅月亮》、《狂歡》等。1995 年 12 月 9 日，因患食道癌去世，享年五十四歲。

賀星寒：生於四川成都。據其妹妹賀黎所說：「我們家是書香世家。爺爺是章太炎的弟子，早年曾留學日本，父母親均是 1930 年代的大學生。我有兄弟姐妹五人，賀心涵（後隨筆名改為賀星

寒）排行老三，是我哥哥。全家與外婆生活在一起，外婆曾任實驗小學校長。這是一個較為自由的家庭，大人們對我們的教育都不嚴厲，是現在最提倡的啟發式。家裡有很多中外書籍，還有一箱箱兒童讀物，夏天都要搬出來晾曬。我們從小就喜歡看書，養成了閱讀的習慣。家裡有很大的院子，以前叫公館，我們在這裡無憂無慮地度過了童年。」

1958 年，四川省委書記李井泉嫌反右運動不夠，又發起「中學生社會教育運動」，歷時十四天。成都九中奉命誘引學生「給黨提意見」，保證「正面教育，決不反右」。正讀高三的賀星寒說要報名登台演講，外婆嚇了一大跳：「哪個敢給黨提意見啊！不能提，以後要遭（遭，四川話，意思是惹來禍害）。」當時，家裡已從報上知道省裡揪出的大右派中，有他們的叔叔和姑媽。他們都是 1949 年前的地下黨員，中共建政後在省級機關任職，其中姑媽曾任李井泉的秘書。賀星寒卻說：「老師說了不反右，沒關係。」

於是，賀星寒寫了一篇名為〈論宇宙天體間沒有絕對的民主自由〉的講稿登台演講，還脫稿批評中蘇關係不平等，蘇聯合作開採石油，大部分都由蘇聯享用，抗美援朝時蘇聯坐享其成等等。

結果，李井泉仿效毛澤東的「陽謀」，對中學生也不放過。賀星寒被劃為「右傾學生」，開除團籍，政治成績兩分，取消當年大學入學考試資格。他淪為無業青年，只能在街道工作，掏陰溝，拉板車，還到資陽五鳳溪挖河沙。作為一個有志青年，肉體上的折磨還能忍受，偏偏街道上的婆婆大娘又十分「積極」，總是左一個右一個「右派分子」的責罵，讓血氣方剛的賀星寒備感受辱。

有一天，賀星寒回家講：新疆建設兵團在招人，沒有戶口關係都可以。在那個戶籍檔案必須隨身帶的年代，對於他這樣的賤民來說或許是一條生存之路。但新疆是歷代犯人流放之地，那麼

偏遠荒涼，家裡大人擔心，不知一個十七八歲的孩子怎樣生活。但他鐵了心說：「不管新疆如何苦，總比在這些無知的婆婆大娘指使下屈辱地生活好。」

賀星寒到新疆後不久，就有報平安的家書寄回，還寄回一張照片，背面寫著：「勸君勿飲相思酒，西出陽關故人多」。

多年後，妹妹賀黎寫道：「1958年春的那十四天，哥哥以後很少提起，但已影響了他的一生。它剝奪了哥哥的青春，讓他身心均受摧殘。新疆堅硬粗糙的『饢』，西北含有某種物質的水，都在侵蝕著他這個南方人的身體，特別是二十年的心情壓抑和遭受的屈辱以及對現實的憂慮，使他的心理承受了太大的負荷。」

關於賀星寒在新疆的生活，友人陳已達在一篇回憶文章中描述說：「1959年夏，在烏魯木齊西公園，我們不期而遇。那天，他因不堪歧視，剛從天山深處的『兵團』農場逃出。為躲避追捉，從頭到腳是一身維吾爾穿戴打扮。倉促交談中，問及他的近況時，他的回答是引用希克梅特的詩句：『還是那顆頭顱、那顆心。』並和我約定，次日再聚同去南疆。但他卻未如約會面。過了三年，當我們又一度相遇時才知──那天分手後，他即察覺身後有『尾巴』，情急之下，他爬上一輛爬坡行駛中的貨車，躲藏於棚布下，逃出烏魯木齊，去了南疆阿克蘇。在那裡，他學會了汽車駕駛，成了跑遍天山南北的司機。但是不久，便被查出身為『四類分子』，貶為農工。」

1962年，賀星寒回到成都。當時，他已有幾首詩先後在《新疆文學》、《星星》、《北斗》等期刊上發表。特別是有一首〈車窗賦〉，被當時頗有影響的《詩刊》選中發表。作家徐遲還親筆來信予以鼓勵。

然而，賀星寒在成都仍無法找到工作。1963年，鐵三局來

蓉招工，他去了大興安嶺林區，當了一名修鐵路的工人，在長白山、嫩江畔的風雪嚴寒中修鐵路，開始又一段艱辛的人生之旅。1963年至1965年，駐紮吉林白山撫松露水河鎮，參加修建渾北線的泉陽—北河段。1969年至1971年，駐紮陝南秦嶺一帶，參加修建陽安鐵路的陽平關—安康段。1973年至1975年，駐紮四川江油馬角壩，參加修建寶成鐵路。

鐵路工人管參加工作叫「入路」。賀星寒入路十六年，在遠山的老日長天中，還有大自然的清新空氣和純粹勞動的喜悅。他天性幽默，與工友們氣息相投，被工友們稱為「賀高興」。後來，他發表的作品〈扯客〉、〈張大漢〉、〈壇神〉、〈青勾子〉都是工友們鮮活的畫像。十六年底層生活，使他對國計民生有了切膚感受。

1978年，賀星寒在《詩刊》發表組詩〈築路歌〉、詩歌〈月夜尋青春〉等。長白山冰雪，秦嶺峭壁陡崖，川西三月陽春，在他的詩中鋪展，別有一種山林氣氛與神思。

1979年，賀星寒以鐵路工人身分出席北京「全國首屆詩歌座談會」。9月，他調入四川省曲藝團任創作員。在文化思想相對活躍的1980年代，他的創作進入豐收期，先後發表中篇小說《高空跳板》、長篇小說《旋轉的紅月亮》；還創辦「川西小說創作促進會」，任會長。

誰也沒有想到，貌似「在希望的田野上」的1980年代會以一場聲勢浩大的民主運動和血腥的鎮壓收場。

1989年學潮期間，賀星寒起草了一封「公開信」，指出「四二六社論」有嚴重錯誤，要求中央公開認錯，以加快民主建設進程。此信的徵求簽名，百分之九十的工作都是他做的。5月18日，成都民眾上街遊行，響應前一天的北京百萬市民遊行，賀星寒組織了數百名四川作家參與遊行。

幾十年的歷練讓賀星寒不再是單純的中學生，但他還是沒有想到中共的殘暴超過想像的極限：「槍聲與鮮血來得那樣突然和強烈，對我來說，簡直是毫無準備。原來的想像，也包括著當局的鎮壓，但絕沒有預料到這般的殺手！起初是驚愕，隨後是憤怒，即之又盼望奇蹟出現，最終陷入絕望。這一段時期，我進行了痛苦的反思。六四對我的重大教育，就是認識到必須丟掉幻想。」

痛定思痛的賀星寒在《後六四備忘錄》中寫道：「在整個改革開放的十年，鄧小平及中共，是作出了很大的貢獻的。我同大多數中國人一樣，把中國的前途，寄託在他們身上。我完全沒有想到，作為政治一元化的國家，作為一批不願意放棄既得利益的人，他們的改革開放是有限度的。一旦在國家人民和政黨個人利益發生衝突的時候，他們就會選擇後者，毫不手軟。他們的權力不受限制，而現代民主的核心就是限制權力。這簡直是個悖論。」

六四屠殺讓賀星寒徹底與中共決裂：「六四不論是從理性上，或者是從感情上，都使我徹底解決了這個難題。我從此就站在了共產主義體系的外面。位置一選定，心也靜了，氣也順了。有些人還忿忿不平於對學生的鎮壓，對知識分子的追捕，對民主思潮的聲討。這些人痛心疾首，認為當局不夠理智。其實，這都是抱有幻想的結果。了解上面的思想狀況，就會認為這是必然的，鎮壓也好，追捕也好，聲討也好，都可以理解。你差點把人家寶座掀翻，嚇得人家心驚肉跳，難道還不允許人家還你一腳一腿嗎？」

在六四後的清查中，賀星寒拒絕認錯，更拒絕批判別人。他供職的四川省曲藝團給了他行政記大過處分。他在《後六四備忘錄》中全文收入這份1990年10月19日下達的文件：

「關於對賀星寒同志在動亂中所犯錯誤給予處分的決定。

賀星寒，男，漢族，1941年1月出生，1958年9月參加工作，現任四川省曲藝團創作室主任，省作協理事，「川西小說創作促進會」會長，曾參加「民盟」後退出。

賀星寒同志的主要錯誤是：在1989年動亂期間，於5月17日整理起草了具有嚴重政治原則性錯誤的《四川作家致中共中央及省委的公開信》，5月18日上午，賀攜帶「公開信」到省作協機關徵集了36名作家簽名，隨後賀將徵集簽名後的「公開信」抄寫複印，與他人一起分別送往《四川日報》、《成都晚報》社、四川廣播電台、成都人民廣播電台、四川電視台和《四川青年報》社。各報台都先後播登了「公開信」的內容，造成廣泛的社會影響。

賀星寒同志身為黨培養多年的國家幹部，且在文藝界具有一定影響的作家，在關係黨和國家前途命運的關鍵時刻，違背中央精神，發起起草和徵集《公開信》，並在報刊上電台上傳播，造成了不良的社會影響，犯了政治原則性錯誤且拒絕寫書面檢討。鑑於事情發生在李鵬同志發表重要講話之前，本人對錯誤有一定認識。為了嚴肅紀律，教育本人，根據中紀發（1989）9號文件第二條第三款規定精神，經支委會研究，團領導決定，給予賀寒星同志行政記大過處分。」

在道路以目、噤若寒蟬的1990年代初，賀星寒不畏高壓，組織「文學與讀書週談」，開民間結社、議政之先河。雜文家曾伯炎[112]評論說：「在天安門出現『頭顱擲出血斑斑』的悲壯後，清

---

112 曾伯炎（1932-）：作家。1957年，在《四川日報》任職的曾伯炎，反右運動中被打成右派，在小涼山勞改十七年，在大渡河邊鐵廠勞改三年。文革後，獲平反。晚年寫作大量針砭時弊的雜文和政論。

查所謂動亂分子清出萬馬齊喑的『萬家墨面沒蒿萊』的局面下，賀星寒在成都以獨特的讀書週談形式，寫出過『敢有歌聲動地哀』的壯歌。而他這種『三軍可奪帥也，匹夫不可奪志也』的挺著不彎脊樑的巋然自傲，並非今日那些憤青的擴張自我，追名逐寵，而是志士兼學人的人文精神昂揚。且是坎坷人生歷煉的穎悟，用讀人生這本大書與積蓄的文化精萃進行著新的文化人格合鑄。」

1990年，行政訴訟法頒布後，賀星寒曾以作協名下二級學會（川西小說創作促進會）可申辦內部報刊為由，申辦一張《說報》，受到省新聞出版局阻攔。他以「行政不作為」為由，一紙狀告局長陳某某，遞到青羊區法院，成熟老練地依法維權，在成都引起不小震撼。「雖然，這些事件被權力者抹平了，但是，在八九以後，成都最早在禁錮得鐵板一塊時，敢拿起武器來劃出第一條裂口的賀星寒，不是倡導維權的先驅嗎？」

1990年代初，短短數年間，賀星寒就創作和發表了批判單位體制的隨筆〈人在單位中〉、長篇小說《浪土》、詼諧雜文集《方腦殼外傳》、《賀星寒隨筆》等作品。

1992年至1994年，賀星寒寫出了長篇小說《狂歡》。他曾在《後六四備忘錄》中說：「此刻（1992年）提出以經濟建設為中心，算是一種撥亂。但如果不以人為中心，也只能是短期緩和形勢而已。」他對這個「經濟建設中心」充滿懷疑，因為他認為，人的自由平等和權利，才應該而且必須是中心。他以作家對現實的敏銳感覺，看到「經濟建設」背後，有使民主成為「打醬油」的危險，因而在《狂歡》中，借主人公歡娃鮮活的形象，串聯起一幕幕荒唐鬧劇，揭示了瘋狂發展「經濟建設」的無序和膚淺。其中一個場景，是全篇點睛之筆：歡娃高舉那件焚屍場穿過的舊衣服，作為傳家寶，對比今日的高級西裝，高喊：「這就是以經濟

建設為中心!」何等搞笑!何等犀利!沒有人文建設,沒有法制建設的經濟建設,除了富得有錢,什麼都沒有!《狂歡》批判的鋒芒,在當代華語文學創作中,實屬罕見。

賀星寒最後一部重要作品是至今仍未出版的《後六四備忘錄》。詩人、作家邵燕祥為之所寫的序言指出:「從1989年到1993年,賀星寒幾乎是共時性地寫下了這部書稿……身在當代的作者,秉筆直書當代的史實,就該說是『史中之史』了。」

邵燕祥寫道:「看慣了所謂『宏大敘事』亦即『大話題』的朋友,請不要挑剔他寫的似乎只是大時代的一個小角落,但這『一滴水』,也差可映出了特定時期中國知識分子在社會角色和文化心理上的碰撞、震盪、徘徊與抉擇。作者往往於小事及於深意,正像哈維爾的〈無權者的權力〉一文,是從一幅掛在菜市場的橫幅標語入手,做出對後極權社會世態政情的鞭辟入裡的剖析。賀星寒夾敘夾議,卻並非就事論事,而由其評點,生發出值得深長思之的點睛之筆,不乏未經人道的新見——我今天讀來仍然感到是『新見』,也可見他先知先覺的超前。」

在《後六四備忘錄》中,賀星寒特別談及比他年輕一代的川籍作家廖亦武因言獲罪案,並將自己與廖亦武對比,坦誠地陳述了自我的人生定位。他寫道:「青年詩人廖亦武等數人被當局逮捕了。理由是他們進行反革命煽動。亦武其實我並不太熟,只是在〈星星〉舉辦的活動中見過。在我的印象中,是個不愛講話的年輕人。後來注意到他的詩,很新潮。他居然有勇氣在充滿恐怖氣氛的清查時期,搞出了一個配詩朗誦〈大屠殺〉的錄影帶,是我未曾想到的。具體罪狀是什麼,對我們來說不重要,重要的是他因這件事被捕,卻千真萬確。孫靜軒先生就在我們面前談,他願意為亦武當辯護律師。至於如何辯護,他沒有說。老詩人熱血沸

腾，說到這種地步很了不起。他還說天安門靜坐時期，他天天推著艾青到廣場上去。他這麼說，有一種情緒上的傾向，使我們親近。亦武的案子，因為在涪陵發生，我們這裡只有風聞。隔了很久，又說公安局改變了策略，把他們當刑事犯了。因為如是政治犯要引起很多麻煩。真是這樣，更為可惡。」

賀星寒接著寫道：「這個事件引起我們的思索。慷慨激昂的反抗自有其價值，也有其作用。但我不會作那種選擇。當然，年齡，身體，家庭等都是因素。更主要在於，每個人都應該尋找自己的最佳選擇。我應該充分利用自己的優勢，用筆，用團體的凝聚力，去做力所能及的有效的工作。另外，我想，任何人的行為方式即包含著他對前景的判斷。我的判斷是前景有望。目前是困難時期。現在呼喚吶喊是無人響應的。想一想歷史上的人民起義或者社會革命吧，那都是在舊有的統治千瘡百孔，搖搖欲墜時期才可能發生的。集權國家尤其是這樣。法國大革命，俄國十月革命，辛亥革命，這些革命的前夕，原有的統治集團基本上四分五裂，而民眾中蘊藏著的反抗逐漸明顯，最終才一舉成功。即使東歐各國，也是搖了又搖，動亂了又動亂，權威已經不復存在，新的價值觀初步形成，才有順應時代潮流的政治力量走上舞台。」

賀星寒最後陳述說：「當然，亦武的價值也在這裡，他們是作動搖專制的初步嘗試。我沒有魄力去作那種事。我希望能作一些啟蒙的工作，讓人們在民主意識，自由追求，及多元化渴望中，向前逼近。波普爾說得好，一個沒有民主傳統的國家，即使幫它建立了民主體制，最終還會變成新的獨裁。從這個思路出發，我回顧了五月中下旬的作為。我認真作了檢討。街頭政治不是我的最佳選擇，可能在思想上的鼓吹更是我之所長吧。如果有下一次，我倒願意當個『反動文人』而不作『動亂分子』，我可以利用

一切憲法賦予的權利去作公開的活動。」

　　1995年，賀星寒被查出患了食道癌晚期。在重病時，他寫過一篇〈食道造反〉，被讀者引為戰勝黑暗的浪漫主義標竿。他雖已奄奄一息，卻坦然幽默，勇氣可嘉。他寫道：「道可道，非常道。這食道一造起反來，人小鬼大，完全是下水道與人行道等不可比的。而且它好像學過什麼革命理論……一亮相就給我個下馬威。這傢伙甚至連準備活動都不做，只管捏住我的生命線，越捏越緊，使我不能吃，使我不能喝。最後到達滴水不進的崇高境界，踮起腳就能望見西方極樂世界了。幸好本人聞見了醫院隔壁的回鍋肉香，流涎不止，這才下定決心，垂死掙扎，不能夠輸給這小小的食道。鎮壓！血腥鎮壓！」在〈半醉閒話・人焚書未焚〉中，他多半已事先於生死有了預謀。「丈夫之生，原非無故而生，則其死又豈容無故而死。」雖是明朝李贄的話，但對他來說，選擇生的方式，就已經選擇了死的方式。人焚，書在。思想家遇害，思想長存。此即為他的「詩與遠方」。

　　1995年12月9日，賀星寒因患食道癌去世。在其靈堂，有流沙河手書輓聯：「地厚天高筆雄命短，星寒月冷魂歸夜長。」

22 | 王在京：赴火蛾翎焚，當車螳臂掊

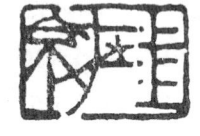

王在京（1943年至2000年4月）：專業裁縫，商人，殘障人士，民主人權活動人士。1989年民運期間，他在青島市政府門口發表演講說：「你們買槍買砲，老子出錢！」六四鎮壓後被捕，被以「反革命宣傳煽動罪」判刑八年。1994年，因病保外就醫。此後，幾次創業皆被國保警察打壓，生活困頓，卻不改初衷，積極參與1998年山東民主黨組黨活動。2000年4月，王在京因突發腦溢血去世，享年五十七歲。王在京的友人燕鵬[113]評價說：「王在京是一個永遠無法被遺忘的名字。他不是名人，沒有著作，也無所謂的思想體系，但他是那樣一個有血有肉、忠誠義膽的平凡人。他的熱血

---

[113] 燕鵬（1964-）：山東青島人，曾參與八九民運。之後經營一家電腦公司，是中國較早運用互聯網傳播政治主張的異議人士之一。1998年，中國申辦奧運成功，燕鵬等發出公開信，批評中共在申奧前承諾改善人權，但剛申奧成功便迫害異議人士。2002年，被中共當局依照「煽動顛覆罪」逮捕，判刑一年半。2004年6月初，燕鵬偷渡到台灣，被台灣政府關進專門收容非法入境的大陸居民的居留所。此後，經過一段近乎流浪的生涯，進入神學院就讀，順利畢業取得牧師資格，成為台灣第一位具有中國反共偷渡客背景的牧師。

和正直,讓在歷史漩渦中與他同行的人們深深懷念。」

王在京:山東青島人。祖父是商人,在老家洛陽、開封、上海、蘇杭各地都開有綢緞莊、藥鋪。中日戰爭爆發後,他祖父鼓勵他父親投軍,保家衛國。他父親加入傅作義的部隊,在喜鋒口、娘子關與日軍鏖戰。

1949年,北平被中共包圍,守將傅作義投降。王在京的父親身為國軍團長,在天津城外的軍營中接受中共整編、審幹。這年春,剛六歲的王在京跟家人生活在北京,他突然患上小兒癱症,等父親趕回來時,醫治已晚,他落下終身殘疾,一條腿瘸了。

隨後,他們全家被安置在青島。1958年春,王在京的父親被派出所叫去談談,結果一去不返,二十年連死活都不知道。後來,家人才得知,他父親當年審理過一個地痞吸大菸、搶當鋪、殺店主的案件,將兇手送到軍法處,將其槍決。中共建政後,這家人評了貧民,就咬著他父親說是「殘殺貧下中農」。於是,他父親被關押在許昌,案子換了幾任檢察官,一直審不下去,但就這樣無罪被關押二十年。後來他父親獲釋時,連案件卷宗都找不到。獲釋後,垂垂老矣的父親在青島博物館旁邊一個白鐵皮小屋中靠修鞋維生。

父親人間蒸發後,王在京的後媽在交通隊拉地排車(平板車),一拉二十年。這是青壯年男子幹的重體力,他後媽卻只能靠這個艱苦的工作來養家糊口。後來,他妹妹從鄉下當知青回來,接了媽媽的班。王在京從小在「黑五類」家庭長大,受盡屈辱,也養成嫉惡如仇、勇往直前的個性。

文革後，王在京曾到北京上訪，要求歸還文革時期全家被「掃地出門」後被人霸占的房子。他撐著雙拐，牽著幼兒，一路討飯，喝著屋簷水到了北京，卻被信訪部門拒之門外。他衝冠一怒，在幼兒頭上插草標一根，到天安門前演出賣孩子的苦情戲。有經過的外國記者，對他作採訪，寫成催人淚下的報導。中共當局不會任由「刁民」在「天子腳下」如此胡來，派出警察將其抓走，押送回青島，並送進李村勞教所「教育感化」三年。這是王在京第一次坐牢。

王在京的文化程度只有初中畢業，人卻很聰明。他揚頭腦之長，避腿腳之短，學成裁縫，混跡於青島市即墨路市場。很快，他以精湛的手藝、豪爽的氣度、妙趣橫生的口才，縱橫於青島服裝業，被譽為「青島第一名剪」。由此，他成為青島最早進入「萬元戶」行列的個體戶之一。加上他又是殘障人士，當局覺得可以樹立為「身殘志堅」典型，於是媒體大幅報導，全城無人不知、無人不曉。他也被青島市四方區政協拉去當了政協委員。

稍後，王在京在其生意夥伴、第二任妻子的幫助下，辦服裝廠、開服裝門市，紅紅火火地在商場馳騁。他的妻子整天駕著摩托車，載著他風馳電掣於青島各路市場，每條街道都留有這對浪漫情侶的身影。這是王在京最瀟灑、最風光的一段時期。那時，市場剛開始放，錢好掙，王在京的「銀子」是成千成萬往裡進的，「王十萬」、「王百萬」……一路順風，所向披靡，心想事成。

然而，走得最快的，恰是美好和幸福的時光。1989年的六四學潮，徹底改變了王在京的人生軌跡。

當青島學生和市民上街之後，王在京坐在輪椅上，也讓妻子推著自己參加遊行。在友人眼中「王在京，豹頭環眼、虎背熊腰，長相與趙本山似，幽默詼諧更不讓趙，身材氣質比趙厚實的多」，

他的輪椅是他的招牌道具，輪椅到哪裡，他就慷慨激昂地演說到哪裡，聽眾的掌聲就在哪裡響起。在群情激昂的氛圍中，王在京獲得的心理滿足遠超過在商場上掙到大筆銀錢。他沉浸在中國馬上就要實現民主自由的夢幻中。

六四槍聲打破了王在京的美夢。憤怒的他更加賣力地上街聲討中共暴行。他站在青島市政府門前，對著圍觀的群眾大聲疾呼：「你們買槍買炮，老子出錢！」短短一句話，凝聚了他的熱血與勇氣，也成了他獲罪的「鐵證」。這一句話，既是普通人的怒吼，也是一個有正義感的公民的承諾。

直到大逮捕開始，王在京考慮到自己身體不便、名聲太大，便躲到老家洛陽避風頭。這個渴望民主自由的商人，走到老家附近的「東方紅」拖拉機廠，也沒忘演講聲討這個罪惡的政府，並告知人們六四血案的真相。

政府一時抓不到王在京，就動員他媽媽捎信，動員他回青島投案自首，並保證不會逮捕判刑。王在京為人孝順，抱著僥倖的心態回到青島，結果一下火車就被逮捕。後來，王在京曾多次提到此事，感慨地說：「想我老王江湖上混了大半生，跟老共鬥了幾十年，還是因惦念老娘情迷心竅鑽了老共的套。咱黨的英明偉大讓人佩服，不服不行！」

此後，王在京經過青島人犯製作流水線──大山看守所、李村看守所，及逮捕判刑一系列程式，以「反革命宣傳煽動罪」獲刑八年。隨後，他與孫維邦、陳蘭濤[114]、張傑[115]、張宵旭[116]、

---

114 陳蘭濤（1964-）：青島大學海洋系碩士研究生，國家海洋局北海分局監測中心助理工程師。1989年，民主運動爆發後，他與懷孕的妻子一起積極參與。6月6日，他在青島街頭設置路障，公開發表五分鐘的演說，譴責當局的鎮壓行動，並宣布退黨。隨後，他與張傑、陳延忠等到青島最大的企業四方機車車輛廠，對工人進行宣

陳延忠[117]等六四活躍分子，一起押赴北墅勞改支隊直屬隊（專門關押六四政治犯的機構）洗腦改造。

王在京於直屬隊「培訓」（獄中對六四政治犯洗腦的委婉說法）結束解散後，與孫維邦、陳蘭濤、張宵旭、張傑、劉濟灘[118]、吳旭

傳鼓動，試圖組織工人大罷工。陳蘭濤夫婦被捕後，妻子因已懷身孕被釋放。6月12日，陳蘭濤被青島市公安局拘留。7月21日，被正式逮捕。8月23日，被青島市中級法院以「反革命宣傳煽動罪」判刑十五年、以「聚眾擾亂社會秩序罪」判刑五年，合併執行十八年，剝奪政治權利五年。他先後被關在北墅勞改隊和山東省第三監獄。他在獄中每日苦學外語，先後大約學了七、八門外語。2000年4月，假釋出獄。2006年，移民加拿大。

115 張傑：畢業於青島六中美術班，立志考取北京電影學院。1989年春，他到北京面試時，正值學潮洶湧澎湃。5月中旬，他身著「民主潮」文化衫返回青島，每天穿梭於海大學生和市民之間，參加示威、靜坐、請願和演講。六四屠城後，他與陳蘭濤、張曉宵、史魄東等與「市民聲援團」聯手組織「三罷」，在組織罷工時暈倒在四方機車廠門前。張傑在大搜捕時作為「首要分子」之一被捕，在新聞媒體上幾次曝光。他本人尚未接到起訴書，中共山東省委機關報《大眾日報》就已登出他被判處二十年有期徒刑的消息。1995年，尚在獄中的張傑與等待六年之久的未婚妻結婚。2000年，張傑提前獲釋。2002年，到深圳畫家村打工。

116 張宵旭（1962-）：出生中共幹部家庭。父親是海軍大校，母親是縣團級幹部。1979年，他十八歲剛剛升入高一，即參與牟傳珩創辦的「民主志友學社」，並與牟傳珩、牟孝柏、李協林、薛超青、邢大昆等創辦《民主志友論壇》、《理論旗》，鼓吹民主思想，啟蒙眾智。1981年，中共取締民運地下刊物，逮捕民運人士，張宵旭受到警告處分。從此，被黨打入另冊。1989年，正在準備結婚的張宵旭積極參與民主運動，六四鎮壓後被捕，被判刑十五年。1998年，獲假釋，後來在一家電動門廠打工，還曾開過一家鐵藝廠。

117 陳延忠（1962-2005）：山東青島人，青島鋼銼廠保衛科科長。1989年間積極參與民主運動，是「市民聲援團」的主要組織者，也是「台東交通大隊事件」主要組織者。直至6月5日、6日，他還參加了大學生和市民的最後抗爭，與陳蘭濤、張傑等人到四方機車車輛廠大門口宣傳鼓動工人罷工。隨後，被當局逮捕，被以「妨害交通秩序罪」和「流氓罪」判處十七年有期徒刑，關押在山東萊西北墅監獄。1995年，因患糖尿病等多種疾病被保外就醫。出獄後，他先是從事汽車運輸，後來經營裝飾材料，1999年成立鑫洋及大有公司。2005年，陳延忠因肝癌病逝。去世前，他對朋友表明心跡，對因參與六四民運遭受的苦難，從不後悔，面對中共的迫害打壓永不低頭，並一再囑咐，不管什麼時候重新評價六四，都不要忘記告訴他。

118 劉濟灘（1966-）：山東濰坊人。1989年，中共在北京血腥鎮壓六四民運的消息傳來，劉濟灘憤而挺身而出，孤身一人提著油漆桶，刷寫標語，從工作單位濰坊印染

升[119]等，一同分配到教務處任教，執教於裁剪班。後與較長刑期的陳蘭濤、張傑、張宵旭、孫維邦、姜福禎、劉濟濰等，轉到山東第三監獄（濰坊）服刑。

王在京的難友孫維邦、張銘山[120]、姜福禎等人，後來都有文章記述王在京在獄中的生活。王在京生性樂觀豁達，苦中作樂，不僅自我安慰，還給煉獄般的牢房帶來歡樂和笑聲。

──王在京，小學文化，屬於「質勝於文」的那種人。演講做報告，此人口若懸河滔滔不絕，思路清晰，舉止言詞活潑得體，但寫到紙面上，就遠遠不是那個樣子。……王在京、張傑是直屬隊的開心果，兩人一哏一逗幾句話，就能使沉悶的空氣為之一新。學習暇閑，王在京一面拄著雙拐，一面踢著板凳，在走廊裡坐著板凳，端著大瓷缸子，一面喝著大茶，一面穩如泰山地「吞雲吐霧」起來。隨著菸草在王兄頭上煙霧繚繞，雲山霧罩的言詞也從王兄的口中迸洩而出，一番嬉笑怒罵引眾人哄笑一陣後，下一個節目就是王兄獨門樂器演奏──鼻音吹奏《卡門序曲》。晚上，王在京往床上一躺，一聲嘆息：「日落西山，減刑一天。」

廠一路過去，把標語一直刷到中共濰坊市委、市府，一路向圍觀者介紹中共動用野戰軍屠殺北京學生、市民的慘烈暴行，為濰坊的六四民主運動，增添了最為亮麗的一頁。隨後，他被中共當局以「反革命宣傳煽動罪」判刑八年。1997年，減刑釋放。後來開計程車維生。

119 吳旭升：山東青島人。6月4日，青島市的學生、市民舉行聲勢浩大的抗議示威遊行。據中共當局聲稱，以吳旭升為骨幹的部分青島市「工自聯」成員，密謀用炸藥炸毀青島市政府大樓。吳旭升與軍方朋友商定，用一輛吉普車裝載軍方朋友從軍火庫弄出來的炸藥，駛入市政府的車道，停在正門正中然後引爆炸藥，一舉炸毀市政府大樓，以此報復六四大屠殺。吳旭升被捕後，被判刑十二年。1996年，減刑釋放。1998年，參與民主黨籌組。

120 張銘山（1963-）：山東臨朐縣人。1989年，因不滿中共的六四屠城，在臨朐張貼〈告臨朐縣人民書〉，被以「反革命宣傳煽動罪」判刑兩年。1991年12月18日，刑滿獲釋。後來在一建築隊打工為生。1998年，參與山東民主黨籌組活動。2008年，加入獨立中文筆會。

──在京風趣、幽默,雖然思想混亂,但頗善言談。他談話時語氣多變,情緒飽滿,極富感染力。他雖然讀書不多,但喜歡「掉書袋」,常常妙語連珠、語驚四座。初次搭訕時,他問我的刑期。我故意學著樣板戲中老獵戶的腔調說:「八年啦,別提它了!」當時我想,漫漫八年,小常寶長大了,日本鬼子打跑了,不能不感到沉重。沒想到在京聽罷,哈哈一笑:「彼此彼此。我也八年。」然後他一本正經地向我傳授「快樂計時法」:「你看,來這一年不算了,走那一年也不算,吃喝拉撒和星期天抵一年,再減上兩年刑,所剩也就不多了!」此種計時法雖屬自欺,卻也有些禪味。

──王在京斜依了教學樓樓門,左右是兩支神拐,正雲山霧罩地海侃,唾星子借了太陽的光,四處飛濺,一閃一閃。誰要覺著無腿大俠只是嘴皮子說說,那可就是鑄成大錯,王在京胸一挺,兩臂一彈,一拿架,一昂臉,一擺身,一甩頭,你要不往下看,那真是健美,美健,胸圓臂肌疙瘩一團團,高了興金雞獨立單臂擎半天。

1994年,王在京因病獲保外就醫,提前出獄。1996年春,難友姜福禎出獄後與之見面時:「他正在『謙祥義』綢布店坐鎮裁剪:一身西裝畢挺,頭上一頂黑呢子禮帽,左右各有一位美侖美奐的禮儀小姐幫他張羅。遠遠望去,心中不禁讚嘆:『呵,真夠氣派!』乘他閑的時候,我趕緊上前招呼。見我來了,他立馬把兩位小姐打發得團團轉:一位上街買飲料,一位忙向我女兒口袋裡塞壓歲錢。」

後來,王在京事業發展卻不順利。兩年後,姜福禎再次見到他,卻發現,「此時的他,滿臉疲憊,孤零零一人坐在一個拐角處,身邊的招牌上寫著:『伯樂服裝裁剪學校常年招生。由島城

第一把剪刀王在京執教。』一年多沒見，在京先後與人合夥辦過服裝加工廠，因無人、無資金注入，只有用『名人效應』做無形資產，不久即被炒魷魚。此後，他仍赤膊上陣，獨自經營一爿小店，因經營不善又遭盜賊洗劫，狼狼關門。門頭房租不起了，沒辦法寫出招牌：『出賣王在京』——自薦於鬧市。後來，他終被一大嫂招回家辦起了『伯樂服裝學校』，由女方出房做教室，在京揮鞭執教，當起了『寄居蟹』。在京雖是大師級別，生意也做得十分辛苦。」

再後來，早市上、廟會上都有王在京跟跟蹌蹌的身影。一次，王在京在離姜福禎開的書店不遠的桑梓路大街上招徒，險些被城管人員擄走招牌。他見到姜福禎就說：「娘希匹！又不擺攤，放塊牌子都不行。」此時的他，儒商夢已破滅了。下次再見，王在京就給姜福禎出了個對聯：「萬事由黨、萬事由權、萬事不由人。」姜福禎沉思良久，無言以對。這句上聯，可謂是「滿紙荒唐言，一把辛酸淚」。王在京和他的難友們，因為積極參與六四，從此被拋出原有的人生軌跡，淪為這個國家的「賤民」和「難民」，想要翻身，難於上青天。

事業不順，婚姻也遭遇重大挫折。王在京的前妻向他討「債」，將他告上法庭。法院傳票送到手上，他走投無路，找朋友們「仙人指路」。朋友反覆分析「案情」，覺得沒有反證推翻女方的指控，讓他做好輸掉官司的準備。果然，法庭判其前妻勝訴，前妻幾乎帶走他所有的積蓄，使他的生活更加艱難。儘管如此，他沒有抱怨，仍然用雙手辛苦謀生。他經常與難友燕鵬等人談論自由，談論未來，也談論如何面對困難的生活。他風趣幽默，時常說：「咱們的命啊，就像布料一樣，被剪得七零八碎，但只要還有針線，還是能縫出樣子來。」這樣一個豁達而有韌性的人，總

是讓朋友們在困境中感受到生活的另一種可能。

1999年，六四屠殺十週年之際，當王在京獲悉丁子霖等天安門母親向海牙國際法庭起訴李鵬時，非常激動，眼球停止轉動很久。

2000年4月，王在京因突發腦溢血離世，結束了短暫而滄桑的一生。他在最後的那些日子裡，常常說一句話——「生得坎坷，死得窩囊。」原本樂觀昂揚的他，已然身心交瘁。

多年後，燕鵬如此寫道：「我回望過去，王在京的音容笑貌依然鮮活。他雖然平凡，卻在歷史的洪流中留下了無可抹去的印記。他的一生，沒有轟轟烈烈的事蹟，也沒有令人矚目的榮耀，但他的熱血與忠誠，讓他在我們這些同行者心中永生。他的生命如同劃破夜空的流星，雖悄然墜入黑暗，卻在那一瞬間照亮了人們的心。他用自己短暫而熾熱的生命，書寫了一段關於勇氣、犧牲與希望的故事。懷念我的朋友王在京。願他在天國得享自由與平安。他的故事，將永遠激勵我，也提醒世人，那些默默無聲付出、不畏艱難的人，才是歷史的真正見證者。」

23 | 尹敏：做堅定的守靈人，做堅定的守望者！

尹敏（1944年至2021年）：天安門母親成員。原公安部下屬醫院醫生，後進入報社工作直到退休。其子葉偉航於六四屠殺中喪生。她是「天安門母親」群體中年齡最小的母親，失去兒子時只有四十五歲。她也是較早勇敢地站出來譴責和控訴六四大屠殺的母親之一，並積極參與「天安門母親」群體的很多事務。2021年9月28日，與肺癌抗爭七年的尹敏逝世於北京海軍總醫院，享壽七十七歲。

尹敏：北京人。原本是一名普通的北京市民，一名平凡的妻子和母親，但1989年6月4日發生的那場大屠殺，讓她的人生徹底改變。

尹敏的兒子葉偉航，當時只有十九歲，是北京市57中高三畢業班學生。葉偉航在各方面都很出色，是班長，正在積極準備高考。

葉偉航是一個思想深沉的孩子。作為母親，尹敏永遠不會忘記兒子生前和她的一次談話。那是在1989年5月中旬的一天，當時天安門廣場上大學生的絕食抗爭正處於高潮時期，市民們紛紛走上街頭聲援，要求政府儘快與學生對話。此前，葉偉航已多次

去過天安門廣場。他非常焦急，對政府拒絕與學生對話感到很失望。尹敏回憶：那天兒子拉她出去散步，兒子說：「媽，我覺得這些大學生太可憐了，政府太無能。我不想在國內上學了，如果你有錢的話，能不能支持我出去上學？」尹敏聽兒子說出這樣的話，心裡一愣，感到他雖然只是一個十九歲的孩子，卻已有了自己的主見，覺得兒子一下子長大、成熟了許多。

1989年6月3日晚，作為醫生的尹敏去給一個患高燒的鄰居小孩看病。從患者家裡的六層窗戶可以一眼望見對面樓裡自家的小房間，她看到兒子正伏在燈下專心致志地複習功課，一顆懸著的心放了下來。晚九點半，她回到家裡，告訴兒子：「聽說外面開槍了，你千萬不要出去。」葉偉航回答說：「媽你放心，考上大學是我的最大心願，我不會出去的。」她當時相信了孩子的話。

那天晚上，尹敏安頓好孩子後，控制不住對戒嚴部隊開槍殺人的憤慨，獨自去了附近的白石橋十字路口。她回憶當時的情景：「我來到白石橋路口時，那裡已聚集了很多人。人們紛紛議論有人從木樨地方向傳來消息，證實戒嚴部隊開槍打死打傷了很多老百姓。有一位大學生從前方撿回來的一把子彈，我向他要了兩顆，其中一顆很長，約有十釐米左右；另一顆形似一個扁圓的小燈籠，後來聽說叫『炸子』（即達姆彈，民間又稱開花彈，日內瓦公約中禁止使用的殺人子彈）。我至今仍後悔沒有把這兩顆子彈留下來，因為這是軍隊開槍殺人的鐵證。」

大約在4日凌晨2點左右，尹敏忽聽有人喊「解放軍過來了！」人們都很驚恐，迅速往四下散開，但很快又聽說這些士兵手裡沒有槍，大家又放大膽子上前詢問。尹敏看到大約有三、四十名士兵，年齡都很小，有人臉上還有血跡。看到有民眾圍上來，一個當官模樣的軍人向大家喊道：「我們是從民族文化宮後面

祖家街跑出來的，我們沒有想到打得那麼慘，我們不想再打了。」他還告訴大家，他們是丟下武器一路逃出來的。尹敏看得出這些士兵都很慌張、無奈，於是拉住一個士兵說：「你們千萬不要再打老百姓了。」那個士兵流著眼淚點點頭。後來，這股部隊向香格里拉飯店方向撤退了。當時，尹敏想，這些臨陣脫逃的逃兵以後的命運將會怎樣呢？

然而，這位善良的母親怎麼也想不到，也正是在她為那些逃兵擔憂的時候，災難竟然落到了她自己的頭上。幾乎在同一時刻，4日凌晨2點左右，她的兒子葉偉航在復興門外大街的木樨地中彈倒下，倒在戒嚴部隊的槍口下。

那天夜裡，尹敏從白石橋回到家裡，發現兒子已不在家裡了。兒子的書桌上還攤著一本語文課本，那翻開的一頁，正好是魯迅的譴責段祺瑞政府鎮壓學生運動的名篇〈紀念劉和珍君〉。在書桌上，兒子還留下一個小紙條，上面寫著：「應該笑著面對人生，不管一切如何。」

尹敏看到這個紙條後，直覺到事情不好，顧不上別的，轉身直奔住家附近的大街，四處尋找兒子的下落。可是沒有想到，在這一轉眼之間，兒子竟遭遇到與六十三年前劉和珍同樣的命運。尹敏至今仍珍藏著兒子留下的那張小紙條。

根據尹敏的一位鄰居回憶，葉偉航是4日凌晨零點15分左右騎車離家的，當時外面槍聲已響成一片。可以想見，作為一個熱血青年，他再也無法呆在家裡了，終於放下手裡的功課離開了家。

葉偉航的學校剛好在軍事博物館對面，尹敏看到街上這麼亂，相信葉偉航不太可能去學校備考，不過，他和丈夫葉向榮還是到學校，問學校的員工，員工回答：這種情況了，誰會回到學校溫書？

尹敏一聽就坐在地上，她心理已經猜測到，意想不到的悲劇已然發生，她問自己應怎麼辦。當時，復興醫院死亡的人特別多，她和丈夫決定從學校一直找到醫院。天上已下著毛毛細雨，一些與他們一樣正在找孩子的家長湧向醫院，復興醫院的停屍間擠滿了人。尹敏看到，屍體腳對腳一個一個的排著，醫護人員在旁呼籲大家不要緊張和不要亂，慢慢地一個一個來認。情景非常悽慘，宛如人間地獄。

隨後，尹敏的親屬和同事在海軍醫院找到了葉偉航的屍體，但他們都不讓尹敏去醫院，說是要為孩子穿好衣服後再讓她去。後來，親屬們扶著尹敏來到海軍醫院的太平間，她看到那裡的一切都已收拾得乾乾淨淨，兒子穿著一身西裝安靜地躺在靈床上。她不顧一切地衝上前去抱著孩子的遺體放聲痛哭。兒子實在太年輕、太可愛了，他是母親的希望、母親的未來啊！

當尹敏撫摸兒子的頭部時，發現他的後腦有一個核桃大小的槍洞，這是醫生搶救時沒有發現的。

據了解，葉偉航中彈後，是被四個年輕人輪流背到海軍總醫院的。當葉偉航被送到醫院時，傷勢非常嚴重，第一槍從左胸打進穿過身體，另一槍沒有穿過、留在體內。醫院的醫生所看到的只有這兩槍，所以感到詫異：為什麼奮力搶救還是不成？後來，才發現他的後腦還有一槍。為什麼一槍穿過，一槍沒有，但兇手仍在他的後腦再開一槍？醫生猜測，當時行兇殺人的士兵已經獸性大發、大開殺戒，否則不會對一個孩子打這麼多槍。

醫院出示的死亡報告顯示，葉偉航左臂、右胸和後腦三處中彈。一為左臂貫通傷，一為右胸封閉傷，一為後腦部閉合傷。很顯然，後腦部的一顆子彈是致命的，這顆子彈一直留在死者的後腦。

第二天火化時，尹敏發現兒子的臉已完全變得烏黑了，身上其他部位還有三條約兩寸多寬的淤血傷痕，可見他臨死前還遭到戒嚴部隊的毒打。她憤怒地譴責說：「實在太殘忍了，為什麼要下此毒手呢！」

在兒子被送到火葬場後，尹敏向火化師提出一個要求：兒子中了三槍，其中的兩槍子彈沒有出來，能否在火葬時把這兩槍子彈拿出來？尹敏希望拿這兩槍子彈作為殺死她兒子的證據。火化師回答說，不可能，因為火化時溫度很高，但他還是說會盡量想辦法。

遺體火化後，火化師交給尹敏一個塑膠袋，裡面是一些類似金屬的東西，這是他們盡最大努力從骨灰中找出來的。

葉偉航遇難的消息，很快傳到他就讀的學校，引起巨大震撼。老師和同學都十分難過，都說偉航是一位好學生。學校為偉航舉行了隆重的追悼會。但是，事後學校領導卻遭到有關部門的追查。

在1989年的天安門民主運動中，參與者不僅有大學生，還有不少中學生。在隨之而來的大屠殺中，有好幾位中學生同他們的大哥哥、大姐姐一起遇難了。他們是人大附中的蔣捷連、月壇中學的王楠、57中的葉偉航、95中的張建、鐵路三中的齊文、雪花電器公司技術學校的周欣明等人。

當時，尹敏無法確知兒子遇難的地點，這成了她的一塊心病。她一直想要找到這個地點。事隔數月，她在一次睡夢中夢見兒子遇難的地方。為證實夢中所見，第二天上午她去了木樨地。她找啊找啊，果然找到一處與她夢中情景相符的地方——木樨地車站路北往東一百米一棟宿舍樓前的街心花園處。她確信兒子就死在這個地點。在以後幾年裡，她每年都要到那裡去看一看。現

在這個街心公園已被拆除，變成了一座立交橋。

兒子遇難後，尹敏不忍心將其遺骨埋葬在荒郊野外。為了慰藉孤寂的心靈，她把兒子的骨灰安置在家中的臥室裡。她常常與兒子聊聊心中的苦悶和思念之情，說說身邊發生的一些事情……

幾年後，尹敏和丈夫離家去海南謀職，從兒子的骨灰中分出一掬帶到海南，撒向大海。那天天氣陰沉沉的，海上風浪很大，她的心情也像大海一樣難以平靜。回到住所，她在一張紙片上寫下一段話：「刻骨銘心的痛苦日子，今天為我失去的航兒祈禱！……爸媽到瓊州海峽將鮮花灑向大海，讓大海的波濤帶去我們無盡的思念，讓你在鮮花的陪伴下和著大海的濤聲與我們共同度過這難忘的日子。」

剩下的骨灰，尹敏仍安放在家裡，作為父母，她和丈夫將陪伴兒子直至終生。此生此世，留在尹敏心靈的傷口是不可能癒合的，留著兒子的骨灰，心裡也許會好受一點。

尹敏是早期聯繫上丁子霖並參與「天安門母親」群體的遇難者家屬之一。作為一個母親，她把對兒子的愛和思念全部投入到「天安門母親」群體的事務中。自1995年「天安門母親」開始每年向全國人大常委會發出公開信以來，尹敏就是堅定的連署支持者，並積極參與尋訪遇難者親屬的行動，竭力給予難屬協助和心靈支持。

1999年，六四屠殺十週年前夕，「天安門母親」群體為死去的親人舉行集體追思祭奠儀式，靈堂就設在丁子霖家客廳。那天傍晚，正在老家探親的尹敏聞訊後立即趕回北京，下了火車連自己家門都沒有進，連一口熱飯都沒有吃，就直奔丁子霖家裡來了。當室內響起哀樂，大家為死者肅立默哀時，她再也無法控制內心的悲痛，突然對大家說：「我想哭！」隨之放聲慟哭起來。頓

時，寂靜的大廳裡響起一片抽泣。

也正是在這一年，「天安門母親」向最高人民檢察院遞交了控告六四元兇李鵬的起訴書。為此，尹敏提供了證詞，接受了自由亞洲電台專訪。她呼籲世界上有良知的人們運用法律來維護人間的正義；她要求重新調查六四，還六四以本來面目，嚴懲殺人兇手，以此告慰遇難親人的在天之靈。

尹敏為人正直，心胸坦蕩，勇於承擔。六四屠殺十五週年時，丁子霖被軟禁在家，她與張先玲一起承擔起前往最高檢察院遞交公開信的任務。從此，她也成了北京市公安當局的重點監控對象。

2005年1月17日，趙紫陽病逝，「天安門母親」群體中遭到軟禁的竟有八位之多，尹敏是其中之一，但她毫無懼色，始終對當局的暴行坦然相對。

2013年夏，由難屬趙廷傑[121]提議，蔣培坤、丁子霖、張先玲合議，決定成立由當年慘案中失去丈夫的妻子為主的服務團隊，為難屬們服務，尹敏是服務團隊中唯一的一位母親。同年秋，她和其他服務團隊的成員一起去看望家在外地、孩子因在北京上大學而遇難的難屬。每年在北京的難屬新春聚會，她是組織者之一。

---

[121] 趙廷傑（1933-2014）：六四死難者趙龍的父親，天安門母親重要成員蘇冰嫻的丈夫。中共離休的老幹部、老黨員、老軍人，出身於一個資深的國安部高官家庭。他自幼生活在山西農村，未及成年，其父便把他送到平型關附近的一個中共情報站工作，以後又一路補學文化，從張家口幹部小學到進北京後的101中學，再從哈軍工畢業，分到海軍裝備部一直工作到離休進幹休所。但這顆紅色的革命種子——紅二代，在經歷了文革到六四的種種慘案之後，對這個他曾忠誠地加入並為之服務的黨和軍隊卻有著異乎常人的清醒和批判。他鑄成了一副剛毅性格，從不為假像所迷惑。為此，他被難友們稱之為「中國的十二月黨人」。丁子霖評價說：「他思慮縝密，勤於動腦，說話不多但常常一語中的。天安門母親們都把他當作群體的主心骨。」

一九四〇年代人

2014年，六四屠殺二十五週年時，原本難屬們準備了集體祭奠活動，因公安的阻擾未能舉辦成功。服務團隊成員分別不同程度地遭到公安的騷擾和監視。警察幾次找尹敏，追問捐款下落，她面對淫威，毫無懼色，氣憤地流淚拍案而起，義正詞嚴地說道：「我的兒子被無辜打死，這麼多年我們是怎麼度過的，你們知道嗎?! 我們從沒有快樂過，至今也未見政府的過問，不見你們的同情，你們的良心在哪裡？告訴你們捐款不在任何難屬手裡，在具有愛心的人手裡！」

2019年，六四慘案三十週年祭，尹敏代表參加集體祭奠難屬們宣讀由丁子霖寫的三十週年祭文〈哭六四大屠殺中罹難的親人和同胞們——並致中國國家領導人〉：

「我們是一群在六四大屠殺中痛失親人的公民。

三十年前，中國首都北京天安門前的十里長街和京城中軸線沿線，全副武裝的戒嚴部隊動用機槍、坦克、甚至國際上已禁用的達姆彈，屠殺毫無戒備、手無寸鐵的和平請願的青年學生和市民。這場腥風血雨的大屠殺奪去了成千上萬鮮活的生命，讓成千上萬個家庭墜入無底的深淵。

這場大屠殺是在全世界的聚光燈下發生的。好幾年間，北京的許多路口、大街小巷上仍彈孔累累、血跡斑斑。儘管三十年後，這些罪證已被林立的高樓、立交橋等一派『繁榮』景象所掩蓋，但大屠殺的鐵的事實已鑄入歷史，任何人都抹煞不掉，任偌大的權力也改寫不了，任何等巧言簧舌也無法抵賴！

至愛的親人啊！今天，我們克服了重重阻力，得以聚集在一起默默地祭奠你們。卅年了，還沒有為你們討回公道，還無法讓你們安息，我們無比愧疚，能做的就是堅守住『三項要求』的底

線,維護生者與逝者的尊嚴,保持難屬群體的獨立性,做堅定的守靈人,做堅定的守望者!

讓鮮花與燭光給予英靈們些許溫暖與安慰吧!願黎明早日到來,上天護佑我中華民族!」

尹敏宣讀祭文的聲音鏗鏘有力,感染著在場所有難屬的心,所有人都不會忘記發生在十里長安街上的大屠殺,不會忘記自己的親人在不同地點倒下時血跡斑斑的身影,不會忘記見到親人屍體時那種痛徹心扉的痛,一切恍如隔日,歷歷在目,撕裂著每個人的心,這是一道永遠無法癒合的傷口。

尹敏是一個堅強的母親,性情爽朗、做事幹練,在難屬們面前永遠是面帶笑容、衣著合體,從沒有以病容出現在大家面前,沒有人知道她是晚期癌症患者。得知她去世的消息,大家都感到震驚不已。

2022年1月9日,「天安門母親」群體發文〈願堅強的母親尹敏安息〉:「三十週年宣讀祭文的聲音成了她留在難屬群體中最後的聲音。也許是你的意願,也許你是想追尋兒子的蹤跡,你和兒子在同一家醫院離世。三十多年來你與兒子總能在夢中相會,彼此訴說著母子之間想說的話,願你能達成心願,和兒子在天堂再相聚。願堅強的母親尹敏安息!」

24 嚴正學：余心之所善，九死猶未悔

嚴正學（1944年1月11日至2024年5月28日）：基督徒，畫家，雕塑家，人權活動家。文革期間，浪跡天涯，自稱「中國第一位盲流藝術家」，曾因畫毛側面畫像而下獄。1980年代，多次舉辦個人畫展。1989年天安門學運期間，上街聲援學生。1990年代，入駐圓明園畫家村，被推舉為「村長」。因幫助弱勢群體維權，觸怒當局，被抓捕或坐牢共十三次。1993年，起訴北京市公安局侵犯人權，次年被送往北京雙河勞教所強制勞教兩年。2007年，他被浙江省台州市中級法院以「煽動顛覆國家政權罪」判刑三年。2010年，嚴正學帶病與同為藝術家的妻子朱春柳完成林昭、張志新雙雕塑像，卻只能放置在自家「鐵玫瑰園」展示，並長期受到國保警察及其僱用的流氓的騷擾、毆打。晚年疾病纏身、貧困潦倒，卻矢志不渝地用藝術創作追求民主自由。2024年5月28日，因病在北京去世，享年八十歲。

嚴正學：生於浙江省海門（現台州市），其藝術生涯和困難人生跨越了整個中華人民共和國的歷史。

嚴正學的父親曾是一名國軍基層的庶務官，其部隊被中共地下黨策動「起義」，本人卻被當做國民黨餘孽關進監獄二十一年，獲釋後成為所謂的「民主人士」。出身於這樣的家庭，嚴正學從小便成為賤民。他曾看到村裡「反革命」家庭的一名男子遭到血腥毆打，並被丟糞便侮辱，他說，「紅色」和「棕色」是他對顏色的最初也是最生動的記憶。

嚴正學從小就熱愛畫畫，希望通過藝術事業改善家族名聲。1962年，他被頂尖藝術學院浙江美術學院附中錄取，以為可以開始美好的藝術之旅。然而，文革爆發後，美術學院癱瘓，學業被迫中斷。為了追求更真實的生活，他以波希米亞人的生存方式，走遍神州大地，二十多年間浪跡天涯，遭遇人生種種酸甜苦辣。

嚴正學嚮往邊疆的遼闊寂寞，曾漂泊到烏魯木齊。殊不知，普天之下莫非王土，他被當做「盲流」抓捕，送到戈壁灘上的一個勞改農場做苦力。

塞翁失馬焉知非福，墜入社會最底層的苦力嚴正學，卻贏得了浙江家鄉一位姑娘、他青梅竹馬的同學朱春柳的愛情。1965年，朱春柳乘火車去新疆找嚴正學，他們結婚了。朱春柳後來說：「他當時在良種繁育場，原來的一個勞改農場，他被困在那邊。我不嫌棄他。我想，我們兩個人可以在一起奮鬥，今後的生活就靠我們自己努力。」

1967年底，新疆發生激烈的武鬥，正好朱春柳的父親在浙江去世了，兩人從新疆往浙江去奔喪。當時，交通全都癱瘓了，很久才有一班火車，火車特別擁擠，連坐的地方都沒有，到處是人，連行李架上、廁所裡都是人。朱春柳已懷孕將近十個月，也

擠在人群裡。最後，他們的孩子生在火車上。

文革期間，嚴正學什麼都不能畫，為了維持生計，他一度為死者畫遺像。1971 年，他把畫筆丟掉，帶著妻子和女兒，跑去養蜜蜂。「我要逃避社會現實，希望自己融入大自然裡，天天跟著蜜蜂，跟著那些花期，到處去養蜂採蜜。……一家一戶的，大家都是養蜂的，一起就跟吉普賽人一樣，浪跡天涯。今天油菜花開了，就到有油菜花的地方去。跟著那花源，走天下。而且我覺得，返回大自然，就擺脫了社會最醜惡的現實。」但後來氣候突變，他們的養蜂事業失敗了。

隨後，嚴正學只能畫當時唯一允許畫的對象──毛澤東肖像和宣傳海報。他在甘肅時，奉命畫毛像，在上面畫了一個縱橫交錯的網格（打九宮格），被指責在主席臉上打叉（X）。他稍微有點創新，從側面畫毛澤東，只露出一隻耳朵。當地官員指責他暗示毛是半聾子，他被打成「現行反革命」，逮捕下獄，與死刑犯關在一起，差點被處死。後來，幸運地遇到一名略懂藝術的軍隊官員，才獲釋出獄。

文革結束，嚴正學的厄運暫時告終。1980 年代，中國的政治和文化氛圍相對寬鬆。嚴正學舉辦了多次個人畫展，如 1988 年 7 月在北京中國美術館舉辦《嚴正學、嚴穎鴻父女兩代人畫展》、1989 年 1 月在南京舉辦《嚴正學、嚴穎鴻父女兩代人畫展》。

1989 年春，北京爆發學運，嚴正學上街支持學生。6 月 4 日，嚴正學得知天安門發生鎮壓，非常憤怒，通過繪畫表達對中共暴政的批判。

1990 年代初，嚴正學加入北京圓明園畫家村，被推為「村長」。圓明園畫家村以福緣門村為主，在北大、清華兩所高校的周邊，圓明園之間，畫家們租了村裡條件簡陋的平房居住。該部落

成為改革開放時代中國的一個重要文化符號。

在此期間，嚴正學當選其家鄉浙江椒江市人大代表，他進而發起一系列起訴政府的維權活動。結果，1993年，他被抓捕並於次年被判處勞教兩年。他在獄中寫下五十萬字的日記和手稿，創作了一百幅含有批評政府、記錄天安門屠殺真相及自己監禁生活的系列作品。他後來說：「孤獨的監禁使我只能和自己的心靈對話。藝術家的不幸正是藝術的大幸。我把我的生命和活著的希望融入繪畫之中。」

1996年4月3日，剛剛獲得自由三天的嚴正學，在北京西四舉辦《嚴正學獄中畫展》，當天即被北京警方取締。

1996年10月，嚴正學定居北京八達嶺長城岔道城社區，從事藝術創作。

1999年5月，嚴正學向公安部門申請，到司法部門前舉行五十人以上的遊行集會，公開進行反腐敗簽名請願和演說，卻被警方以「危害國家安全」的罪名拘捕。

2001年，嚴正學回鄉時目睹國營的少年宮變成了KTV包廂、桑拿中心、電子遊戲室、卡拉OK夜總會，在距小學校門十五步之遙的地點，明目張膽地賣春、賣色、賣淫嫖娼。文化官員張國勝竟身兼三職；既是機關法人文化館長，又是企業法人夜總會老大，同時又是椒江文化稽查大隊長。他明知這是官商勾結且有黑惡勢力在背後撐腰，仍然挺身而出「起訴政府賣淫」。在此期間，他遭到黑幫打手攻擊，被打得血流滿面。

該案開庭審理時，嚴正學在法庭上慷慨陳詞：「縱觀中華五千年歷史，從盤古到三皇五帝至晚清民國，最荒淫無恥的昏官，尚無公開開國庫辦色情業賣淫嫖娼去賺錢的史例。被告用政府撥款辦『色情業』應屬史無先例的創舉。……應是改弦易轍的時候

了，因為文化的墮落使『望子成才』的家長們憂心忡忡！為人父母的不能不擔心幼少孩子的心靈受薰陶、被誘導、走上邪路而跌倒在起跑線上！文化的危機是中國的危機、教育的危機是中國的危機、中國的危機更是道德的危機！信仰的危機！理想的真空、德性的淪喪，是文化革命的後遺症，統治者的假共產主義，已經害苦了我們整整一代的中國人！」

嚴正學向法院提交了「要求傳喚出庭作證的名單」，其中包括市長、區長及主管文化的領導、政府辦公室任、宣傳部長、文體局長、公安局長、公安局治安大隊警官、文化館長等十四名官員，希望他們作為「自然人」出庭作證、支持訴訟。但無一人到法庭。

案件經過二審，嚴正學均敗訴。但該案被國內外媒體廣泛報導，嚴正學也被傳媒稱為「中國第一公益訴訟人」。

2006年10月，嚴正學因揭露和起訴地方當局和官員違法亂紀等問題，被浙江省台州市公安局拘留。11月15日，被批准逮捕。2007年，嚴正學被浙江省台州市中級法院當局以「煽動顛覆國家政權罪」判刑三年，在浙江衢州市十里豐監獄服刑。在獄中，他曾因高血壓出現高危情況，並伴有心臟病、腦梗塞等病。他曾在牢房內上吊自殺，以死抗爭。後來，獲減刑三個月，於2009年7月17日出獄。

2010年，嚴正學帶病和同為藝術家的妻子朱春柳完成了林昭、張志新雙雕塑像。這兩位女性都是在文革期間遭到政治迫害並被殘忍殺害的英雄。嚴正學夫婦雕塑的林昭像，凸顯出聖女林昭英勇、堅忍、悲憫地注視這廣袤瘡痍的中華大地；張志新像則凜然、不屈、沉吟著，繼續思想者的荊棘苦旅。他主動提出將兩人的塑像分別送給兩人的母校北京大學和人民大學，但兩所大學

都不敢接受。於是，塑像只能放在他的家中。

2010年3月11日，嚴正學發表了一篇記述創作林昭塑像過程的文章〈林昭塑像在哪裡〉。文章記載：2009年7月17日，妻子朱春柳在浙江省十里豐監獄接嚴正學出獄。那天上午，監獄對他全面搜查，扒淨並擼走他的全部衣褲（包括褲衩），套上獄友給的背心短褲，淨身而出。

此前一天，管教傅偉在監區長金漢茂的授意下，搬來辦公用碎紙機，將嚴正學三年來寫下的近十本筆記和一百二十多萬字的著作，當著嚴正學的面逐頁粉碎。整整三大紙箱的紙屑，讓他的心感受撕心裂肺的痛苦。

在獄中，嚴正學曾一次次被暴打、遭暗算，有人在其拐棍上做手腳，讓他從水泥樓梯上滾下。省監獄中心醫院鑑定其病情為：腦硬塞、高血壓三級，極高危！然而，在省監獄中心醫院住院期間，他竟再次被打得七竅流血！

出獄後，已是一無所有的嚴正學，想起要為林昭塑像：「因為林昭控訴了專政機器的迫害，代表一代人追求自由的精神，是她，給了我活著出獄的勇氣和信念！」

2010年2月9日，公安部國保總隊的祕密警察拘傳嚴正學到龍園派出所，查詢林昭雕塑的事。嚴正學回答說：「從譚嗣同到張志新，我創作中華民族的脊樑，惠存歷史，不被遺忘！潛心藝術創作，不再搞民告官行為藝術，不就是你們再三要求我的嗎？而且，我和妻子早年在新疆阿勒泰就搞過大型城雕⋯⋯」

警察問：「林昭雕塑準備放在哪裡？」

嚴答：「在798辦藝術展覽拍賣。底價一百萬，歡迎你們參與競拍。」

警察問：「塑得怎樣了？」

嚴答：「早完成了，已澆鑄成青銅，再過百年，無論如何會比圓明園十二生肖值錢吧。」

警察警告：「勸你別被人利用、張揚，是為你好！」

嚴答：「藝術創作，是藝術家私事，我沒被任何人利用！也不會被人利用！」

此後，警方再度派出一名副局長來盤查林昭塑像：「林昭塑像在哪裡？」

嚴答：「林昭塑像早已鑄銅，被文革博物館收藏。」

副局長問：「哪個『文革博物館』？」

嚴答：「民間的！已運走。」

副局長又問：「為什麼塑林昭？」

嚴答：「我也想塑雷鋒，但雷鋒沒人收藏！我得按市就行創作，我不能永遠貧病交迫，沒錢看病！」

副局長說：「林昭塑像敏感！」

嚴答：「誰不敏感，塑林彪不敏感嗎？……塑胡錦濤，說不定也會被你們說更加敏感！」

副局長繼續盤問：「出多少錢，收藏了你的作品？」

嚴答：「該問我的經紀人，但我還不知誰是我的經紀人。」

副局長說：「別被人利用，將林昭塑像當作政治座標。」

嚴答：「藝術家創作的林昭塑像，是藝術品，所謂政治是人為附加的。林昭是一個被四人幫槍殺的中華聖女！」

副局長又問：「放在哪裡揭幕展出？」

嚴答：「肯定在798，藝術作品將在798藝術區陳列，是最純粹藝術展出。」

副局長說：「屆時請我們參加？」

嚴答：「一定！」

2014年7月，嚴正學製作了一批林昭小雕像準備送給籌劃「重返天安門」活動的周鋒鎖等友人。他正在自家的「鐵玫瑰園」工作，突然被人從樓上潑尿，他前去理論，卻遭到對方的野蠻毆打，致腳趾骨折，還出現尿血。警方對此不聞不問。他懷疑打人者是受警方指使。

2018年1月6日，嚴正學在北京宋莊大余工作室舉辦個人畫展及「嚴正學繪畫研討會」。藝術家季風、華涌等兩百多人出席開幕禮。這是他1994年入獄二十多年後，首次在中國國內被允許舉辦展覽。北京警方在現場全程監視，嚴正學的林昭塑像等作品被迫隱藏。

資深記者高瑜在推特發文表示，嚴正學「展出的多幅作品都是在監獄創作，能帶出高牆，在光天化日下與觀眾見面，更是一個中國特色的悲壯故事。這次展覽是在思想嚴控、紙醉金迷的文化沙漠中，抗拒極權，吶喊自由。」

嚴正學曾告訴高瑜，其中一幅作品源自被獄警以電棍電擊的經歷。獄方讓嚴正學畫宣傳畫，所以他能接觸到筆墨。有一次，他被獄警電擊，呆坐了很長時間後，忽然間端起一碗墨汁，用排筆在宣紙上畫了一個粗黑的黑框，然後用清水潑過去，以沖刷撕心裂肺的痛苦與煎熬，在濃墨散花的紋理中顯示出作者不屈的靈魂及渴望的一片光明。潑完墨以後，他又勾畫出中間的人物，周圍又畫了環繞的狼群。這幅作品取名為〈與狼共舞〉。

嚴正學將作品偷運出監獄的過程，宛如《肖申克的救贖》一般曲折離奇。當年，嚴正學的作品畫成之後，裁成一尺見方的小方塊，分別用食品的包裝袋嚴密包好，趁嚴冬扔進茅廁。當年監獄的化糞池都在高牆外。獄友出獄時，鑿開冰凍的糞便，幫他挖出來帶回北京。他出獄後，將這些真正「出糞便而不染」的作品

重新裝裱、再現榮光。

嚴正學晚年受洗歸入基督，在徐永海[122]帶領的北京聖愛團契中聚會。

2023 年 8 月，嚴正學突發腦梗入院，此後其健康狀況一直受到外界關注，有不少支持者發起募捐活動。

2024 年 5 月 28 日凌晨，嚴正學在北京家中因心肺等器官衰竭而去世。「三十三次民告官與邪惡博弈，十三次羈獄死裡逃生。」嚴正學生前曾如此自我介紹說。他在一次公開活動中傷心地落下眼淚，自稱是「一個被強權渲染成『賊』的人」。

嚴正學的朋友、藝術家季風[123]評論說：「嚴正學出獄後，沒有因他之前的作品和聲譽固步自封，而是帶著十字架再次回歸，更加堅定地選擇了一條不歸路，他用獨特的批評形式來表現現行制度設計的缺陷，並決絕地與之抗爭。他一系列起訴政府的行動，給他帶來了數不清的迫害和打壓，被譽為中國的藝術囚徒。嚴正學晚年的作品多以文字形式狀告並記錄當下的司法黑暗，以判決書庭審筆記和音訊視頻，通過不斷的敗訴、敗訴再敗訴、屢敗屢

---

[122] 徐永海（1960-）：北京人，醫生，家庭教會長老，政治異議人士。1979 年，考入北京醫學院，畢業參加到北京溫泉結核病醫院當醫生。1988 年，調到回龍觀醫院，從內科醫生轉行精神科醫生。1990 年，調到北京西城平安醫院。1989 年，成為基督徒，並與弟兄姐妹組建「北京基督教聖愛團契家庭教會」。1995 年，因參與了〈汲取血的教訓、推動民主與法治進程——「六四」六週年呼籲書〉簽名，被勞動教養兩年。2003 年，為遭到酷刑迫害的基督徒呼籲，寫了〈我所了解的遼寧省鞍山市李寶芝被勞動教養一案的事實和經過〉、〈就鞍山市基督徒被警察馬毅刑訊逼供一事致全國人大的一封信〉等，而被以「為境外刺探、非法提供國家情報罪」判刑二年。刑滿釋放後，失去工作，並一直被當局監視，時常遭到軟禁。

[123] 季風：異議藝術家，1989 年學運時為貴州大學高自聯主席。他常年居住在北京宋莊畫家村，積極參與公民維權運動。他與嚴正學是好友，前往醫院探視病危的嚴正學時，先後有北京宋莊國保和季風家鄉貴州的國保隨同三名不肯亮明身分的北京市公安局國保出面干預，並對季風發出警告：不准去嚴正學的病房；不准為嚴正學的事再發聲；必須離開北京；如果再為嚴正學發聲，死無葬身之地。

訴來呈現個體價值與社會機制的衝突。這一時期他創作的林昭雕像和張志新雕像，享譽海內外，為那些不堪回首的歲月和被遮蔽的人物，留下了不可磨滅的歷史痕跡。」

季風還指出：「嚴正學是中國當代自由文化第一批醒來的覺悟者和先驅者，無論是在高牆內還是高牆外，嚴正學都是以一種囚徒的心態在創作，他背負著沉重的精神十字架，並以此為使命進行創作，他站在生命和藝術之上，在強權專制壓制人們集體沉默的時候，他以自己的行動來履行其思想和藝術責任，並始終如一，堅持不懈。作為一個為民請命的擔當者和當代藝術實踐者，他的特立獨行和敢作敢為是當今社會值得推崇的行動。」

25 黃春榮：一個真男人不畏強權，只會為了正義發聲

黃春榮（1944年9月4日至2024年3月13日）：香港人，服裝店老闆，香港民主運動積極支持者和參與者，香港人暱稱其為「細黃伯」。2014年，香港爆發雨傘運動，他幾乎每日到場參與，與抗爭的年青人共同進退，以七十高齡，在政府總部外紮營抗爭長達二百六十三天。2019年，香港爆發反送中運動，他繼續走上街頭抗爭，幾乎每次遊行都會參與。2021年，他與家人移居英國，悉心照顧病重的妻子。2024年3月13日，因罹患癌症而在英國去世，享年八十歲。

黃春榮：出生於廣州一個船運富商家庭。中共建政後，其家族財產被政府沒收，家境陷入困頓。

1953年，黃春榮的父親因病辭世。幼小的黃春榮跟從母親兄姐由廣東輾轉移居澳門，最後落腳於香港摩星嶺海邊木屋區，一家人過著朝不保夕日子。哪怕生活環境如此不濟，家人仍堅持供黃春榮入讀天主教書院。

中三畢業以後，黃春榮考上皇家香港警察，經歷過六七暴動，做到了沙展（探長）。那段時間，正值中國發生文革，他執勤

時常在海面看見浮屍,「五花大綁,據說是大陸被鬥死的人,扔進海裡,漂過來」。

當年,香港警察薪酬微薄且非常腐敗,與黃春榮剛正不阿的性格不容。黃春榮晚年病重期間,年輕一代民主運動領袖羅冠聰前往探望。黃握住羅的手憶述,自己曾任職當時貪污腐敗的皇家警察,並攻擊廉政公署,這件事令他一直耿耿於懷。羅認為,黃曾身處黑暗甚至支持黑暗,所以更加知道光明的重要性。

1978年,黃春榮毅然辭去警察的「鐵飯碗」。他在中大做過雜工,然後當上裁縫學徒。他肯學、肯捱、肯做,靠著一門手藝,成為出色的裁縫師傅,兼且開班授徒。他與一眾徒弟相處融洽,亦師亦友,連徒弟們生活上的困難,他都會仗義疏財、救困扶危,頗受徒弟們敬重。

20世紀80年代,隨著香港經濟起飛,黃春榮的裁縫事業越做越好。短短幾年之內,他開了數間洋服店。

與很多香港人一樣,黃春榮曾響應鄧小平的改革開放政策,到中國開廠投資。他後來接受訪問說:「我以前覺得大陸會改變。因為信趙紫陽,所以先北上投資。」1987年,他到深圳蓮塘設廠,一來便發現有十八個部門要疏通,「他們的文化跟我們不一樣。我們依照法律,他們講關係、講人脈。工商、水電煤、公安、消防,每蓋一個印都要吃兩頓飯,每個官員都有很多姨媽姑姑要招待,但到頭來還得自己挖井、發電。每次從內地回來,都很不開心。因為違反了自己的原則,為什麼要在桌子底給你錢?」六四事件後,他對中共完全失望,狠下決心撤資回港,虧了近千萬,他感嘆說:「拿這些錢扔到海裡,也會有點水花上來。」

由於待人親切,同事、街坊和顧客都尊稱黃春榮為「黃師傅」。他不單是位生意人,亦是沙田街坊鄰里的好幫手。因著樂於

助人的天性，每當街坊朋友有所需，他總是樂意伸出援手，不遺餘力。漸漸，「黃師傅」在沙田區內建立了俠義聲名，成為街坊稱頌的好人。他常和志同道合的朋友一起，積極參與社區服務，為社區盡一份心力。因緣際會，認識了黃宏發[124]議員，成為黃宏發的選舉助理。他還成功助選衞慶詳成為沙田區議員。後來，高山劇場外的民主討論、八八直選、到八九民運百萬人大遊行，風雨中都有「黃師傅」的身影。

儘管「黃師傅」學歷只有中三，平日無論公私兩忙，都不妨礙他每日抽空閱讀。他是《明報》的忠實讀者，每天飲早茶時必將整份報紙閱覽一遍才罷休，除了時事新聞、社論、金融財經，金庸與倪斯理連載小說又豈能放過。或許受金庸和倪匡的影響，俠義精神由此萌發。「黃師傅」對歷史時事格外喜愛：「我很喜歡看歷史書，我要知道他們有什麼心態和演變。了解前人的經驗和錯誤，我們才會進步。」隨著歷史知識的豐富積累，社會經驗的不斷增長，以及邏輯思維能力的不斷提升，他逐漸鍛鍊出強大的分析能力，自然而然地更加關注香港及世界時事，對於時局的變遷更加敏感。

1997年，香港主權移交中國，黃春榮感到新聞自由一日比一日收緊，明顯不復以往，從此常常把「溫水煮蛙」這名詞掛在口邊。他住馬鞍山，是建制派的天下，他見到民建聯的服務處，便遠遠避開。民建聯的議員和黨工熱情招呼他，跟他說：「黃先生，我們有合作空間的。」他斷然回答：「我們沒有對立，只是道不同不相為謀。」

---

[124] 黃宏發（1943-）：香港政界人物、新界太平紳士。出生於上海，成長於香港，曾任多屆香港立法會議員，前香港行政局議員，香港立法局末任主席（1995-1997年），現為新界鄉議局當然執委。他是唯一一位獲民主派支持的立法局主席。

2014年，香港政府推出政改方案，試圖將立法會變成中國的人大政協，候選人都中央事先篩選，用香港話說就是「袋住先」。於是，黃春榮發起「賣爛橙」行動。「賣爛橙」是一個生動形象、很有說服力的點子。有一次，他去超市，看到售貨員挑了一些爛橙出來，擺在另一邊，就靈機一動想到：「有得選擇，你就會選擇到好的橙子；別無選擇，篩出來的，就是爛橙。」於是，他帶上好橙、爛橙各一堆，去各個選區，推銷反篩選、堅拒「袋住先」的概念——政府的方案並不是一人一票民主選舉，真普選是防止香港進一步赤化的屏障。他是教育程度有限的市民階級，知道用什麼樣的語言來說服市民，知識分子的那一套，市民不會理解。「什麼提名委員會，什麼複雜的憲制條文，市民會覺得很煩，要簡簡單單告訴道理。」曾過有警察來干預，他將爛橙遞給警察，叫警察「袋住先」，對方無言以對。他說：「我們已經被騙了十七年。第一次被騙，只是騙我的人無恥；第二次，我覺得自己很低傻、很可恥；第三次被騙，我就會覺得自己比豬還笨。」

黃春榮的行動，感染了不少香港人。很多人主動幫手，有人提供易拉架給他擺攤，「最感動是有個叫雄仔的貨車司機，他主動問我去哪裡，寧願放下工作都要載我」。

在此期間，從毅行爭普選、六二二投票，再到學生罷課，黃春榮都逢到必早。而且，他常常與妻子一起出現在抗爭現場，他們佝儺的雨傘頸巾，由女兒親手編織，女兒也是積極支持者。後來，女兒回憶說：「其間，我、父親和母親討論『占中行動』，母親當然擔心父親安危，但父女兩人卻異口同聲說：『決定要做（參與占中），就要豁出去！』大家理念相同，彼此的心思都能心領神會，與父親距離就是這麼近。人生七十古來稀，經過漫長的人生歷程中，當我們以為父親一切已趨於平淡，豈料他卻迎來了嶄新

的七十歲，展開人生的新頁，重新出發。」當時，共有三位姓黃的「銀髮」義工合稱「占中三黃伯」，三人分別為九十一歲、七十七歲、七十歲，所以七十歲的黃春榮被稱為「細黃伯」，「細」在廣東話裡是小、年幼的意思。

2019 年，香港爆發反送中運動，「細黃伯」繼續走上街頭，幾乎每次遊行都會參加。他更化身公民記者，報導示威現場的所見所聞，在社交平台定時更新抗爭資訊。

此後，香港局勢急轉直下。2021 年 7 月，黃春榮與家人移居英國列斯。移英前，他勉勵港人：「上善若水，敵進我退，敵退我進，留有用之軀，走更遠的路，Be Water！」

次年，黃春榮告訴媒體，《港區國安法》通過後，他雖繼續出席示威、去六四晚會，但每日都擔心被警察上門拘捕，壓力沉重。他更指自己和太太都有創傷後遺症，但黃太的狀況更差，雖然有認知障礙，但是每看見香港的畫面，都會非常不安。

2022 年 6 月 4 日，有香港團體在中共駐倫敦大使館外舉行抗議集會。「細黃伯」到現場聲援，他在接受記者採訪時透露，自己 2019 年 6 月 4 日也曾於同一地點參加集會，抗議中共屠殺手無寸鐵的人民。他憶述，2019 年仍抱有希望，但中共最終摧毀港人僅有的希望。他認為，中共於 2019 年之後威脅每一位香港市民，「牆內」抗爭者難捱，「牆外」市民亦好像身處於大監獄內。他勉勵留在香港的年輕人多增值自己，例如讀書或學習技能，因為機會是留給有準備的人。

2024 年年初，黃春榮在社交媒體透露自己確診肺癌第四期，並已開始擴散：「我坦然豁達接受事實，離苦得樂，結束這一生艱苦精彩人生旅途」，又稱「生為自由人，死為自由魂，我已經賺到」。

2024年3月13日，黃春榮在英國列斯病逝。

黃春榮的女兒回憶，父親生前說過：「民不畏死，奈何以死懼之，我對死亡無所畏懼，我要做的就是不要帶著任何遺憾離開這個世界！」她說：「父親已經了無遺憾，問心無愧完成這一生。即使『細黃伯』生命到了盡頭，仍然堅守『Keep Calm and Carry On』，『保持冷靜，堅持不懈』的信念，任由生命自然流轉。父親生性豁達、無懼無畏、積極爭取自由民主的行動，令我深感敬佩，感到十分榮幸能成為您的子女。」

黃春榮的外孫也回憶與外公生前的一番對話：

「什麼是對社會的責任？」青年的我這麼問當時正在進行社會運動的外公。

「社會責任是當一個人有能力時，需要回報社會。試想想人為什麼會優勝於其他動物，並不是因為人類強大，正正是因為人類的弱小而合作，形成一個個群體，才能在這個世界好好發展。」

「為什麼一定要回報社會呢？」

「因為社會給了我們更好的生活。試想想你自己一個在森林，如果所有都要自己做的話，那有什麼時間發展自己。正正就是因為別人分工合作，大家才能過日子。試想想如果沒了廁所清潔工人，那就沒有了清潔的廁所可用了。」

「那和出來抗爭又有什麼關係呢？」

「正正就是因為有人受到不公平的對待，所以我們才要站出來。為了公平、公正、公義而發聲。一個真男人不畏強權，只會為了正義發聲。所以你一定要好好讀書，將來用你的知識去幫助他人，並且用你的權力去幫助弱勢社群。」

「好！」

2024年4月9日,旅英港人及各界人士為黃春榮舉辦葬禮。葬禮以黃色為主調,棺木繪上黃傘,他在彩色遺照中豎起大拇指,胸前別上「黃傘」的小襟針。

當日,香港學者鍾劍華[125]在臉書發出送別細黃伯的葬禮現場相片,並寫道:「今日告別黃伯,向黃伯致敬。」鍾劍華在追思會上憶述,自己認識「細黃伯」已二十年,讚揚「細黃伯」作為小商人,敢於指出政權的不堪,身體力行參加民主運動,亦很支持年輕人,非常難得。守護公義基金當年每一次擺設街站,細黃伯都會出來支持,與黃太默默站在路邊,捧著籌款箱,為公義活動作出努力。他更形容「細黃伯」是過去十幾年香港民主運動中一個有象徵意義的人物,他從來不介意扮演眾星拱月那些小星星的角色,隨時願意在比肩的人流中,默默的向執權柄的大人物展示小人物不可欺的意志。他身體力行,告訴社會爭取民主是跨世代訴求,而推動歷史,往往要靠很多所謂的「小人物」。

鍾劍華還寫道:「細黃伯比很多飽讀詩書的所謂香港人有更堅強的道德意志,也有更崇高的盼望。他曾經是個小商人,雖然不至於大富大貴,但子孫盈室,而且經濟上也基本無憂,其實可以過著優哉游哉的生活。但他選擇了投入香港的民主運動,與很多年輕世代及同齡的朋友,一同為一個隨著他自己年齡漸長而逐漸與他不相關的未來奮鬥。這一種超越自身的擔當,其實就是細黃

---

125 鍾劍華(1960-):香港學者,香港大學哲學博士,前理大應用社會科學系助理教授。2020年退休後,加入香港民意研究所,任職副行政總裁。因發表關於烏克蘭戰爭的民調被國安警察約談,2022年4月25日,透過臉書透露已離開香港往英國,稱自己不願作逃兵,「無奈需避秦」。2024年12月24日,香港警方國安處公布新一輪通緝名單,涉及六名海外港人,包括鍾劍華、藝人鄭敬基、前「學生動源」召集人鍾翰林、黃大仙區議會前議員劉珈汶、新聞工作者何良懋及張晞晴,各懸賞一百萬元。警方稱鍾劍華涉嫌「煽動分裂國家」及「勾結外國或者境外勢力危害國家安全」罪。

伯一直以來那種勇於擔當的性格的自然表現。」

鍾劍華特別談及細黃伯克服賭癮的故事:「因為一次自己的不自克制而無端端輸掉了子女給他的幾千元飲茶錢,他悔悟不能再讓自己被某種一時的嗜好耽誤自己的生活,也辜負子女的好意。這是細黃伯對家人的擔當。於是,他放下個人的尊嚴,去到專業機構求助。到他克服了自己的困難之後,他也勇於走在同道人面前夫子自道,現身說法提醒其他人,可以如何堅定意志,如何勇於面對自己可能的不合時宜。這是細黃伯對社群的擔當。他展現出來的那種能夠勇於面對自己軟弱的態度,其實是強者的特質。從與他認識那一天,便知道細黃伯雖然可能只是一個小人物,但他仍然是個有堅持的大丈夫;他確實可能只是一個普通人,但他卻能活出普通人也應有的不平凡。」

流亡英國的立法會前議員羅冠聰代細黃伯的家人轉發訊息:「細黃伯已在一個民主自由的地方安詳地離開了,他離開時沒有痛苦,大家不用擔心,他非常感謝各方好友的慰問和關心,感恩。」他發言感謝「細黃伯」過去在民主路上的真誠付出,是香港社運的中流砥柱,又提到黃經常稱呼他為「聰仔」。十年前,當時仍是大學生的羅首次認識「細黃伯」,往後十年時間相等於他三份之一的人生;黃展現出一種堅持,而羅認為堅持是最困難的,這一點最令他欣賞。

前葵青區議員周偉雄稱,於 2013 年「占領中環」商討活動中認識「細黃伯」,當時對有長者參加活動感到很奇怪。隨後數年,兩人在社運活動上偶爾會有合作。移居英國後,黃多次到周偉雄家中吃飯探望他。在臨終前,黃向周表示放不下患病的妻子,擔心沒有人照顧她;黃亦擔心仍在獄中和流散到各地的抗爭者。

「占中三子」之一的朱耀明牧師形容「細黃伯」是「民主戰

士」，對他的離世感到傷心難過。朱認為黃爭取民主自由的奮鬥精神會繼續留在人間，由仍然活著的人承繼，並繼續奮鬥下去。

前立法會議員張超雄憶述，大約二十年前在公民黨創黨大會上認識「細黃伯」，當時兩人都是創黨成員。張見證著他積極參與民主運動，並以他為榮。

前公民黨成員、學者鄭宇碩[126]形容「細黃伯」是他志同道合的好朋友，過去二十年在社運場合和政黨晚宴經常見面，讚賞「細黃伯」與妻子經常準時出席活動，甚至提早到場，兩人出錢出力替不同民主派組織做義工，是模範義工。

「占中三子」之一的陳健民稱，以往主要是年輕人參與香港社運前線，民調亦顯示長者相對不支持民主，但「細黃伯」跟其他長者不同，非常投入雨傘運動，為香港社運帶來新氣象。陳形容「細黃伯」近年是「鐵漢柔情」，細心照顧患病的妻子。

前工黨副主席鄭司律憶述，在 2014 年「毅行爭普選」活動和金鐘占領區認識「細黃伯」，一直看到他對民主的堅持，往後在其他街站和遊行場合，都會看到他的身影。在社運低潮期間，「細黃伯」經常主動關心年輕人。

家人透露，黃春榮臨終遺願，希望仿效已故諾貝爾和平獎得主劉曉波與世長辭後進行海葬，骨灰撒向大海，「讓家人及香港人想念他時，只要想著他會隨著海洋漂流，不論在哪，都會永遠守護著家人及香港人」。對此，鍾劍華感慨說：「當我們追思細

---

[126] 鄭宇碩（1949-）：天主教徒，前香港城市大學政治學教授，華人民主書院董事兼榮譽校長。曾任「民主動力」召集人，2003 年起，負責協調泛民主派在區議會與立法會的選舉，致力避免民主派的選舉內耗，務求集中力量對抗建制派政黨。2006 至 2008 年，任香港公民黨秘書長。2013 年，出任「真普選聯盟」召集人，致力為泛民協調、制訂出共同的普選方案，同特區政府、北京政府談判，爭取普選特首、普選立法會。2020 年 12 月，移民到澳洲。

黃伯的時候，其實也是在追思細黃伯有分代表著的精神、擔當與呼喚。那是一個穿越百年的訴求，是一套跨越四海的共通價值，也是超越世代差異的民主及文明盼願。當細黃伯的精魂在大海中自由飄蕩的時候，每個浪聲都變成了擲地金聲，彷彿在提醒我們所有人，細黃伯正與我們仍然追求的百代訴求與普世價值響起共鳴。願細黃伯安息，願大家都不要放棄。」

26 羅宇：中國最大的禍害就是共產黨

羅宇（1944年10月18日至2020年10月22日）：小名羅猛猛，中共開國大將羅瑞卿的次子，唯一公開與中共政權決裂的太子黨。文革前一年，一度權勢熏天的羅瑞卿被毛澤東整肅，就讀清華大學的羅宇隨後被關押五年。文革結束後，羅瑞卿復出主管軍隊，羅宇曾為父親擔任秘書，後進入軍隊。1988年，授大校軍銜，曾任總參謀部裝備部空軍裝備處處長。1989年，因不滿鄧小平出動軍隊屠殺學生和民眾，憤而辭職，移居海外。後被江澤民下令開除黨籍和軍籍。習近平上台後，中共政權越發專制集權，羅宇打破沉默，出版回憶錄《告別總參謀部》，在香港《蘋果日報》刊登二十七封致習近平的公開信，指出中共拒絕政治改革就是死路一條。2020年10月22日，羅宇在美國病逝，享年七十六歲。

羅宇：生於延安王家坪八路軍總部。那時，羅家隔壁的窯洞裡住著林彪、葉群和他們剛出生五個月的女兒林豆豆。前面是朱德和康克清夫婦，後面是劉志堅和劉蘭英夫婦。那天晚上，大家在打牌，羅瑞卿夫人郝治平突感不適，羅瑞卿趕忙掌燈牽馬，單騎過延河去請醫生。醫生還沒到，羅宇已哇哇墜地。因為他來得太猛，所以取名猛猛。當時，康克清、劉蘭英忙成一團，葉群也送來包嬰兒的布片和林豆豆的一件小棉襖。葉群以後不止一次對羅宇說：「你一生下就是我們豆豆的棉襖裹著的。」

中共建政後，羅瑞卿成為僅次於十大元帥的開國大將之一。1959年，羅瑞卿達到一生的巔峰，身兼黨政軍十多個要職：在黨內，是中央委員、書記處書記、中央對台工作小組負責人；在政府，是國務院副總理；在軍隊，是軍委常委、軍委秘書長、總參謀長、國防部副部長、國防委員會副主席、人民防空委員會主任；在國防工業領域，是國防工辦主任，十一人專門委員會和中央專委成員兼辦公室主任；在人大，是全國人大常委。他享有既大又美麗的房子和一大堆秘書、參謀、警衛員、管理員、司機、保育員、廚師的服務。

然而，其興也勃焉，其敗也忽焉。1965年，羅瑞卿被毛澤東親自下令打倒，其後跳樓自殺，摔斷了腿。郝治平服安眠藥自殺，被搶救過來。毛對羅以死對抗勃然大怒，將彭真、羅瑞卿、陸定一、楊尚昆打成反黨集團。羅瑞卿倒台內幕至今仍撲朔迷離。羅瑞卿的女兒羅點點在《中南海的權力鬥爭》一書中寫道：「（中共）內部鬥爭的嚴厲性，非身臨其境者不能領略。毛澤東之所以能縱橫捭闔、無所顧忌，是因為一些『偉大的無產階級革命家』也很歡迎這種此起彼伏的鬥爭方式。他們說爸爸是自絕黨自絕於人民，他們用最難聽的話說爸爸，說『羅長子跳了冰棒』，也

有人不說難聽話,他們詩意大發。」(葉劍英說:「『將軍一跳身名裂,向河梁,回頭萬里,故人長絕!』這是我套用稼軒詞句,把『百戰』二字改為『一跳』,為羅瑞卿跳樓所哼的悼語。我認為他的政治生命已經死亡了。」)

羅瑞卿掌權時,忠心耿耿執行毛的命令,用羅宇的話說,就是「代毛行使生殺大權」。羅瑞卿主持土改、三反五反、肅反,殺人如麻,作惡多端,被毛整肅是自食其果——史達林也屠戮了多任格別烏頭子。羅宇的妹妹羅點點是少有的對父輩的作為有所反省的紅二代,她在回憶錄中寫道:「1945年的『華北工作會議』和1959年的廬山會議,羅不也是從迫害彭德懷的鬥爭中獲得『縱欲後的滿足』?權力和資源是有限的,權力欲與占有欲卻是無限的,如此就需要不斷的鬥爭,不斷的重新分配,鬥爭的哲學勢在必行。在一切都取決於個人意願的氛圍中,很多問題並非原則之分、主義之爭,核心是權力轉移。林彪在文革初說得明白:『這次要罷一批人的官,升一批人的官,保一批人的官。組織上要有一個全面的調整。』所以幾十年的『革命友誼』並不會使一些人在落井下石時猶豫一下。對普通人而言,政治原則無人情可言,但一小部分精於權力角逐的人卻可以充分伸張自己的欲望,在風吹浪打中信步閒庭。被剝奪和被滿足同時完成。」

羅宇從小接受共產黨高幹子弟的菁英教育,小學在育英,中學在一零一。1963年,他考入清華大學自動控制系,學業尚未完成,父親就倒台了,隨即文革也爆發了。

有段時間,羅瑞卿、郝治平的工資照發,但被關照每月「只能花一百元」,郝治平乖乖把大部分餘錢鎖著。等到她被關進秦城監獄,錢被統統拿走。三個最小的孩子一度餓極了,不得不到街上偷東西吃。後來,那三個孩子就在總參借錢吃飯,去醫院和監

獄看望父母，買東西也要借錢。文革後，聊起這段日子，郝治平感嘆道：「當時真傻，怎麼就不知道把錢留給你們？」子女們就說：「你們都是忠誠的共產黨員，關監獄都不用捉。」

1968年1月25日，春節前夕，羅宇正在學校做實驗。突然，實驗室門口來電話，說有人找。在跟著一個小兵回宿舍的路上，羅宇注意到小兵的一隻手一直插在口袋裡。羅宇懷疑那手裡握著槍，如果他一時慌張衝動，拔腿逃跑，那小兵就會開槍，那樣就可以名正言順斃了羅宇而不用負任何責任。到了宿舍，羅宇發現有一大群軍人在等候。由羅瑞卿的前秘書、總參作戰部上校鄧汀陪同，中央二辦（負責軍方高級將領專案的中央專案審查小組第二辦公室）的人開著三輛車前來，為首者宣布：「我們是中央二辦專案組，現在逮捕你。」

羅宇先後被關在北京一監和二監。在最初半年，沒有被子，沒洗過一次澡，沒換過一次衣服，沒見過一次太陽。他曾餓得想啃木頭。後來，待遇有所改善，一個星期放一次風，一個月能洗一次澡，學校裡的被褥也拿來了。他以為父親只是得罪了林彪，毛澤東、周恩來能幫他們家申冤，不斷地給毛、周寫申訴信。

1971年夏初，羅宇以「反對林副統帥、盜竊國家機密」的罪名被開除團籍，送勞動改造。6月，他被送到長城腳下一個勞改農場所轄的延慶磚廠。三個月後，林彪叛逃身亡的「九一三」事件爆發。

1972年11月18日，羅宇離開勞改農場，被送回清華大學。兩個月後，他在阜外醫院見到了父親，父子已將近八年沒見過面。1974年1月，郝治平從秦城監獄獲釋，一家人總算團聚。

1975年8月，經鄧小平批准，羅宇進了總參裝備部。羅宇在總參上班時，公安部上門送「平反結論」，說他的案子「事出有

因，查無實據」。官方不能承認當初抓錯了，因為在逮捕羅宇的報告上除毛澤東以外，林彪以下都簽了字，包括周恩來。

同年11月，開始批鄧、「反擊右傾翻案風」，羅宇被迫轉到解放軍坦克六師當裝甲兵。次年，毛死掉，四人幫垮台，鄧小平掌權，羅瑞卿出任軍委秘書長，一朝天子一朝臣，羅宇又回到總參裝備部。隨後，再入高等軍事學院深造。1984年，羅宇從高等軍事學院畢業，被提拔為空軍裝備處副處長（副師級），1986年升任處長（正師級），1988年授大校軍銜（等同於美軍的准將）。

在此期間，羅宇被派到歐洲和美國，負責空軍的軍購事務。那時，西方對改革開放的中國充滿期望，在軍售上也網開一面。在美國期間，羅宇目睹了中國官僚系統的腐敗無能，因擋了別人的財路，被調回國內。

1989年6月4日，羅宇原定飛往法國，參加當年的巴黎航展。3日晚，他在家中聽到建國門方向傳來槍聲。次日，他乘坐空空蕩蕩的飛機飛赴巴黎。到了巴黎後，他在電視上看到解放軍屠殺民眾的畫面，這個軍人子弟感嘆說：「中國人民解放軍是一支愚蠢的軍隊，好人帶著學好，壞人帶著學壞，瘋人帶著學瘋。⋯⋯台灣的軍隊現在已經國家化，中國人民解放軍國家化的一天，中國才有希望現代化。」

回國後，同在總參任職的賀龍之子賀鵬飛給羅宇冠以「逾期不歸」的罪名。羅宇憤而辭職，在辭職信上寫道：「自1975年鄧主席批准我參軍，十五年來努力工作，上無愧對父老，下無愧對子孫。由於眾所周知的原因，現提請辭職。」9月，他的辭職報告被批准。隨後，他在一個民辦大學掛了個假教授的名，申請護照出國。

1990年2月14日情人節，羅宇與香港影星和商人、藝名狄娜

的梁幗馨在深圳祕密結婚。隨後，夫妻兩人前往意大利，拿了居留證，開始了新生活。後又居住在葡萄牙南部。

儘管羅宇早就經軍委批准辭去軍職，長期不繳黨費，也自動退黨了，但江澤民還是聽從賀鵬飛等人的讒言，在 1992 年簽署主席令，將其開除軍籍、黨籍。

2010 年，梁幗馨病逝後，羅宇移居美國。

羅宇是太子黨，他的朋友與他一見面就不免問他：以他的父親羅瑞卿在中共黨內、軍內的地位和威望，他四十四歲就當上了大校，此後即使正常升遷，官拜上將應該毫無問題。流亡海外以來，他過的是普通海外華人的生活，雖不缺吃穿，但遠遠談不上榮華富貴。那麼捨棄了本來可以得到一切，選擇流亡，後悔嗎？羅宇回答說：「我可以堅定、明確的回答，我絕對不後悔。我做出與中共決裂的決定時，把所有事情都想清楚了。如果不走，當然弄個什麼上將當一當，應該不成問題。現在，別說什麼上將，給個軍委副主席我也不會當。人要有些民主理念，我出來，唯一的原因是六四屠殺，鄧小平把坦克開上了天安門廣場，我這身軍裝就再也穿不下去了。」

選擇流亡，就等於選擇一段新的人生。羅宇在一次訪談中說：「生活在西方民主世界，對民主世界最切身的體驗，就是他們尊重人，他們尊重法律，他們辦事是以人民的利益為準。在民主國家裡不管是什麼人都要守法，沒有一個人說『我就是法』、『我的話就是法律』。而且我也知道了，為什麼民主國家沒有接班人的問題，為什麼政黨輪替無論對選勝的黨還是選敗的黨都有好處。你看民主國家，選上誰，誰就來當政，選錯了下一次再把他選下去。專制體制的最大問題接班問題，專制體制的所有問題，在民主體制裡沒有，就是因為民主體制是法治的社會。」

羅宇表示，在海外生活的二十多年，活出了自己：「生活在一個腐敗的官僚體制裡，不能說真話、說實話，我肯定要被逼出癌症，要想不得癌症，我只能離開那個體制。紅二代裡就我一個人出走，他們說我等於拋棄了父輩的護蔭，為了自己的理念離開了那個專制的體制。我說，父輩護蔭我做一個正直的人，做一個有道德的人，而不是做一個鑽到錢眼裡不知道東南西北的人。你說鄧小平護蔭不護蔭他的兒女？鄧小平護蔭他的兒女就是讓兒女貪污腐化，把他們的口袋裡塞滿了錢。這也是一種護蔭，但這是一種非常邪惡的護蔭，所以老百姓要清算他們。」

2015 年，羅宇在香港開放出版社出版回憶錄《告別總參謀部》，一時洛陽紙貴，數月之間再版多次。他在書中揭露，是鄧小平下令開槍鎮壓學生。書中寫道：開槍鎮壓學生的作戰命令起草好後，先送給中央軍委常務副主席楊尚昆，而趙紫陽是第一副主席；楊尚昆要鄧小平先簽才肯簽，說：「先送鄧，鄧不簽，我不簽。」於是鄧小平只好先簽字，楊尚昆再加簽。作戰部官員親口告訴羅宇，命令寫的是「不惜一切代價」。當部隊行進受到群眾攔阻時，底下請示怎麼辦，上頭說：你們手上的傢伙是燒火桿啊？底下問：能開槍嗎？上頭答：命令上寫的是不惜一切代價。於是就開了槍，人群擠滿長安街，槍一響，還不是屍橫遍野？

習近平掌權後，羅宇意識到習近平走上一條毛澤東的老路，在香港《蘋果日報》連續發表二十七篇題為〈與習近平老弟商榷〉的公開信，對習發出規勸和警告。因為當年習仲勛與羅瑞卿都曾擔任國務院副總理，兩家關係密切，他以「老弟」稱呼習。

第一篇發表於 2015 年 12 月 3 日。羅宇寫道：「現在你坐上大位，這個機會來之不易。因為專制體制沒有接班機制，所以這裡面有多少陰差陽錯，你比我更清楚。……中國遍地危機的總禍

根就是中共的一黨專政。當今世界的主要矛盾,就是專制與民主的矛盾。六四天安門事件中共屠殺中國人民後,民主世界制裁中共至今,就是因為中共是專制政體。」他呼籲同屬太子黨的習:「首先要解除報禁。你在聯合國說:自由、民主、平等是人類共同的價值。中國人連說話的自由都沒有,還談什麼自由、民主、平等?《憲法》寫明的權利,在國內全部都行不通,還談什麼依憲治國?你可千萬不要說一套,做另一套。有了新聞自由,官就不敢貪了。紀委止不住貪,這已是實踐證明了的真理。其次是解除黨禁。只有允許反對黨存在,中共才有可能重新變為廉潔。第三是司法獨立。中國有《憲法》,但無憲政。所有人辦事都不遵守《憲法》。首先是中共辦事不守法。文革、六四、鎮壓法輪功,都是中共帶頭違法。第四是選舉,所有的官都得民選,哪還會容易有貪官?第五是軍隊國家化,軍隊不得參與政爭。」

2015年12月30日,羅宇再發表第二封公開信。他直言:「1989年胡耀邦走時,北京至少有幾百萬老百姓自發上街悼念。1997年鄧小平死時,有一個老百姓上街悼念嗎?人心可鑑!最大的冤假錯案就是六四和法輪功,而且這兩件事都是徹頭徹尾違反國際法和中國憲法,所以老百姓寄望你為這兩件事平反。」

2016年1月3日,羅宇又發表第三封公開信。他強調逐步有序地民主化,才能避免中共崩潰。「第一、要全面否定鄧小平六四開槍鎮壓學生,賠禮道歉賠償。對軍隊進行憲法教育,讓每個戰士都懂得絕不能向人民開槍。第二、是徹底否定江澤民對法輪功及其他宗教團體的迫害,賠禮道歉國家賠償。懲辦黨政軍內活摘器官的劊子手。第三、平反鋪天蓋地般的大大小小冤假錯案。中國為什麼幾百億、幾百億美元往外灑,也不為自己的貧困兒童多辦點事?得人心者才能得天下!」

後來，自由亞洲電台記者問羅宇：「這些信習近平看得到嗎？」羅宇回答：「他看得到，這是從『上書房行走的人』那裡傳過來的，說是你寫的那些信，所有常委的桌子上都有。因為他們專門有一個蒐集新聞的系統，他們會把我的信放到裡面的。⋯⋯我之所以給他寫信，也是因為我知道這個系統。我要是從郵局給他發一封信，他看不到，底下的人就給壓了，如果我在報上發表，底下的人就不敢壓了。但是人家把信放到桌子上，他看到什麼程度，能夠聽到什麼程度，我就不知道了。我希望他能夠想一想吧。我給他寫的信，任何人看都是好意，沒有一點惡意。」

近年來，羅宇屢屢接受媒體訪問，其言論尺度與海外的民主人權活動人士無異。他曾透露，習近平政權通過他在中國國內的家人向他施加壓力，但他不為所動。對於多年無法與國內的家人見面，他在一次訪談中悲痛欲絕、泣不成聲。

2020 年 10 月 22 日，羅宇在美國東海岸去世。獨立記者高瑜在推特上披露了羅宇去世的消息並表示：「羅宇對中國制度、中國道路都有很深刻的反思，不然他也不會放棄在總參的工作去到國外，而且他在國外也對歷史問題、現實問題都接受媒體採訪，他是非常熱愛中國的一個紅二代，而且希望中國通過改革開放之路能夠富強，主要是希望人民的生活能夠過好。」

27 曹思源：人間正道私有化，憲政春潮永不休

曹思源（1946年1月至2014年11月28日）：基督徒，法學家，異議知識分子。1980年代，曾主持起草中國首部《企業破產法》，公開倡導競爭性產業私有化，提出幾十項修憲建議，被稱為「曹破產」、「曹私有」、「曹憲政」。1989年民運期間，曹思源曾受全國人大常委胡績偉委託，推動召開全國人大常委緊急會議，因觸怒高層而被捕，一年後獲釋。此後，在當局嚴密監控之下，繼續研究中國憲政和民主化議題，主要著作包括：《中國政改先聲》、《中國政改方略》、《世界憲政潮流》、《各國憲法比較》、《公民憲法常識》、《七國憲政史》、《亞洲憲政啟示錄》等。2011年，曹思源查出罹患癌症，仍與夫人合作撰寫《中國憲法修改大綱》，先後修訂十一稿。2014年11月28日，曹思源在北京解放軍總醫院逝世，享年六十八歲。曹思源曾被《亞洲週刊》評為「影響中國新世紀的五十位名人」之一，被《遠東經濟評論》評為「亞洲風雲人物」。

曹思源：生於江西景德鎮一個勉強糊口的裁縫世家。父親曾想讓獨子承繼父業，幸虧同樣是裁縫的母親開通，學校老師又到家力勸，「會讀書」的曹思源才倖免輟學。

據一位高中同學回憶，曹思源飯量大，票證供應量卻有限，經常吃同學勻的飯，也常和同伴搭夥省錢，買蕎麥糊糊充飢。當時的照片上，少年曹思源體貌清瘦，與以後的心寬體胖判若兩人。

1964年，曹思源考入江西省委黨校，不久趕上文革，畢業後下放到景德鎮黎明製藥廠，擔任車間工人。他對於反右、文革等政治運動中的極左思維和暴力肆虐均不贊同。1968年9月，他寫下「叩問緣何遭此劫，腥風血雨苦追尋」的詩句，道出心聲。

1976年，曹思源調到景德鎮黨校工作，開始寫生平第一篇論文〈左傾領導路線剖析〉。在文革尚未結束時，寫作此論文頗有風險。他從大躍進開始系統梳理極左路線的經濟脈絡，重點涉及所有制和分配問題，其中並不避諱地提及毛澤東個人的推動作用，又總結了極左路線「全面專政」、「踐踏憲法黨章」的政治特點。這奠定了曹思源此後注重所有制和憲法實施的學術方向。

1979年，曹思源報考中國社科院研究生，英語不及格，負責招生的社科院副院長于光遠[127]看過曹思源的論文，認為他對政治路線的見地是鳳毛麟角，考慮再三決定破格錄取。由此，曹思源就

---

127 于光遠（1915-2013）：原名郁鍾正，上海人，經濟學家，哲學家，教育家。1937年，加入中共。1938年，擔任中共中央長江局青委書記。1939年，赴延安，在文教部門任職。1964年，任國家科委副主任。文革期間遭受批鬥，被送往寧夏五七幹校勞動改造。文革後，任中國社會科學院副院長。他參與起草十一屆三中全會報告，1980年代支持胡耀邦和趙紫陽的改革政策。一生有上百部學術著作，包括《論我國的經濟體制改革》、《中國社會主義初級階段的經濟》和七卷本《政治經濟學社會主義部分探索》，回憶錄包括《我憶鄧小平》、《改變中國命運的41天：中央工作會議、十一屆三中全會親歷記》、《1978我親歷的那次歷史大轉折：十一屆三中全會的台前幕後》、《文革中的我》等。

讀於社科院政治經濟學專業研究生班，具體指導他的導師是學者張顯揚。

這篇文章還給曹思源帶來陪伴終生的伴侶。妻子陳彬彬回憶，起初她對相貌平平的曹思源並無感覺，但看到了他寫的這篇文章，驚訝於他對文革反思的超前與清晰。陳彬彬當時熟讀法國文學，認同一位文豪說的「不一定要有偉大的身軀，要有一顆偉大的心」，因此接納了外地來京的曹思源。

1981年，修改憲法的決議剛剛通過，還在求學中的曹思源在《民主與法制》雜誌發表〈關於修改憲法的十條建議〉一文。其主張包括：確立包括股份制在內的多種經濟成分的地位、恢復設立國家主席職位等。此後，他的修憲建議擴大到三十五條，有五條被當局接納。以修憲推動民主化，成為他一聲孜孜以求的事業。

1982年，曹思源畢業於社科院研究生院，先後在中共中央黨校、國務院研究中心、國務院辦公廳和國家體改委工作，成為趙紫陽主政時期的政府智囊。

1983年，曹思源提出《企業破產法》的構想，奔走於各大城市之間進行調查，提交報告。《破產法》的思路，從黎明製藥廠時期已經發端。讀研究生期間，他發表論文〈試論國家所有制的問題〉，開始嘗試探討讓國有企業「破產」。

1984年，曹思源開始為推動《破產法》而開展院外活動。他遇上了敢言肯說的人大代表溫元凱，通過後者動員其他人大代表，把《破產法》的議案提了上去，就此展開訂立《破產法》的第一步。

後來，曹思源被調到全國人大法律起草小組，負責執筆起草《破產法》。草案出來後，人大常委會不通過，他分別打電話給一百五十多位人大常委，向他們逐一解釋和聽取意見。有人認為他

不應這樣做,這樣會「影響人大常委的獨立思考」。但他認為,這是憲法容許的,仍鍥而不捨地繼續下去。幾經艱難,《破產法》在1986年底通過。曹思源因此得到「曹破產」之名。

《破產法》一役後,曹思源又向「人大會議旁聽制」進軍。他說:「我對政治體制改革的看法是先易後難的,即首先是將人大會議公開化,例如大會、常委會議設旁聽制度,其次是實行人大代表選舉制,差額一定要多於席位一半。」

曹思源在國務院工作期間,與長期擔任國務院總理的趙紫陽有了一些工作上的交往。他後來接受外媒採訪時回憶,最重要的一次是在1986年1月參加國務院常務會議審議《破產法》草案。在會上,有一人提出對《破產法》的不同看法。趙紫陽當時在會上思考。其中有一個人說,《破產法》可先宣告企業破產,再挽救,挽救失敗再解散企業。趙紫陽自言自語地琢磨這一看法。曹思源職務很低,但立即站起來反對。他說,如果企業搞得不好,宣告破產然後再挽救,一個企業帶著破產的帽子怎麼能挽救得了?宣告破產後,就不能貸款,也買不了原材料,產品也銷售不出去,怎樣能起死回生?他提出,如果要挽救,就不能宣告企業破產,要在挽救失敗以後,才能宣告企業破產,進行破產處理。他當著趙紫陽的面糾正了趙試圖支持的觀點。趙紫陽看著他笑了。曹思源感慨說,趙紫陽能聽取不同意見,儘管對方人微言輕。他認為,1980年代,中國共產黨因為有了胡耀邦、趙紫陽這樣的改革旗手,改革開放才能取得很大成功。而像他這樣為改革做具體工作的人,也才實現了一部分理想。

然而,曹思源卻因一系列破格的操作,在體制內越形邊緣化。陳彬彬對《博客天下》回憶,由於曹思源心思撲在破產法上,一再趁公派出差之機搞民意調查,引起單位領導不滿,短短數年

間輾轉了國務院技術經濟研究中心、國務院辦公廳、體改委幾個單位，級別工資一直原地踏步。由於名聲太著，曹思源難以被單位容納，到了發表文章都不能署名的程度。有媒體記載，一向心地寬闊的曹思源，鬱悶之下曾在下班時握拳捶牆，旁人詢問只能回答「鍛煉身體」。

告別體制成了唯一選擇，從小怕水的曹思源決心「下海」。經由四通集團負責人萬潤南、四通發展部部長周舵邀請，曹思源回絕了有體制背景的首鋼研究院，選擇了民營的四通。在四通出資二十萬元支持下，曹思源成立了人財物獨立的「四通社會發展研究所」，租下中關村南邊一處平房，確立政治、經濟、法律、文化四個研究方向。

曹思源主張漸進改革，他認為，議會民主的建立需要一個過程，長遠是修改憲法，在憲法中應對人民權利、地位有具體規定，包括投票權和選舉權等。

1989 年 3 月 26 日，曹思源組織了一次「修改憲法理論研討會」，豈料又遭到「勸阻」。當時中共高層已決定憲法暫時不作修改，擔心研討會中出現與中央不一致的論調，所以間接施加壓力。曹思源本來邀請了一些頗有影響力的人大代表，但這些人都被「打招呼」不要出席。曹思源也接到「勸告」，讓他把範圍和影響縮小。為了大局和長遠利益，他主動限制與會人數，並婉拒港、台和外國記者採訪。此事反映國內連一些學術主張的傳播自由也沒有，確實悲哀。

一個月後，胡耀邦突然去世引發民主運動，曹思源投入其中。5 月 17、18、21 日，全國人大常委會胡績偉、江平、秦川[128]

---

[128] 秦川（1920-2003）：貴州赤水人，資深新聞工作者。1947 年，擔任西北野戰軍前

等二十四位委員三次聚首，商議並連署提議召開全國人大常委會緊急會議，討論如何用民主和法治的方式解決社會危機，行使《憲法》賦予委員的基本權力。曹思源是此事的主要策畫者和推動者。

5月25日，國家安全部在一份報告中詳細介紹了人大常委簽名事件的經過：

「據從多方面了解的情況，今天，香港《文匯報》在頭版頭條位置以『人大常委五十七人上書要求召開常委緊急會議』的通欄大字標題，發表了綜合消息，並強調指出：『據悉，緊急會議的重點包括罷免李鵬』。據從多方面了解的情況，向該報提供這一消息的是北京四通公司社會發展研究所的曹思源。

據接近曹等人士提供的多方面情況：自四月下旬以來，四通公司社會發展所就一直參與有關北京學潮的活動，曹思源等人並與高自聯頭頭有較多接觸。戒嚴以後，曹思源等認為北京局勢更加複雜，經向萬潤南彙報並經萬同意，曹思源決定草擬一份立即召開全國人大緊急會議的建議書。萬、曹等人認為，『全國人大作為國家的最高權力機關，在這個時候，召開緊急會議，是完全符合憲法原則的，也是在民主與法制的軌道上解決問題的必要措施』。萬潤南大力支持，由四通社會發展研究所開展所謂的『院外活動』。由曹思源起草的這份《建議書》稱，『在此緊急關頭應通過法律程序反映人民的意志，召開全國人大緊急會議』。《建議書》

委宣傳委員會委員。1964年，任中共中央工交政治部宣傳部部長、副秘書長。1973年，任北京工業大學黨委書記。1977年11月至1982年3月，任《人民日報》核心小組副組長、副總編輯。1982年4月，任《人民日報》總編輯。1983年11月至1985年12月，任《人民日報》社長。他支持胡耀邦的改革開放政策，胡耀邦下台後被免職。

寫成後，曹思源即持《建議書》首先找到了胡績偉同志，胡績偉同志在審閱了《建議書》後，明確支持他們的行動，並在《建議書》上加上一句話：『如果暫時不能召開全國人大常委會，建議召開在京常委委員非正式緊急會議。』胡簽名後，表示願意以他的名義，委託四通社會發展研究所曹思源等人向其他常委委員辦理徵集簽名事宜。

從五月二十一日晚開始到五月二十四日上午，曹思源等四通社會發展所人士各方聯繫，或登門拜訪，或打電話，或發加急電報，要求全國人大常委委員在《建議書》上簽名。有的人大常委委員見了《建議書》，就簽了名；有的委員沒有見到《建議書》，由曹思源等人代簽，名為委託代簽。這次一共有四十六位常委委員或直接簽名或電話委託簽名，或電話表示贊成開會或回電報表示贊成開會。加上五月十七日，厲以寧、江平等二十四名常委委員給全國人大常委會的建議、立即召開全國人大常委會緊急會議。五月十八日，葉篤正、馮之浚等十八位常委委員也發出『建議從速召開一次全國人大常委會的緊急會議，來研討當前的嚴峻局勢，謀求問題的解決』的呼籲，一共有五十七位人大常委委員贊成召開『全國人大緊急會議』，超過了全國人大常委委員總數的三分之一。

曹思源將這三次建議召開人大常委會緊急會議的委員合在一起。二十四日上午，四通社會發展所將關於提議召開全國人大常委會緊急會議的信件及收集到的常委委員的意見材料交給了胡績偉同志。胡績偉同志又分別給萬里委員長、習仲勳副委員長、彭沖副委員長寫了親筆信。曹思源等人於二十四日下午一時半將這些材料送到全國人大常委會收發室。同時，曹思源將這一簽名材料提供給了香港《文匯報》駐北京辦事處主任劉銳紹。

據接近四通社會發展所的人士稱,該所自成立之日起,就在內部的多次會議上鼓吹,要把引進西方資產階級議會民主和修改憲法作為四通社會發展所重要的研究課題。」

六四屠殺二十五年後,曹思源本人對此事的論述是:「在六四之前,我深深地為國家的命運擔憂。我到廣場勸學生停止絕食,撤出天安門廣場,避免局勢失控。形象地說,是雙方吵架我去勸架,但結果把勸架的人抓起來了,在秦城監獄呆了一年。這點曲折與為六四捐軀、為六四流血的人來說來比,我的損失和代價那就算不了什麼了。我們二十五年前發生的悲劇,如何看待這個悲劇?我覺得最重要的是要防止災難重複發生。中國的成語是『亡羊補牢』。羊跑了,怪誰呢?最重要的是把羊圈修好,避免羊再次跑掉。『亡羊補牢』是中國的樸素真理。如何處理可能有不同意見,但是有一條是容易達成共識的。那就是未來不能再發生軍隊向平民開槍的悲劇。怎樣避免這種悲劇重演呢?靠良心,靠不住。靠領導人的智慧,領導人不智慧咋辦?領導人下令向老百姓開槍怎麼辦?我認為,要防止軍隊向平民開槍的悲劇重演,必須啟動修憲機制。要在國家最高法律憲法中寫入武裝部隊不得對非武裝群眾開槍。只有極個別的例外,那就是有凶手正在殺人,警察可用武力制止凶手作案,但不能對非武裝平民動用現代化的火力。這是大是大非,應該用憲法作出明確規定。使我們這樣一個曾經災難深重的民族不要再次陷入災難。」

6月3日中午,曹思源外出買菜,本來準備很快就回家,但自此一去無蹤。後來,當局才通知其家人,曹思源被捕了。香港記者劉銳紹報導說:「曹思源首先被捕,成為今次『秋前算帳』中第一位被算帳的知識分子。他被捕是在血腥鎮壓之前,可見當權者

一早已有部署，而不是鎮壓後緝捕漏網之魚，從而可以證明當權者整個算帳行動都是有預謀、有組織的。」

曹思源被關押在秦城監獄一年。他性情樂觀豁達，在獄中寫下不少詩詞。其中有寫於 7 月 22 日的〈秦城之歌〉二首：「人生難得獄中吟，何況酷暑在秦城。每日兩餐黃金豆（玉米窩窩頭），七天一賜沐浴身。門前有風吹不進，心底譜曲禁出聲。忽聞鵲鳴鐵窗外，預報國運喜將臨。」「煉獄之苦難俱陳，苦中求樂利此身。同號相助小氣候，難友笑罵大義明。斗室無妨授太極，方寸寬裕吟詩文。歷史公論心有數，磨煉意志迎新程」。

出獄後的曹思源繼續發表推動經濟改革和政治改革的言論。1992 年，鄧小平發表南巡講話，號召經濟改革。但曹思源明確指出，只抓經濟不問政治的路走不了多遠就會碰壁。政治體制改革滯後，將會導致經濟改革和市場化遭受挫折。在他看來，走市場經濟道路是中國的出路，而市場經濟的發展離不開政治體制改革。

曹思源理念的核心是「私有化」，他將私有化視為社會其他各項事業的前提和保證，而「破產」只是實現私有化的途徑之一。1999 年，他在香港出版著作《人間正道私有化》，在此書中可以清晰地看到，他大力宣揚私有化的努力都是基於常識性判斷。其中最重要的是對人性的認識，「人是有血有肉、生龍活虎的」，國有制度扭曲人性，將人固定在那裡，變成一顆螺絲釘，而不再是一個真正的人，這種制度扼殺了人與生俱來的創造性，社會因而失去活力。一旦人的創造性被扼殺，就必然導致低效率。曹思源指出，「國有經濟的實質是一種補貼經濟」，由於「企業盈虧與企業員工個人收入聯繫不密切」，國有經濟缺乏內在驅動力，必然導致企業經營不善，需要補貼來維持。國企不像企業，而像救濟院，國企的風光建立在壟斷地位上——享受低廉的資金成本、土

地成本和政府專案支持，本質上還是在接受社會「救濟」。

曹思源力主「私有化」，認為「私有化」符合客觀經濟規律，是不可逆轉的趨勢，而且他也認為「私有化」是中國過去幾千年來的「常態」，沒有理由去改變這種常態。在 2002 年首屆「南方民營企業家論壇」上，他對一群企業家表示：「中華民族的華夏文明是在私有制的澆灌、培育之下發展起來的。沒有五千年的私有制，就沒有我們中國的今天。」但由於歷史原因，中國走了一段彎路，在 1949 後模仿蘇聯的社會主義體制，實行國有化，導致國民經濟走到幾乎崩潰的邊緣。

曹思源不僅是思想者，更是行動者和活動家。2004 年，他發起青島修憲會議，原本是和江平、朱厚澤等一起，善意為政府謀劃前景，為修憲提出四點意見。結果遭當局強力打壓。胡錦濤嚴詞批判該會議「十分反動」，作為「幕後黑手」的曹思源從此遭受更加嚴密的監控。經此一劫，他營運得紅紅火火的諮詢公司人去樓空，難以為繼。

即便如此，曹思源也毫不氣餒，鎮定自若。正如其好友曹旭雲 [129] 所說：「他既有開朗熱情的一面，又有嚴肅認真的一面；既有嘻嘻哈哈、不拘小節的天性，又有洞若觀火、見微知著的品

---

[129] 曹旭雲（1963-）：六四參與者及天安門屠殺現場目擊者，作家。江西省湖口縣人，畢業於九江師專中文系，先後任教湖口二中和屏峰中學。1988 年到海南發展，後從事傢俱業。1989 年 4 月底赴北京，全程參與八九民運，他在《北上日記》中寫道：「深度參與這場民主運動並打算以自己微薄力量做一些貢獻，是我十幾年來的夙願。也是我作為一個底層讀書人的唯一能做的事情：要流血，自我始。所以，我決心堅守廣場。尤其是將和身邊這幾千名堅貞的大學生們一起赴死，我願意。」他組建了「中華各界人士赴京聲援團」，任團長。6 月 3 日深夜，曹旭雲在絕食學生的帳篷中，被清場士兵的槍托打昏，僥倖逃生。2009 年，著手寫作自傳《致命自由》（原名《愛爾鎮書生》）。2017 年，全家移民匈牙利。2019 年，此書在美國出版，他在書中寫道：「六四，因其偉大的存在，當年的參與與今日的寫作，於我乃是畢生殊榮。自信自由之花必將盛開在中華大地，因為一切正在破土。」

質。他是京城幾乎所有大知識分子裡既天真爛漫又深刻犀利的一個人。說他迂闊吧,他又精明;說他卑微吧,他又高貴;他不是詩人,卻愛寫詩;既高高在上,又平易近人;他既和平民乞丐交往,又和最高層打交道;說他平素菩薩一樣阿彌陀佛吧,關鍵處又如厲魔一樣怒目金剛。他就是這麼一個人。他的學術如此、他的事業如此、他的愛情和家庭如此、乃至他的生和死,概莫不如此。」

2012 年,曹思源被診斷罹患癌症後,為了與死神搶奪時間,他幾乎是「夜以繼日」地工作:「早晨 6 點醒來,吃飯後出門打個太極拳,睡一小會兒回籠覺,8 點半開始幹活,到 12 點吃午飯;午飯後散步回來,休息一會兒,兩點多開始幹活到晚上 6 點;吃完晚飯,再休息一會兒,8 點半左右起來幹活,以後就沒點了,通常到 1 點多。」這一年,曹思源在前往加拿大旅行期間,受洗成為基督徒。

2014 年 11 月 27 日早上,被隔離在重症監護室的曹思源給妻女發了一條手機短信,以一貫的樂觀口吻說:「勝敗兵家常事,我的病也有兩種可能。當然我們要全力爭取勝利!」這成了他留在世上的最後資訊。中午,曹思源陷入昏迷,第二天凌晨去世。他的衝刺走到盡頭,勝負已無關緊要。

28 | 李贊民：胸中有誓深於海，肯使神州竟陸沉？

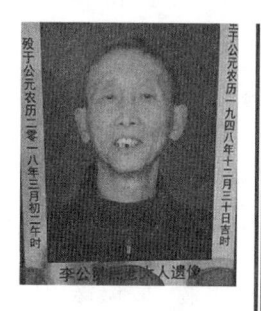

李贊民（1948年3月3日至2018年4月17日）：教師，湖南民主運動先驅者。1979年，李贊民、李旺陽、尹正安、何潤龍、趙志華[130]等人在湖南邵陽創辦《資江民報》，倡導政治體制改革，呼籲自由人權，要求憲政民主。李贊民為《資江民報》社長。1983年，李贊民等又組建「邵陽市工人互助會」，主張抱團取暖，互助自救。該組織成立之時，即有成員上百人，是1980年代中國出現的第一個工人自治組織。李贊民為會長。隨後，他被捕入獄，判刑四年。出獄後，他繼續抗爭，長期受警方監控、騷擾。1996年，他又被勞教三年。獲釋後，其生活極度困難，卻無怨無悔。2012年，獲釋僅一年的好友李旺陽被國保警察迫害致死，李贊民為之發聲，再度受到殘酷打壓，生存環境及身體狀況急

---

130 趙志華：湖南邵陽民運人士，《資江民報》創辦者之一，李旺陽生前的生死戰友。李旺陽死後，他一直被當局軟禁在家，電話被沒收，電視被拿走。警方二十多人到他家，宣讀官方宣稱的李旺陽死亡調查報告，要他遵守多項條件並簽字，他的手機才得以歸還。

> 劇惡化。2018 年 4 月 17 日中午 12 點 30 分，李贊民在邵陽市中心醫院因病情惡化不幸去世，享年七十歲。

美國學者裴士鋒（Stephen R. Platt）在《湖南人與現代中國：革命家與他們的產地》一書中追問：從對抗太平天國、變法維新、辛亥革命，到毛澤東的新中國，這一百年來，湖南人幾乎主導了中國現代史的舞台。究竟湖南人有什麼特殊的能耐，得以不斷向外「輸出革命」？或者湖南果真「地靈人傑」，盛產改革者與革命家？

裴士鋒在書中重新建構「湖南史觀」，探究背後的深層因素。從湖南人對明末大儒王夫之的尊崇入手，作者揭開了歷史的另一面——湖南人的民族主義。太平天國之亂的平定，乃是由湘軍領導完成。1898 年，康梁等維新派人士在北京師法日本明治維新，推動了「百日維新」，但在三年前，湖南就已施行類似的改革。百日維新失敗，改革派遭捕遇害，其中最有名的殉難者譚嗣同，就是湖南維新運動的創始領袖。領導 1911 年辛亥革命的同盟會，湖南籍成員居各省之冠，湖南人黃興親身領導這場革命。而中國共產黨第一屆政治局成員，整整四分之一是湖南人（包括毛澤東）。

裴士鋒指出，這些深愛著湖南的人們的思想與行動，閃爍著湖南人特有的光芒，與獨特的另一種地方性民族主義。

湖南確實盛產反抗者。雖然毛澤東、劉少奇等反抗者後來淪為施虐者和獨裁者，但反抗其暴政的湖南人亦層出不窮。1989 年污染毛像的三勇士——余志堅、喻東嶽、魯德成、「被自殺」的鐵漢李旺陽，皆為其中的佼佼者。他們百折不撓、慷慨殉道，真是

「唯楚有勇者」。作為李旺陽摯友的李贊民，同樣是「千磨萬擊還堅勁，任爾東西南北風」的勇士。

李贊民，湖南邵陽人。少時家貧，發憤苦讀，後來成為學校教師。文革後期，他與當地一群志同道合的朋友祕密結社，反思和批判毛澤東的暴政，探索中國未來的民主自由道路。

文革結束後，鄧小平復出，鼓勵民間發出否定文革的聲音，以此向華國鋒施壓，並推倒華國鋒的接班人地位。於是，北京西單民主牆運動勃然興起。這股春風很快吹到邵陽這個偏遠、閉塞的內陸小城。李贊民與趙志華、李旺陽等友人非常振奮，一起辦了一份《資江民報》。雖然中共並未開放報禁，但他們勇敢地「自我賦權」，實踐憲法中保障的公民言論自由權。

因為北京情勢不明，邵陽地方當局對如何處置《資江民報》這個「怪胎」舉棋不定。於是，李贊民等人抓住千載難逢的機會，自行編輯、印刷、發行這份當時湖南唯一一份的民辦報紙。他們刊登的文章，敢於揭露時弊，張揚民主，讓讀者耳目一新。他們在業餘時間走出去，推銷自己編輯和印行的《資江民報》，同一售賣點的銷量常常是遠高過官辦報紙。三十多年後，參與此事的幾位老人談到當初「以筆為旗」的故事，仍然充滿喜悅與激情。

鄧小平在完成其奪權行動並穩固權力基礎後，很快便對民間的民主運動展開嚴厲的、全國性的鎮壓。《資江民報》被地方當局予以關閉，參與者多遭到各種形式的打壓。然而，這個群體如同關漢卿筆下「蒸不爛、煮不熟、搥不扁、炒不爆、響璫璫的銅豌豆」，此後將近半個世紀，一直戰鬥在民主運動的潮頭浪尖。

1983年，李贊民等人又組織「邵陽市工人互助會」，並任會長。中共靠工農運動起家，但在中共控制下的「黃色工會」早已不能代表工人階級的權益，而淪為花瓶。另一方面，中共對工人

自發組織工會嚴厲禁止和打擊。於是,「邵陽市工人互助會」的組織者紛紛被捕入獄。李贊民身為會長,獲刑四年。尹正安與向志學則入獄三年。

李贊民在回憶錄《往事非煙》中敘述了1983年被抓的細節。這一年的11月9日,是一個徹底改變李贊民一生命運的刻骨銘心的日子。

這一天的黎明靜悄悄。李贊民在被窩裡酣然入睡。突然一陣敲門聲打破了黎明前的寧靜,將他從睡夢中驚醒。「誰呀?」他問。「小李,是我呢,請開門。」似乎是熟人在回應。他沒有多想,連外衣都沒披上,就翻身下床,把門打開。門外站著的竟是好幾個穿著公安制服的人,隨即蜂湧而入。

李贊民大吃一驚,來不及細想,一個公安人員手裡拿著一份逮捕證在他眼前一晃,說:「你被捕了。」

李贊民仔細看了逮捕證,逮捕證上的確寫著他的名字,案由是「反革命」。他大吃一驚,拒絕簽名。站在李贊民身後的一個公安,大聲喝斥:「快一點,你簽也得簽,不簽也得簽,由不得你。」

李贊民戴著手銬被三個公安人員押了出來,一個扛著攝像機的公安倒退著走在前面,鏡頭一直對著他。還有幾個公安留在他家抄家。

從此以後,李贊民的人生開啟了煉獄之門。

四年的牢獄生涯,給李贊民留下一身病痛。他獲得自由後,並未停止對民主自由的求索,在警察嚴酷打壓下,他矢志不渝,繼續聯絡邵陽、湖南乃至全國的有志之士。

1996年,李贊民再次被捕。他後來在〈非人的日子〉一文中,詳細介紹了自己在監獄經歷的種種非人折磨。

據李贊民的友人、維權人士朱承志回憶，李贊民與李旺陽各有特長。「相比較起來，贊民喜歡讀書、思考，理論功底要好一些；旺陽是鐵漢，敢做敢當」。李贊民兩度入獄，近年健康狀況大不如前，患有陳舊性肺結核、肝硬化等疾病。朱承志說：「這些年來，他一直堅持透過筆頭來回憶、來記錄，身體非常瘦弱，疾病纏身。贊民剛開始去坐牢的時候，他的小孩才一點點大，幾十年來他不停的被勞教、被判刑、被刑事拘留、被當局騷擾，家屬一直生活在恐懼當中。」

湖南的抗爭者勇銳頑強，湖南的警察尤其是國保也更為冷酷殘暴。若是在北京，有各式各樣的異議人士，李贊民未必是其中最為突出的，其處境會相對好一些；但在小小的邵陽，李贊民長期被地方當局視為數一數二的「敵對分子」，以龐大的人力物力打壓他、孤立他、妖魔化他，讓他陷入絕境之中。

2018年3月3日，數十名維權人士在邵陽一家飯店聚首一堂，為李贊民設宴慶祝七十歲壽辰。這是幾十年來李贊民罕有的一次與眾多友人自由相聚，那天他非常開心。

參與壽宴的湖南維權公民歐彪峰（「小彪」）表示，當局對這場聚餐高度關注，事先經過幾輪談判，國保才允許餐敘進行。最關鍵是國保向李贊民提了一些條件：在現場不能搞事，不能舉牌，外地來的朋友絕不能帶去李旺陽墓地祭拜等。

歐彪峰事後接受外媒訪問時表示：國保在會場內外戒備，監視賓客一舉一動，但大致保持克制。「他們在周邊監視我們，吃飯什麼都監視著，隨時拍照錄影。我們吃完飯快結束時，發起拍個合影，很多國保也在拍照片。」

這場壽宴，成了李贊民最後一次在「半公共」的場所露面。在與友人和支持者的合影中，他給這個世界留下了一抹淡淡的笑容。

4月6日，李贊民與尹正安等五位朋友一起去邵陽大山嶺陵園拜祭亡友李旺陽。李贊民因無力自行從公交站走入陵園，只能在路邊休息，等尹正安等人拜祭下山。據尹正安回憶，當日李贊民的臉色和身體狀況很差。

兩天後的4月8日，病況嚴重的李贊民被家人送入邵陽市中西醫結合醫院內科接受檢查和治療。

4月13日，因病情快速惡化，李贊民被急轉送至邵陽市中心醫院搶救，開始出現意識模糊、劇烈疼痛等症狀。延至4月17日，救治無效，與世長辭。

李贊民去世的噩耗傳出後，多地民主維權人士前往邵陽參加祭奠，但其中多人遭到國保警察威脅、阻攔。

其中，歐陽經華於當天下午4點多收到其戶口所在地綏寧縣國保龍姓大隊長發來的短信，對方表示：「形勢很緊張，不要來邵陽，你若不聽勸，免費吃公糧（拘留、抓捕）。」歐陽經華回覆了一條短資訊稱：「我的朋友李贊民先生去世，我去參加他的追悼會是人之常情，你們警方有什麼好緊張的？你們難道要逼著我去違背人性，做傷天害理的事嗎？龍大隊長，我做不到。我要送贊民先生最後一程，至於免費吃公糧一事，這不是我考慮的事。」

李贊民的朋友們原本成立了治喪委員會，可是骨幹成員大部分被當局控制，並被迫離開邵陽。李贊民的女兒透露，父親的追悼會不會有特別安排，遺體稍後會安葬。

4月19日，李贊民的追悼會在邵陽舉行，靈堂門口有大批穿制服的警察及便衣看守。外地趕來參加追悼會的維權人士，大都遭到攔截，只有少數人進入靈堂祭拜。

李贊民的好友尹正安表示：「我們邵陽民運圈的人員被禁止參加，當局派特警、國保，黑壓壓的一片，昨天下午朱承志被他們

銬走了，還有外地來的十來個人也都被他們押走了。11 個小時都在不停抓人。」

維權人士陳玉華[131]表示：「李贊民先生是一個民主勇士，是當局打壓的對象。政府就怕引起全國的轟動，全國各地的國保都攔截了，只有很少一部人能夠到達邵陽靈堂。但是全國各地委託我們買花圈去祭奠的有八十多個。」

湖南株洲公民陳思明和另外三名維權人士從長沙出發，4 月 19 日凌晨時分開車抵達邵陽。他們發現，雖然夜已深，但靈堂內外仍有約二十多名公安戒備。陳思明表示：「國保在靈堂外面停了好多台車。車子裡面全是國保便衣，把大路都給堵死了。你想從大路進去不可能的。後來我們就從小路進去。」四人成功進入靈堂，向李贊民的遺體遺像鞠躬致意，停留了一個多小時才離去。陳思明還說：「我們本來想參加晚上的追悼會，國保說那就不要了吧，你們已經意思到了，建議你們回長沙吧。我們凌晨 3 點就直接回長沙了。我們走的時候，國保有一台車一直跟蹤我們，上了高速公路，我們已經離開邵陽了，他們還在跟蹤我們，我們停他們也停，我們開他們也開。」

據不完全統計，前來弔唁或參加追悼會而被警察強行帶離現場的維權人士有：朱承志、趙寶珠[132]、陳玉華、尹正安等。其中，

---

[131] 陳玉華：湖南邵陽維權人士，曾因支持李旺陽、李贊民、佟適東、歐陽經華、朱承志等人被警方非法軟禁，還曾因發起慶祝雙十節、紀念憲法日、祭奠林昭等活動被抓捕。

[132] 趙寶珠（1958-2021）：李旺陽妹夫，民主人權活動人士。李旺陽於 2012 年 6 月初離奇「自殺」後，李旺玲與趙寶珠多年來為他尋求真相。9 年來，趙夫夫婦長期遭邵陽警方監控，不畏威脅，積極投入中國民運事業，亦有關注香港反修例運動的發展。趙曾接受香港記者訪問，說從未因為受李旺陽牽連而放棄：「因為他是做對的事，如果我們作為家人不支持，誰會支持？」有一次，趙更因為帶香港記者拜祭李旺陽，被拘留 15 日。人權律師唐荊陵受訪時稱，李旺陽為中國民主鞠躬盡瘁，離

趙寶珠、李旺玲[133]、李原風[134]、袁小華等人被強行綁架至紅旗路派出所後，被關進鐵籠。

　　已經去世的李贊民，居然讓武裝到牙齒的中共政權如此畏懼，李贊民若地下有知，大概會對中共發出輕蔑的恥笑。

　　尹正安如此評價戰友李贊民對湖南和中國民主事業的貢獻：「縱觀李贊民的一生，自1979年投身民運，雖苦難悲情，然他從未放棄對自由的嚮往和對憲政民主的追求，以他弱小的身軀，進行著最艱難、最頑強的抗爭。在邵陽市民中，李贊民先生留下了許多可歌可泣的感人至深的事蹟。四十年如一日，偉大而平凡，幾乎不為外人知。所幸歷史不會遺忘，在民運史上，在邵陽志中，都將有李贊民濃墨重彩的一頁。」

不開趙寶珠夫婦在背後全力支持，他們長年累月種種犧牲令他非常感觸，畢生最難忘的是最初見到趙寶珠夫婦在工地打工糊口的情景，「從他們身上看到對家人深深的愛，也因為這份愛成為了爭取民主自由的人的堅定後盾」。趙寶珠證實患晚期癌症後，他接受外媒採訪時透露，雖然自知來日無多，但仍有心願未了：「希望在我去世之前能看到民主中國的到來就好了。自由中國，一個民主的中國。我現在這個樣子看來是沒有這個能力了。」

133　李旺玲：李旺陽的妹妹。2001年1月，李旺陽第一次處於後，身體殘疾，請妹妹夫將他抬到邵陽市委市政府門前請願。李旺陽因此再度被捕。李旺玲因接受海外媒體訪問，被湖南當局處以三年勞動教養。2011年，李旺陽第二次出獄，已是雙目失明、雙耳失聰，全身病痛，幾乎癱瘓，全靠李旺玲照顧。李旺陽被害死五年後，李旺玲接受香港媒體專訪時說，從不相信哥哥是自殺，她又擔心自己接受訪問，會重蹈哥哥的命運，強調自己「一定不會自殺」，而是要替哥哥看到民主中國實現的一天。

134　李原風（1970-）：原名李維忠，網名原野之風、原風，湖南益陽沅江人，獨立記者，人權捍衛者。長期以來，調查維權事件，獨立撰寫時評和民間訪談，且言辭犀利。因其揭露維權事件與社會不公而被中共當局視為維穩對象。2024年10月10日，他被湖南沅江警方以不明罪由突然帶走，其X及臉書亦在同日停止更新，自此失聯。後知其被處行政拘留十五天。2024年10月26日，又被湖南警方以涉嫌「尋釁滋事罪」轉為刑事拘留。11月13日，又被警方更換罪名，以涉嫌「煽動顛覆國家政權罪」予以指定居所監視居住。

29 | 楊小凱：我會再像獅子一樣咆哮回來

楊小凱（1948年10月6日至2004年7月7日）：原名楊曦光，基督徒，經濟學家，中國憲政共和與民主轉型的研究者和鼓吹者。文革期間，還是高中生的楊小凱寫了傳誦一時的大字報〈中國向何處去？〉，被毛澤東、康生點名批判，判刑十年。他將監獄當做學堂，化苦難為祝福，出獄時已有專業學者的知識儲備。文革後，楊小凱先後在中國社會科學院數量經濟研究所和武漢大學求學與工作，後赴美國普林斯頓大學深造，取得經濟學博士學位。之後任教於澳洲莫納什大學，入選澳洲社會科學院院士。他常常赴台灣、香港、中國及美國的名校講學，在經濟學上最突出的貢獻是提出新興古典經濟學與超邊際分析方法和理論，開創了一個新的學派，被譽為離諾貝爾經濟學獎最近的華裔經濟學家。他針對中國改革開放的歧路提出「後發劣勢」理論，並主張以「共和和自由」代替「民主和科學」。其

> 代表性著作有:《牛鬼蛇神錄——文革囚禁中的精靈》、《專業化與經濟組織》、《經濟學:新興古典與新古典框架》、《發展經濟學:超邊際與邊際分析》等。2004年7月7日早上7時49分,楊小凱因癌症在墨爾本家中離世,享年五十六歲。

楊小凱:出生於吉林敦化,在湖南長沙長大。其父親楊第甫為中共高級幹部,曾任湖南省委秘書長、統戰部部長,在1959年因支持彭德懷的觀點,反對大躍進,被打成「右傾機會主義分子」,遭到殘酷迫害。1966年,文革爆發,其父母又被打成「反革命修正主義分子」。

當時,楊小凱是長沙一中高一學生,因為受歧視不能參加紅衛兵,就參加了反對紅衛兵的造反派。他參加的組織叫做「奪軍權戰鬥隊」,屬於「省無聯」組織。1967年2月4日,中央文革突然下令湖南省軍區出動軍隊,鎮壓湖南第一大造反組織「湘江風雷」,抓捕上萬人。楊小凱所屬的造反派組織「奪軍權戰鬥隊」也捲入這場衝突,他被抓進長沙市公安局看守所,關了兩個多月。

獲釋後,楊小凱陸陸續續寫了很多大字報,包括〈中國城市知識青年上山下鄉的調查報告〉、〈槍桿子裡面出政權〉等。1968年,他寫了一篇大字報〈中國向何處去?〉,批判官僚特權階層,主張中國實行巴黎公社式的民主政體「中華人民公社」。他反對當時陸續建立的革委會,認為革委會大多是舊官僚專政。

當時,該文僅作為徵求稿在組織內部傳閱,只印了八十份,

散發二十多份。但不脛而走,很快就被湖南省革命委員會籌備小組送到中央文革。1968 年 1 月 24 日晚上 9 點,中央領導人在人民大會堂湖南廳接見湖南省革命委員會籌備小組成員與湖南省一些造反派組織代表,在接見中,康生幾次點到「一中的楊曦光」與〈中國向何處去?〉一文,說那是「反革命的『戰馬悲鳴』」。康生斷言:「我有一個感覺,他的理論,絕不是中學生,甚至不是大學生寫的,他的背後有反革命黑手!」江青說得更直接:「那個什麼『奪軍權戰鬥隊』,讓它見鬼去吧!」毛澤東、周恩來也都點名批判了這篇文章。

很快,該文通過香港傳向海外,受到美國新左派歡迎,出現至少三種英譯本,也影響了後續廣州王希哲的大字報〈毛澤東與文化大革命〉以及劉國凱[135]的〈文化革命簡析〉。該文被歐美漢學家視為中國內第一篇公開批判共產黨的特權高薪階級、主張徹底改變這種體制的文章,有的學者認為〈中國向何處去?〉是用無政府主義思想批判共產黨體制。澳洲學者何與懷認為,楊小凱在該文中提出「推翻新的官僚資產階級的統治」的戰鬥口號,對當權者「太過危險太過可怕了」。文革史研究者宋永毅認為,該文受到吉拉斯的《新階級》影響,主要精神是「馬克思早期思想」和「革命民主主義」。學者徐友漁認為,楊小凱這種造反者是「積極造反者」,並非奉旨造反,而是有意改變中共體制的造反者。台灣學者陶儀芬認為,〈中國向何處去〉是楊小凱思考中國問題的起

---

135 劉國凱:民運人士,文革史研究者。文革時,劉國凱是青年工人,參與造反運動。1976 年,他將大字報〈論社會主義公有制〉張貼於廣州鬧市,其後被捕。毛死後,他獲得釋放。1979 年,他參與民主牆運動,在廣州主編民間刊物《人民之聲》,再次被捕。後流亡美國,組建中國社會民主黨並任主席。著有《草根蟬鳴》、《人民文革》等。

點,他後來的思想轉向也沒有偏離這一最初的問題意識。

1968年1月25日,楊小凱被捕。先是被關在長沙市公安局左家塘看守所,直到1969年10月轉為正式逮捕,以「現行反革命罪」判刑十年,押往嶽陽建新勞改農場服刑。

楊小凱的父母被當做「幕後黑手」殘酷批鬥。尤其是其母親被多次批鬥,手被用墨汁塗黑,象徵著「黑手」,並被強迫跪著示眾。她受盡侮辱後,不堪羞辱而懸樑自縊。其父親被關在「毛澤東思想學習班」。他的哥哥被開除公職趕到鄉下,一個妹妹下放到湖南西部的山區,另一個妹妹跑到山西去投靠親戚。

在孤絕的狀態下,楊小凱將監獄當做大學。最初,在左家塘看守所關押的一年半時間裡,他找老師學英文,找到電機工程師學電機,找到機械工程師學機械製圖。他讀了馬克思的《資本論》後,決心成為一名經濟學家。

到了監獄以後,楊小凱遇到形形色色的獄友,後來他在回憶錄中記載了中國的古拉格群島中的二十多位難友——有地下反對黨領袖,有從事當局不容許的自由經濟活動的企業家,有扒手和強盜,有各式各樣的不同政見者,被迫害的教徒和作家,以及國民黨時代的高官貴人。他將這些「賤民」的故事娓娓道來,讚美他們的勇敢、坦蕩、誠實、智慧,然後交代了他們血淋淋的下場:試圖走「格瓦拉道路」的張九龍被判處死刑,喊反動口號的粟異邦被刺刀捅入口中活活刺死,組織「勞動黨」的劉鳳祥被槍決⋯⋯這些人物顯示,即便在毛式極權主義最為暴虐的時代,中國也不乏抗爭者和反對派,並試圖以有組織的反抗運動顛覆中共的統治。楊小凱說:「不管將來發生什麼事情,我一定不能讓在這片土地上發生的種種動人心魄的故事消失在黑暗中,我要把我親眼見到的一段黑暗歷史告訴世人,因為我的靈魂永遠與這些被囚

禁的精靈在一起。」正是與這些精靈為伴,他在監獄中才沒有墮落,反倒獲得了飛升,他後來回憶:「經歷過革命的騷動,被剝奪了社會地位,受盡了屈辱和辛酸,這之後恢復的秩序和理性,對我就像是雨後的陽光。我像之前參加過革命的舊貴族一樣,在之後的歲月裡,感到深深的歉疚——為我曾經的革命狂熱。」

在十年的牢獄生涯中,由於母親自殺,父親被關押,只有妹妹前來探監。有一次,妹妹聽說楊小凱在勞改隊與幹部發生衝突的消息,寫信勸他順從,字裡行間透出為哥哥的處境擔憂的疼愛心情。但楊小凱卻託留場就業人員寄給妹妹一封信,指責她「一半像家畜,一半像魔鬼,在暴虐面前順從,在無辜面前專橫」。他還在信中自稱「一半是天使,一半是野獸,絕不會對迫害我的人順從」。

1978 年 4 月,楊小凱出獄。他回到了長沙,由於沒有單位敢接收〈中國向何處去?〉的作者,他就在家裡待了一年,在湖南大學數學系旁聽一年。後來,他在邵陽的湖南新華印刷二廠做了半年的校對工人。

1979 年,楊小凱報考中國社會科學院經濟所碩士生,但因為「反革命歷史」,被拒絕參加考試。1980 年,他再次報考,在社科院副院長于光遠幫助下,終於獲得參加數量經濟學考試的機會,通過考試後被錄取為實習研究員,此後在中國社會科學院數量經濟和技術經濟研究所工作了近兩年,並獲計量經濟學碩士學位。

這段時間,楊小凱系統地研究了新古典經濟學,經常到一些大學聽課,到北京圖書館借書,也參加過計量經濟學培訓班,學系統論、資訊理論、控制理論、運籌學。他還翻譯了一本經濟控制論的教材。

1982 年，楊小凱被武漢大學校長劉道玉[136]聘為講師，在武漢大學工作了一年半，教授數理經濟學和經濟控制論課程。他出版了《經濟控制理論》和《數理經濟學基礎》，同時開始準備出國留學。在普林斯頓大學教授鄒至莊的幫助下，1983 年楊小凱被普林斯頓大學經濟系錄取為博士研究生。出國時，由於他還沒有被平反，出國政審通不過，劉道玉找到趙紫陽，他的出國手續才獲得批准。

在有關領導「楊曦光的問題要由法院依法處理」的批示下，最高法院責成湖南省高級法院重新審理楊小凱的「反革命」問題。1983 年，湖南省高院審判委員會一致認為：〈中國向何處去？〉「屬於思想認識問題，不具有反革命目的，不構成犯罪。據此，原一審、二審定性判處不當，均應予以撤銷，對楊曦光宣告無罪。」

從階下囚到普林斯頓博士研究生，楊小凱花了整整十七年，終於進入世界一流的學術殿堂。在與頂尖學者切磋的過程中，他對自己的思想體系越發有了信心。1985 年，楊小凱與于大海等人成立了「中國留美經濟學會」，是第一個中國留學生獨立註冊的學術團體。

拿到博士學位後，楊小凱又去耶魯大學念了一年博士後，隨後受聘於澳大利亞八大名校之一的莫納什大學。1989 年，升任高級講師；1992 年，成為正教授；1993 年，當選為澳洲社會科學院

---

[136] 劉道玉（1933-）：湖北棗陽人，教育家，化學家，社會活動家。曾任教育部高等教育司司長、武漢大學校長等職務。劉道玉任高教司司長期間，為恢復統一高考起到了很大的作用。1981 年至 1988 年，任武漢大學校長，從教學內容到管理體制率先推行一系列改革措施：學分制、主輔修制、插班生制、導師制、貸學金制、學術假制等等，拉開了中國高等教育改革的序幕，其改革舉措在國內外產生重大影響。1988 年 2 月 10 日，劉道玉被國家教委幹部局負責人奉命宣布免去武漢大學校長職務，卻被師生和民眾譽為「永遠的校長」、「武漢大學的蔡元培」。

院士；2000 年，升任講座教授。

八九民運期間，楊小凱在澳洲積極聲援北京學生。六四鎮壓後，他與王珞合寫了一篇名為〈大陸持不同政見運動的不連續性初探〉的文章。文章分析了為何海外民運在六四後短短數年間就陷入低潮的原因：「中國的持不同政見運動呈現明顯的中斷性，其特徵是後起的持不同政見運動很少對先前的持不同政見運動有認同感。其後果是：中國自 1949 年以來的歷次持不同政見運動的經驗沒有得到繼承和積累，也從沒有產生過具有象徵意義的領袖人物。與同時期發生在波蘭、南非和南韓的持不同政見運動相比，顯得極不成熟，老是長不大。」楊小凱還寫道：「大陸出來的青年知識分子都會記得方勵之先生在八十年代中期鼓勵青年人加入共產黨，改造共產黨。但這客觀上起到了加強共產黨合法性的作用，強化了共產黨不可替代的當代迷信。為什麼不在獨立於共產黨和共產黨意識形態之外尋找精神支柱和新的價值呢？如果青年知識分子普遍不加入共產黨，不是更好嗎？劉賓雁的第二種忠誠也沒有起到保護他的作用。而且，青年一代接受他倆觀點的客觀效果不是民主化多元化，而是對共產黨認同的強化。這些因素就是四十年持不同政見運動在中國大陸經驗上得不到積累，也沒有產生有影響力的領袖人物的原因。記得讀過一篇叫做〈林希翎為什麼總是長不大〉的文章，事實上，林希翎長不大就說明中國的持不同政見運動沒有長大。胡平在民運陷入低潮時，曾呼籲：『大陸民運從頭再來。』可是，我們更應該問自己：我們為什麼總是需要從頭再來？」

楊小凱不認同一位普林斯頓同學選擇的「職業革命家」的道路，認為必須先在學術上取得成就，說話才有分量。他的經濟學上的成就，確實令全球學術界側目，正如他的同事黃有光教授所

說：「曦陽初照學術界，光度已驚內行人。」1988年，他的博士論文被多方評價為「真正的開創性研究」，「一篇具有改變經濟學所有基本定律的潛力的論文」。他在莫納什大學任教期間，諾獎得主詹姆斯‧布坎南來訪時評論說：「我認為現在全世界最重要的經濟研究就在莫納什大學，就是楊小凱所做的。」1998年，楊小凱經濟學思想的集大成之作《經濟學原理》一經出版，便被公認為自馬歇爾、薩謬爾森以來最重要的第三代經濟學教科書。該書匿名審稿人評價說：「這一研究激動人心，令人屏息以視。楊是世上少有幾個可以思考這類問題的人之一，他更是世界少有的能解決這類問題的人之一。這一工作具有原創性和新穎性。他正在迅速建立起作為理論經濟學家先驅的國際名聲。」

楊小凱一直沒有忘懷中國，他的注意力沒有離開落後國家轉型、尤其是中國的轉型問題。他拋開主流觀點，借用沃森「對後發者的詛咒」，重新分析了落後國家的轉型歷史。他指出，落後國家模仿先進國家的空間很大，往往先選擇更容易模仿的技術，而制度改革因為觸犯既得利益，所以十分艱難。這種做法或許在短期內會帶來經濟快速增長，但必然埋下重大隱患。以晚清洋務運動為例，以官辦、官商合辦、官督商辦模式，通過模仿西方技術，建立了一批先進企業。這種模式讓中國成為亞洲強國，但最後卻失敗了。楊小凱在台灣、美國考察大量晚清企業史檔案後，得出結論：在不改革制度的前提下，技術帶來的經濟發展，只會助長政府的機會主義；政府和官辦企業利用特權，與民爭利，損害社會利益。最後，非但私人企業無法發展、政府和官辦企業貪污腐敗橫行，國家的整體活力也必然被蠶食。在這種制度下，官辦企業效率越高，越不利於長期的經濟發展。楊小凱的上述分析，被整理在題為《百年經濟史筆記》的著作中。

楊小凱進一步指出：一個國家，只有政府的權力被限制之後，經濟才可能健康發展，英國及日本都是典型的正面案例。二戰後，美軍為日本起草了一部憲政主義憲法，其中，「私有財產神聖不可侵犯」以及「專利保護」的原則，成為日本成功的秩序基石。他說：「中日兩國的不同命運說明，要獲得後發優勢，一定要先做個學習成功制度的好學生，在考試未及格前，一個壞學生是沒有資格講『制度創新』的。」

楊小凱還提出對五四的反思和超越：「自由擺在科學之前，憲政和共和擺在民主之前。我甚至覺得不應當搞科學崇拜，現在中國面臨的很多問題都跟崇拜民主和科學有關。中國走了很多彎路，不是因為反五四，而是五四的後果。如果那時強調自由，強調憲政與共和，情況肯定不一樣。共和跟民主是不一樣的。共和是講上層的權力制衡，民主是講下層的政治參與，兩相比較，共和比民主更重要。共和強調要有三極世界：即選民的權力、州政府的權力、聯邦政府的權力，以及中央級司法、立法、行政之間的分權制衡。」

作為經濟學大師，楊小凱從未拋下十九歲那年的追問──中國往何處去？他晚年提出了跟青年時代截然不同的答案。他是最早也最強烈地鼓吹憲政的學者之一。早在 1980 年代，他就對英國的光榮革命稱讚不已，強調權力的分立與制衡，強調私有財產制度的巨大政治功能。他提出修改憲法，設立人身保護法案，取消反革命罪，禁止政治迫害等。後來，他更利用接受採訪、回中國講學的機會，不斷表達嚴肅的政見。例如，中共十六大允許老闆加入中共，一些自由派知識分子認為這是好事情。但楊小凱指出，這恰恰是糟糕的轉捩點：官商勾結制度化，利用權來賺錢，再用錢來操縱政治──「這是典型的壞資本主義」。

楊小凱指出，中國要改革開放，但如果只進行經濟改革而不同時進行政治改革，就不可避免地接收了壞的資本主義。作為一個對資本主義了解非常透切的內行人，他心急如焚發出警告。而作為一個在中共專制獨裁制度生活過並慘遭迫害的過來人，他更深刻認識到，專制制度是建立在不斷的政治迫害之上的，唯有實行憲政才能結束政治迫害。在一個題為「中國改革面臨的焦點問題」的對話中，他指出：「中國政府總想與美國結盟，但是總是結不了。為什麼？因為你是一個專制制度，搞政治迫害、宗教迫害。」他警告說：「中國不進行憲制改革，經濟強大後會走向二戰前德國、日本的道路，打台灣，而與全世界文明社會對抗。」

2002年2月，與癌症病魔搏鬥的楊小凱受洗成為基督徒，完成了一場艱難的「自我革命」。在生命的最後歲月，他的憲政理想已發展成為基督教憲政。在〈人為什麼一定要有信仰？〉的自述中，他回顧了自己信仰基督教的三個階段：首先，從經濟學、社會科學的角度看，他覺得基督教在經濟史上起的作用不可等閒視之；然後，他開始克服對科學理性的迷信，但尚未相信永生和上帝；最後，由社會科學追究到基督教成功的根本，那就是「信」。

楊小凱認為，脫離文化與信仰的土壤，以為僅僅依靠制度轉型就能包治百病，是膚淺的。信仰才是制度的第一因。他啟發性地自問自答：為什麼信基督教的國家都長治久安？如果不在靈的基礎上想問題，一定要在唯物論的基礎上想問題，就永遠無法作出解釋。

檢閱世界發展史，憲政最初無疑是植根於西方基督教的信仰體系之中。但自由立憲政體的生成是否以基督教的廣泛傳播作為先決條件？2002年7月，楊小凱在上海作題為〈資本主義不等於經濟成功〉的演講時，闡述了「凡是成功的資本主義地區莫不

以基督教為精神支柱」的觀點。談及英、美、澳洲、加拿大的制度根基時,他指出:基督教,特別是基督新教,支持「不斷擴張的社會秩序和公正」。實現憲政最困難的,不單是有權影響政治遊戲規則的人能替政治競爭中的失敗者著想,而且是競選失敗者自願認輸。競選失敗者自願認輸,從理性而言並非其最優決策。1917年俄國和其他很多國家憲政失敗都是因為競選失敗者輸了不認輸,發動革命。而基督教信仰,對競選失敗者放棄個人最優決策,為社會犧牲個人利益,輸了認輸,起到關鍵作用。

楊小凱還寫過一篇〈我為什麼成為一名基督徒〉的個人見證。他特別談到海耶克的著作對他的影響,「海耶克對宗教的分析使我受很大的影響。他認為,宗教不是一個理性的東西,但世界發展的很多重要東西都不是理性的。比如說媽媽愛孩子,不是理性的,從個人理性的成本效益分析,媽媽不應該愛孩子。但媽媽愛孩子對人類生存是最關鍵的。不愛孩子的媽媽就會絕後。」然後,他從海耶克的社會科學的理性追蹤到「信」,「『信』是基督教成功的祕訣。如果用實踐去證明死人可以復活,你怎麼去證明?但信的人他在個人的靈上會經驗到。信就不是社會科學,它是非理性的」。他還誠實地提供了個人的信仰經歷:「我被診斷為晚期肺癌後,我信科學,現在科學救不了我。人到了盡頭了。我那時沒有辦法,就開始禱告。所謂禱告,那時只是說要上帝救我這條命。……我坐牢十年都沒哭,但禱告流淚了。」

2004年7月7日,楊小凱因癌症在墨爾本家中離世。他在病床上曾寫下一句話:「Maybe, after this treatment, I will roar back like a lion again.」(也許,經過這次治療,我會像獅子一樣咆哮回來。)他的人雖然離開,但他的著作仍然像獅子那樣,對不公不義、專制暴政發出怒吼。

30 羅海星：人為朋友捨命，人的愛心沒有比這個大的

羅海星（1949年1月11日至2010年1月14日）：筆名凌方，商人，政治評論人，香港資深報人羅孚之長子，曾任香港貿易發展局駐京首席代表。1989年六四之後，參與「黃雀行動」，成功協助多名民運人士逃離中國。1989年10月，一次營救陳子明、王軍濤的行動失敗，他在深圳海關被捕，被判刑五年。在廣東粵北懷集服刑期間，因獄中生活條件惡劣，身患糖尿病和高血壓。監獄附近礦污染嚴重，這種污染往往十多年後引發白血病。1991年，英國首相梅傑訪華，要求北京釋放羅海星，羅海星被關押兩年後，獲釋保外就醫返回香港。2005年，被確診患上白血病。經過多年與病魔的抗爭，2010年1月14日，羅海星於香港瑪麗醫院病逝，享年六十一歲。香港媒體評論說，羅海星憑著良知和愛心，做應該做的事，磨難中從不後悔，是大時代的真英雄。

羅海星：生於香港。父親羅孚（羅承勳）為香港資深報人，為慶祝第一個孩子的到來，並明確這是一個「香港仔」，給小孩取名為「海鮮」。然而，這個名字卻會讓孩子遭同學取笑。多年後，這個孩子將自己的名字改為「海星」。

羅孚早在抗戰期間就在《大公報》當記者，從此為該報服務四十一年。在重慶時，羅孚已是地下黨外圍積極分子，後來在香港入黨，成為左派新聞界的一位主要負責人。在左派家庭長大，羅海星是所謂的「自來紅」，相信中共領導下的新中國能帶來國家富強、人民幸福。在家中，全家都要接受反帝愛國教育，對港英殖民統治深惡痛絕，反對台灣的中華民國政府，嚮往社會主義中國。

父母安排羅海星上親北京的左派中文學校。他先進入香島中學的小學部，後入培僑中學附屬小學就讀。據老同學陳光如回憶，羅海星成績平平，但跟誰都能友好相處，頗有人緣。

1950年代，北京號召海外華人回國效力，香港左派圈子也被要求送孩子回國升學。1965年，16歲的羅海星被家人送到廣州外國語學院上大學。儘管當時廣州的生活條件比香港落後很多，羅海星卻興高采烈，在家書中寫道：「我是帶著一顆赤子報國之心而高高興興地回到內地。」他還告訴父母，他通過努力，成為一個「紅（政治上過硬）、專（專業能力強）、健（身體強健）」的青年。他因為自己來自香港這個「大染缸」，比內地的同學受到更多資產階級思想的「腐蝕」，更加努力地改造自己。

入學不到一年，中國就爆發了文革。羅海星積極響應號召，與廣外十位同學離開廣州，「抱以傳播文化大革命的火種的神聖使命」，開始全國大串聯。之後，更是捲入紅衛兵不同派系之間的衝突。他曾兩次遭到審查隔離。

1968年,羅海星與其他三個同學被分配到廣東清遠縣農村,接受「貧下中農的再教育」,吃盡苦頭,但他咬牙挺住。得益於在農村的賣力勞動,再加上父親的背景,他於1970年下半年被分配至廣東省外貿局屬下的一家進出口公司,是同學中最優的工作分配。

1976年,羅海星加入了中國共產黨。經過文學界前輩曾敏之介紹,他認識了作家黃慶雲之女周蜜蜜,不久兩人結成秦晉之好,周蜜蜜後來成為香港著名的兒童文學作家。

1979年,在中國生活十四年後,羅海星帶妻子重返香港,開始新的生活。他從文革中得到的教訓是「年輕人實在太左,太易被煽動,沒有獨立思考能力,只會盲目崇拜領袖」。此後,他轉向貿易行業。

1982年,曾任《新晚報》總編輯的羅孚,在北京被中共當局指為間諜而拘捕,無辜拘禁十年。此事給羅海星沉重打擊,他離開了香港的中資機構,但保留地下黨員身分,其間成為香港上市公司駐中國的代表。他還出任香港貿易發展局駐京首席代表,薪資優厚,地位尊崇。1989年初,他離任後,成為穿梭中港兩地的生意人,由於在中港兩地都有廣泛的人脈,他在商界如魚得水、風生水起。

然而,羅海星的人生卻因為1989年的六四事件而發生重大逆轉。

民主運動期間,香港各界群情激昂,左派亦義憤填膺,但羅海星卻表現得異乎尋常的冷靜。他當然很同情學生,在北京籌辦新公司時,多次與朋友到天安門廣場送水、送食物,但他並不看好學生運動的前景。太太周蜜蜜發現,一向關心國家大事的丈夫,這次卻是「意外的冷靜」,不僅不參加遊行,還提醒她,該運

動絕對不是表面看來的那麼簡單。甚至到北京聯繫業務時,他還阻止過父親和一些藝術家前輩到天安門廣場去支援學生,因為他認為「這是非常危險的事情」。這是羅海星從文革的經驗中得到的智慧,他的弟弟羅海雷在為哥哥寫的傳記中指出:「他已經看到形勢的嚴峻、高層的分裂、群眾的失控、學生最終可能會像當年的紅衛兵被人好好地收拾。」

那麼,原本冷靜的羅海星為何參加了危險的「黃雀行動」?主要是對朋友的義氣。羅海星最初進入該網絡,是因為他與操盤該行動的香港電影導演岑建勳[137]的太太熟識。該行動的主要組織者都是土生土長的香港人,對中國的情況不熟悉,而羅海星在中國生活多年,熟悉中國的政治經濟狀況,特別是知識分子圈子,所以岑建勳等朋友就請他幫忙,他也就義不容辭答應下來。

羅海星去世後,他的弟弟羅海雷在給哥哥寫的傳記《星沉南海》中,以四個小節,從管理角度拆解「黃雀」的分工,除了司徒華單線領導最關鍵的六個人可被稱為核心團隊,以及數位與江湖人士串連起來的娛樂界人士都十分重要外,他認為包括哥哥在內的大批香港和中國的朋友網絡關係,在傳遞資訊及提供外逃民運人士匿藏住處等,都起著關鍵作用。

---

[137] 岑建勳(1952-):香港社會活動家,主持人,記者,電影導演,編劇,投資人和演員。1970 年代,岑建勳積極參與反資本主義的左翼運動,還曾加入托派組織。1989 年,北京爆發民主運動,他高調支持,並籌組支聯會,以支聯會副主席身分發起募捐活動,在跑馬地舉辦了一場數十萬人參與的「民主歌聲獻中華」大型籌款演唱會。他亦身體力行,將善款送去天安門廣場。六四鎮壓後,他參與協助中國民運人士外逃的「黃雀行動」,被北京政府點名批判。2004 年後,他能自由進出中國,在中國成立大地電影公司,拍攝多部片,並投資大地院線。2011 年,岑建勳接受香港無線電視《新聞透視》專訪時稱,其肯定國家的發展,但對國家政策、歷史仍堅定其原則和立場,無悔當年的社會活動。2012 年,他高調支持「學民思潮」的反對香港特區政府推動德育及國民教育科運動,並與六名資深社運人士加入絕食行列。

作為「黃雀」的核心人士，岑建勳為《星沉南海》寫序時，有意無意的，透露了羅海星在「黃雀」中的功績：「海星參與營救民運人士，就是完全出自對國內民主運動的同情和支持，因而從來不考慮、不理會個人風險及代價而主動投入營救工作，其中單是為了尋找柴玲、封從德的下落，海星便數次冒險穿梭粵港兩地。他的熱誠和勇敢，是直到今天都令我肅然起敬的！海星是面冷心熱的一個人，他對朋友的忠誠和熱誠出自內心，一般人從他的臉上看不出來。」

岑建勳對「黃雀」沒有再多講，但他在序言中表示同意羅海雷在書中引用中國一句慣用語，對「黃雀」作出的結論：「這是一個『五無工程』，無計畫、無預算、無編制、無專業人員參與的項目，最後『一無』是對於參與人員是一次完全沒有個人效益的投入，只有風險，沒有回報。」

羅海星順利地幫北京作家老鬼（馬波）偷渡至香港。老鬼是作家楊沫的兒子，以《血色黃昏》馳名文壇，原先是《法治日報》的記者，因參加學運，被有關部門調查，於是決定偷渡來港。羅海星得知後，特意去廣州與已逃匿至廣州的老鬼見面。不久，老鬼被安全送至香港，並受到羅海星夫婦熱情接待。

當羅海星問老鬼，是否還有其他朋友需要幫忙，老鬼提到當時遭到祕密通緝的王軍濤和陳子明。於是，羅海星立刻聯繫岑建勳，投入營救工作。不意，中共當局對「黃雀行動」非常惱怒，決定利用反間計，抓捕岑建勳等主要組織者。羅海星不知是計，自投羅網。

羅海星跟「蛇頭」先後三次在中國會面，再跟「黃雀行動」主事者接洽。有一晚，他在廣州酒店收到「黃雀行動」成員來電：「批貨來不了。」那是營救行動失敗的暗語。他心知不妙，翌日轉

折趕赴深圳，賭一賭能否成功過關返港，結果關員把他的回鄉證掃來掃去也過不了電腦，他就此被捕。

「那是一九八九年十月十四日，那蛇頭，其實是引蛇出動的二五仔。」羅海星說，除了他，還有近七十名參與營救的中國人被捕，包括陳子明。另外兩名被捕港人乃「江湖人物」的助手，負責用大飛接載。王軍濤後來則循其他途徑逃往美國。

「我被指控窩藏反革命罪犯，被判監五年。」羅海星記得，主審法官私下告訴其代表律師，「李鵬辦公室下了指令，要判羅海星五年，沒判最高十年刑期，算好了。」判決之後，他被送到粵北懷集監獄服刑。

羅海星經過多年中國生活的磨練，一向懂得如何避開紅線，他以不挑戰底線為原則，卻在良知和義氣驅使下，不慎碰了高壓線，不幸成為了「北京警告香港的棋子」。

後來，經過英國首相梅傑的干預，羅海星於1991年9月17日提前獲釋，回到香港。他寫了一篇題為〈我的天空〉的描述獄中生活的文章，發表於同年10月號的《明報月刊》：

「人們置身的天空原像一個晶亮的大罩，暖暖的藍色環抱住山河大地，她是多麼的廣闊無垠。

然而，對於我來講，一個失去自由的囚徒的天空卻有三個之多，並且形狀各異，大小不同。

因為我是犯人，還是一個政治犯，一切都被限制起來，連天空對於我也與常人不一樣。

我被限制在三個大小不同的空間裡生活。

一間斗室大的囚房約十平方米，前後兩面牆壁分別有三個一平方米大而成方形的窗，兩個向著窗外的院子，一個是後牆的

窗。窗上縱橫布滿指頭般粗的鐵條,把窗子分割成若干小方格。透過這些方格就是我的第一個天空。她是破碎的但又是美的。那一小塊一小塊的藍天,使我感到了大自然的美。尤其是天晴的時候,如洗的藍天,藍得高也藍得透徹。眼望著這一片又一片的藍色,我不由自主地想念遠方的親人,我的摯友。

走出斗室外是稍大的一坪天井,有水龍頭、廁所。天井是通頂的,頂上就是一塊約四平方米的空位,這就是我的第二塊天空,自然也被鐵條分割了,就像動物園裡關狗熊、老虎的籠子一樣,人在其中,往往不由自主地踱步走圈,往返不斷,現在我才明白動物園中的動物為什麼在籠子裡兩頭不停地來回轉。在某種意義上,我和牠們沒什麼兩樣。

我的第三塊天空是最大的了。囚室外的小院,約有三十平方米,三面圍牆高高立起,至少有五米高。就像三塊大幕把小院裹得嚴嚴實實。外界的景物一點也進不來。仰頭看就是一大片藍色,也不破碎,這是我最完整的天空了。就是這塊稍為完整的天空也不完全為我擁有。因為只有每日半天放風時,我才能涉足於此,享受這最好最美的天空。她是多珍貴的天空呀!

大自然對每個人都是平等的。然而偏偏卻有人把這些與生俱來應有的權利也限制起來,彷彿這是他們的專利品。對那些在社會中侵犯了別人的人,給予一定的限制,原是必要的。然而,對於勇於追求恢復、尋找那與生俱來的權利的人們,拿這種限制作為回報,豈不是太殘酷,太有悖天理了嗎?

對理想的追求不是一般的執著,絕不是幾根鐵條,幾塊殘缺不全的天空和幾扇鋼門可以嚇倒、屈服的。屬於真理的聲音也永遠不會消失,而謊言,哪怕重複千萬遍,也僅僅能矇騙一時,法西斯納粹的戈培爾不早已曾經試驗過了嗎?林彪、四人幫不也步

其後塵,結果反是折戟黃沙為人所唾棄。人對真理的追求和選擇是不能由別人的意志來代替去限制及規範的。從這個意義上說,馬克思最早的宣言是一部更深刻更徹底的人權宣言,從根本上指出了每個人與生俱來的權利,不過後世盜名者把它歪曲成另外的東西罷了。

自然的規律是不容抗拒的,只能順應它、服從它、利用它,正如天空哪怕分成十萬九千種形狀,它還是一望無際的、是浩瀚的、深遠的。逆潮流而動總不會成功,倒頭來也只能是機關算盡,慘淡收場而已。

我熱愛藍天,我更愛自由,然而如果要我以犧牲那種與生俱來的權利作為交換的代價,我寧可失去這兩種可愛的東西,因為原則是不應該也不可以作為交易的。此刻,我更加深信我對真理的追求僅僅是一個開始……。」

羅海星獲釋回到香港那天,港英政府的副政治顧問柏聖文來到紅磡,給他遞上一張賀卡說:「首相祝賀你回到香港。」英國人用一張卡,來告訴他誰是「恩人」。同年年底,羅海星與妻子到英國探親,英國政府邀請他到唐寧街首相府做客。結果,他與英國首相梅傑的合影令北京憤怒不已,北京即時沒收他的回鄉證,十多年他都不能到中國。在香港,他也從「凱旋而歸的英雄」變成了「不可觸及的敏感人物」,很久都找不到工作。

羅海星始終不認為自己是政治反對派,自己只是憑良心做了一點事而已。他在爭取合法權益(回鄉證)時奉行「三不」主義:從不放棄任何與當局溝通的權利與機會;溝通時,他從不說過頭話、不做刺激對方的事情;可以妥協但絕不放棄自己的原則與良知。可謂有禮有節、不卑不亢。

羅海星還曾任自由亞洲電台粵語部主任，後又任特約評論員，常常就香港和中國的時事發表意見。

2005年，羅海星確診罹患一種罕見的慢性白血病。醫生告知，無藥可治，也不能化療，唯一可試的是換骨髓。羅海星之所以得此絕症，最大的可能就是當初關在懷集監獄時，飲用水受到礦物的污染所致。

四兄弟姐妹都願意捐出骨髓，最後只有弟弟羅海雷合適。羅海星朋友很多，幫助他籌集了醫療費用。手術後，他的病情反反覆覆，時好時壞，免疫系統相當虛弱。

2009年10月，羅海星染上H1N1甲型流感，在隔離病房五天後康復出院。11月，再度肺部感染而入院，一度入住深切治療病房，被鼻飼插喉，醫院下達病危通知。他始終有鬥志與病魔決鬥，竟然逐步康復，而後學習呼吸，學習走路。

2010年1月10日，醫院下達可以出院通知，不過醫生發現他的凝血度還較弱，更換藥品後再出院。誰知，翌日又開始體溫上升，原以為可以回家過生日，卻在14日零時20分於瑪麗醫院病逝。臨終前，他的太太、子女、母親陪伴在側。夫人周蜜蜜表示，羅海星晚年多病，但臨走的一刻，很安詳：「謝謝，你們有心。昨天晚上半夜，他一直都很多病，一時是豬流感，插了喉，麻醉了。他也不是很有知覺的，就慢慢的，就是這樣。」

羅海星死訊傳出，「黃雀行動」總指揮陳達鉦（六哥）對媒體說：「羅海星在黃雀行動中作出重要貢獻，他為此付出了沉重代價。我十分懷念他。他出殯那天，我一定會去，在花圈上寫上：戰友啊，一路走好。」

「黃雀行動」的另一位主持人朱耀明牧師表示：「一個時代，有一些知識分子，願意從著良知的呼籲，去做應該做的事。羅先

生是在大時代內作了英雄的行為,對陷於危險中的人,伸出援手,以他的愛和能力去協助這些人逃離苦困。……羅先生宅心仁厚,不想他的名字出現在媒體上,但他實際上做的工作,是讓很多人都深深懷念的,很多人受過他的幫助,仍然會記得他出於愛的行動。」朱耀明牧師還說:「但願他昔日所留下的愛心,見義勇為的行為,能夠激發更多的中國人,在人水深火熱中,在今日整個中國,踐踏人權的時候,讓這些良知,昔日這些人所走過的路,都留下美好的見證,激發我們的愛心。」

身在北京的陳子明接受採訪時說:「我代表內人王之虹,向海星的家人深表哀悼和緬懷之情。海星是『六四事件』中香港同胞的行動先鋒,他為營救大陸民運人士作出極大貢獻,但他從來不四處張揚。未來在記念『八九』民運的歷史記載中,應該寫有他的名字。」2007年,陳子明應邀往香港講學,他去醫院探望了病中的羅海星。陳子明說:「當時他身體狀況尚佳,病體恢復得還不錯,我們還一起用餐。」羅海星當時一再表示,參與「黃雀行動」,雖然被捕判刑,在獄中染重病,但自己從來都沒有後悔過。

身在美國的民運人士王軍濤表示,他銘記著這位恩人:「聽到海星去世的消息,我很震驚,也很難過。1989年的時候,海星和一些香港的朋友,冒著生命的危險,營救我們,營救了不少人,但在營救我和陳子明的時候落網,後來被公安局判了刑。」

也是被「黃雀行動」營救到美國的作家孔捷生[138]評價說:「海

---

138 孔捷生(1952-):作家,記者,公共知識分子。廣州人,早年以知青文學和傷痕文學而知名。1976年,參加四五運動。1989年,參與六四民運。六四鎮壓後,被公安部通緝,後被黃雀行動營救,經香港轉赴美國。長期擔任自由亞洲電台粵語部記者、編輯。也曾以易大旗為筆名,在香港《蘋果日報》撰寫時評專欄。代表作有《易大旗文集》、《血路1989》、《龍舟與劍》等。

星是一個時代的楷模，他用自己的一生告訴我們，怎樣去做一個正常的中國人。」

羅海星生前，甚少向外透露其在黃雀行動的角色，一直默默付出。其夫人周蜜蜜說，羅海星看得很開，沒有掛在嘴邊，走時也沒有吩咐。她說：「講與不講，就是做了就做了！」

羅海星的弟弟羅海雷為哥哥寫了傳記《星沉南海》。《星沉南海》這個四字的書名，出自羅海星去世時，羅孚作為老父、白頭人送黑頭人揪心寫下的悼詞：「日出東方喜見神州呈正氣，星沉南海愁聽風雪悼英魂。」這本書還有一個副題：「一個中共香港地下黨後代苦戀的故事。」

羅海雷說，他寫這本關於兄長的書時，最難下筆的地方，是羅海星1991年從監牢出來以後的那段經歷。他說：「海星不是一個悲劇人物，他是一個雖然經過殘酷鬥爭而沒有被打敗的人，他愛恨分明，渾身上下沒有一根懦骨。」

2023年，羅海星的妻子周蜜蜜在台灣出版《亂世孤魂：我與羅海星，從惠吉西二坊二號到唐寧街十號》一書，將羅海星的很多故事娓娓道出。香港詩人舒非評論說：「我和蜜蜜、海星認識三十多年了，看了這部回憶錄，才知道在他們熱戀之時，時代的闇黑魔影其實無時無處不在。蜜蜜在這裡寫出了她和海星在種種磨難波折下那份不屈不撓、不離不棄的愛，令人為之動容。」香港作家陶傑亦評論說：「政治很險惡，人卻要留一畦無愧於心的境地。那個早已消逝的香港，那時是何等的豐盈多彩，皆因『自由』、而且是託蔭於殖民地統治的自由。」

一九四〇年代人

31 王策：以基督精神再造共和

王策（1949年3月15日至2021年1月4日）：原名王立峰，政治學者，民主人權活動人士。中國廣州中山大學哲學碩士、美國加州大學洛杉磯分校文學碩士、美國夏威夷大學政治學博士。1983年，出國留學。1985年，受王炳章感召，加入中國民聯，投身海外民主運動。1998年，回中國推進國內反對運動，呼籲中共開啟政改，在杭州被捕並被判刑四年。2002年，獲釋後定居西班牙。曾任中國民聯「二大」和「三大」總部委員、中國自由民主黨主席、中國基督教民主同盟主席、中國民聯陣—自民黨主席。2011年，發表《新共和宣言》。2012年，發起組建中國共和黨。2014年3月，中國共和黨正式成立，任第一屆、第二屆主席。主要著作有：《中國重生之路》、《中國共和憲政之路》等。2021年1月4日，因病在西班牙瓦倫西亞（Valencia）去世，享年七十二歲。

王策：生於浙江溫州。其父王敬身，在抗戰時期為蔣鼎文將軍掌文牘，又為復興書院馬一浮之得意門生，是一位穿戎裝的文人。王策在為其父遺著《王敬身文集》所寫的序言中說：「今當先父詩文出版之際，緬懷其一生，以良相之心而行良醫之事，懸壺濟世，澤及鄉里；而時候變遷，山川風物，蒼生疾苦，胸中塊壘，一一發之於詩。」其母為律師。

其岳父為九葉詩人之一的唐湜。王策的友人陳維健曾寫道：「我們算得上老鄉，老家都是溫台。王策的岳父唐湜與我岳父陳朗既是同鄉，又同在中國劇協，唐湜在《戲劇報》，陳朗在《戲劇研究》各執牛耳。後兩人又同被劃為右派下放改造。」

1949年中共建政後，王家淪為「歷史反革命」家庭。王策八歲時，父親被關進監獄隔離審查，他和姐姐去送飯，目睹父親的慘狀。母親憂憤交加，臥病在床。他讀完初中，因出身不好，不能繼續讀高中。一幕幕屈辱、歧視和不公，在其幼小的心靈中留下深深的創傷。雖然環境如此惡劣，但他並未低頭，苦難讓他變得堅強和早熟。通過家庭的不幸，他看到中共極權制度帶給整個國家社會的深重災難。他想尋找一種能夠救國救民的真理，使中國人民擺脫專制統治，走向民主自由。他從小就將其當做人生目標，甚至願意為之犧牲一切。

王策很早就開始思考哲學與社會政治問題，並嘗試建立祕密地下組織、從事民主運動。文革結束後，中國恢復高考，他考取了廣州中山大學哲學系研究生。他的碩士論文，研究的是戊戌變法領袖梁啟超的哲學與社會政治思想。

1983年底，王策赴西班牙留學，聽說王炳章發起了民主運動，特意託朋友從香港買了《爭鳴》雜誌，從《中國之春》的廣告上，取得王炳章的聯繫方式。他立即加入中國民聯，也即時建

立了民聯在西班牙的聯絡站。

1985 年，王策轉赴洛杉磯，在那裡完成第二個碩士學位，隨即又去檀香山的夏威夷大學，攻讀民主政治理論的博士學位。大部分中國留學生都選擇很好找工作的理工科專業，王策卻選擇政治學這個很難找工作的專業。他如此解釋說：「政治的惡夢和理想，主宰了我前半生的生命。有一句話說，人在哪裡跌倒，就想在哪裡站起來。從我懂事的時間起，政治一直是我生命中的障礙。所以政治也成了我想克服、戰勝的一個解不開的心結。」可以說，對民主政治的追求，貫穿了他生命的全過程。為此，他離開家庭十多年，拋妻別子，一個人辛苦地讀書，默默地忍受著孤單與寂寞。

王策一直認為，中國人民的不幸只是社會制度的不合理，只要把專制制度變為民主制度，一切問題都可迎刃而解。但隨著研究的深入、視野的擴大，他漸漸的認識到，人類社會的問題並沒有那麼簡單，任何理論都無法從根本上解決社會現實問題。

就在迷茫之中，王策接觸到基督教，終於認識到人間的一切罪惡，從根本上說都是來自人心的罪性。任何制度都不能保證社會的公義，只有公義的靈魂才能保證社會的公義。而一個公義的靈魂，只有在上帝的救恩中才能得到。從戊戌變法以來，中國人追求民主已經一百多年了，但民主一直沒有實現，就是因為沒有看到民主制度必須有上帝的公義為主導。換言之，在「德先生」和「賽先生」之上，還得有基督先生來做主，否則只是在沙灘上建屋，沒有根基。中國問題的根本解決，首先在於重建人民對上帝的信仰，使人與上帝恢復和好的關係。

1989 年，王策在檀香山一家華人教會受洗成為基督徒。

1991 年，王策中斷博士論文的寫作，寫了一本小書，叫做

《基民恩雨錄：基督民主主義與中國重生之路》，試圖將基督教的基本精神與現代民主政治的價值觀與制度結合起來，為中國尋求一條得救之路。

在這本小冊子中，王策對五四運動做出深刻反思。他寫道：「追求上帝的公義，那麼人間的一切，包括科學與民主，自然不難得到。」他還打了一個精彩的比喻：「德先生』與『賽先生』只是這個文明殿堂的兩個門神，『基督先生』才是高居殿堂中央的『萬王之王』。中國人民錯把門神當主神來崇拜，結果引來邪魔纏身，把帶著科學與民主面具的所謂『科學社會主義』引了進來。中國人拜錯了神，禍害至今，現在是應該覺醒的時候了。」

王策在書中提出「五化三倫」理念：「五化」指精神仁愛化、社會自由化、政治民主化、經濟民生化和教育人格化；「三倫」則是神倫、物倫、人倫，或稱天倫、地倫和人倫。神倫就是愛上帝，物倫就是愛護自然環境與生物，人倫就是愛人。這是結合基督教愛上帝和愛人如己兩條誡命和中國文化的親親、仁民、愛物和敬天思想。

任教於夏威夷大學的哲學家成中英[139]在為此書寫的序言中評價說：「王策博士是我所見的當代年輕一輩中最能好學深思的一位。他專研政治學，對歐美各國政治制度和民主理論以及中國的民主化問題尤有精湛的研究。他也是一位懷抱悲天憫人之心的虔誠的基督徒。他提出的中國基督民主政黨的創建顯示了他同時兼具愛國愛民的情操和融合中西文明的智慧。」

1992 年，王策本有機會在美國拿到六四綠卡，但他沒有拿，

---

[139] 成中英（1935-2024）：美籍華裔哲學家。生於南京，1949 年全家隨國民政府遷往台灣，台大碩士畢業後，赴美留學，獲哈佛大學哲學博士學位，後長期任教於夏威夷大學馬諾阿分校，其哲學體系以《易經》為雛型的本體詮釋學。

而是去西班牙與家人團聚。他曾說：「中國是我的祖國，外國綠卡有也好，無也好，我最終還是要回到我的祖國。」同樣，以他的學歷，要找一份教書的工作是有可能的，但他選擇投身基督教傳教與中國民主運動。

1992年，王策創建中國基督民主同盟，並當選主席。1993年8月，他被選為中國自由民主黨主席。1997年11月，他當選海外最大民選組織民聯陣—自民黨主席。

1997年，獨裁者鄧小平死了。不少中國人緬懷這個有名無實的「改革開放的總設計師」，卻忘記鄧小平是手上血跡未乾的六四屠夫。王策與黃河清合作撰寫〈鄧小平蓋棺論定〉一文，揭示了鄧小平的真面目。王策本人是鄧小平恢復高考及選派大學生到西方留學政策的受益者，但他對鄧小平的評價卻超越個人得失，站在中國民主大業的高度，對鄧小平予以全盤否定。

這篇文章中，開宗明義第一句是「鄧小平死了！」。接下去指出，無論世人、歷史將如何評價鄧，無論中共將給鄧戴上多少頂桂冠，鄧作為中國民主的頭號敵人，是可以蓋棺論定的。鄧小平在1956年中共八大上擔任中共總書記。這是他一生中全面影響中國政局的開始。從此以至其生命中止，鄧小平一天都沒停止過對民主的扼殺和摧殘。鄧小平自1957年至1989年，大約每十年都要鎮壓一次民主運動。其立場之明確、態度之堅決、手段之兇悍，中共其他領導人都無法與之相比擬。文章歷數鄧1957年反右，1966年文革初期派工作組迫害學生運動，1979年鎮壓西單民主牆，1989年調動軍隊屠殺學生和市民，「差不多每隔十年都要向民主舉起屠刀，惡狠狠地砍下來」。

文章從對鄧小平的評價說開去，深切反省了鄧的暴政之所以成功、民間的民主運動之所以失敗，原因在於：「鄧小平扼殺民

主運動每次都獲得成功,除他掌有強大的國家機器、軍隊諸原因外,還有很重要的一條,那就是他十分準確地利用了民主運動的弱點,即每次民主運動都十分奇怪地無視一以貫之的歷史:『八九』民運的學生認為『七九』民刊人士是『反革命』,不願沾邊,拒絕其加入自己的隊伍;『七九』民刊人士和文革中的『造反派』則視五七年的『右派』是『反革命』,而自己才是真正的民主革命者。總之,每次民主運動都自行斷裂歷史,孤軍作戰,從而不能彙成統一的民主大軍。反之,鄧小平等中共當權派可從來也不管你如何表白自己的『純潔』、『清白』,只要你向他們爭民主就是『反黨反社會主義』,一概在剷除之列,無論你是『五七』、『文革』、『七九』、『八九』,一視同仁,統統要扼殺於萌芽狀態。中國民主運動從自身來說,難道還不應該深長思之麼?!」

王策是溫和的,但他並不總是溫和的。他直斥鄧小平是中國民主的最大敵人,半句好話都不說,並不在意當時大多數民運菁英評鄧的溫和甚至溫情。涉及到中共及中共頭面人物的歷史罪惡,涉及到歷史真實時,王策是勇敢的,尖銳的,堅定的,理性的,實事求是的,不隨波逐流的,愛憎分明的,敢說敢為的血性男兒。但一旦面對如何推進中國民主化進程,如何促使中共早日實施政治改革這樣重大而具體的實際問題時,這樣關係到十幾億人的生命、生活時,他絕不忌諱別人對他產生「投降派」的誤解,堅持一貫溫和、十二分理性的立場和態度。這個時候,他是一位最堅定的和平、理性、非暴力主義者;這個時候,他將中國人民乃至全人類的福祉擺在第一位。

王策判斷,鄧小平的死亡有可能帶來中國民主運動的一個高潮。1998年10月,他從西班牙回國,向中共中央提出《中國三十年的政治改革方案》。11月2日,王策於北京上書途中,在杭州

與中國民主黨創始人王有才見面,並交給他一千美元生活費。見面後,他即被捕。

12月10日,中共當局正式宣布逮捕王策,並且控他以「資助危害國家安全犯罪活動」及「偷越國境」二罪。

1999年1月27日,王策在杭州市中級法院接受審判。由於聘不到任何正直的律師出面辯護,他只得自行辯護。由於王策辯護得宜,使法庭無法立即宣判。2月4日,法庭在未通知王策妻子及家人的情形下,宣判王策四年有期徒刑。判刑後,王策拒絕上訴。2月24日,王策被送往浙江金華監獄服刑。

關於法庭上的情形,王策的妻子唐絢中在〈念丈夫王策〉一文中回憶:「法官問王策,民聯陣－自民黨的組織宗旨是什麼?王策不疾不徐,朗聲應道:『結束一黨專政』。……王策義無反顧地走上了不歸路……」

2002年1月,中共當局提前十個月釋放王策,並將他驅逐出境。隨後,王策回到西班牙家中。

2011年11月11日,王策在網上發布〈新共和宣言〉並徵集簽名。這篇宣言寫道:「目前中國的現狀是:執政的共產黨已淪為官僚權貴與新興經濟菁英的利益代表者,與廣大的工農平民勞動階層處於緊張的敵對狀況。現在的公權力就像一隻失控的野獸,可以肆意掠奪人民的財產,侵犯人民的各種權利。受到傷害的人民,無法通過體制上的正常途徑,以自衛其正當權益,只好走向群體性的街頭維權抗爭與血淚斑斑的上訪,甚至自殘、自焚的抗議之路。這就是為什麼群體性抗爭事件逐年增加,直至現在的每年數十萬起;上訪問題也無法解決,迫使國家財政支出的『維穩』經費竟然超過國防預算。鑑於當前的舊共和專制政體已異化為壓制人民自由,剝奪人民幸福的桎梏,我們有必要發起一場新的共

和革命，籌建新的共和政體，從而為我們將來的安全與幸福提供新的保障，因而我們發表《新共和宣言》，向世人闡述我們『再造共和』的主張。」

該宣言指出：「我們將堅守『新共和』革命是一場理性有序的『和平革命』的原則。」「我們希望『新共和』革命是由一場從下而上的政治訴求推動，從上而下的政治改革回應，兩者相結合而完成的革命。是一場上下合作的、而非上下對抗的和平革命。這將是一場雙方都有可能接受的『雙贏革命』」。

就「新共和」的具體策略和內容，王策指出，構建此一新共和政體的具體建制主要涉及到：黨政分開、黨民復職、官員民選、分權制衡與人權立國等方面，並以十二年為「新共和」的「訓政期」。在此期間，「黨方」和「民方」可以在比較穩定的政治框架之下，通過議會議事與各種選舉的操練，逐步熟悉民主政治的運作方式，摒棄「你死我活」的舊政治鬥爭心理，養成「共生共存」的民主政治文化和行事習慣，使雙方都能擺脫草莽習氣，生成紳士風度，從而培養成中國良性競爭的多黨政治格局。再加上軍隊的國家化，在政治上保持中立，使各方政治力量擺脫了一旦政見不同就動用軍隊的暴力習慣。這樣，進入「憲政期」後，一旦出現政黨輪替，各方也能坦然面對，知道今朝下台，明朝還有機會再次上台，不必擔心一旦下台就「千百萬人頭落地」的恐怖後果。

2019 年，王策發文記念六四慘案三十週年，提出需要反思六四、超越六四，「認清我們以前的迷惘不足，吸取失敗的經驗教訓，樹立起我們明確的政治目標，將泛泛的民主運動提升為『中國民主憲政運動』，探索力所能及的各種不同途徑，努力奮鬥，以達成『結束中共一黨專政、創建多黨民主憲政』的政治理想」。

王策的友人、居住在日本的作家和學者劉燕子曾前往西班牙拜訪王策。她在一篇記念王策的文章中寫道:「王策的小雜貨店開在華人街,從小超市,洗頭店,洗衣店等等到處都是溫州人的一條龍服務,不需要西班牙語完全可以魚兒一樣自由地生活。他去的也是溫州同鄉多的華人教會。但是同他談得來的人似乎寥寥無幾。他人在陋巷,簞食瓢飲,不改其樂。但看得出他的苦悶和困境。在自由世界,沒了恐懼,沒了危險,但是沒有幾個西方人來關注他的政治理想,就像行俠仗義的唐吉訶德,跟風車激戰,儘管這是『正義的戰爭,消滅地球上這種壞東西是為上帝立大功』,但由於唐吉訶德不會折服於現實,改弦更張,他雖然視死如歸,勇往直前,人們一邊讚頌這種除暴安良的經典的騎士精神,一邊又嘲笑他的過時、糊塗。⋯⋯他的內心仍然懷有熾熱的抱負,就像一位步法、計時、手速都準備好的拳擊手,卻一拳擊中在棉花上,無力,失落,徘徊在絕望的邊緣。他成日枯坐在小雜貨店裡,對做買賣也不熱心,常常關注網上的時政。」

　　2021 年 1 月 4 日,王策因病去世。他生前喜歡吟誦北宋茶陵郁禪師的詩:「我有明珠一顆,久被塵勞關鎖。今朝塵盡光生,照破山河萬朵!」這首詩就是其生命的寫照。

32 紀斯尊：君子抱仁義，不懼天地傾

紀斯尊（1949年12月10日至2019年7月10日）：人權捍衛者，生前素有「赤腳律師」美譽。從1980年代起，他就義務為弱勢群體代理訴訟維權。2008年8月9日，他到北京市公安局申請奧運期間請願遊行，隨即被捕並被判刑三年。2014年10月，再次被捕並被判刑四年半。他在獄中遭受各種酷刑折磨，身患多種嚴重疾病，多次申請保外就醫均被拒絕。2019年7月10日，服刑出獄剛滿兩個半月的紀斯尊，因不明疾病死於國安人員嚴密監控的福建漳州薌城區醫院重症監護室，享年七十歲。遺體當天被強行火化。紀斯尊生前曾榮獲第五屆「曹順利人權獎」，獲獎後不久就像曹順利一樣被中共暴政奪走了生命。「福州紀斯尊含冤去世案」是中國人權律師團評選的2019年度十大人權迫害案之一。

紀斯尊：生於廣東，後來移居福建。文革時，他參加紅衛

兵，到全國各地串聯。他還曾與姐夫下放到龍岩陸家地煤礦機修車間工作，結識了一批天南海北下放到煤礦的人，這段經歷對他影響很大。他體驗到底層生活的艱難，並產生幫助底層民眾改變現狀的想法。

文革後，紀斯尊考取第一屆電視大學。他文筆不錯，喜歡寫東西。他先是在漳州商業車隊機修車間做木工，後來去漳州一家鄉鎮企業貿易中心做生意。

1992 年，四十出頭的紀斯尊從漳州獨自來到省城福州，從頭創業。起初，他和人合開一個裝飾公司，但也沒有掙到大錢，後來關門了。他一直沒有成家，理想很高遠，現實很骨感，正如他姐姐所說：「他對風花雪月的東西不感興趣，一直很想做點大事，很有點懷才不遇的感覺。」有一次，他打電話給姐姐求助：沒有錢交房租了。大姐借了兩千元錢連夜送去。

從 2002 年開始，紀斯尊自學法律，做起公民代理人，為弱勢群體提供法律幫助。他姐姐說：「這個很符合他的脾氣，他從小就愛打抱不平。他把為民維權當成了一種精神寄託。」

在一篇題為〈巨劍〉的文章中，紀斯尊這樣介紹自己，「心繫天下的紀斯尊，新中國同齡人，大學文化，傳承屈原、蘇武、司馬遷、岳飛、魯迅、聞一多、葉挺、普羅米修士、季米特洛夫、保爾等古今中外仁人志士精神風範，一身錚錚鐵骨，浩然正氣」。

紀斯尊曾設想創辦一個名為「巨劍網」的百姓維權網，在寫給友人的信中說：「很想將巨劍網建成在國內外有廣泛影響、有份量、有力度，深得民心，深受歡迎的網站。內容敢於針砭時弊，入木三分，尖銳批評。」但他隨後解嘲說：「這確實太理想化了，現實卻是殘酷的。我深知這一點，但總還是想盡力而為。」

後來與紀斯尊一起從事維權活動的范燕瓊[140]回憶，紀斯尊是一個受到毛澤東時代影響的人，具有那個時代的理想主義，紀斯尊曾寫過一篇〈我比魯迅狂〉，范燕瓊評論說：「你可以看看他的文章，口號居多，沒有實質的內容，語言不少是文革式的。這個人有點個人英雄主義，後期有些自我膨脹。」

　　紀斯尊生活簡樸。後來打官司有了些名氣，找他代理案件的多了，日子才好過一些，但仍沒有什麼錢。他的老朋友莊磊[141]評價說：「老紀幫訪民打官司不談代理費，訪民給多少算多少。這方面福建律師沒人能與老紀比。他幾十年如一日，生活儉樸，只啃饅頭喝稀飯，維繫最低生活需求。」曾得到紀斯尊法律幫助的壽寧托溪村主任郭恭文[142]說：「他褲子破了自己用針縫。一天三頓都是吃稀飯，裡面摻上青菜。」郭還說，老紀幫助的案件，人家給他一點餐費、伙食，他就知足了。紀斯尊自己說，一天三元錢，夠

---

140 范燕瓊（1960-）：維權人士，作家。福建南平市延平區人，生來俠肝義膽，以筆為劍，為弱勢者發聲，為平民百姓代筆告官。2009 年，她和吳華英、游精佑等二人，因同情福州市閩清縣女子嚴曉玲暴斃遭遇，為之申冤，被福州市馬尾區公安局抓捕，最終以誹謗公安、破壞政府威信為由，遭福州市馬尾區法院定罪入獄，此即因言獲罪的「福建三網民案」。此後，范燕瓊持續參與各種維權活動，屢屢被當局非法軟禁、限制自由。2010 年，獲美國中國民主教育基金會頒發傑出民主人士獎。2022 年，獲美國赫爾曼・哈米特獎，表彰她為言論自由作出的執著努力以及面對強權迫害時的勇氣。

141 莊磊：福建維權人士。2010 年，莊磊在協商期內遭暴力強拆，七旬岳母被打傷抬入醫院，由此走上維權之路。多年來，他由強拆受害者轉變為人權捍衛者，關注和聲援侵犯人權的熱點事件，長期遭遇當局的監控、騷擾、打壓。2013 年，莊磊在前往北京出差途中，於火車上被福州市倉山分局違法抓捕並任意羈押五十天，取保候審四百八十二天，身體健康嚴重受損，公司破產，損失慘重。

142 郭恭文：托溪村主任。2005 年 5 月 28 日，十九位村民反對採礦，被礦主雇凶殘忍砍殺，鮮血淋淋。2005 年 11 月 23 日，十五位村民又被礦主雇凶殘忍砍殺，郭恭文被從頭到腳亂刀砍三十四刀，生命垂危。紀斯尊將郭恭文被砍殺照片親自送到北京，找到公安部信訪接待處。在公安部督辦下，十七名凶手被抓獲，後共判一百一十三年徒刑。礦主賠償村民幾十萬元，分文不少，全部到位。

生活就行了。

2002年，紀斯尊在閩北為一起案件做代理時，曾因「冒充律師詐騙五百元」的罪名，被地方公安局拘留十三天。這起案子的當事人郭恭文一再強調：「老紀是被冤枉的。……被當成冒牌律師拘留十三天的經歷，對老紀刺激很大。這反倒激勵他日後更多地為我們弱勢群體說話，他覺得我們之間有共同語言。」

類似紀斯尊的公民代理人，準確資料無法掌握，在珠三角地區，根據《瞭望》週刊統計，不下五百人。他們遊走在某種灰色地帶：普遍實行「風險代理」和低廉收費，承諾「打不贏官司不要錢」，將弱勢群體體制外抗爭引入法制軌道，一定程度緩解了弱勢群體投訴求告無門、訴訟成本過高、判決執行無望等維權難題。同時，他們的存在也引起有關部門的質疑。「做公民代理，需要非常小心」。同樣身為公民代理人的范燕瓊說，紀無律師資質，平時多強調自己不是律師。

在這段時期，紀斯尊幫助很多維權人士打贏了官司。比如，2004年的壽寧開礦糾紛案，曾被《民主與法制時報》以〈瘋狂採礦誰來監管〉為題報導。壽寧噪音污水擾民案件，曝光後被福建列為污染大戶掛牌督辦。這些案件背後多為官民衝突和利益角逐。

紀斯尊作為公民代理的多起案件均產生了相當影響，也為一些民眾爭回利益。但面對公權肆虐、民權不彰、權在法上、公民權利屢遭侵害而無力維護的現實，他深感民主改革與法治建設對保障公民權利的重要性，於是借北京奧運之機，於2008年8月9日，在多家國內外媒體記者見證下，前往北京公安局治安總隊公開申請「在北京奧運會期間在世界公園、紫竹院公園、日壇公園舉行請願活動」，希望通過「張掛彩噴展示板；各種演講會、對話會、研討會；散發材料；出售報刊；國際互聯網、博客論壇」，表

達「重要政治建議、見解、尖銳深刻批評、合法訴求」，以期「讓世界政要、記者為中國特色的民主政治活動喝彩、讓世界人民震撼！讓全國人民深感鼓舞！讓全國官僚腐敗分子深深震懾！為建設文明和諧繁榮社會開創良機！」

結果，中共當局承諾的奧運期間允許公民在世界公園、紫竹院公園遊行示威，是給西方的一個空頭承諾。哪個中國公民信以為真，想付諸實踐，立即招致雷霆打擊。過於單純的紀斯尊，這一次就成了當局釣魚執法的對象，被當局綁架失蹤，押回福建關押。

2008年9月18日，紀斯尊被福州市警方以涉嫌「偽造國家機關公文、印章罪」刑拘。9月26日，被正式逮捕。

一審前，紀斯尊發信向朋友求助，借錢打官司。在銀行卡上，這個六十歲老人的儲蓄，只有一萬多元，幾乎都交了一審費用。

2008年12月23日，福州市台江區法院開庭審理紀斯尊一案。根據紀斯尊的委託，福建華巍律師所的林開華律師成為一審辯護律師。

根據福州市台江區檢察院的指控：2006年間，紀斯尊為達到接受他人案件代理牟利的目的，製作了「其他公民擔任代理人（辯護人）登記證明」空白表格，私刻了「漳州市薌城區司法局代理人（辯護人）登記專用章」一枚，然後冒充薌城區司法局領導，在表格上簽署「同意」的意見。2006年到2007年間，紀斯尊利用這種偽造的公文，以福州市蒼霞法律服務所的名義，為林秀英等三人代理各種案件。公訴機關根據相應的證據，認定被告人紀斯尊觸犯刑法，以「偽造國家機關公文、印章罪」追究其刑事責任。

紀斯尊不是正式律師，按照當地規定，做公民代理，需要到

戶籍所在地司法局辦理「其他公民擔任代理人登記證明」。林開華律師說，此舉是為了防止黑律師擾亂法律市場，凡公民代理都需登記。根據林開華猜測：「老紀也許是嫌來回跑耽誤時間，所以自己就製作了幾張表格。」

在一審法庭上，紀斯尊供述：「2006年間，找我幫忙打官司的人很多，為了應急，認為『其他公民擔任代理人登記證明』不是什麼重要公文，就到電腦打字店列印了六七張表格。」他記自看守所的一篇日記顯示：即便是自己製作了表格，卻是出於幫助別人維權的目的。「我折斷的江邊小小毛竹枝，卻救起一個個在江水中苦苦掙扎的溺水者，功大於過，社會後果有益無害。」

對於公訴機關指控自己靠偽造公文做公民代理人牟利的說法，紀斯尊沒有承認。按照規定，公民代理人不能收取代理費。根據紀斯尊日記講述：「我所在的蒼霞法律服務所，規定三千元以下的案件不受理，而社區居民多為小案件，交不起錢，我無法用法律服務所名義接案，只能用公民資格代理，為民維權。」紀斯尊承認，自己從2002年到2008年一直在蒼霞律師服務所工作，但並不是這個所的正式人員。

作為公民代理，不允許收費。紀斯尊和當事人之間，採取了基於誠信的民間合作模式：打官司階段免費，案件成功之後，當事人會對紀斯尊付出的交通、時間、勞動，給予一定的補償。這種方式法律沒有明確規定禁止，實踐中也不會去管。不然，一腔熱情的紀斯尊無法解決生存問題。紀斯尊也意識到讓他身陷囹圄的這條規定的模稜兩可。在日記中他寫道：「如果我為了為民維權，自製公民代理證明，這本身是對司法制度不合理規定的嘲諷，這是本案發生的具體原因。」

至於國家機關公文，林洪楠認為，1993年11月21日修訂的

《國家行政機關公文處理辦法》第 9 條規定：（國家公文是指）命令（令）、議案決定、指示、公告、通告、通知、通報、報告、請示、批復、函、會議紀要十二類。林洪楠說：「一個區的司法局的登記表格，不屬於國家機關公文之內。而且『同意』屬於領導簽字，『領導批示』只是領導個人的名義，不具有法律效力，並不一定執行，所以『同意』並不算偽造公文的行文。」

紀斯尊對於一審很有信心。2008 年 12 月 25 日，他在郵寄給友人吳華英[143]等人的明信片上寫道：「23 日已開庭，勝訴在望！可能在元旦前宣判無罪釋放！請提前做好準備迎接我回去工作，準備鞭炮、條幅『熱烈歡迎志士紀斯尊凱旋』，通知各電視台記者前來，慶賀勝利！」樂觀情緒溢於字裡行間。

2009 年 1 月 7 日，被福州市台江區法院以「偽造國家機關公文、印章罪」判處紀斯尊有期徒刑三年。這是該罪名的最高量刑上限。值得注意的是，一審判決法院最終亦採信，紀斯尊為他人代理各類案件「沒有牟利」。

得悉判決後，紀斯尊兩天兩夜沒有睡，他花甲之年的生日就是在看守所度過的。作為曾經並肩作戰的搭檔，范燕瓊獲知宣判結果後感嘆：如果這次紀斯尊被判刑，有了刑事前科的他，或許永遠不能再做公民代理了。

紀斯尊決定上訴。他以一審律師辯護不力為由，重新請北京的劉曉原律師和福州法煒律師所的林洪楠[144]律師擔任二審辯護律

---

[143] 吳華英：維權人士。多年來，吳華英為其弟吳昌龍涉及的福清紀委爆炸案上訪維權，多次被抓。她還因參與網路發帖質疑福清的嚴曉玲案，被以「誹謗罪」判刑一年。

[144] 林洪楠（1939-）：維權律師。1962 年，畢業於北京大學法律系。1962 年，赴西藏支邊，為中印邊界衝突軍事法庭成員，後到山南公安處工作。文革爆發後，被劃為「牛鬼蛇神」，戴高帽遊街。1978 年中秋節，以「反革命罪」被捕，被判死刑，

師。然而，此類案件，「上面」早已內定判決結果，與律師的水準和名望無關。二審駁回上訴，維持原判。

2011年1月17日，紀斯尊刑滿釋放。出獄後，他發起新一輪對福建各級權力機關的訴訟，並繼續為弱勢群體代理維權案件，招致公權力的加倍忌恨。

其中，最危險也最具傳奇色彩的行為是，紀斯尊於七一期間，以「不入虎穴，焉得虎子」的勇氣「自投羅網」，深入北京久敬莊救濟中心，偷拍和錄像，記錄了許多真實狀況。

紀斯尊後來接受外媒訪問時透露，在這個臭名昭著的「信訪集中營」，訪民剛進去就受到控制，完全失去人身自由。這裡有幾十間小房屋，每間可關押近百人；還有幾十間大房間，每間關押兩百人左右；另外還有七個大棚，每個大棚可容納五百人，已經人滿為患，連走廊、通道都擠滿信訪人員。總共加起來，這裡可關押上萬訪民。

一部份信訪人員經過登記後，被分別關押在各個省分的房間內，等待當地駐京辦官員前來認領，遣送押回本地處置。這裡同樣也有大小幾十間黑牢房。由於所有房間都擠滿訪民，已無法容納新的信訪人員，剛拉來的訪民，不能下車，被看管在一部部車內煎熬，被折騰得苦不堪言！

後改為有期徒刑十年。1979年底，獲平反。1981年起，先後任福州市公安局預審處科長、副處長、法制處副處長及福州市司法局律管處處長，推動成立福建第一家法律援助中心。1996年，辭職成為專職律師，設立法煒律師事務所。代理過的人權案件有：福州三網友案、福清紀委爆炸冤案、紀斯尊案及2016年福州維權人士大抓捕案等。2009年，因代理福州三網友案受到停止執業一年處罰。2019年12月10日，中國公民運動網將本年度「傑出公民獎」頒給林洪楠。頒獎詞指出，林律師在近六十年的職業生涯中，親歷過黑白顛倒的政治風雲，也經歷了體制內執法者到體制外法律捍衛者的角色轉變。如今，他仍以耄耋之軀，站在法律的前沿堅守著法治的信念。

紀斯尊描述，他親眼所見，黑衣特警、公安、保安、法警，個個年輕力壯，練就一身擒拿術，格鬥身手不凡，對訪民甚至對許多長輩狠勁猛推、大聲喊叫。有人命令大家排斜隊，有人命令大家排直隊，像要猴一樣。

紀斯尊斷言：「久敬莊是中國信訪集中營！對信訪集中營，政府至少又投資近億元改造，並配置幾百部截訪民的大巴客車和相關交通工具，配有大量警力專職抓訪民以及上千名工作人員和保安！除此之外，全國各地駐京辦也要派出大量人力物力配合。」他進而指出：「由地方政府違法截訪，惡性發展到由黨中央、全國人大、國務院統一組織實施違法大截訪收容遣送，只能嚴重激發社會矛盾。」

紀斯尊認為，這是繼法西斯集中營後的中國信訪集中營，違反《憲法》的公民人身自由權，嚴重違反《信訪條例》。他呼籲中國政府立即廢除信訪集中營，真正落實接訪、解決問題。他列出一份〈2011年清理全國信訪積案攻堅戰登記表〉，又撰寫〈信訪大軍宣言〉，直擊中國信訪體制的根本性弊端。

2014年10月21日，紀斯尊應《人民日報》社之邀，欲前往北京參加「強徵土地問題」記者會，途中被福建警方非法抓走軟禁，於10月28日被福州市倉山區警方行政拘留15天。

11月1日，網上發表了一份有超過一百五十名各界人士聯名呼籲書，要求釋放紀斯尊。聯署聲明表示，紀斯尊一直以來都在無償為弱勢群體伸張正義，深得冤民尊敬，也由此得罪不少貪官污吏。很多人擔心紀斯尊此次被「帶走」後的人身安全，聯名呼籲釋放這名「為民請命者」。聯名呼籲發起人之一的維權人士范燕瓊，隨即被警方從家中帶走。

11月12日，紀斯尊拘留期滿，又被福州市鼓樓區警方以涉嫌

「聚眾擾亂社會秩序罪、尋釁滋事罪」刑拘。2015 年 3 月，被福建閩侯縣檢察院正式批捕，被關押在福州市第一看守所。

2016 年 4 月 17 日，紀斯尊被福建閩侯縣法院以「聚眾擾亂社會秩序罪」判刑三年零三個月，以「尋釁滋事罪」判刑兩年，二罪並罰，決定執行四年半。

紀斯尊不服判決，提起上訴。2016 年 7 月 8 日，二審祕密裁決「駁回上訴、維持原判」，刑期至 2019 年 4 月 26 日。後來他被轉至莆田監獄服刑。

2016 年 5 月 12 日，代理律師與紀斯尊會見，發現其身體健康狀況很差。家屬表示，紀斯尊入獄時健康狀況良好，入獄後患上高血壓、糖尿病、冠心病、腦梗、腸病等多重疾病。

2018 年 1 月 19 日，紀斯尊病重，由莆田監獄轉到福建建新醫院治療，11 月 20 日動了手術，生命處於垂危之中。期間，代理律師曾為其申請保外就醫，被當局拒絕。

2019 年 3 月 14 日，是北京維權人士曹順利逝世五週年的紀念日，維權網、民生觀察、權利運動三家人權團體將第五屆「曹順利人權捍衛者紀念獎」頒給尚在獄中的紀斯尊。頒獎詞指出：「紀斯尊先生幾十年來堅持不懈替弱勢群體維權，竭盡心力推進中國人權改善與法治進步，雖屢遭打壓判刑，仍癡心不改，堪為中國人權捍衛者典範。」

2019 年 4 月 26 日，紀斯尊刑滿出獄，但此時已病入膏肓，一出監獄便直接被送進漳州市薌城區醫院的重症監護室。住院期間，警方只允許少數家屬探病，不許任何朋友探視，並警告親友不得公開談論其病情。

6 月 6 日，律師、朋友及家屬一同前往漳州薌城醫院，由於當局禁止會見，在經歷一番周折後，最終在監護室見到紀斯尊。

一位參與會見的朋友說:「那時他的狀況非常好,頭腦清晰,還當場跟大家說希望轉到漳州175醫院,他說現在的醫院治療條件不好。」

7月10日上午,家屬突然收到病危通知,前往醫院會見時,紀斯尊已昏迷不醒,連遺言都沒有留下。下午13時30分,紀斯尊在漳州薌城醫院離世。下午6點左右,當局強行將其遺體火化。醫院的大夫告訴家屬,病危原因是內出血造成的,但連病歷都沒給家屬。紀斯尊沒有成家,只有兄弟姐妹關心他。大姐近80歲了,不了解病情的來龍去脈,也不知道治療狀況。

曾為紀斯尊擔任律師的紀中久[145]在〈紀念紀斯尊〉一文中寫道:「紀斯尊雖遭陷害,但他對法律的信仰不變。他委託我做他的申訴代理人,就是找尋公正和真理。公正和真理我想是在的,只不過是也許不在當下或不在此地。⋯⋯兩個冤案的判決書、裁定書記載著他的歷史。他已經逝去了,安息了。他不偉大,但他足夠堅韌!他不博學,但他足夠擔當!他貧窮,但他絕不苟且!忘不了,在監獄的病榻上,他振臂握拳與我告別的那一幕。他的一生不需要去刻意拔高、刻意美化。作為共和國的同齡人,他此時去世有著象徵意義。紀斯尊信仰的法律沒有死去。法律是上天與人民的約定,不過是被以文字記錄下來。追尋屬於公民的法律,保衛屬於公民的天賦權利是我們這一代人應有的擔負。紀斯尊的靈魂沒有離去。中華民族千百年來對正義的執著追求、抑暴向善、扶助貧弱的精神深深縶根於八閩大地,這種精神縱有強權摧殘,也會不斷萌發、成長!」

---

[145] 紀中久:維權律師,代理過紀斯尊案、徐秦案、嚴興聲案、勾洪國案、709案、謝陽案、季孝龍案等人權案件,還經常在網上發文譴責地方政府及司法機關的濫權。

一九五〇年代人

33 胡踐：一種有冤猶可報，不如銜石疊滄溟

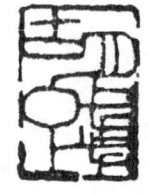

胡踐（1951年至1995年10月24日）：太原工業大學講師，民主人權活動人士。1989年天安門學運爆發後，他在太原組織大學生上街遊行，進而組織山西學生到北京聲援天安門學運。六四鎮壓後，他被通緝，四處藏匿。隨後，他潛入北京，到人民大會堂東門外向戒嚴軍人表明身分，並向全國人大遞交抗議書。他立即被捕，押送回山西，被以「反革命宣傳煽動罪」判刑十一年。在獄中，因不堪獄方虐待，他絕食二十二個月，一直靠強制輸液、鼻飼維持生命。1995年10月24日，胡踐因心力衰竭而去世，終年四十四歲。監獄當局稱其「精神失常絕食而死」，拒絕家屬看最後一眼即將其遺體火化。

胡踐：出生於山西太原。其父為1937年參加中共革命的老幹部。但他沒有在父親的蔭蔽下享受特權生活，從小就對社會上不公不義的事情充滿義憤。

1968年，毛澤東號召青年「上山下鄉」，以此瓦解矛頭逐漸

轉向現行體制的紅衛兵運動，並緩解城市面臨的經濟壓力。17 歲的胡踐，下鄉插隊到山西平陸縣農村。山西農村的凋敝，農民生活的困苦，讓他深受震撼，由此對中共的統治產生了深深的質疑。

隨後，胡踐到縣城的一家工廠當工人。因工作表現突出，他被選送為工農兵學員，到太原工業大學就讀。太原工業大學雖非一流名校，卻也有源遠流長的歷史傳統，其前身為創立於 1902 年的國立山西大學堂西學專齋。胡踐在校期間，學習勤奮，成績優異，畢業後留校任教，從事馬列理論教學工作。耐人尋味的是，1980 年代的很多異議知識分子，都來自體制內研究馬列主義的部門。

1976 年下半年，毛澤東死掉、四人幫被抓，華國鋒成為接班人。文革看似結束，但文革模式仍然在按照巨大的慣性運作。華國鋒堅持「兩個凡是」，即「凡是毛主席作出的決策，我們都堅決維護；凡是毛主席的指示，我們都始終不渝地遵循」，並保留了「無產階級專政下繼續革命理論」。華國鋒也沿用毛澤東的風格，包括其獨特的髮型，並經常模仿毛澤東在公共場合的舉止。中共官媒和宣傳機關利用華國鋒作為毛澤東合法繼承人的身分，將他定位為革命的新舵手。華利用毛澤東的「認可」，即毛寫給華的字條「你辦事，我放心」，使其領導權合法化。華將其肖像滲入到中國公民的日常生活中。凡學校、政府機關、公共設施皆被要求在毛澤東肖像旁懸掛華國鋒肖像。短暫的華國鋒時代，也繼續逮捕、殺戮異議人士，如李九蓮等人，都是華國鋒時代的受難者。

1977 年，文革的法西斯恐怖尚未散去，胡踐捨身犯險，公開對華國鋒搞個人崇拜提出批評意見，因而被捕入獄兩年。直到華國鋒下台後，他才被釋放出獄。

1980 年代，胡踐雖身處封閉僵化的山西，仍然如飢似渴地

汲取新思想、新觀念,並在課堂上向學生們講授,成為太原工業大學最受學生歡迎的老師之一。他對西方的民主自由價值十分嚮往,教學之餘苦讀英文,希望有機會到西方留學。在1987年度的托福考試中,胡踐的成績名列華北地區第一名。但由於種種原因,他未能成功出國深造——如果他在1980年代後期出國留學,一定能在學術上有所成就,或許能留在西方過上自由而幸福的生活,而不會如後來那樣在中國經歷六四屠殺並遭受牢獄之災、乃至以身殉道。

1989年春,胡耀邦突然去世引發學運。當北京學生走上街頭後,胡踐也坐不住了。據八九民運參與者郭承東[146]回憶:1989年5月5日,太原市的高校學生突破了當局的阻嚇,衝出校園,走上街頭,舉行了八九民運以來的首次大遊行。那天,郭承東和若干朋友突破警察的防線加入遊行隊伍。當郭承東穿行到隊伍前列時,發現隊伍的最前頭有位男子格外引人注目。「他三十幾歲,身材高大,儀表莊重,從容鎮定。他正在邊走邊向簇擁著他的學生講著什麼,很有些運籌決勝的氣派」。有學生告訴他:「那是太原工業大學的講師,叫胡踐。」

當時,太原的民運主力幾乎全是學生,知識分子都還在觀望之中,並未公開參與,特別還沒有走上街頭抗議——那需要突破很大的心理障礙。而胡踐是山西省最早站出來推動八九民運的知識分子之一。

此後,胡踐在校園貼出大字報,對共產黨的獨裁統治提出深入的剖析和批判,他還組織太原工業大學的師生到北京去聲援北

---

[146] 郭承東:八九民運積極參與者。六四鎮壓後,在中國國內逃亡三年,曾偷渡香港,卻遭遣返。後又偷渡台灣,在台灣被羈押八個月後,被作為難民安排到瑞典定居。

京學運。他是當時太原站在運動最前列的大學教師之一。

六四屠殺後,那些見風使舵者很快作鳥獸散。血與火,是對人的品質和勇氣最大的考驗。疾風知勁草,胡踐卻沒有退縮,他繼續公開發表演講,支持學生運動,譴責六四屠殺。

隨後,大抓捕來臨。全國各地很多捲入民運的知識分子都被抓捕,山西也是如此:王新龍[147]於逃亡途中被捕,葛湖[148]於家中就捕。丁俊澤[149]、郭承東、胡踐等人都上了通緝名單。在太原及周邊地區,先後被抓捕者包括姚虎賢[150]、李福發[151]、秦懷慶[152]、李樹平[153]、劉貴平[154]、孫艷麗[155]等多人。

被通緝後,胡踐割斷與親友的聯絡,逃亡到陌生的鄉村,改了姓名,以當年下鄉插隊時練就的吃苦精神、質樸作風,頑強地活了下來。當局到處撒網追捕,盤查了他的所有社會關係,長達

---

[147] 王新龍(1942-):山西大學副教授,積極參與八九民運,六四鎮壓後,被以「反革命宣傳煽動罪」判刑八年。1997年獲釋。

[148] 葛湖(1954-):山西煤礦管理幹部學院講師,因參與八九民運被以「反革命宣傳煽動罪」判刑八年。獄中因患眼疾致右眼失明,1995年保外就醫獲釋。

[149] 丁俊澤(1947-):山西大學副教授,因參與八九民運被以「反革命宣傳煽動罪」判刑十二年。獄中因患有心臟病及骨折,1995年保外就醫獲釋。

[150] 姚虎賢:山西醫學院講師,因參與八九民運被以「反革命宣傳煽動罪」判刑六年。1995年獲釋。

[151] 李福發:太原鋼鐵公司工人,因在八九民運期間組織工人遊行聲援學生,被判刑七年。

[152] 秦懷慶:山西洪洞縣農民,八九民運時因張貼「打倒共產黨」標語,被以「反革命宣傳煽動罪」判刑三年。

[153] 李樹平:山西太原鋼鐵公司保衛幹部,因張貼揭露北京大屠殺真相傳單,被以「反革命宣傳煽動罪」判刑三年。

[154] 劉貴平:山西省大寧縣一中老師,因對六四屠殺不滿,寫大字報抗議,被判緩刑兩年。

[155] 孫艷麗(1971-):太原市煤氣化公司幼稚園教師,因遊行時領頭呼喊口號「鄧小平像月亮,初一十五不一樣」,被以「擾亂社會治安」勞教兩年。她是山西八九民運中第一個被抓獲的「壞人」。

一九五〇年代人

數月亦一無所獲。直到後來他到北京自投羅網後，才被查出他的一個名叫任建新[156]的學生曾收留過他，該學生及家人因此被捕、被關押。

數月後的一天，胡踐突然隻身出現在北京人民大會堂東門外。那時，北京戒嚴令尚未解除，城內到處是荷槍實彈的軍人。人民大會堂是軍人保衛的重點，更是三步一哨五步一崗。胡踐走近一位值勤軍人，放下旅行包，作了真名實姓的自我介紹後，說他要見全國人大常委會負責人，面交一份抗議書。

戒嚴部隊「接待」了胡踐，稍作核查便證實了他果然是被公安部立案通緝的山西省「動亂頭子」，而他的抗議書乃是致全國人大常委會、抗議鄧小平的大屠殺。於是，戒嚴部隊如獲至寶，立即拘捕了這個送上門來的通緝要犯。他們搜查胡踐隨身攜帶的旅行包，發現裡面裝有換洗衣服、衛生用品等一應入獄必備品。可見，胡踐早已做好被捕入獄的準備，此舉猶如飛蛾撲火、自尋死路。

對此，就連其好友郭承東也頗為困惑：「胡踐君為何要這樣做？是逃亡生活太辛苦屈辱而實在堅持不下去了？是為了有所擔當？是為了殉道？還是深思熟慮後為了向中共再挑戰？我不知道，但我確知他是以抗爭的方式昂首走向中共的牢獄的。他用自己血肉的頭顱撞向中共刀槍構成的大廈。」

---

[156] 任建新：山西省保德縣農家子弟，家裡從事個體運輸業發家致富，他自費上了太原工業大學。六四大屠殺後，在回學校路上，他偶遇因受通緝而逃亡的老師胡踐。他毫不猶豫地將老師帶到哥哥在保德縣城的家中躲避。胡踐被捕後，從未向警方透露逃亡路上庇護過他的朋友們，但不知哪個環節出了問題，任建民及其哥哥、父親先後被捕。在交了六千元罰款後，其老父親獲釋，但其哥哥被押到太原市公安局看守所關押六個月。直到1990年7月，任建民在被關押一年後，以「包庇罪」判處免予刑事處罰才被釋放。

隨後，胡踐被押解回山西太原。中共建政後，山西一直是極左思想肆虐之地，也是一塊「向來少受外界注意的人權荒野」。雖然1980年代的文學界有「晉軍」異軍突起，但太原和山西始終滯後於全國思想解放運動的步伐——如果對山西長期閉目塞聽的狀態有所了解，就能明白作為山西人的習近平為何在掌權後倒行逆施。

此時此刻，山西省當局急於以嚴打重判民運人士來向北京表忠。而胡踐性格倔強、拒不認罪，自然就成了山西司法機關「殺雞儆猴」的典型。

在被關押於太原看守所一年左右的時間裡，胡踐與獄方多次交涉，要求當局要麼判刑，要麼釋放，不得非法無限期關押，而當局拒不理睬。為此，胡踐依據《中華人民共和國刑法》中關於「關押四個半月後仍無法判刑者應予釋放」的規定，兩次身背行李，據理力爭要出看守所，均被擋回，並被兩次、數月加戴鐐銬懲罰。他還多次絕食抗議，為此遭到獄卒和牢頭的毒打，身心受到極大摧殘。

1990年7月，胡踐案開庭審理。胡踐被以「反革命煽動罪」判處十年有期徒刑，又被加判「逃脫罪」一年半有期徒刑。法庭依據《刑法》兩罪合併執行減去半年，決定執行十一年。他判刑之重，超身在北京且有全國知名度、對民運產生更大影響的「動亂黑手」。如果他人在北京，很大概率只會獲刑兩三年。

隨後，胡踐被送到坐落在山西祁縣的山西省第一監獄服刑。當時，也被關押於此的民運人士尹進[157]曾與胡踐身處同一監號，

---

[157] 尹進：原《海南經濟報》駐山西記者站站長。八九民運中積極參與抗議活動，六四屠城後，他在集會上宣讀由他起草並徵集多人簽名的〈致全國人大的血書〉，要求撤銷李鵬的總理職務。他由此成了山西公安廳通緝的五名要犯之一。他被捕後，由

他回憶說:「獄方每日供以玉米麵窩頭,強迫學習《社會主義大綱》,一位姓申的獄政科長動不動就大罵侮辱,由於胡踐拒不認罪,又無妻無子,而又不被親友理解,入獄後單位已將其開除,沒有任何經濟收入,完全到了無人過問的地步,其景況相當淒慘。」

1993年下半年,胡踐在獄中寫下幾首詩歌,後來輾轉傳到海外發表。就詩歌藝術上來看,算不上好詩,卻是他獄中生活和思想的真實而生動的寫照:

人

你用衣服遮掩自己
你用槍炮屠殺無辜
你懂得使用語言
你滿紙都是謊言

權力總把是非淆
法律禁吃死人肉
活人卻被送牢監
野蠻打上領結是文明

金錢是藝術
──別有洞天

中共山西省委常委會研究決定,判處勞動教養三年。出獄後,他偷渡到台灣,再作為難民獲准居住在瑞典。

神聖離你如此遙遠
你還長著野獸的心肝

風

帶走你的瀟灑
因為我不能
破碎我的夢

你把森林吹散
你讓萬木臣服
千山把你托起
眾星把你圍住
但你不在乎
把天刷得漆黑
大地淋得濕糊糊
雷鳴電閃過後
你反顯得溫柔

羨慕你的瀟灑
我卻不能
破碎我的夢
待我燃成灰燼
給我一陣風

1994年1月，胡踐不堪獄方虐待，再次絕食抗議，被獄方認

定為「精神病」，轉押山西省勞改醫院。在此，胡踐又慘遭毆打，鼻樑骨折斷。後轉送到太原市精神病醫院，派監獄看守人員隔離監護。他遂以絕食抗議。自此，在長達二十二個月的絕食過程中，一直靠強制輸液、鼻飼維持生命。其母簡玉潔曾向北京和山西有關當局多次交涉，要求給胡踐保外就醫並平反昭雪，但均未有結果。

1995年10月24日，胡踐在監禁中死去。中共當局聲稱，胡踐係「精神失常絕食而死」。胡踐的母親要求見屍體，當局無理拒絕，並強行予以火化。由此，胡踐成為八九民運後十二萬入獄者中第一個被獲知慘死獄中的政治犯。

尹進悲痛地寫道：「一個才華橫溢的教師，一個老共產黨人的後代，一個馬列主義的教育者，一個還沒有作過爸爸的中年人，一個有獨立思想的中國人，只因為他愛自己的學生，只因為他嚮往民主，只因為他有思想，只因為他有正義感，只因為他要把心裡的真話講出來，便慘死在那個當初也打著民主、自由的旗號的『偉大、光榮、正確的中國共產黨』的獄中。」

尹進質問中共政權說：「如果胡踐確屬精神失常，依照中國法律精神，病患者是不應被判刑的，那為什麼要對其處以高達十一年的重刑？如果他是在獄中被迫害導致精神失常，依照中國法律也應保外就醫，為什麼始終拒不讓其保外就醫，也不送往醫院診治，而卻令其慘死獄中？這難道就是中共政府天天叫囂的中國的內政和生存權麼？如果胡踐確係絕食而死，那麼他當屬受到迫害後而引發絕食抗議，絕非憑空絕食，那麼他受到當局怎麼樣的迫害呢，為什麼當局不敢讓其母親看一眼他的屍體，當局懷有什麼見不得人的鬼胎？」

34 吳學燦：刑天舞干戚，猛志固常在

吳學燦（1951年至2015年9月25日）：政論家，民主人權活動人士。早年曾參軍，後為人民出版社編輯、《人民日報》記者及編輯，發表過很多有影響力的文章。1989年，天安門民主運動期間，他與同事將北大傳單「趙紫陽的五點聲明」印成〈人民日報號外〉，廣為散發。六四屠殺後，他被公安部全國通緝，當年年底在海南被捕，因拒不認罪，被以「反革命宣傳煽動罪」判處有期徒刑四年，剝奪政治權利一年，是《人民日報》唯一因六四坐牢的員工。在秦城監獄單獨關押期間，其身體受到極大摧殘。1996年8月，應哥倫比亞大學之邀赴美做訪問學者，後參與創建中國戰略研究所，又任自由亞洲電台特約評論員。2015年9月25日，吳學燦因罹患肺癌去世，享年六十一歲。

吳學燦：出生於蘇北溶海縣農村的一個窮苦人家。童年時代最深的記憶是差一點餓死，母親那時得了浮腫病，而他最長的一

次是連續有七天一粒米都沒有下肚。

1968年3月，初中畢業後兩年，吳學燦穿上軍裝當了兵，表面上是為了「保家衛國」，其實主要是為了吃飯，因為他聽說當兵有飯吃，而且可以吃飽。他從小性格就異常剛烈、耿直，即使在紀律嚴明的部隊也敢於與長官頂撞。不過，從陸軍到海軍，他都表現良好，得過獎，被評為「五好戰士」。1970年7月，他加入中國共產黨。

1972年4月，吳學燦退役後被分配到國務院出版口。當時，由周恩來親自批准，從海軍調了四十個戰士，到人民出版社「摻沙子」。他到出版社後不久，被送入廣州中山大學讀書。1975年，畢業後回到人民出版社。因其「根正苗壯」，被安排到作為要害部門的政治處工作。他多次向領導提出要搞業務，1978年2月，被調到經濟編輯室當編輯。

吳學燦思想的根本轉變，發生在1979年春。中共十一屆三中全會之後，黨內一些開明知識分子，如《人民日報》總編輯胡績偉、副總編輯王若水、編委兼理論部主任何匡、理論部副主任汪子嵩等，在思想解放運動中發揮了巨大作用。吳學燦仔細閱讀了他們在中共中央理論務虛會上的文章和發言，深受啟發，並開始超越前輩的想法。老一代的文章，總的意圖是討論怎樣使社會主義制度完善，而吳學燦的結論卻是：社會主義不能救中國，只有推翻中國共產黨的領導，推翻社會主義制度，才能使得中國興旺發達。

童年和少年時代所遭受的苦難，是吳學燦永生難忘的。當思想解放運動中人們在討論社會主義的「不完善方面」時，他的腦海中出現的卻是悲慘與黑暗。在經常進行的「回憶對比」活動中，老年人憶的是所謂舊社會的苦，思的是新社會的甜；而吳學燦回

憶的痛苦卻完全是「新社會」的:「社會主義好,一天三頓吃不飽」——社會主義、共產黨帶給他和工農大眾的是飢餓和痛苦。正是這種切膚之痛,使他在對社會主義制度和共產黨的領導作理論上的思索時,對它們作出完全否定的結論。1991年5月,吳學燦在秦城監獄中寫了一首詩:「少年傾聽謊言,青春狂呼口號;二十八年夢裡飄,醒來怒火中燒。」從他出生到1979年,他在思想上的清醒,正好二十八年。這首詩是其思想歷程的真實寫照。從此以後,他就把埋葬共產主義作為生活目標。吳學燦後來在美國接受訪問說:「如果說在理論務虛會以前我還是同胡績偉、王若水等人一樣,是共產黨制度的『補天派』的話,那麼此時的我就轉變成一個『塌天派』了。」

1980年12月,吳學燦被調到《人民日報》理論部。隨後,進入中國社科院與《人民日報》社合辦的研究生班深造。1985年,《人民日報》海外版創刊伊始,他被調到第五版(港澳台新聞)任編輯、記者。有同事回憶,他敢說敢做,結婚後分不到房子,他扯開嗓子大罵一陣,卻又不忘埋頭幹活。他在《人民日報》發表了一些見解獨特、有一定理論深度的文章,如1985年7月23日在海外版發表的〈相信人、關心人、尊重人〉。他還在其他媒體發表若干隨筆和論文,如在《讀書》雜誌創刊號發表〈怎樣正確理解生產關係〉及在《晉陽學刊》發表〈黑格爾哲學批判〉等。

1989年5月,北京發生民主運動。5月17日,北京各界民眾一百多萬人從四面八方湧向天安門廣場,反對官倒腐敗,要求民主自由。那一天,作為黨報的《人民日報》有一支數百人的記者和編輯隊伍上街。許多受夠了歷次運動長期煎熬的老編輯、老記者,身披「高級編輯」、「高級記者」的紙帶,公然與中共中央劃清界線,唱對台戲。吳學燦便身在其中。

下午二點多鐘，吳學燦回到報社，從同事那裡得知記者和編輯們正在與報社領導層就時局和編輯方針展開一場對話會。他匆匆趕往對話現場，提出兩條意見，要求編委會順從民意。第一條，在《人民日報》發表一篇社論，全面否定〈四・二六社論〉，肯定學生和廣大民眾是要求自由民主，是愛國行動。第二條，在5月18日的報紙上，全面、詳細、客觀、準確地在頭版頭條以最大號字的通欄標題報導5月17日的全市大遊行。

　　報社領導層不敢接納第一條建議，卻接納了第二條建議，次日，《人民日報》以直排最大字型大小雙排標題上天下地報導了5月17日八九民運期間最大規模的遊行，標題是：〈首都百萬群眾走上街頭，支持廣大學生愛國行動〉。

　　5月20日，吳學燦來到報社，看到同事們都在閱讀一份北大傳單，內容是〈趙紫陽的五點聲明〉。傳單寫道：「趙紫陽總書記主持工作的權力已被剝奪，由李鵬主持政治局工作並決定今晚對絕食學生採取強制措施。」同時披露：5月13日，趙紫陽總書記在政治局常委會上主張立即否定4月26日《人民日報》社論，被四比一多數票否決。5月15日，趙決定去天安門廣場向社會和公眾宣布他個人的意見，被中共中央辦公廳以違反黨紀為由阻止。5月16日，在鄧小平出席的政治局常委會上，趙提出五條意見：否定4月26日《人民日報》社論；他本人承擔發表社論的責任；全國人民代表大會設立機構，審查高幹子弟（包括他的兩個兒子）的官倒行為；公布全國副部級以上幹部行為背景；公布高幹的收入和福利待遇，取消特權。以上意見又被四比一多數票否決。5月17日，政治局召開會議，以微弱多數同意趙下台。總書記職務由李鵬兼任。軍管迫在眉睫。

　　這份傳單呼籲社會各界：我們應盡量避免暴力對抗，絕對

避免流血;社會各界團結起來,捍衛憲法;解放軍是十億人民的子弟,我們絕對不能自相殘殺;我們強烈要求立即召開人大常委會;立即召開中共全國代表大會。共和國和中央面臨生死存亡關頭。讓我們立即行動起來,以一切有力的、合法的、非暴力的方式進行決死抗爭!我們堅決反對李鵬的講話,建議人大立即罷免李鵬總理職務!

這時,人群中有人說道:「我們把它印成號外發出去。」吳學燦當即表示贊成,並說自己願意承擔這項工作。於是,他與同事張抒[158]、宋斌[159]、王連偉、張大農等人拿著傳單前往《人民日報》辦的公司所屬開源印刷廠去印刷。

吳學燦擔當起這項工作的組織、指揮者的角色。他很快分好了工。當時,有幾個印刷廠的小姑娘情緒很高,都要參與排字。他靈機一動,把「北大傳單」裁成幾條,每一條都是幾行字,而且都是另起一行。他把裁開的「北大傳單」分給幾個小姑娘,讓她們分別去字架上揀字。

與此同時,吳學燦與同事討論:是只印「號外」,還是印成「人民日報號外」。贊成的、反對的大概各占一半。反對的說,印成「號外」就行了,印成「人民日報號外」可不是玩的,弄不好要掉幾個腦袋。吳學燦聽說要掉幾個腦袋,豪氣頓生。他想起自

---

[158] 張抒(1957-):《人民日報》體育記者,復旦大學中文系畢業。張抒是一條血性漢子,上大學前在安徽家鄉當載重貨車司機,性格豪放。中日聯合登山隊登珠峰,他隨登山隊到達近海拔七〇〇〇米的大本營。六四鎮壓後,他得知李鵬親定號外事件為全國大案,遂先將女兒送回安徽老家,然後回北京等待警察上門。6月30日,公安部門正式前往《人民日報》抓捕張抒。張抒被捕後,在宣武區看守所被「收容審查」十個月,後被取保釋放。

[159] 宋斌(1968-):《人民日報》群工部記者,四川人,廈門大學中文系畢業。1990年2月11日,他才被查出在號外事件中負有重要責任,被警察抓走。隨後,他被送入秦城監獄。關押四個月後,取保釋放。

己最崇敬的被軍閥槍殺的民國報人邵飄萍，很想效仿之：「只當1960年餓死了，豁出去了。假如1960年餓死了，後來的二、三十年也是白揀的。」於是，他說：同意印「人民日報號外」的留下，不同意的可以離開。在群情激奮的情況下，沒有一個人願意離開，所有人都留下了。

　　吳學燦擔心報社領導聞風來制止，便派人到樓梯口守望。如果有領導來了，咳嗽一聲，他們就把材料藏起來，另外尋覓時機再印。他還擔心有個別人打電話報告領導，便派可靠的人專門守護車間唯一的一部電話。

　　排好了字，他們就在滾式印刷機上手工推印。印得還挺清楚。印好了清樣，吳學燦讓在場的所有編輯和記者每人校對一份，然後集中到自己手裡。他是在場年齡最大、資格最老的編輯。他很快定了稿，交給排字姑娘改字後再去印刷。當他們印到六七百份時，印刷廠的徐副廠長回來了。他說不能印了，還要收回已印好的「人民日報號外」。吳學燦示意在場的人每人身上藏了若干份。徐副廠長抓到一二百份，就出了車間的門，去領導那裡交差，說已收繳了印好的「人民日報號外」。

　　徐副廠長走後，吳學燦趕緊把幾位同事叫過來。他畫了一張草圖，上面有天安門、前門、東單、西單、美術館等地名，讓他們分別去散發。

　　然後，吳學燦回到辦公室。他告訴辦公室的同事：「我可能要被殺頭。但是做了這件事，要殺頭也可以了。」

　　當天中午，員工們在報社飯堂吃飯，副總編輯兼秘書長保育鈞走到吳學燦面前說：「你幹的好事，這下怎麼辦？」吳學燦沒有回答。

　　晚上，中央電視台播放一則《人民日報》聲明：「一小撮人盜

用了《人民日報》名義印製的『人民日報號外』，與《人民日報》無關，特此聲明。」次日，《人民日報》也刊登了澄清聲明。

此後數日，局勢混沌，社裡尚來不及對此事展開調查。吳學燦幾乎每天都去天安門廣場支持學生。6月3日晚上6點，他騎車前往廣場，未見有異常狀況發生。他又騎車往東單方向，發現東單與崇文門之間有二百多名軍人被市民阻擋去路。他與其中一名中尉聊天說：「學生和市民希望國家富強沒有什麼不對。現在的政府貪污腐敗實在太過分。」他拿出《人民日報》記者證，並向對方說明自己也當過兵，而且當過陸軍和海軍，說軍人是保護民眾的，民眾的和平示威是符合憲法的，軍人不應干涉民眾的和平理性非暴力的遊行示威。軍隊應成為國防軍，是防備外來侵略者的。

中尉見吳學燦說得誠懇，又見他是《人民日報》記者，而且當過兵，感到頗為親切。他告訴吳學燦：「我們接到命令，團長、政委（兩位中校）帶了二個連就參加師裡的編隊往北京開來了。說是北京發生了武裝暴動，要我們來平定暴動。可是到北京後，又不讓我們帶槍，帶槍時不讓我們帶子彈。我們搞不清楚究竟怎麼一回事。」

吳學燦說：「請你轉告你們的團長、政委，叫他們千萬記住，不可對學生和市民動武，如果上面下達命令，也要盡量不傷人。」

中尉流著淚水對吳學燦說：「你放心，你和我們一樣都是軍人，你不願做的事，我們一樣不願做。」

晚10點左右，吳學燦又轉向天安門廣場。剛到廣場，就聽見復興門方向傳來槍聲。廣場上群情激憤。11點半，有人從建國門方向過來，說那裡有人被裝甲車撞死了。吳學燦一聽死了人，頓時毛骨悚然，急忙騎車向東奔去。

到了建國門大橋，吳學燦擠進人群中，只見一具矮小的屍體

躺在橋上，腦袋開了花，血淋淋的一團是從腦袋裂開來的，還和腦袋連在一起。死者身材短小，大概一百五十公分，年齡在四十歲上下。一輛破舊的自行車被碾壓得七歪八扭地倒在旁邊。這是他的坐騎，與他一起罹難。

從建國門大橋下來，吳學燦的心情格外沉重！這是個陰天，沒有月亮，難道真的是古代章回小說中所說的「月黑殺人夜，風高放火天」嗎？

吳學燦推著自行車，緩慢地向天安門廣場走去。走到東單時，大約是凌晨1點半。突然一聲「幹嘛去，想找死嗎？」將他驚醒。原來是兩名工人師傅攔阻他前行，並告知廣場那邊傷亡慘重。緊接著，他發現，長安街上三輪車、手推車絡繹不絕，上面堆滿三三兩兩血肉模糊的身體，地上一路是血。

凌晨4點，吳學燦終於回到家中。妻子楊素梅抬起掛滿淚珠的雙眼瞪著他：「我們都以為你已不在人世了。」

6月5日，在報社同事建議下，吳學燦離開北京，展開逃亡生涯。臨行前，他給單位留下一句話：「我走絕不是為了出國，我要去各地調查，了解和研究這場運動的作用和意義。」他先到武漢，轉道重慶，再到海南。

10月，公安部第五局發出《通緝令》：「吳學燦，男，38歲，江蘇省溶海縣人，人民日報海外版編輯兼記者。身高1.69米，體形稍胖，頭髮較長，留一邊倒髮型，橢圓臉，尖鼻頭，戴茶色變色鏡，蘇北口音，攜帶《人民日報》工作證，號碼：0537；記者證號碼：870274。」

12月17日，吳學燦在海南三亞被抓，在海南第一監獄關了六天，又在廣州監獄關了一個晚上。12月29日，他被押回北京。在車站，他神情自若地對參與押送他的報社保衛人員作了一個殺頭

的手勢。隨即,他被直接押送到秦城監獄。

在公安部、國安部派出的專案組審訊人員面前,吳學燦不僅沒有「供認」出什麼「後台」,而且拒不承認自己有「犯罪行為」。有關領導下達命令:「承認悔過可以考慮從輕發落,不承認則從重處置。」他仍不為所動。

1990年9月4日,北京市檢察院簽發了對吳學燦的「逮捕令」,並向法院提起對他的公訴。

1991年12月28日,北京市中級法院開庭審理吳學燦案。檢察官李磊森宣讀起訴書時說:「吳學燦盜用《人民日報》名義,夥同張抒、宋斌等人印製〈人民日報號外〉。」吳學燦立即打斷他:「你這是盜用北京市中級人民檢察院的名義,在宣讀所謂的起訴書。」李磊森說:「我是檢察院派出的公訴人,怎麼是盜用檢察院的名義呢?」吳學燦反問:「我是《人民日報》的編輯兼記者(公安部通緝令用語),怎麼是盜用《人民日報》的名義呢?」檢察官無言以對。審判長丁鳳春卻指著吳學燦說:「不要影響公訴人的工作。」

1992年2月25日,法官丁鳳春宣讀判決書時,把這段話改成「吳學燦夥同張抒、宋斌、唐皿威、王連偉等人(均另案處理)擅自印製〈人民日報號外〉」。吳學燦被判刑四年,剝奪政治權利一年。

《人民日報》號外案,被捕入獄的除了吳學燦,還有張抒和宋斌。有人戲稱《人民日報》有「大三劍客」和「小三劍客」。「大三劍客」指胡績偉、王若水、劉賓雁,「小三劍客」指因號外事件而先後入獄的張抒、吳學燦、宋斌三人。

宣判後,吳學燦仍被關押在秦城監獄二零三監區一零八室。從1991年4月開始,他每晚吃安眠藥才能睡覺,大概是得了單人

牢房綜合症。到 1992 年 3 月 20 日之前，每天吃安眠藥能睡五六個小時。3 月 20 日夜裡 12 點，醫生按時給他送藥，並看著他吃了下去。他吃完藥後就睡，卻很快就醒來。他看天還黑得很，就問守在門口的武警戰士幾點鐘。對方告訴他「12 點半」。原來才睡了半小時，就醒了。於是，他接著再睡，卻怎麼也睡不著。以後每天如此。醫生說，這是患了植物神經功能紊亂症。到了 5 月，他的肛門長了膿包，沒法走動，監獄把他送到復興醫院開刀。手術室有一地秤，他一絲不掛地稱了一下，發現體重猛降到三十五公斤。7 月 1 日，他被轉到北京第一監獄。1992 年 7 月 13 日，他被開除黨籍、開除公職。

1993 年 9 月 16 日，在國際奧會投票表決奧運舉辦城市的前一個星期，吳學燦與多名政治犯獲釋，比起所判刑期，他少坐了三個月的牢。獲釋後，他接受外媒訪問表示，他從來沒有為八九民運期間刊印〈人民日報號外〉一事感到後悔，自己沒有犯罪。他還向外國記者揭發了在獄中遭受暴力的經歷，並稱「已做好再次入獄的準備」，希望今後繼續在憲法的範圍內，為中國民運貢獻力量。

此後，吳學燦曾在朋友開的公司短暫工作，因經常被警察騷擾，又轉為自由職業者。在此期間，他參加了 1995 年 2 月由劉曉波執筆的〈反腐敗建議書〉的簽名。同年，他還是劉曉波、陳小平共同起草的六四事件六週年呼籲書〈汲取血的教訓、推進民主進程〉的簽名人之一。

吳學燦的妻子楊素梅曾作過丈夫在法庭上的辯護人，是丈夫的堅定支持者。楊素梅在人民出版社工作，被丈夫的事情株連，在單位屢屢受到刁難。

1996 年 8 月，吳學燦應哥倫比亞大學訪學邀請，攜家人赴

美。抵達美國後，他聲稱，他要為他堅持的「四項基本原則」——自由、民主、人權、法治——繼續奮鬥。他曾與王軍濤共同創辦中國戰略研究所，並長期擔任自由亞洲電台特約評論員。

2013年7月下旬，吳學燦被診斷罹患肺癌晚期。楊素梅告訴媒體，丈夫從來不吸菸、不喝酒，得肺癌是因為監獄生活對其身體造成嚴重摧殘。

2015年9月25日，在經歷4個月加10天的臨終關懷後，吳學燦安詳離去。在此期間，他仍然與前來探望的朋友們探討中國民主化議題。遵照吳學燦意願，家屬沒有舉行任何形式的追悼紀念活動，一切從簡，其骨灰撒向大海。

《人民日報》資深記者、六四後流亡海外的程凱在一篇紀念文章中寫道：「《人民日報》罪惡滿盈，但上個世紀八十年代，也有過一段生機勃勃洋溢著改革精神和最有良知的時期，從胡績偉到劉賓雁，再到吳學燦，便是那個時期的傑出代表。我一直為自己曾是《人民日報》的一員而感到羞恥，所幸的是，我經歷過《人民日報》最好的時期，曾與胡績偉、劉賓雁、吳學燦共事，也算有小小的安慰。學燦走好！如果有一天中國實現了民主而我仍偷生在世，我會回《人民日報》告訴後人：《人民日報》曾有一位民主先知，《人民日報》曾有一位民主好漢，在流亡中無怨無悔的死去，那就是吳學燦。」

35 周倫佐：一支蠟燭就這樣點燃，直到熄滅

周倫佐（1952年至2016年10月23日）：民間思想者、文學及政治評論家、文革研究者。其父為被中共關押致死的國民黨官員，因出身卑賤，小學未畢業就輟學就業。文革期間，參加四川大學和西昌地區的造反派，奮起反抗不合理的社會制度，先後於1971年和1978年兩度入獄共四年。文革後，被分配到西昌的工廠工作，開始研究哲學和心理學。1980年代中期，與雙胞胎弟弟、詩人周倫佑[160]經常到高等院校舉行學術講座，並開創先鋒詩歌「非非主義流派」。1989年後，轉向文革歷史及精神文化問題研究，倡導「體制外寫作」，代表著中國民間思想界的最高成就。有評論者指出，周倫佐、周倫佑兄弟正像現代文學史上的「周氏兄弟」魯迅與周作人一樣，

---

[160] 周倫佑（1952-）：四川西昌人，詩人、文藝理論家，先鋒文學觀念的主要引領者之一。1986年，首創非非主義，主編《非非》、《非非評論》兩刊。主要著作有：《反價值時代》、《藝術變構詩學》、《藝術人本論》（與周倫佐合著）、《懸空的聖殿》、《在刀鋒上完成的句法轉換》、《周倫佑詩選》、《後中國六部詩》等，並出版一百多萬字的《周易》研究著作。

> 已成為當代文化的傳奇。其主要著作有:《藝術人本論》、《「文革」造反派真相》、《人格建構學》、《叛逆圈》、《拯救人性》等,大部分未出版。2016年10月23日,病逝於四川成都,享年五十四歲。

詩人周倫佑有一首名為〈看一支蠟燭點燃〉,如預言般,如同唱給英年早逝的弟弟周倫佐的哀歌:

「沒看見蠟燭是怎麼點燃的／只記得一句話,一個手勢／燭火便從這隻眼跳到那隻眼裡／更多的手在燭光中舉起來／光的中心是青年的膏脂和血／光芒向四面八方……／眼看著蠟燭要熄滅,但無能為力……／沒看見燭火是怎麼熄滅的／只感到那些手臂優美的折斷／更多手臂優美的折斷／蠟燭滴滿台階死亡使夏天成為最冷的風景／瞬間燦爛之後蠟燭已成灰了被燭光穿透的事物堅定的黑暗下去／看一支蠟燭點燃,然後熄滅／體會著這人世間最殘酷的事」

在風雲激盪的1980年代,周倫佐、周倫佑兄弟如蠟燭一樣點燃無數文學青年的心。先鋒詩人發星回憶說:「1984年9月考入西昌市涼山州財貿學校(中專),剛入校不久便是周倫佑兄弟的『現代詩』與『愛的哲學』講演,在學校門口售票(記得票價是三角一張),我買了一張,按時到西昌市文化宮去。當時聽講演的人很多,過道與窗外站滿了人。許多人聞風而來,沒有票,就

站在門口外面或門口聽周倫佑兄弟口若懸河。周倫佑講的是『現代詩』，周倫佐講的是『愛的哲學』，二人從西昌為出發點，後去成都、重慶、武漢，掀起一股影響極大的『現代詩潮』與『新哲學潮』。80年代是一個渴望知識與求索的理想時代，大家都帶有筆記本，只聽沙沙的抄記聲在桌上鳴響，這種美麗的聲音，多年後時常在我耳邊迴盪。周氏兄弟的口才是一流的，台下的人像被電擊一般沉醉在詩的閃焰與哲學的玄思中。講演有時安排在白天，有時在晚上。記得晚上聽完後已很遲，已沒有公車，從西昌文化宮到涼山州財貿校有十多公里，是城中心到城郊，肚子有些餓了，我在路邊的小貨攤買一袋餅乾，一邊哼著小曲，連跳帶跑往學校趕，到學校時已是晚上十點過，大家已熄燈睡覺，同寢室的同學們看見我回來，就問我聽講的情況，我模仿著周倫佑兄弟的手勢，點亮蠟燭給同學們講起詩歌與哲學。」

　　周倫佐生於憂患與顛沛之中，童年的經歷奠定了他一生孤傲、堅強的性格。他在一次接受訪問時說過：「中國大西南腹地的安寧河谷，像一個巨大的馬槽。我生於斯長於斯，就如一隻小小的螞蟻在馬槽裡爬行，並仰天長嘯。」他的父親周其良曾任國民政府官員，1952年被捕入獄並判無期徒刑，1964年死於四川雷馬屏監獄。從此，他的母親孤身一人帶著幾個孩子在這個馬槽中尋找生存機會。先是從馬槽北端的瀘沽來到中部的西昌城，然後又從這裡開始東奔西突，最後又回到西昌。他的母親的突圍行動只為了兩個目的：一是逃避他的父親被捕事件投下的政治迫害陰影，二是在集體化潮流中尋找一個可以做個體小生意的島嶼。現在坐汽車，母親當年帶著孩子們東奔西突時走過的三百多公里路程只需一天時間就能跑完，可是那時形成馬槽東西兩壁的大山還沒有通公路，一個女人帶著行李拖著幾個孩子的艱難步行，竟然

要走二十多天。在周倫佐兒時記憶中,「那是好大的天好大的地好大的山好大的河啊」。

周倫佐的母親當然沒有讀過海耶克關於自由市場經濟的著作,但她卻竭力在中共計畫經濟的天羅地網中為自己和孩子尋找一線生機。周倫佐說:「對我一生影響最大和最深的人,要數身上充滿野性氣質和自由衝動而一生苦難的母親。影響方式自然是遺傳。」

其他的家人也都有同樣的特質:「我有一個高大英俊而喜歡文學的大哥,文革之初在小學教師崗位上被官方工作組批鬥而患精神病四十年。是他播下了我後來立志寫作的種子。三弟周倫佑,無形中推動我從程式化學術寫作轉向自由體批判寫作。以妻子和朋友雙重身分伴我走過二十年人生路程的黃懿女士,不僅觸發我最後一輪的思想探索,而且影響我更好地駕馭自己的文字表達。」

周倫佐晚年在重病期間如此概括自己幾十年的人生經歷,有五個要點:第一,他的真正學歷只是小學四年級,雖然 1982 年至 1985 年掙了一張電大文憑,但僅僅為了改善生存條件,並沒有增加多少有價值的知識。第二,二十五歲之前,他就坐過兩次監獄,而且還死過兩次。第三,他有過四次大飢餓經歷,每次兩年──總共達八年時間。第四,從十五歲至今,他已堅持了近四十年的思想探索。第五,現在依然待在母親帶著他們最後落腳的地方──馬槽中部的西昌城。本來可以離開這個馬槽,然而又捨不得這裡的好天氣和情感牽掛。

周倫佐小學四年級只讀了一個月就輟學了。因父親的歷史反革命身分,加之母親多病,大哥患精神病,兩個弟弟幼小,十二歲不到的周倫佐就和雙胞胎弟弟周倫佑一起參加社會勞動,為母親分擔生活重擔。

1965年,年僅十四歲的周倫佐被強制下鄉到西昌袁家山農場當知青。文革初期,作為當時政策規定不能參加文革的「黑五類」、「關管殺」子女,周倫佐卻勇敢衝破政策限制,參加「大串聯」後,帶領西昌「黑五類」下鄉知青起來造反,成為西昌「黑五類」造反派代表人物。作為文革紅衛兵中最早一批覺醒者,其思想探索很早,大概從十四、五歲就開始了。文革時期,他先後兩次被關進監獄,在監獄裡度過了四年;還死過兩次(一次被子彈擊中頭部,一次被歹人用刀砍擊頭部)。

周倫佐曾說,對其一生影響最大的事件,是歷時十年的「文化大革命」。他的個性解放、眼界開闊、精神反思、志向確立,都在這個事件中完成。他和周倫佑曾認為,要不是這個事件意外造成的人文後果——一代青年的個性解放和思想覺醒,他們可能就是兩個比較突出的街道小青年,此後最多在市級或省級官方刊物上發表點「異化」文字,絕不可能有後來的人生走向和精神成就。所以,他對文革和「造反派」的感受與評價都與眾不同。

在1971年至1973年的「清查五一六」運動中,周倫佐兩度被捕。監獄方連褲帶、鞋帶、針線、報紙都要沒收,只允許保留馬恩列斯毛著作。於是,三弟周倫佑送到獄中來的二十多冊厚厚的《馬克思恩格斯全集》,成了周倫佐抵禦精神飢餓和肉體飢餓雙重煎熬的唯一依託。在黑牢中對人生之光和國家之光的艱難尋覓,使他第一次有可能將中國的文革置於近代以來世界歷史走向及其變局的框架中來考察。在探索16世紀興起的民主主義潮流轉變為20世紀的民族主義潮流的歷史動因時,他朦朧感覺1950年代社會主義國家的「非史達林事件」、「匈牙利事件」、「波蘭事件」應該是民主主義的復興,而1960年代中國文革中的民眾造反運動也似乎與民主主義復興有關。為此,他用牙膏頭和自己才看

得懂的特殊符號，在書頁的空白處記下對包括文革在內一系列問題的思考結論。

在1978年至1980年的「揭、批、查」運動中，周倫佐再次入獄兩年。他也是靠周倫佑送來的《資本論》、《馬克思恩格斯文選》、《馬克思主義哲學原理》、《列寧文選》、《普列漢洛夫哲學著作選集》等書籍，抵禦雙重煎熬。只不過這次抵禦的不再是飢餓，而是精神絕望和大病纏身導致的肉體痛苦。他的思考銜接上七年前第一次坐牢時的進程，出發點從社會轉向個人，其中必然牽涉到讓其兩次身陷囹圄的文革。但這時他已將文革放在辛亥革命以來中國現代變革的人文框架中來考察，從民主主義和民族主義雙重主題變奏角度探尋文革中造反運動的民主性質及其變態特徵。

1980年出獄後，嚴酷的現實迫使周倫佐將文革研究完全擱下，他招工到西昌電池廠工作。第一次出獄是「無罪釋放」，第二次卻是「免於起訴」。儘管他早已從昔日的造反者轉變為如今的自由思想者，但頭上仍然高懸著「造反派」的不赦罪名。為了改善一落千丈的個人處境，他不得不在被懲罰到生產車間從事苦力勞動之際去掙一張電大文憑。之後，自然還要成家並擔當丈夫與父親的雙重角色。與此同時，他在極端艱困的工作和生活環境中，致力於現代哲學及心理學研究。

1980年代中期，周倫佐以體制外思想者的身分，在西昌、成都、重慶、武漢等地多所高校舉行學術演講，引起轟動反響。他還曾在民間學術刊物《大時代》、《非非》上發表〈愛的哲學〉、〈當代文化運動與第三文化〉、〈新人本主義詩潮論〉、〈群體創傷與三代人的覺醒〉等多篇有影響的論文。

1989年六四屠殺，讓思想解放的1980年代戛然而止。周倫佐被迫轉向更為純粹和艱難的、與現實保持一定距離的思想學術

研究。他沒有顯赫的學歷,沒有學術機構的職位和薪水,沒有發表作品的園地,沒有眾多的讀者,身處西昌這個四川與藏區交匯的小城,可謂「獨行獨坐、獨倡獨酬還獨臥」。他曾表示:「我現在處於三種邊緣狀態:一是地理版圖的邊緣,二是社會生活的邊緣,三是公共話語空間的邊緣。由於自己的言說與知識界主流文化思潮不太合拍,又不願意變成時髦思潮的追逐者,更不希望僅僅成為一個憤怒而匆忙的政論家或時論家,所以話語空間非常狹窄。……我為了完成人生而從二十歲堅持到現在,自然抱有實現價值的期望。進入中心,既是每個思想者和藝術家的奮鬥願望,同時又是其先鋒性的死亡。我當然希望進入中心,可是又不願因此失去思想的亮度。」

2002 年,周倫佐與周倫佑一起提出「體制外寫作」理論。他指出,中國知識分子獨立性的喪失,是 1949 年 10 月 1 日之後的普遍現象。至少由三方面的事實造成:一是被納入統一的組織系統,二是接受長期的輿論洗腦,三是面臨高懸的政治威脅。其結果必然是依附人格代替獨立人格,使知識分子的身分有其名而無其實。1980 年代以來,特別是 1989 年的血色收尾事件,終於使知識分子們逐漸覺悟,大幅度地與極權體制疏離。只不過許多疏離者,仍然置身體制組織系統而離不開其工資發放、住房分配、職稱評定,在獨立言說中不能不具有「策略考量」和「隱喻方式」的侷限,其中有些人甚至逐漸形成習慣而難以改變——把自己也變得曖昧不清。

2002 年 2 月,周倫佐、周倫佑與龔蓋雄[161]作長篇對談〈體

---

[161] 龔蓋雄:四川眉山人,先鋒詩人,文學評論家,樂山師範學院教授。長期從事人類文化、心理學、教育學、哲學、家庭教育等領域的研究。1988 年,加盟「非非主義」詩歌群體。其詩歌代表作有組詩《小康社會的花朵》、《憤怒的遺產》、《絕望詩

制外寫作：命名與正名〉。他特別提及，中國極權主義的重要來源是東方專制主義。東方不僅包括中國和日本，還包括俄羅斯、印度，以及整個亞洲板塊。它作為一個文化圈，特點就是專制主義。中國處於亞洲這一塊的正中地帶，中國的文化傳統就是東方文化傳統。文化的核心是價值觀念。東方文化的專制主義傾向，首先來自東方文化的價值觀念——群體主義的價值觀念，就是個體服從群體的利益和群體的需要，讓個體被群體吞噬，以犧牲個體為代價來成全群體。

　　周倫佐在對談中指出，東方文化傳統的主流，從夏朝開始就具有專制傾向，這種專制傾向的核心就是群體主義的價值觀。在五四時代，在5月4日之前的新文化運動中，群體主義的價值觀受到嚴重衝擊。但5月4日爆發的愛國學生運動又把方向改變了。這之前是個體解放、個體覺醒，自我表現、自我肯定，是個體主義方向。但在5月4日之後轉到了群體主義方向。從形式上看馬克思主義和社會主義制度，它彷彿是現代性的。在統治權威的認定上，它強調的不是天命觀念，不是天子觀念，不是天賦皇權觀念，它的合法性認定，基於這樣的觀念：世界上最先進的階級、體現世界上最先進文化的階級賦予的權力，即無產階級賦予的權力。它用這樣的觀念取得了世俗的合法性。此外，馬克思主義還包含某種科學的因素，比如唯物主義傾向。它也採用現代社會的一些樣式。但為什麼這個制度仍然是極權性、專制性，而且是集古今中外之大成？中國古老的專制傳統是怎樣延續下來的？周倫佐一語中的：「這個繼承者就是毛澤東。」

前的火炬》等；其評論代表作有《非非主義與漢語原創寫作》、《在變構中展開的當代先鋒詩學》、《從詩歌先鋒到文化先鋒》等。

2006年，周倫佐的文革研究巨著《文革造反派真相》由宋永毅主持的「美國21世紀基金會」贊助、收入美國「21世紀中國研究叢書」，在香港田園書局出版。這是一部徹底顛覆主流「文革觀」的學術力作，也是一部在文革造反派研究方面具有里程碑意義的著作。然而，學術著作的出版極為艱難，周倫佐多年嘔心瀝血的著作，只拿到三百美金的稿費。

周倫佐認為，文革是極為複雜的一段歷史，牽涉的問題十分廣泛，涉及社會不同階層及整個民族的心理狀態。在中共一黨專制下進行文革研究，艱巨無比，研究文革造反派更是禁區中的禁區。儘管如此，文革研究是一件具有特殊意義的事，不管怎樣定義文革這個歷史事件，也不論肯定還是否定，甚至強迫人們徹底忘記，它已構成中國當代歷史無法刪去的一個重要段落，不僅1979年以來官方的改革開放和民間的民主運動由它直接催生，而且中國今後的歷史走向也由它提供著間接的事件背景。不認清文革的真實面目，中國今天和明天的許多事情很難經緯分明。

周倫佐在書中指出，文革中的造反派運動是「極權體制下變態的民主運動」。造反派主要由各種社會圈層受壓抑的邊緣人群構成，他們不少都是共產黨專制統治下，受迫害、受歧視的弱勢民眾，他們為了反抗迫害，爭取權利，在文革中奮起抗爭，給予中共的官僚體制極大的衝擊。他們在合法名義下的造反行為，主要出於反抗等級歧視和政治迫害的利益動機，並服從於批判工作組、解放受迫害群眾、燒毀黑材料、鬥爭當權派的現實目的。他們掀起的造反運動，不僅構成同時期以追求社會平等權利為特徵的世界第三波民主浪潮的一部分，而且成為促進一代人從傳統群體主義向現代個體主義轉變的歷史催化器。

2016年10月23日，周倫佐的女兒周夢笛用父親的微信號發

布消息:「家父周倫佐自今年 5 月病情加重,進入成都第一人民醫院治療至今,經過近半年與病魔艱苦抗爭,於今日 8 時 40 分離世。據醫生說,他走時神態安詳,並未承受太多痛苦。」

四川獨立學者王銳[162] 在〈我所認識的周倫佐〉一文中總結說:「其一生,大致可用:才識卓越,生不逢時,命運多舛,晚境淒涼,這十六個字予以概括。」

學者秦臻在周倫佐去世當天所寫的一篇報導中慨嘆說:「周倫佐先生的一生被框限在一個黑鐵澆鑄的社會結構中,幾十年間,其生活、思考、寫作,皆以痛苦為藥,與絕望為伴。故而,其生是艱困的,其死更是悲戚的。這是黑鐵時代的重量對又一個底層思想者的摧折!」

周倫佐如此概括其思想和寫作:「1971 年開始獨立思考和寫作時,我曾給自己附加了兩個幼稚的目的:安慰親者與愛者,懲罰庸人與惡人。今天看來,這兩個目的並沒有失效——當然安慰和懲罰的對象範圍已經擴大。」

---

[162] 王銳:作家,獨立學者。致力於文革研究,曾發表論文〈文革成都「五・六」事件〉、〈文革中的《伯達文選》〉、〈「安亭事件」的再認識和再研究〉等。出版有著述:《中國文革小報研究》、《中國文革新聞史》、《文革四川「二月鎮反」備忘錄》等。

36 鄧麗君：我絕不向暴政低頭，絕不對壓力妥協

鄧麗君（1953年1月29日至1995年5月8日）：本名鄧麗筠，台灣歌手，演員及慈善家。1980年代，鄧麗君的很多歌曲在中國廣為流傳，成為文革後中國精神荒漠中的一股甘泉。1989年時，旅居香港的鄧麗君出席「民主歌聲獻中華」活動，演唱歌曲聲援八九民運。此後，她屢屢公開發表反共言論，表明只要中國還在中共極權統治下，絕不受邀前往中國演唱。1995年5月8日，鄧麗君因哮喘引發呼吸衰竭，於泰國清邁猝逝，終年四十二歲。鄧麗君曾於台灣及香港流行音樂界，分別獲頒金曲獎特別貢獻獎、金針獎等獎項。她也曾被中國網民票選為「新中國最有影響力文化人物」，並被馬來西亞《南洋商報》評為「20世紀最具代表性華人歌手」。2010年，CNN將鄧麗君列為過去五十年最具影響力的二十位音樂家之一。時至21世紀，鄧麗君仍被視為全球華語及華人社群文化的代表人物之一。

鄧麗君：出生於台灣雲林縣褒忠鄉田洋村。父親鄧樞是河北大名縣大街鎮鄧台村人，是因國共戰爭而隨中華民國政府遷台的國軍軍官，母親趙素桂是山東東平縣人。

早在小學時，鄧麗君就已展現出歌唱天賦，並經常登台表演。1964年，年僅十一歲的鄧麗君參加中華廣播電台舉辦的黃梅調歌唱比賽，以一曲〈訪英台〉奪得冠軍；翌年以〈採紅菱〉在金馬獎唱片公司舉辦的歌唱比賽奪冠。其後，鄧麗君利用課餘時間參加正聲廣播公司舉辦的歌唱訓練班，學習歌唱技巧，以第一名成績結業。

1967年，鄧麗君加盟宇宙唱片，發行個人第一張專輯《鄧麗君之歌第一集・鳳陽花鼓》。1968年，於台北中山堂參加賑濟菲律賓震災的演出，捐款新台幣一萬一千元。1969年，中國電視公司啟播，鄧麗君獲邀主持晚間黃金時間播出的節目《每日一星》，並為中視首部電視連續劇《晶晶》主唱同名主題曲，成為她演唱的第一首影視主題歌曲，令她家傳戶曉。同年，參演首部電影──由謝君儀執導的《謝謝總經理》，飾演能歌善舞的女大學生，片中她唱了十首曲風青春活潑的歌曲，正式成為「歌、影、視」三棲的歌手。

1960年代末，鄧麗君開始赴香港、新加坡、馬來西亞、菲律賓、泰國、越南等地巡迴演出，並頻繁參與慈善。1971年，為籌設香港保良中學、救濟香港水災義演；7月，在越南海南醫院看望孤寡老人；6月，參加新加坡「歌樂飄飄慈善晚會」，為殘障兒童救濟基金募款；1973年，於新加坡國家劇場出席遠東十大巨星慈善晚會。

1974年，鄧麗君在母親陪同下，前往日本發展。同年7月1日，她的日語單曲〈空港〉在一個月內以七十萬餘張總銷量進入

全日本流行榜前十五名，因此榮獲日本唱片大獎新人獎。她在東京、川崎等地舉辦個人演唱會，大受歡迎。

1979 年，鄧麗君又赴美國發展，先到舊金山落腳，然後到洛杉磯的南加州大學進修英文，之後轉學到加州大學洛杉磯分校，學習日文、生物及數學。期間完成了〈甜蜜蜜〉和〈小城故事〉的錄製，並在舊金山、洛杉磯和溫哥華舉行演唱會。

1980 年 10 月 4 日，鄧麗君返回台灣舉行演唱會，捐所得新台幣一百五十萬零六百元予「自強救國基金」。在演唱會中，主持人田文仲向鄧麗君求證關於中國邀約她前往演唱之事，她表示曾在報紙上看見相關訊息但無人前來接洽，並手握拳頭、溫柔而堅定地說：「如果，我去大陸演唱的話，那麼，當我在大陸演唱的那一天，就是我們三民主義在大陸實行的那一天。」話畢，台下響起如雷貫耳的掌聲，主持人也讚嘆鼓掌。

1981 年 1 月，鄧麗君被行政院新聞局授予「愛國藝人」獎牌。8 月，鄧麗君花了一個多月，跑遍台灣各地軍營勞軍演唱，深受國軍將士追捧，被稱作「永遠的軍中情人」。她說：「我生長在一個軍人家庭，我老爸曾參加過台兒莊、營口等戰役，所以，我從小看到軍人就有一份說不出的親切感。在面對國軍弟兄們表演時，陌生感就會一掃而空，我希望有一天能夠像美國的鮑勃‧霍伯一樣，年年風塵僕僕的為自己國家的阿兵哥盡心盡力。」

在勞軍演出期間，鄧麗君在清晨 5 點起床，與金門守軍弟兄一起晨跑，包括幾程很難跑的坡度。她沒有喊累，汗水從她沒有化妝的臉上不斷淌下，她只是帥氣的用手背抹去，就像任何一個阿兵哥會做的舉動一樣。據部隊指揮官說，「鄧麗君效應」延續了好長一段時間，往後晨跑再沒有人敢摸魚、脫隊，部隊長往往會抬出鄧麗君來激勵大家，她的行動勞軍果然達到效果，不但提升

了士氣，而且加強了心防，這不是唱唱跳跳、瘋狂一宵的勞軍活動所能比擬。

在鄧麗君成千上萬歌迷當中，有一位身分很特殊的人物，就是在 1981 年 11 月 26 日下午，駕著米格機投誠來歸的反共義士吳榮根。當記者紛紛問及他今後個人的心願時，誰也料不到，他竟然誠懇而靦腆說：「非常想見鄧麗君一面。」

透過新聞局安排，鄧麗君應邀在台中清泉崗和吳榮根見面，吳榮根初見鄧麗君，紅著臉，大半天說不出話來，鄧麗君不斷以輕言細語引導他。吳榮根談到她的歌被禁聽、禁錄，大陸人民仍然想盡辦法偷偷的聽。她感慨地表示，在自由地區生活的人，能隨意選擇愛聽的歌曲，在大陸卻不能，說著、聽著，忍不住哭了，不斷以搭在右肩上的圍巾拭淚。她送給吳榮根兩張唱片——《別把眉兒皺》和《原鄉情濃》，讓身在台灣的自由人能夠自在的聽個夠。

鄧麗君平復情緒之後，應基地飛行軍官要求，清唱了《何日君再來》和《小城故事》，吳榮根在旁靜靜的聽著她清唱，這比他在中國的部隊裡偷偷聽那種拷貝了又拷貝的錄音帶要清晰太多太多，好聽得不能再好聽。他覺得自己實在幸福極了，幸福到說不出適當的話來表達。鄧麗君落落大方的邀吳榮根一起唱《小城故事》，空軍官兵們熱切的鼓掌，打拍子應和。直到下午 3 點，鄧麗君才離開空軍基地，吳榮根送到基地門口，握手、目送她離去，內心的感動和興奮無法形容。

不久之後，海峽對岸又有孫天勤、李天慧等人投奔自由，同樣表明非常想見鄧麗君。鄧麗君在十五週年演唱會上與他們相見，並親切問好。那晚的表演，徹底滿足了反共義士們此生最想聽她唱歌的心願。

多年後，孫天勤在台北病逝。在追悼會上，其遺孀、音樂家李天慧特別提及，先生生前最愛聽的就是鄧麗君的歌。追悼會上最後放映孫天勤的追思影片，配樂就是孫天勤最愛的鄧麗君的代表作《月亮代表我的心》。

1985年2月9日，鄧麗君在新加坡接受香港記者長途電話訪問時表示：「身為一個藝人，有這麼多中國人喜歡聽自己的歌，心裡難免會有點兒想面對面唱給他們聽的衝動，但是我生長在台灣，我一定會堅持我的立場，不可能去大陸演唱……」

1970年代後期，鄧麗君的歌聲開始傳入中國並受到熱烈歡迎，但官方主流文化一直批評其「黃色」、「反動」、「靡靡之音」。1980年，中國音樂協會召開「西山會議」予以嚴厲批判，指責《何日君再來》是「漢奸歌曲」。會上有一名文革中倖存下來的原左翼文聯工作者厲聲譴責說：「這首歌我熟悉，1937年就唱出來了。那時日本人還占著上海呢，上海灘都知道。說這君再來呀，是希望國民黨回來收復失地的。現在唱，那不就等於要等跟國民黨『反攻大陸』搞裡應外合嘛。」

然而，官方越是批判和查禁，民間越是喜歡。鄧麗君的盜版卡帶充斥市面，擄獲無數民眾的心，《何日君再來》、《小城故事》、《路邊的野花不要採》在大街小巷中傳唱，人們開玩笑地說：「白天聽老鄧（鄧小平）、晚上聽小鄧」、「只愛小鄧，不愛老鄧」。

劉曉波曾在幾篇文章中談及大學時代聽到鄧麗君歌曲時的巨大震撼：「在我的記憶中，從1970年代末到1980年代初，對中國人的觀念轉變產生最深刻影響的文化事件，絕不是官方發動『真理標準』的大討論，而是一波接一波的民間思潮，特別是鄧麗君的歌和《今天》的詩，對我們這代大學生的深遠影響，不但遠遠超過《實踐是檢驗真理的唯一標準》，而且超過當時頗為時髦的

『傷痕文學』和『改革文學』。正是這種來自民間的『靡靡之音』和『反叛之聲』，讓毛澤東時代的階級性堅冰融化為人性的春風，讓革命化審美裂變為現代性審美。」

劉曉波還寫道：「我常常想起1977年我剛上大學的時候，我第一次聽到了港台歌星鄧麗君那種纏綿的、非常富有人情色彩的、帶有內心獨白式的歌曲。這種從唱法和歌詞所表達出來的竊竊私語式的，傾訴個人內心痛苦、哀傷和生活小感覺的歌聲，給我的靈魂造成強烈的震撼。……文革結束後的1977年，第一次聽鄧麗君歌聲的時候，它確實喚起了我們這一代人心中一種本能的、對溫暖的人性的嚮往。我記得在大學裡聽這些歌的時候，同學們都非常興奮。但是，由於當時剛剛改革開放，聽這種歌在某種程度上還有禁忌，所以很多人是回到家裡，幾個同學拿著答錄機偷著聽。但是，這種歌聲的傳播面非常之廣、非常之快，迅速普及了全國。」

劉曉波寫出了那一代中國年輕大學生對鄧麗君的癡迷：「1970年代末，鄧麗君的歌征服了大陸的年輕一代，喚醒了國人生命中最柔軟的部分。她用氣嗓唱出的情歌，唱垮了我們用鋼鐵旋律鑄造的革命意志，唱軟了我們用殘酷鬥爭錘煉出的冷酷心腸，也喚醒了我們身上被擠壓到生命黑暗處的情欲，人性中久被壓抑的柔軟和溫情得到了釋放。儘管，官方禁止這類『資產階級的靡靡之音』，不可能在廣播裡聽到，第一個學著鄧麗君氣嗓的李谷一被多次開會批判。但在私下裡，大家都圍著一台俗稱『磚頭』的收錄機反覆聽，在寢室裡、走廊裡、飯堂裡一遍遍地唱。那時，誰擁有那塊日本產的『磚頭』，誰就會得到眾星捧月般的簇擁。」

1989年5月，北京及中國各地爆發民主運動。5月27日，戒嚴令下的北京情勢越發危急，近二百位香港演藝界人士在跑馬

地馬場舉行持續十二小時的「民主歌聲獻中華」演唱會,將近三十萬市民入場參加,歌聲響徹整個馬場。十二小時的馬拉松演唱會,共籌得一千三百萬港元,全部用以支援北京民運。

　　鄧麗君不顧周遭親友反對,表態支持學生,並親赴現場演唱〈家在山的那一邊〉,身上懸掛「反對軍管」的牌子。在演講前,她對聽眾說:「非常謝謝大家這麼熱心,在香港,大家聚在一起,努力爭取民主。我練習了一首歌,從來沒唱過,我想也沒多少人聽過,希望大家聽了以後,就知道我心裡想說的是什麼。」這首歌的歌詞是:

　　我的家在山的那一邊
　　那兒有茂密的森林,那兒有無邊的草原
　　春天播種稻麥的種子,秋天收割等待著新年
　　張大叔從不發愁,李大嬸永遠樂觀

　　自從窯洞裡鑽出了鼴鼠,一切都改變了
　　它嚼食了深埋的枯骨,侵毒了人性的良善

　　我的家在山的那一邊
　　張大叔失去了歡樂,李大嬸收藏了笑顏
　　鳥兒飛出溫暖的窩巢,春天變成寒冷的冬天。
　　親友們失去了自由,拋棄了美麗的家園

　　朋友!不要貪一時歡樂
　　朋友!不要貪一時苟安
　　要儘快的回去,把民主的火把點燃

不要忘了我們生長的地方，是在山的那一邊，山的那一邊。

在這首歌中，鄧麗君將中共形容為「自從窯洞裡鑽出了厲鼠」，並譴責中共的暴政「它嚼食了深埋的枯骨，侵毒了人性的良善」。中共從延安的窯洞起家，而碩鼠的比喻來自中國古老的文學經典《詩經・碩鼠》：「碩鼠碩鼠，無食我黍，三歲貫女，莫我肯顧。逝將去女，適彼樂土。樂土樂土，爰得我所。」這首歌因而長期在中國成為禁歌。

六四鎮壓之後，同年10月，鄧麗君赴日本舉辦小型演唱會。她在演唱〈悲傷的自由〉時，口述了一段日語獨白：「今年中國所發生的事情，讓我感到很痛心。中國的未來究竟在哪裡？我十分憂慮。我渴望自由，而且所有人都應該享有自由。如果自由受到威脅，那是多麼可悲的事。但是，這種悲痛的心情，總有一天會好起來的，無論是誰都一定能夠互相了解的，深信那一天的到來。我將會為此歌頌一曲，最後帶來新曲〈悲傷的自由〉。」

1991年3月，鄧麗君返回台灣參與勞軍演出，並在金門前線馬山觀測所向大陸同胞喊話：「親愛的大陸同胞們，你們好，我是鄧麗君。我現在來到金門廣播站向大陸沿海的同胞們廣播，我今天要跟大家說的是，我很高興地能夠站在自由祖國的第一前線——金門，我感覺到非常快樂、非常幸福。我希望大陸的同胞也可以跟我們享受到一樣的民主跟自由，唯有在自由、民主、富庶的生活環境下，才能擁有實現個人理想的機會；也唯有全體青年都能夠自由發揮聰明才智，國家的未來才能充滿光明和希望。我希望很快地能夠再回到金門，跟金門的弟兄們見面；當然，還有跟沿海的大陸同胞們通話。在這裡祝大家身體健康，民主萬歲！謝謝！」

1992年6月4日，當時定居法國巴黎的鄧麗君應邀參加巴黎的六四週年紀念活動，演唱〈血染的風采〉、〈小城故事〉和〈歷史的傷口〉，並在活動上表示：「我絕不向暴政低頭，絕不對壓力妥協！」她在與民運人士的談話中說：「六四之前，中共在香港的人給我做工作，要我去大陸看看、唱歌。我後來答應了。是喬冠華和賀龍的兒子在具體安排……都安排好了，民運就爆發了。他們開槍了，我怎麼回去？我跟他們說了，六四不平反，我就不去大陸。」

　　1995年，鄧麗君因突發哮喘，驟逝於泰國清邁。中共官方媒體首次報導鄧麗君，就是其去世的消息。

　　近年來，中共以大國崛起之姿，投入巨額統戰經費，收買招安港台及海外各類名流，尤其是演藝界有影響力的明星。中共掌控中國龐大的市場，使得很多港台明星選擇「跪著掙錢」，配合中共大外宣，屢屢發表荒腔走板的媚共言論。與之相比，故去多年的鄧麗君堅守原則、冰清玉潔，永遠讓人敬佩和追念。

　　2022年12月31日，中國《江蘇衛視》在跨年演唱會中，用虛擬投影方式，讓鄧麗君重返舞台。中共2021年底對演藝圈打壓升級，規定藝人必須通過考試取證，演藝圈必須擁護中共，擁有所謂的「良好政治素質」。與此同時，中共官方電視台卻搬出一生反共、堅持民主自由價值的鄧麗君，強迫她「現身」跨年演唱，令人感到格外諷刺。

　　對此，許多台灣網友都大罵中國官媒的可恥做法，紛紛留言表示：「鄧麗君生前說中國民主化之前是不會去的」、「鄧麗君不是沒去過中國嗎」、「用這種方式強迫演出？沒品」、「鄧麗君在世時，一步都沒踏上中國那塊地！儘管你中國平日怎麼模仿怎麼追念，那都是假的」、「曾經的反共、愛國歌手這樣被共產黨吃豆

腐真的很傷」、「鄧麗君可是反共先鋒！能不能尊重逝者？」、「鄧麗君也許只是反共，不討厭中國人，但看看中國現在的模樣，你覺得她會想出現嗎？」

37 高玉蓮：壯志若鐵石，頑直未易摧

高玉蓮（1954 年 10 月 10 日至 2016 年 10 月 25 日）：蒙古族，作家，人權活動人士，曾任通遼市教師。蒙語名為 Huchinhu，音譯為胡琴夫，筆名胡琴呼。1981 年，曾參與蒙古族學生運動。1992 年，參加哈達創立的「南蒙古民主聯盟」，隨後被捕並被關押兩個月。自 2000 年以來，她在網上積極倡導蒙古人的基本人權和原住民權益。2010 年 10 月，因在博客上呼籲蒙古族人去迎接被關押十五年後獲釋的良心犯哈達，再次被捕、遭受酷刑折磨、監視居住近兩年，健康狀況惡化。2011 年，獲得美國「人權觀察」頒發的赫爾曼—哈米特獎。2012 年 11 月，被通遼市法院以「涉嫌向外國組織提供國家祕密罪」閉門審訊。2016 年，高玉蓮確診罹患癌症後，希望到美國與兒子團聚並治病，中共當局不予發放護照、不准離境。2016 年 10 月 25 日，高玉蓮不幸病逝，享年六十二歲。

高玉蓮：出生於南蒙古通遼市科左中旗的一個蒙古族平民家庭。

1981年8月22日至11月15日，由內蒙古大學學生與牧民發起學潮，抗議中共在內蒙實行的民族政策及內蒙古草原的退化。當時主政的胡耀邦主張以柔性處理，此次學潮中無人被抓捕。

高玉蓮積極參與到這場學潮中，她與後來被稱為南蒙古「第一號政治犯」的哈達是大學同學，他們都對南蒙古被中國劣質殖民的現狀憂心忡忡——經過中共幾十年的專制統治，漢族大量遷入南蒙古，漢族人口超過蒙古族人口五倍之多（蒙古族四百萬，漢族兩千萬），「內蒙古自治區」已然變成以漢人為主流的地方，所謂的「自治」基本上不存在了。蒙古族語言的使用範圍越來越小，蒙古族學校越來越少。隨著民族文化的日益衰落，蒙古族淪為「二等公民」。

1992年，哈達創建「南蒙古民主聯盟」後，高玉蓮勇敢地加入該組織。隨後，該組織被鎮壓，哈達被捕並被判十五年重刑。在學校教書的高玉蓮被關押兩個月，教研室主任職務被撤銷。此後，她屢屢遭受收容審查和傳喚。雖然她在教學上有卓越成績，但學校不予評定高級職稱，其工資比同樣資歷的教師少一半。

高玉蓮在工作之餘筆耕不輟，著有三本關於蒙古文化的文集。2007年10月22日晚，高玉蓮的散文集《頑石無言》一千本被當地公安抄走，慘遭銷毀。

《頑石無言》由高玉蓮多年來在各種報刊雜誌上公開發表過的四十二篇散文匯集而成，並未觸及任何敏感議題。此前，她將書稿交給內蒙古文化出版社，該出版社向內蒙古新聞出版局申報選題，但尚未經過審稿環節就被否決。出版社透露，書稿雖不敏感，但作者是「敏感人物」。高玉蓮接受外媒訪問說：「開始這本

書名為《哈喇哈河石魂》，但出現蒙古地名就很敏感，我改為《頑石無言》，結果還是被拒。」

不得已，高玉蓮借來兩萬元，使用香港廣大出版社的國際書號自費出版。自費出版的書，通常不能進入圖書銷售環節，只能由作者本人在親友中憑口碑販售。在南方印刷的一千冊書，運到內蒙古後，她寄放到其姪女處。然而，不到一週時間，警方即前往查抄，還將其姪女帶走恐嚇。不僅如此，警方如臨大敵，逐一威脅已買了此書的高玉蓮的學生，讓他們交出書來。

此後，高玉蓮每天去公安局討個說法，她質疑說：「抄走書時沒有和作者面談或詢問，彷彿取自己家的物品似的。這已經是嚴重侵犯作者的出版權和物權。」但警方知法犯法，不予理會。高玉蓮接受外媒訪問說：「書被查抄，或許警察就是因為作者是我，因為我是蒙古人，我有尋找自由的思想。他們雖然不知道書裡到底寫的是什麼，卻堅信這個人寫的東西肯定跟當局的想法和政策不一致，就一定要查抄。」

2010年5月27日，高玉蓮在網上發表了〈就「蒙古包網盟」的創建人曹都[163]先生被抓捕事件，給胡錦濤主席、溫家寶總理的公開信〉。她寫道：「我是內蒙古的蒙古人，近期聽到『蒙古包網盟』的創建人曹都先生被抓捕的消息感到震驚。我是個渺小的個人，我的震驚微不足道，但是渺小的我都感到震驚，不渺小的人的震驚可想而知吧？我是『蒙古包網盟』的會員，『蒙古包網盟』以弘

---

[163] 曹都（Sodmongol）：蒙古族，以弘揚蒙古族歷史文化為宗旨的「蒙古包網盟」網站創建人，任教於遼寧省朝陽市教育學院。他是在紐約聯合國總部舉行的聯合國原住民問題永久論壇（UNPFII）第9次會議的特約代表。2010年4月18日，他為了參加在紐約的會議，通過北京首都機場海關時被中國當局逮捕。7月23日，被取保候審。隨後被調離原來的工作崗位，被安排到一所中文學校做閒職，每個月必須到當局指定地點做思想匯報，被限制在指定區域活動，出門必須得到有關部門批准。

揚民族文化的內容為主,那裡是蒙古人的精神家園。坦率地講,在內蒙古民族文化越來越流於形式,蒙古語言文字的運用已經被邊緣化,這是關注內蒙古前景的每一個蒙古人都能感覺到的。以及由於禁牧與撤並學校導致的一系列的問題極其嚴峻。一個提倡和諧社會的國家裡民族文化面臨這樣的危機、一個為弘揚民族文化而創建網站的人被拘捕,我想每一個理性的領導人是不願意看到的。我不知道曹都先生被拘捕是地方極左思維的領導所為還是中央所為。但是他已經被拘捕是事實。地方也是中央的領導下,所以我要向高層說我自己想說的話,作為公民我是有權利、有義務提意見的。」

高玉蓮接著寫道:「曹都先生是第一個舉辦暨體蒙古文網站的人,他對蒙古文化和 internet 接軌做出了傑出的貢獻。……據說,他是去參加聯合國原住民問題永久論壇第九屆會議的,中國政府也是參與這個永久論壇,每屆必派代表參加的,為什麼一個公民,一個原住民就不能去參加呢?不讓去參加也罷,為什麼拘捕他呢?最近聽說已經移送檢察院申請批捕了,他到底犯了什麼罪?是不是又要說『顛覆政府罪』呢?個人哪裡有那麼大的力量啊?」

高玉蓮指出:「一個大國,真的容不下一個公民的民族情結與網路請願嗎?……如果不釋放曹都先生的話,真的會引起民憤的,抓捕了一個人,失卻廣大蒙古人的心,這裡的得失,我想高層是會清楚的。如果蒙古人的向心力對這個國家無足輕重的話,我作為一個普通公民,作為一個蒙古人也沒什麼話可說了。」

最後,高玉蓮由民族政策討論到中共的整個政治制度,呼籲中共早日開啟政治體制改革:「中國亟待解決的問題是政治體制的改革,舉世矚目的這個課題也是中國發展與否的瓶頸問題。我認為出現的諸多問題源於現有的體制,我期待中國的政治體制改

革。期待的不僅僅是我一個人,這也是眾所周知的。迴避政治體制改革是暫時的,因為民主與自由是歷史的必然,是趨勢。這個話題太大,這封信只提出以下要求:殷切希望,高層關注曹都先生被抓捕的問題,儘早還自由予他。以平撫更多的蒙古人的心。因為很多蒙古人在為他的安危擔憂,蒙古線民翹首等待他在網路上線。急切希望高層關注內蒙古蒙古人的生存狀態,真正解決蒙古人面對的生存與發展的嚴峻課題。祝中國政府早日進行民主改革,實現真正的和諧社會!」

2010年12月10日,是哈達的刑滿釋放的日期。此前一個月,高玉蓮就在博客上寫了一篇短文——〈去迎接我們的英雄〉,呼籲蒙古人在哈達被釋放那天要去迎接他出獄。第二天,公安局派人找高玉蓮談話,派人監視。她將此消息傳到網上,當局的手段更加強硬,直接把她帶到市內一家酒店,施行全面軟禁。當局逼她給哈達寫信,說服哈達放棄自己的觀點,承認「罪行」。她拒絕這個要求,當局恐嚇要判她十五年刑。

2011年7月,高玉蓮在祕密監禁中遭到看守警察毆打。9月29日,有同情高玉蓮的人士在百度貼吧上發表了六張高玉蓮被毆打的照片。設在海外的「自由南蒙古網」的主編忽必思格拉圖經過證實,這些照片和消息是真實的,他告訴海外媒體:「已經近六十歲的高玉蓮女士在被抓之前剛剛做過癌症手術,近日遭到中共通遼市國保大隊警察殘酷虐待和毆打,身心受到嚴重摧殘。⋯⋯國保警察為什麼對一個手無寸鐵的老太太下如此重的狠手,又是受誰的指示和指使這樣幹的?」和高玉蓮在美國的兒子經常有聯繫的忽必思格拉圖說:「連她的兒子也不知道母親現在到底在哪裡。」

忽必思認為,高玉蓮的遭遇疑和現任內蒙古自治區黨委書記

的胡春華有關，在高玉蓮「被失蹤」後，內蒙律師胡寶龍[164] 欲為其代理而遭當局打壓。高玉蓮個人的遭遇，與哈達出獄後仍被軟禁的遭遇，及在前一年由蒙古牧民莫日根被碾壓身亡而引發大型抗議遭當局鎮壓等，皆表明胡春華為在十八大後進入中央政治局而在內蒙強力維穩。忽必思分析說：「胡春華想進北京，他想要安定的局面表示自己的功績，包括去年的抗議行動，他想盡一切辦法平穩局勢，好進入中央政治局。」然而，機關算盡太聰明的胡春華，在 2012 年的中共十八大上進入中央政治局，卻在 2022 年的中共二十大上被習近平踢出政治局，離開權力核心，成了上層政治鬥爭的犧牲品。

高玉蓮被毆打的照片，激起海外蒙古人的憤怒，在世界各地舉行抗議遊行。中共當局一不做二不休，直接將高玉蓮祕密逮捕，關進監獄。

與高玉蓮有數十年友誼的哈達夫人韓新娜對外媒表示：「高玉蓮是非常硬的那種性格，就是蒙古人那種性格，她一直支持哈達，從來也不認錯，所以老是被監控，沒自由，身體也很不好。」

高玉蓮被失蹤期間，有人通過當地的民警見過高玉蓮，說她的身體情況很糟糕，在裡面因為腦血管等疾病曾被祕密送進醫院。

2012 年 7 月，因高玉蓮身體患病及海外輿論壓力及親戚們的交涉，高玉蓮以取保候審的名義獲釋回家。但當局起訴她「洩露

---

[164] 胡寶龍：蒙古族，通遼市律師，蒙嘎立律師事務所負責人。畢業於內蒙古師範大學蒙文系，曾參與八九學運。後從事律師職業，曾代理異議人士巴圖張嘎案、維權作家高玉蓮案。2010 年 9 月 28 日，被二連浩特邊防警察禁止出境，理由是涉嫌「危害國家安全」。2020 年 8 月底，通遼、鄂爾多斯、呼和浩特等多地數萬學生和家長發起罷課及抗議集會，反對當局加強漢語教學、弱化蒙語教學。胡寶龍是一名孩子的父親，不久前曾拒絕送孩子上課，明確反對「雙語教育」。2020 年 9 月，被通遼市警方刑事拘留，後被檢察院批捕。

國家機密」，法院告訴她「依然有罪，但暫且不論」。

出來沒過多久，高玉蓮因身邊沒人照顧，向當局要求去姐姐那裡住。但因她姐姐住在邊境城市，當局害怕她向境外逃跑，沒有答應此請求。

後來，高玉蓮因為眼患住進醫院，被診斷要雙目失明。北京和上海的大醫院都說沒法醫治。她兒子告訴她，美國的醫療技術能治好其眼患。於是，她幾度向中共當局申請去美國接受治療，但沒有被批准，

2015 年 1 月 3 日，高玉蓮透過「南蒙古人權資訊中心」發表兩份聲明，要求中共當局停止限制她和好友哈達的基本人權自由。

高玉蓮的第一份聲明指，近日通遼市警方將她的銀行戶口凍結，她僅有的兩百元積蓄及兒子託人匯款的五千一百元的生活費，在毫無理由的情況下被凍結。當局此舉違反法律及公民權利，對一個身患多種疾病的老人來說極不人道。她強烈要求通遼市當局，儘快將銀行帳戶解凍及道歉。

另一份聲明是關於哈達的。高玉蓮呼籲當局，讓哈達入院治療並支付費用。哈達已被關押十九年，今後應給予他住所，讓他過上平靜生活，並讓他有通訊自由及與外界聯絡的自由等。

2016 年 5 月 25 日，高玉蓮在通遼市醫院查出身患肺癌，而且到了晚期。她希望出國與兒子見最後一面，但內蒙古國保一直沒有答覆她的請求。

6 月 29 日，蒙古族維權人士鐵木倫[165]披露，高玉蓮隨時會失

---

165 鐵木倫：流亡日本的蒙古人權活動人士，常常在中共駐日使領館門口抗議中共對南蒙古的殖民統治。四子王旗和阿魯科爾沁旗等地牧民上訪維權受打壓時，他組織抗議活動並表示：「我們海外的蒙古族要求中國政府對維權牧民，在法律框架下予以保護，保護牧民的土地。停止打壓牧民的維權行動。」

去生命,她希望離開中國:「高玉蓮女士已到癌症晚期,她最後一個希望是當局能放她一馬,讓她去美國見她的兒子。但當局不給,沒有說原因,不給。我們海外蒙古族同胞呼籲通遼市安全局和公安局,讓她去美國見她的兒子。」

6月30日,高玉蓮告訴外媒:「我已到癌症晚期,肺癌,癌細胞頭部也有、頸部也有、顱內也有。我時日不多了。我希望到美國,我們孃兒倆相依為命(哭泣)。兒子一直希望我去。我給習近平、李克強寫過信,但不可能到他們手上。」高玉蓮還說:「公安說,兒子可以回來。但是我沒讓兒子回來,怕回來後出不去,怕護照被沒收。寧可我死,也不讓兒子回來。兒子也不敢回來。」

高玉蓮的侄子阿日查在東京對記者說,高玉蓮目前處於病危狀態:「癌細胞擴散到全身了,她想出國治療,同時也想見一見她的兒子,當局不讓。前年開始,她的眼睛幾乎看不見東西,治不了。她就跟公安說,想去美國治療。她的兒子在美國找了幾家醫院,他們那邊有一種治療方法,可以恢復百分之五、六十,但是她申請出國到現在一直沒有結果。」

2016年10月25日,高玉蓮因癌症在內蒙通遼逝世。直到臨終,她都處在國保的嚴密監視下。

「南蒙古人權資訊中心」主任恩赫巴圖[166]評論說:「高玉蓮1980年代起,為追求蒙古族人的自由、自決,屢遭中國當局監

---

[166] 陶格朝古‧恩赫巴圖(1972-):蒙古族,人權活動家。出生於內蒙古自治區昭烏達盟(今屬赤峰市)巴林右旗,後進入內蒙古大學蒙古語專業學習。畢業後,1998年赴日本吉備國際大學社會學部留學。在此期間加入內蒙古人民黨。同年10月前往美國,在紐約市立大學畢業。現居紐約。2002年,恩赫巴圖創立內蒙古人權資訊中心,發布關於內蒙古的人權資訊。2011年1月8日,他呼籲世界各國的南蒙古獨立活動家、民主人權活動家齊集中國使領館進行抗議,推動改善南蒙古的人權狀況。19日,在胡錦濤訪美之際,他與圖博、東突厥斯坦、台灣等地活動家聯合,在白宮前發起釋放哈達的抗議活動。

視、軟禁及抓捕。……她在網上傳播一些公開的資訊,中國當局說她犯下『洩露國家機密罪』。但她沒有洩露任何涉及中國國家機密的材料,她只是在網上發了一些中國在南蒙古侵犯人權的材料。作為一個普通異議人士,她怎麼能得到國家機密呢?」

恩赫巴圖還說:「高玉蓮從 2007 年開始就申請護照,但是中國當局說她會危害中國國家利益和國家安全,所以沒有給她發護照。她得病之後,一直要求中國政府發給她護照,要求到美國治病,因為她唯一的兒子在美國。但中國政府一直不給她護照,所以她不能到美國治病,她兒子也不能回國。這是非常不人道的。一個患晚期癌症的人,能危害什麼國家利益?」

海外南蒙古獨立運動領袖席海明在 1981 年的蒙古族學生運動中就認識高玉蓮,高玉蓮去世後,他評論說:「高玉蓮是我們 1981 年學生運動一代人。在這代人中,她由於長期堅持鬥爭,已經成為南蒙古抗爭者中非常有影響力的人物。她可說是一個保衛蒙古人的文化、價值和尊嚴的象徵和代表性的人物。她是蒙古族民眾的驕傲,精神永存。」

38 | 趙品潞：位卑未敢忘憂國，事定猶須待闔棺

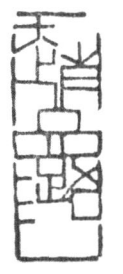

趙品潞（1956年10月13日至2004年3月9日）：基督徒，工運領袖。早年在中國鐵道部屬下的房產建築工程處當工人。1989年5月中下旬，在中共當局宣布北京市戒嚴之後，他毅然決然投入民主運動，與同仁一起成立1949年後第一個獨立工會組織「首都工人自治聯合會」，被選為五名常委之一。六四屠殺後，他被通緝，在中國藏匿三年。1992年10月，他被「黃雀行動」接到香港再被送往美國。到美國後，以打工為生，做過很多艱苦的體力勞動。工作之餘，先後創建「國際華人工人聯合會」及「自由中國運動」，並任中國自由民主黨常委。2002年，被發現患有晚期肺癌。2004年3月9日，趙品潞因肺癌擴散導致肺功能喪失，在紐約皇后醫院去世，享年四十八歲。

「中共中央國務院必須在二十四小時之內無條件接受絕食同學的兩點要求。否則，我們將從5月20日上午12時開始，全市工

人總罷工二十四小時,並根據事態的發展決定下一步的行動」。這是 1989 年 5 月末,獨立於中共官方「全國總工會」的「北京工人自治會籌委會」發出的宣言,也標誌著紅色中國真正的工人階級發出自己的聲音。工人在 1989 年民主運動中的壯舉,戳破了「中國共產黨是工人階級先鋒隊」的謊言。

長期以來,人們談及八九民運,總是聚焦於少數掌握話語權的學生領袖和知識分子身上。其實,八九民運,不只有鎂光燈下的學運領袖,背後還有很多默默無聞的面孔,卻很少被人提起。在積極參與八九民運的廣大市民群眾中,有一個特殊群體,就是工人。工人們是六四運動中最廣泛、最團結、最堅定、最偉大的參與者。他們平時在日常生活中是家庭、社會的螺絲釘,在民主運動中,他們不計較名利,仍然是螺絲釘,他們奮不顧身地保護學生、阻擋軍隊、癱瘓交通,功勳卓著。

1989 年 5 月,北京天安門廣場人群熙來攘往,到處紮滿帳篷,爭取民主的絕食學生成為全球關注的焦點。在長安大街的廣場對面,靜悄悄樹立了「工自聯」的帳篷。因為學生指揮部堅持學運的「純潔性」,一度拒絕讓「工自聯」在廣場內設立「大本營」。直至 5 月底,發生三位工人領袖被祕密拘捕事件,學生指揮部為安全考慮,才讓「工自聯」大本營正式進駐廣場。

「工自聯」全名「工人自治聯合會」,成員主要來自鋼鐵、鐵路、航空、教師、售貨員等不同職業的工人。「工自聯」成為自 1949 年中共建政後,第一個獨立的工人組織,工人首次掙脫由中共控制「全國總工會」的枷鎖,呼吸自由的清新空氣。「工自聯」的旗幟在廣場上飄揚,在營地招攬成員,最初是數百人,高峰期有過萬人參加,其影響遍及全國各地,包括上海、廣州、南京、西安、邵陽、蘇州、長沙、福州等多個城市,都發起成立地方性

「工自聯」。在不同「工自聯」之間,曾進行串連工作,而各地工自聯更視「北京工自聯」為「龍頭」。

「工自聯」成立之初,因為部分工人受到學生演講感動,決定發起成立工人組織保護學生。他們組織工人上街遊行聲援學生,為絕食學生張羅大量藥品、衣服等物品。當時有便衣特務混入廣場,乘亂搞破壞,於是工自聯便組織「工人糾察隊」負責當值及巡邏。糾察隊成員曾於人群中檢獲大批菜刀鐵棒,搗破當局想嫁禍學生的計謀。

5月20日,中共當局下達戒嚴令,派出大量軍車進駐北京。「工自聯」決議成立「北京工人敢死隊」,號召工人分佈四個方向前去堵截軍車。據「工自聯」一位發起人憶述,當時「工自聯」的行動十分機動,一旦接到報告,就會前往衝突地點支援及組織示威,更曾發動全市罷工,號召會員設置路障阻止軍隊進城,以迫政府讓步。

直至6月3日晚,仍有「工自聯」成員死守廣場及保護學生。有倖存者由「工自聯」的帳篷一路撤退,在醫生的幫助下,乘救護車躲進友誼醫院,看見醫院裡滿地死屍,當中有不少死傷者便是「工自聯」成員。

隨著六四屠城而來,便是針對「工自聯」成員大規模的拘捕或殺害行動。共產黨從來不怕學生上街,他們怕的是工人,因為工人與中共最在意的生產生活秩序息息相關。中共最擔心的是有組織的工人力量演變為類似波蘭團結工會的反對運動。因此,全國各地「工自聯」成員成為殘酷打擊的對象,同時他們亦不如知名的學運或知識分子領袖,極少得到外間關注和聲援。

在六四後的大抓捕中,兩萬多人被送入監獄,超過一萬五千人是工人。在1989年6月最先公布、被控「反革命罪」的處決

名單之中，有十二名工人：祖建軍[167]、張文奎[168]、王漢武[169]、陳堅[170]、羅紅軍[171]、林昭榮[172]、班會杰[173]、卞漢武[174]、徐國明[175]、嚴雪榮[176]、王貴原、周向盛。後來，還有四名工人被控同罪處以死刑：何江、何強、王連禧、李偉紅；兩人被判終身監禁：倪二福、芮朝陽。

記念六四，毋忘工人。趙品潞就是在六四民運中湧現出來的

---

167 祖建軍：北京工人。1989年6月17日，被北京中級法院「從重從快」一審，以「放火犯」的罪名判決死刑，剝奪政治權利終身。上訴後維持原判並核准執行。6月22日，被處決。

168 張文奎：北京工人。1989年6月17日，被北京中級法院「從重從快」一審，以「放火犯」的罪名判決死刑，剝奪政治權利終身。上訴後維持原判並核准執行。6月22日，被處決。

169 王漢武：北京工人。1989年6月17日，被北京中級法院「從重從快」一審，以「放火犯」的罪名判決死刑，剝奪政治權利終身。上訴後維持原判並核准執行。6月22日，被處決。

170 陳堅：北京工人。1989年6月17日，被北京中級法院「從重從快」一審，以「放火犯」的罪名判決死刑，剝奪政治權利終身。上訴後維持原判並核准執行。6月22日，被處決。

171 羅紅軍：北京工人。1989年6月17日，被北京中級法院「從重從快」一審，以「放火犯」的罪名判決死刑，剝奪政治權利終身。上訴後維持原判並核准執行。6月22日，被處決。

172 林昭榮：北京工人。1989年6月17日，被北京中級法院「從重從快」一審，以「放火犯」的罪名判決死刑，剝奪政治權利終身。上訴後維持原判並核准執行。6月22日，被處決。

173 班會傑：北京工人。1989年6月17日，被北京中級法院「從重從快」一審，以「流氓犯」的罪名判決死刑，剝奪政治權利終身。上訴後維持原判並核准執行。6月22日，被處決。

174 卞漢武：上海工人。1989年6月15日，被上海中級法院以「在6月6日滬寧鐵路光新路鐵路道口嚴重騷亂事件中放火焚燒列車，肆意破壞交通工具和交通設施」之罪名一審判決死刑，剝奪政治權利終身。6月22日，被處決。

175 徐國明：上海工人。1989年6月15日，被上海中級法院以「在6月6日滬寧鐵路光新路鐵路道口嚴重騷亂事件中放火焚燒列車，肆意破壞交通工具和交通設施」之罪名一審判決死刑，剝奪政治權利終身。6月22日，被處決。

176 嚴雪榮：上海工人。1989年6月15日，被上海中級法院以「在6月6日滬寧鐵路光新路鐵路道口嚴重騷亂事件中放火焚燒列車，肆意破壞交通工具和交通設施」之罪名一審判決死刑，剝奪政治權利終身。6月22日，被處決。

一位工運領袖。六四民運失敗，他被迫流亡美國，英年早逝，壯志未酬。否則，如果歷史給他時間和機會，他未嘗沒有可能成為中國的瓦文薩。

趙品潞，生於北京平民家庭，早年在鐵道部下屬的建築公司當建築工人。

北大學生領袖、後來在美國當律師的李進進[177]在一篇文章中回憶，他是在廣場上與趙品潞結識的。民運之初，學生們對於工運的態度非常曖昧，或者說表現冷淡，一些工人或其他階層的人頗有些抱怨。他當時就有一個強烈願望，到廣場去說服學生們熱情對待工人群眾，認識工運的重要意義，將這場運動擴大為全民性愛國民主運動，而不是單單的學生運動。

5月18日，工運代表岳武[178]和白東平[179]來到天安門廣場上北大的帳篷中，與李進進會面，邀請他去跟工人講話。他跟著這兩位代表到人民大會堂東面廣場，那裡聚集約有幾百名工人。他發表了約十幾分鐘的演講，聲稱全力支持工人們組織起來。有工人問，1982年的憲法取消了罷工權利，罷工是否合法？李回答，憲

---

177 李進進（1955-2022）：湖北武漢人，六四學運領袖。曾任北大研究生會主席，1989年六四期間出任北京工人自治聯合會法律顧問。中共鎮壓六四學生運動後，他被逮捕並被關押二十二個月，後來免於起訴並獲釋。1993年，前往美國，任哥倫比亞大學訪問學者。之後前往威斯康辛大學攻讀法學博士。畢業後，成為紐約州執業律師。2022年3月14日中午，由於李進進與尋求政治庇護的中國籍女子張曉寧就移民法律案件產生糾紛，張曉寧持刀來到李進進位於紐約皇后區法拉盛的律師事務所將其刺殺。後兇手被法院判處終身監禁。

178 岳武：1989年天安門運動期間的工人領袖。逃亡境外後，生活在巴黎。

179 白東平（1963-）：八九民運期間為工運領袖，後被捕入獄。多年來，一直參與人權活動，為訪民維權律師團成員，《零八憲章》簽名人之一。2010年11月27日，他在網上公佈一幅有關1989天安門廣場屠殺事件的照片，在家中被警方逮捕。其妻楊丹告知外媒，警方在逮捕白東平的第二天，解釋逮捕理由時稱，白東平涉嫌「煽動顛覆國家政權」。

法沒有規定罷工權利，並不等於憲法禁止罷工。工人的罷工權利可以從憲法規定的結社遊行和示威的自由權利中引申出來。工人們受到極大鼓舞。之後，李進進幫助工人們起草了「工自聯」的第一個宣言。

5月22日，李進進在天安門西觀禮台的「工自聯」總部認識了趙品潞。當時，李進進已是「工自聯」的法律顧問。然而，他在廣場上活動比較多，在西觀禮台的時間比較少，工人們不大認識他，不讓他進「工自聯」總部。工人們找來一個壯實的年輕人跟李進進談，讓其說明情況。這位年輕人就是趙品潞。

當晚，在「工自聯」籌委會開會時，趙品潞非常清楚地談出了「工自聯」與其他組織的關係和聯繫。他說，白天他在北大和「首聯會」聯繫上了，他的意見是「工自聯」要和這些組織保持聯繫。李進進對其發言印象深刻，認為趙品潞是一個頭腦清醒和意志堅定的工人領袖人物。在以後「工自聯」章程的起草、討論和通過的過程中，李進進與趙品潞保持密切聯繫，徵求其意見。

5月30日，在天安門西觀禮台舉行的第一次獨立的工會代表大會上，趙品潞當選為由五人組成的「工自聯」常任委員會委員。當時，「工自聯」的組織採用集體領導制度，沒有設主席。韓東方是發言人。在5月19日打出的第一面工人組織的旗號是「北京工人自治會」。在5月30日通過的章程上，其正式名稱定為「首都工人自治聯合會」。在六四鎮壓後，中國政府在6月8號發出的通告之中，將其稱呼為「北京工自聯」。

「工自聯」的組織是在5月19日凌晨，即在北京宣布戒嚴前10多個小時開始籌建的。「工自聯」到6月4號被鎮壓為止，總共存在了兩個多星期。然而，它的影響卻僅次於「學自聯」，在眾多群眾組織中脫穎而出。它的影響與其有效的組織分不開的。趙

品潞對「工自聯」的組建及其發展作出了巨大貢獻。

從江西趕到北京支援民主運動的鋼廠工人劉少明[180]後來回憶,他剛見到趙品潞時,「一個典型工人裝扮,不修髮飾,瘦弱的臉龐更顯異常堅定」。當時,趙品潞常在北京各路口巡視工人糾察隊員和市民學生堵軍車,劉少明跟著他去看過兩次,

趙品潞當時也負責天安門周邊的安全保衛工作。時任高自聯主席的周勇軍,也曾幫助組建工自聯,與趙品潞、韓東方很熟悉。1989年5月23日下午1點左右,趙品潞從外面回來向他報告說:「天安門城樓下聚集了很多人,有三個人向毛澤東像潑了墨水,幾百人正在吵吵嚷嚷,可能要出事。」周勇軍馬上讓趙品潞帶領工人糾察隊前去察看究竟。

約半小時後,趙品潞帶回來一個外地人,衣著十分樸素,神態疲憊,此人正是三勇士之一的喻東嶽。當時,周勇軍與趙品潞等工人領袖商量,讓此人自行離開。可是,不一會兒劉煥文[181]、

---

180 劉少明(1958-):民主人士。早年為江西新余鋼鐵廠工人。1989年,到北京參與八九民運,並加入「北京工人聯合自治會」。六四後,被當局控「反革命宣傳煽動罪」,判處一年監禁。近年來,除了參與「公民圍觀」外,比較關注珠三角勞工的事務,協助工人維權。2015年,六四事件二十六週年前夕,他到廣州天河地鐵站出口舉牌,要求平反六四,被廣州警方以「涉嫌尋釁滋事罪」行政拘留十天。7月14日以涉嫌「煽動顛覆國家政權罪」逮捕。後來取保候審。2016年,在網上發表題為〈我在北京聲援並參與六四民主運動的經歷〉一文,隨即被拘捕,被控以「煽動顛覆國家政權罪」,超期羈押兩年後,於2017年7月7日被判四年半有期徒刑。
181 劉煥文(1961-):基督徒,工運領袖。原為首鋼工人。1989年4月20日,在天安門廣場紀念碑下召開的第一次首都各界維護憲法聯席會,他就以工人代表身分出席。他在北京學生絕食七天後加入工自聯,親自組織了「工自聯工人糾察隊」,並任總指揮,而後又發展和任命了七個分隊長。工運領袖呂京花評論說:「劉煥文既有工人階級樸實感情,又有強烈追求民主的政治訴求。他強調工人組織參與的重要性,推動工自聯組織的具體計畫及行動。他是創建工自聯不可缺少的重要的人物之一。」1989年6月15日的《人民日報》報導:「劉煥文是6月13日下午被石家莊市公安局在市區抓獲的。……在反革命暴亂期間,他組織並參與了衝擊新華門,在天安門廣場設置路障,在六部口、公主墳、木樨地、復興門等地焚燒軍車等反動暴

韓東方兩人從廣場中心回來，說高自聯要人，並說高自聯已逮住另外兩人，需要他們三人一起澄清事件。周勇軍當時雖然已離開廣場學生的領導工作，但天生的紀律與服從觀念沒讓他多想，就決定讓劉煥文、韓東方等人將這個人送到高自聯去了。後來高自聯居然將三勇士叫送公安，這是六四期間學生犯下的嚴重錯誤之一。趙品潞並非決策者，但也對此負有少許責任。

六四鎮壓後，趙品潞遭通緝，在中國國內逃匿了三年有餘。

趙品潞從北京逃離後，輾轉躲到河北他妻子的三嬸家。他哥哥從北京去看他，卻引來追兵。一天，三嬸看到全副武裝的兩卡車軍警直奔她家，便奔回家喊叫：「他大姐夫（她跟著孩子來稱呼趙品潞），北京來人了，你快從後門走吧。」說著就扔給趙品潞一頂草帽，讓他從後屋經莊稼地逃走。這邊軍警找不到人，就直奔下一個目標——趙品潞妻子的表姐家。

在穿越兩邊茂密的高粱地的土路上，這群軍警碰見一個戴草帽的農民，正蹲在地上繫鞋帶。軍警們沒有理睬這個農民。殊不知，這個農民就是趙品潞。如果當時的軍警們機靈一點，趙品潞的故事從那一刻始，就得重寫了。

趙品潞雖逃脫掉了，其親戚們卻遭受了皮肉之苦和精神折磨。他的三叔和三嬸被關押，他妻子姐夫家的兩個孩子被軍警們殘酷毆打，大小便失禁。

中共警察一邊追捕趙品潞，一邊又以「死亡」的名義來處理趙品潞的民事利益。當時，中國什麼都要發票證，有糧票、蛋票、肥皂票等。街道以「死亡」的名義將票據扣發。趙品潞的妻

亂活動。」六四之後，劉煥文被判處勞動教養兩年。出獄後，他繼續積極參與民運活動，為爭取平反六四而奔走，前後又被入獄七年之久。他後來受洗成為基督徒，並成為北京方舟教會的會友。

子至今還保留著幾張扣發票據的通知,上面註明扣發的理由為「死亡」。

兩年後,趙品潞從天津「溜」回北京,出現在刑滿釋放的老朋友李進進面前。他還在被通緝之中,卻在共產黨警察鼻子底下進行「串聯」,可見其智慧和膽略何等不凡。

1992年10月,趙品潞被「黃雀行動」接到香港,然後赴美定居。

趙品潞來美後,沒有「學運明星」的光環,也不屑吃「人血饅頭」,一直自食其力,在生活的底層打拚。他與幾位工友一起租住紐約法拉盛的一套公寓,他慷慨地為其他幾人付了房租。最初,他在法拉盛金山超市肉食部打工,無論做什麼工作,他都非常認真執著,「努力做到最好」,即使是賣肉,他也贏得「一刀準」的美譽。

之後,趙品潞在印刷廠搬運過紙筒,又約幾個朋友幹起搬家公司。李進進回憶:「論起搬家,誰也比不上他。他一個人將寫字檯或沙發從樓下扛到五樓。連比他高大的白人都驚嘆:『你是怎麼做到的?』他就是個力大無比的人。」

再後來,趙品潞攬起裝修的活,經濟上稍有改善。他在法拉盛的家,經常有朋友光顧,幾個搬家和做裝修的弟兄也住在他家。他經常是在客廳裡擺上一桌酒菜招待大家。吃完了,他就睡在沙發上。

創業和生活的艱難,沒有使趙品潞放棄其政治理念。他一方面靠雙手維繫自己和家人的生活,另一方面堅持民主自由的理想,為中國民主自由事業奔波。他曾擔任「國際華人工人聯合會」主席和中國自由民主黨副主席,也是「自由中國運動」創始人之一,參加了許多政治反對派活動。很多活動中,他任勞任怨,鞍

前馬後，不計個人名義，贏得了朋友們的尊重。中國民主運動的過程是艱難的，參與中國民主運動的志士們的個人生活更為艱難。在這雙重的艱難中，趙品潞一直奮勇前行。

趙品潞堅定的信念和積極的參與，使他被中共列入不得回國的黑名單中，也給他在國內的親屬帶來許多麻煩。趙品潞的父母承受了來自趙品潞這個兒子的壓力和痛苦，也承受了來自小兒子的壓力和痛苦——趙品潞的弟弟趙品拒因為參與八九民運被判刑十三年。但他的父母堅強地挺過來了。1999 年，中共政權五十大慶，北京公安不知從哪裡得來消息，說趙品潞要悄悄潛回中國。警方緊張不已，十一前派兩名警察日夜守候在他父母家。他母親不甘示弱，拿出一盆水就往警察身上潑。警察說，你幹嗎往我身上潑水。老太太回答說，你幹嗎擋我家的道？警察拿老太太無可奈何。

2002 年 1 月 16 日，趙品潞經醫院檢查證實患上肺癌，且已是第三期。他十八歲的獨子當場如遭雷殛，痛哭失聲。趙品潞鎮靜自若，對兒子拋下一句話：「哭什麼，別讓你媽知道。」

當初，趙品潞踏上逃亡之途時，兒子尚小，妻子備嘗艱辛，獨自撫養兒子，好不容易在兒子十二歲時，母子兩人來美與趙品潞團聚。他妻子一直在成衣廠工作。他心疼妻子的辛勞，知道自己的病情後，首先想到要對妻子「隱瞞」。

趙太太張桂芬後來還是知道了，一肩挑起生活重擔，早出晚歸到成衣廠打工，回家還要照顧丈夫。她的工友知道趙家生活困難，發起募捐。趙品潞說：「我來美國後，無論怎麼苦，沒為自己流過眼淚，但太太的工友每人拿出五十元、一百元，我掉淚了，她們掙這些錢是多麼的不容易。」

後來，趙品潞申請到免費醫療，醫院還為他指派了一位社會

工作者協助。他與癌魔頑強搏鬥，每天都去醫院接受化療，頭髮掉了，剃個光頭，照樣積極參加民運活動。2002年和2003年，他帶病參加紀念六四集會，並發表講話。他對投身八九民運無怨無悔，但對海外民運的不團結現象恨鐵不成鋼。他說：「中共太強大，我們太渺小，海外民運隊伍只有更好的團結起來，才能真正形成一股強大的政治力量。」

趙品潞對自己的病情，用樂觀主義坦然面對，既往最好處努力，也往最壞處設想：「前十年，是命運對我的折磨；這十年，是命運對我的挑戰。」

有一次，香港記者協會主席麥燕庭[182] 出差到紐約，專程登門探訪。趙品潞與麥燕庭於八九民運時在天安門廣場結誼，他囑咐麥燕庭返港後，一定要向救援他逃出生天的「黃雀行動」組織成員致謝，頗有點「交代後事」的味道，弄得麥燕庭直掉眼淚。他卻中氣十足地說：「上帝還不會要我的，還有很多事情等著我來做，相信我會好起來。」

趙品潞被診斷為癌症晚期後，曾希望有機會回祖國探親，但中共冷酷蠻橫地拒絕了他的回國申請。他在生命最後的日子裡告訴家人，希望兒子在他死後把骨灰帶回中國。

在趙品潞逝世前兩個多星期，趙品潞七十七歲的父親趙勇福終於申請到美國簽證赴美探視。直到他來到美國時，因為家裡

---

[182] 麥燕庭：香港資深媒體人。她在印刷媒體和電子媒體工作多年，1984年加入《香港新報》當記者，1993至1997在《香港電台》出任採訪主任。她為捍衛新聞自由一直走在最前線，曾於2007至2008年擔任「香港記者協會」總幹事，1996至1997及1999至2003年為該會的主席。自1995開始，她即為記協新聞自由小組委員會委員，參與編寫言論自由年報。她也負責編輯記協每季的刊物《記者之聲》及《人權監察》等刊物。2007年，麥燕庭被「美國視覺藝術家協會」評為「Champion of Freedom of Speech」。其代表作為《目擊一百天沙士最前線》。

人一直將趙品潞嚴重的病情瞞著他,他還不知道趙品潞已病入膏肓。後來趙勇福回憶:「我一進門呀,我一瞧見我這兒子,我的眼淚就下來了。我說,怎麼都病成這樣啦?但還是不錯的,我們爺兒倆還說了半個月的話。」

2004年3月9日中午12點20分,趙品潞在紐約皇后醫院因晚期肺癌擴散導致失去肺功能去世。他最後告訴家人,他是帶著寬容和希望離開的。張桂芬最為遺憾的是趙品潞病危送醫院那天她去上班了,下班後到醫院,趙品潞已經昏迷不醒。一直到去世,使她沒有機會同丈夫說上最後的話。

為了告慰趙品潞先生在天之靈,為了勉力撫慰他的家人,現成立趙品潞紀念基金(Zhao Pinlu Memorial Fund)。基金將用於他的葬禮、以及救助他的遺孀和兒子。

學者嚴家祺曾多次到醫院探望趙品潞。嚴家祺表示,趙品潞因為六四逃離中國來到美國,十多年來一直過著艱苦的生活,他的生活稍有改善是在做裝修工的時候,但也正是在那時,可能由於不良的工作條件,使他吸入過多塗料中的有害物質而得了肺癌。嚴家其說:「趙品潞為了六四,為了民主的信念,犧牲了自己的生命。」

39 劉士賢：我是民主道路上的一顆鋪路石

劉士賢（1956年11月22日至2020年1月14日）：筆名肖思文，基督徒，西單民主牆運動骨幹，海外中國民主運動積極參與者。西單民主牆時代，任《四五論壇》記者，創辦天津第一份民刊《改革者》。1981年4月10日被捕，1982年11月越獄逃走，九天後再度被抓。1984年4月出獄，繼續從事民主運動。1993年，逃離中國，經香港輾轉到達美國，定居加州舊金山灣區。在美期間，為海外民運無私奉獻，做了大量實際工作。最具代表性的是，他花費數年時間，將香港各界人士提供的上千盤錄像資料，按時間順序編輯為一部六四紀錄片《非官方史料》。2020年1月14日，劉士賢因患癌症在舊金山去世，享年六十四歲。

劉士賢：天津人。出身於共產黨幹部家庭，父親為天津市某區的黨委書記，但很早就生病去世了。

1966年，文革爆發，年僅十歲的劉士賢親眼目睹了大棒大

刀、街頭屍體。1974 年，十八歲的劉士賢進入工廠工作，發現在學校裡受的教育與走上社會的真實世界完全不相容，理想與現實有巨大差距，由此開始對共產黨的統治模式有了反思。

1978 年 12 月，北京西單民主牆運動興起。劉士賢的老家在北京，他週末經常到北京探親訪友。有一次，他進京辦事，路過西單，發現西單民主牆的大字報，還聽到很多人在那裡演講和辯論，他被深深吸引，深受啟發。

多年後，劉士賢接受做中國民主運動口述史的西方學者訪問時回憶，他從西單民主牆的大字報上看到了國家的希望所在，就努力去聯繫作者：「在民主牆看到那些大字報，因為它有落款，落款有聯繫方式，我就找到他們。找到以後，大夥兒在一起聊天，發現有很多的共同的想法。1978 年底，我常去徐文立家和劉青[183]家。認識他們了以後，通過差不多兩個多月的交往，徐文立說，希望我能把北京的資訊帶到天津去。我在北京除了一些抄寫的大字報，還拿到一些民間刊物，比如《人權同盟》、《探索》、《四五論壇》等。拿到這些刊物，我分別帶到天津，就貼在天津市政府的外面的牆上。那就是最初的天津民主牆。」

徐文立回憶：「1978 年民主牆起始，我大約三十五歲，一天突然來了一位天津的慕名者──劉士賢，他才二十出頭，年輕、清純，一臉真誠，一來就和大家一起工作，暢談理想，討論問題。一貫『英雄不問來路』的我，很快就被劉士賢稱為『徐大

---

[183] 劉青（1946-）：北京人，人權活動家，民主牆時代的民運領袖。1976 年，在南京工學院讀書期間，參與四五運動。1978 年至 1979 年，投身北京民主牆運動，是民刊《四五論壇》的主要召集人之一。由於參與營救魏京生的活動，被判三年勞教。後來又因在勞教期間寫了回憶民主牆的文章並輾轉在海外發表，被判八年徒刑。1992 年 7 月，劉青受邀美國紐約哥倫比亞大學作一年訪問學者，之後留在美國從事中國海外民主運動，曾任「中國人權」主席。

哥」，這一叫就叫了四十多年。⋯⋯當年從天津到北京坐火車，到我家最快也要兩三個小時，可是，士賢給我的感覺，他不是住天津而是住在北京，因為自從第一次到我家（當年的《四五論壇》就以我家十五平方米的家為編輯部），幾乎每個星期都來一次。」徐文立還說：「他最大的本事就是在沒有任何張揚的情況下，卻做出了開創性的工作。我送給他的四個字，就是『純良敦厚』。」

這段時期，劉士賢與徐文立、楊靖[184]、劉青等人作了長時間的交流，從此跨入人生的新階段，投身於時代的洪流中。他經常往返於津京兩地，將大量的西單民主牆資訊和《四五論壇》、《北京之春》、《探索》、《今天》等刊物帶回天津，廣為傳播並產生很大影響，由此結識了一批天津的優秀青年。

在京期間，劉士賢為《四五論壇》做了印刷裝訂、發行等工作。經過一段時間的工作與了解後，由《四五論壇》召集人徐文立提議，劉青、楊靖、呂樸[185]等人同意，劉士賢加入了《四五論壇》並以記者身分開展工作，隨後在天津組建《四五論壇》天津辦事處。同年，他參加北京地區民辦刊物召開的「第一次理論務虛會」。

1979年，劉士賢和尹明[186]共同創辦了天津第一個民辦刊物

---

184 楊靖（1946-）：民主牆時代重要的人權活動人士。父親為黃埔軍校畢業生，其家庭在共產黨時代淪為賤民。他青年時代在工廠當工人，文革後期覺醒。西單民主牆時期，與徐文立等人一起創辦《四五論壇》。1981年4月，楊靖等人寫了一封致人大常委會的請願書，準備在4月9日遞上去。但在8日夜，楊靖等人就被警方拘捕。隨後，當局以「提供、刺探、洩露國家機密罪」將其判刑八年徒刑。他被捕時，妻子馬淑季正懷有身孕，孩子出生後一年多才在探監時見到父親一面。此後數十年，楊靖、馬淑季夫婦風雨兼程，一直堅持參與人權活動。
185 呂樸：北京人，民主牆時代的活躍參與者，音樂家呂驥之子。1978年11月16日，呂樸以真名和聯繫地址在西單民主牆上貼出〈致宗福先和《於無聲處》劇組公開信〉大字報，這張大字報被譽為點燃西單民主牆的火炬。
186 尹明：與劉士賢共同創辦民刊《改革者》，民主牆運動的積極參與者。

《改革者》，還張貼於天津市委外的牆上。與此同時，他們還張貼出北京各編輯部的同期刊物，致使天津的政治氣氛開始活躍起來。

同一年，劉士賢與呂洪來、吳樹江[187]、王志強[188]，湯戈旦還共同創辦了一份民間刊物《渤海之濱》。由此，再一次掀起天津地區民主運動的高潮。

當時《渤海之濱》的編委有呂洪來[189]、劉士賢、李殊[190]、吳樹江、王志強，組成人員有二十多人。《渤海之濱》的第一次會議，參加者差不多有四十多個，有大學的學生，有工廠的工人，甚至還有一些是政府機關的工作人員。當時，會議是在一個水上公園召開的，大家主要是談論如何出版刊物、把天津的民主牆運動給推廣起來。參加會議的，還有天津的幾份民辦刊物的代表，比如李占元[191]等人辦的《祭斧社》，王為元[192]等人辦的《天津評論》，懈小南、懈輝、馮洪澤辦的《新覺悟》等。

辦刊物大部分人都贊成。不同的只是觀點的激進與溫和，有人太強烈了，有人就說溫柔一點兒。由於文革剛結束，很多人的頭腦被禁錮得很厲害，而且很怕事情，怕被抓起來，怕沒有工

---

187 吳樹江：天津民刊《渤海之濱》編委，1998年中國民主黨組黨期間，任民主黨聯合總部執行委員。
188 王志強：天津民刊《渤海之濱》編委，後參加中國民主黨。
189 呂洪來（1953-）：天津人，民主人權活動人士，民主社會主義者，「中國資產階級網」主編。1979年，投身西單民主牆運動，先後擔任民運刊物《渤海之濱》、《筆談》主編。因從事政治活動，先後四次被當局拘留和勞動教養，並被開除公職。2008年，流亡美國，繼續從事民主活動。
190 李殊：天津民刊《渤海之濱》編委，曾與劉士賢一起到北京搜集西單民主牆的資訊。
191 李占元：民主牆時代天津民運的參與者。1976年，四五運動期間，以李占元為首的一些群眾於天津車站（東站）地區張貼悼念周恩來的詩詞和大字報，揭露天津市委的一些問題，後被天津市公安局逮捕。四人幫垮台後，受害者陸續獲釋，但未公開平反。民主牆時期，李占元在泰安道中共天津市委門前張貼要求公開平反的大字報，成立天津上訪團，創辦民刊《祭斧社》。
192 王為元：民主牆時代天津民運的參與者，《天津評論》主要創辦人之一。

作，大家都瞻前顧後。劉士賢比較年輕，不知道害怕，主動承擔了最危險的通訊工作。所謂通訊工作，就是把自己的地址向全國公布出去——住在哪兒、叫什麼、怎麼聯繫。這是相當危險的，一旦公布這些資料，當局隨時就能找到人。但劉士賢天不怕、地不怕，將名字和地址公布出來。公布出來後，他就成了天津與外地的聯絡窗口。

當時，《渤海之濱》每期油印四百多本，大部分用於跟其他民刊交換，另外一部分是派發，賣的很少。「出來以後我們就分別寄到全國各地的民辦刊物編輯部。我們互相交流刊物，他們給我們寄，我們也給他們寄。他們幫助我們在異地張貼，我們也幫助他們在天津張貼。」

下一步，他們向政府申請註冊《渤海之濱》。但政府不予答覆，不說同意，也不說不同意。不管政府同意不同意，劉士賢等人先行一步，以刊物的方式，或者以大字報的方式，將文章和見解表達出來。「我們已經申請了，批不批那是你們的問題，但我們已經申請了，這個形式一定要走。不單是我們，所有的雜誌社都走了這個形式。」

然而，後來劉士賢被抓後，官方還是以「非法出版」的罪名起訴他。檢方說，劉士賢違反了1952年政務院頒布的《期刊暫行條例》等有關法規。劉士賢自我辯護說：「我早已向官方申請了，是官方沒給我答覆，所以責任應當由官方承擔。」

張新亞[193]在〈民主牆時期的天津民運〉一文中寫道：「《渤海之濱》雖只出版了一期就被勒令停刊，但它的意義深遠，對促進

---

193 張新亞：民主牆時代天津民運的積極參與者，有多篇文章記述當年天津民運的情況。

天津民運的作用是巨大的：首先，天津地區的民運人士聚集到《渤海之濱》周圍形成天津地區的民運核心。第二，這是天津地區最大、最有影響的民辦刊物。第三，《渤海之濱》開創了天津地區與全國各地及海外民刊的橫向聯繫，擴大了天津民運的影響。第四，這是天津地區第一個被市政當局勒令停刊並強行取締的刊物。」

張新亞還指出，《渤海之濱》編輯部在很短時間內做了幾項有意義的工作：一、聲援北京《星星美展》。二、搜集大量的各地民運資訊。三、真實報導魏京生事件的審訊過程。四、向天津人民報導介紹了傅月華[194]事件和任畹町[195]事件。《渤海之濱》編輯部將上述事件的發展及時在天津公佈，引起各界民眾的廣泛關注，從

---

[194] 傅月華（1945-）：維權人士。北京人，中學畢業後分配到宣武區基建隊，不幸被基建隊黨書記強暴。她提出控訴，卻被開除。她不斷申訴，經常到中南海門前請願，多次被公安拘禁，成了公安特別監控的「老上訪」之一。1979年1月8日，她領著三千多名上訪人員，舉著「反飢餓、反迫害、要民主、要自由」的白布黑字大橫幅浩浩蕩蕩地繞著天安門走了幾圈。次日清晨，被公安帶走。當時所有民間刊物，包括《探索》、《四五論壇》、《中國人權》等都發表文章及接受外國記者訪問，強烈批評中國當局逮捕傅月華，還組成「民刊和民眾組織聯席會議」，致力營救傅月華。傅月華在法庭公審時，將審判台當成演講台，慷慨陳詞，全北京為之感動。當局以「妨礙交通及治安罪」判處入獄兩年。由於她堅決不認罪，刑滿後被帶到北京市郊看守所再囚禁兩年，期間經常受虐待，多次被單獨囚禁在狹小囚房，遭守衛拳打腳踢。她絕食抗議，被送院強行灌進營養液。1983年，獲釋，長期受到嚴密監控，靠擺小攤維生。2000年，解除監控。傅月華曾受訪表示，從未後悔自己所做的一切，希望能成為一顆鋪路的石子，為中國建設民主道路默默作出貢獻，自從學會用電腦後，已嘗試在網上用筆名發表評論文章，喚起更多人推動中國人權和民主政治。

[195] 任畹町（1944-）：原名任安，江蘇宜興人，民主人權活動人士。早年就讀於北京建築工程學院，參加民主牆運動，起草「中國人權宣言」，組建「中國人權同盟」。1989年，組織記念西單民主牆十週年的活動，被判勞動教養四年。1991年2月8日，在法庭發表辯護詞〈八九民主改革與主權在民：駁反革命煽動罪〉，被定性為「罪惡重大，拒不悔罪」，以「反革命宣傳煽動罪」判刑七年。1998年10月7日，組建「中國民主黨全國籌備委員會」。1999年12月26日，組建「中國民主黨聯合委員會」。2007年4月19日，赴海外治病。同年，執筆《2007中國人權宣言》並籌辦「2007中國人權論壇」。現定居於巴黎。

而加強了事件的透明度。五、積極參與天津民主牆活動，擴大天津民主牆的影響。在那段時期，天津民主牆成為廣大人民群眾議論國家政事的中心，成了全市各階層關注的焦點，促進了天津地區政治氣氛的活躍。

在此期間，中共為了限制民主牆活動和達到最後取締民刊、民主牆為代表的民主運動的目的，在全國各地先後制訂出若干限制大字報的張貼地點的地方法令。最後，全國人大常委會宣布取消憲法中的「四大」內容，致使全國及天津地區的民運再次陷入低谷，《渤海之濱》也被迫停刊。

天津的民主牆運動，規模和影響力不如北京的西單民主牆大，但持續時間更長，一直存在到 1981 年。天津當局先是將民主牆從市委大道挪到邊上一個不起眼的地方，等到它影響力下降了，再下令取締。

劉士賢一直擔任天津地區民運組織聯繫人及對外發言的全權代表，保持與全國各地及海外民刊和負責人的聯繫工作。在此期間，《渤海之濱》同法國的《海澱雜誌》定期交換。《渤海之濱》停刊後，香港左翼共產黨書記吳中賢專程來津，在天津賓館同劉士賢就中國當前形勢交換意見——後來此事被列入其「罪狀」之一。

1980 年，時局開始變得緊張，大權在握的鄧小平，不再需要西單民主牆運動為之造勢，而且很多批評意見已開始針對中共極權體制及鄧小平本人，所以鄧下令鎮壓民主牆運動。當時，被追捕的青年畫家、星星美展參與者薛明德逃到天津，劉士賢義不容辭地將其安排在靜海縣的朋友家，幫助其逃過一劫。

北京一聲令下，天津當局亦步亦趨。天津市委發出四・二六通告，下令取締天津的民刊和民主牆。在此情形下，劉士賢同呂

洪來冒著隨時可能被捕的危險創辦《學習通信》，並保持與全國各地民刊和負責人的聯繫。

1981年4月10日，中共中央下達名為〈保障安定團結，掃除一切不安定的因素〉的九號文件。全國各地都在4月9號、10號、11號對民主牆人士實施大搜捕。隨即，劉士賢在家中被捕。天津一共抓了三個人，除劉士賢外，還有呂洪來和湯戈旦。次日，各大外媒相繼報導三人被捕的消息。

在獄中，劉士賢多次寫過上訴書，呈天津市中級法院、天津市檢察院，均無音訊。隨即，他被判刑三年。

1982年11月，劉士賢越獄逃跑。他後來沒有撰文詳細記載越獄經過，否則必定是現實版的「肖申克的救贖」。當時，中共當局對於全國民運人士看押很緊，劉士賢的逃跑驚動了天津市委及公安局，此事上報公安部後，公安部讓北京市公安局協同追捕。

劉士賢一路奪命狂奔，在太原、愉次、太谷、太行山腳下，忍飢挨餓，露宿街頭。然而，中共已經將偌大的中國打造成滴水不漏的天羅地網。九天後，劉士賢再次被抓捕歸案，被加刑幾個月，關進單人牢房。

1983年，劉士賢被轉押到天津板橋農場繼續服刑。1984年9月，刑滿釋放。

出獄後，劉士賢發現，所有的民刊都不存在了，大部分前輩和同仁都在監獄裡。老前輩徐文立被判處十五年重刑，劉士賢帶著賢惠美麗的女友桂雨去北京探望淒風苦雨中的徐文立夫人賀信彤。徐文立後來回憶說：「他們為了安慰我的夫人，經常從天津趕到北京來。」

劉士賢對自己所有做過的事情，從來不後悔。「因為一直是按照我是怎麼想就怎麼做的。我做的事，我自己應該承擔。到現

在,也沒有改變我的理念。我希望,人民能當家作主,人民能生活得更好一些,獲得更廣泛的權利。這個理念一點兒沒變。如果問,1979年的民主運動對歷史有多大貢獻,如果讓我來講,我一直這樣認為,從1979年到1981年被抓,這一段,作為民運史上的奠基人,我們已完成了使命。雖然後來我們還在努力工作,但沒有任何成績。真正有成效的,就是1979年到1981年這一段,作為歷史的基石,作為一個鋪路石,鋪在歷史的道路裡面。1981年以後,我已經就完成歷史使命了。」

當然,劉士賢承認,自己剛開始參加民主牆運動時,政治覺悟並不很高,沒有什麼成熟的政治理念,只是憑著一腔熱血,被這場運動捲進來。但有一種樸素的民主自由觀念,希望人民能享受更多的權利,享受更多的民主,享受更多的自由。當時並沒有想到要把共產黨推翻。後來由於八九事件,他才感到共產黨做的事太過分,才對共產黨完全絕望。在那之前,他還是推動共產黨改革的想法。八九之後,他才跟共產黨徹底決裂。

1989年,天安門民主運動爆發。劉士賢常常去北京,這一次他從民主運動的領頭者變成了觀察者。他看到年輕一代學生成長起來,思想比自己當年更成熟、更敏銳,感到很欣慰,就默默在一旁觀察、了解、支持。

六四屠殺之後,中國社會長期陷入高壓沉悶的氛圍中。像劉士賢這樣有案底的民運人士,處境尤其艱難。他總感覺被人在暗中監控,如果到北京去,跟朋友接觸,經常被盯梢、被跟蹤,隨時都有被抓的可能。他接觸的人都是危險人物,他本人也是敏感人物。他之前坐過牢,身上被中共打上「敵人」的烙印,共產黨整人相當有辦法,只要讓它抓到過一次,以後有事就找你。劉士賢覺得在中國非常不安全,就選擇離開中國。他先以旅遊的方式

到香港，再用偷渡的方式從香港到美國。

到美國後，劉士賢和家人定居加州舊金山。他沒有參與某個民運團體，但諸如每年記念六四的活動，他都會積極參與。他在工作之餘，在沒有資金支持的情況下，搜集了上千份關於六四事件的錄像資料，耗費無數的時間和精力，將這些資料整理編輯成紀錄片《非官方史料》。當年被通緝的六四學生、人權團體「人道中國」創辦人周鋒鎖曾說：「強烈推薦這個八九六四史料視頻，主要是當年電視報導的收集，基本按時間講述了八九民運到六四被鎮壓的過程。我在六四紀念碑揭幕時，看到製作人民運人士劉士賢現場播放，當時就很受震撼。這無疑是最好的一個介紹八九歷史的紀錄片。」

2020 年 1 月 14 日，劉士賢因患癌症英年早逝。西單民主牆時代的友人傅申平[196]，在劉士賢追思會上發言說：「士賢弟兄作為七九民運的一個代表，真實體現了中國知識分子的風骨。中國知識分子歷來都有殺身成仁、捨身取義的優良傳統，雖屢遭歷代統治者的摧折，此種風骨至今綿延不絕。中華民族之所以長存不衰、光耀千秋，也有賴於此。但願凡我同胞無問上下都能明白這個道理。此刻，士賢弟兄可以自豪地說：那美好的仗我已經打過了，當跑的路我已經跑盡了，所信的道我已守住了。剛剛舉行的送別儀式，清楚地告訴我們──生命冊上也有劉士賢弟兄的名字。肉體可以朽壞，但靈魂是永存的。」

---

[196] 傅申平：上海人，民主人權活動人士。其弟弟傅申奇也是民主人權活動人士。1999 年 1 月，他因參與支持中國民主黨組黨活動，進行聯絡和轉運經費，被中共當局逮捕。同年八月，被以莫須有的「故意傷害罪」判刑一年。刑滿獲釋後，公安仍嚴重限制其行動自由。2000 年 12 月，流亡美國。

一九六〇年代人

40 | 孟浪：我們的血必須替他們洶湧

孟浪（1961年8月16日至2018年12月12日）：原名孟俊良，詩人，獨立出版人，民主人權活動家。1970年代末，開始文學創作並投身非官方的地下文學運動，參與創辦和主持編輯多種地下詩歌刊物。1995年，應美國布朗大學邀請擔任駐校作家，從此居留海外，並擔任《傾向》文學人文雜誌執行主編。參與創辦獨立中文筆會，並長期任理事及自由寫作委員會召集人。後又任香港晨鐘出版社總編輯，創辦溯源書社及海浪文化傳播公司。他是傑出的詩人，也是華語思想文化圈重要的文學編輯及文學活動的組織者。主要著作有：《本世紀的一個生者》、《連朝霞也是陳腐的》、《一個孩子在天上》、《南京路上，兩匹奔馬》、《教育詩篇二十五首》、《愚行之歌》、《自由詩魂：孟浪詩全集》等。2018年12月12日，孟浪因肺癌在香港去世，享年五十七歲。

孟浪：生於上海吳淞。其叔叔因為參加過國民黨，連累整個家族被中共政權另眼看待。其父親低調內斂，小心翼翼，生怕招惹是非。孟浪偏偏是一個不安分的孩子，十年文革，剛好橫跨了孟浪的童年與青春期，當除了馬列、毛選所有書都是禁書時，這個熱愛讀書的孩子潛入被關閉的圖書館當「偷書賊」。父親發現後，嚇得把那些書全扔到水裡，還打孟浪屁股。

孟浪在上海北郊的縣城寶山長大並在那裡接受中小學教育。寶山在上海市區的北翼，黃浦江口（吳淞口）與長江口的交匯處的西側，距上海市中心的人民廣場路程約二十五公里。「記得小時候，我們那裡的大人小孩從來都說『到上海去』，指的就是從我們縣城出發去上海市內的『征程』……『外地人』和『鄉下人』因『大上海』都市身分的缺失，而被視作『低人一等』。……多年以來面對『你是不是上海人』的提問時，我常常答道：我不是上海人，我是上海鄉下人。此刻，這不是上海的光榮，而只是我——一個與『上海』不合作者——作為『不是上海人』的光榮。」

1978 年，掙脫出毛澤東式極權專制主義黑暗統治冰川期的中國開始「解凍」，一群群從封閉社會的底層和夾縫中奮身而出的年輕人紛紛聚集在一起，北京、上海等地的「民主牆」上除了政治民主、人權自由的籲求外，也出現了張揚自我價值確認、追求美學創新的文學和詩歌的獨特聲音；在民間，紙張粗糙、形式簡陋的油印出版物層出不窮，在漸亮的幽暗中被傳遞、被摘抄、被閱讀、被吟誦，用孟浪的話形容「猶如微火閃爍、岩漿湧動」。

作為一個剛剛開始嘗試寫作現代詩的文學青年，孟浪正是在這樣一個歷史時刻介入社會，也介入文學。這一年的 10 月，他考入上海機械學院光學系。本是文科生的孟浪在高考前半年轉讀理科，全因父親叫他不要讀文科，說讀文科容易惹禍上身。孟浪笑

稱:「光學系聽起來比較乾淨吧!」

大學期間住校的獨立生活,讓孟浪獲得全新的視野和自我發展的可能。1979 年,孟浪讀到一篇中國官方文人寫的批判法國作家羅曼‧羅蘭的文章,裡面一句羅曼‧羅蘭的格言「不寫作毋寧死」影響他一生。孟浪個人向現代詩的「轉向」,就發生在這一階段,或者說,他個人的文學寫作軌跡與當年中國的社會變革軌跡基本是同步的。

儘管中國官方一直禁止自發刊物出版,但文革後各種地下文學刊物如雨後春筍般出現。1981 年,孟浪大三那年,與郁郁、冰釋之兩位文友,地下出版了文學雜誌《MN》。據孟浪回憶,他與郁郁、冰釋之是同一所小學、中學就讀的同學,在參加 1978 年夏天的高考前一年,他們曾有一段一起備考的經歷。1978 年,三人分散在上海不同的地方。當時,他們正處於終於可以開始對世界進行獨立觀察與判斷的階段,很長一段時間都保持著頻密的書信往來和會面交流,有時甚至徹夜長談,交換各自關於寫作、閱讀和思考方面的想法和進展。三人形成了一個沒有命名的文學小團體。當時,中國的民辦(地下)刊物大部分聚焦於政治、時事等主題,少量屬文學類。孟浪等人產生了自己辦刊物的念頭。儘管明知有風險,但他們堅信這是心靈的自由和表達的需要,與政治無關,就決定悄悄地做了。

《MN》的刊名是孟浪取的,取自英文「送葬者」一詞(Mourner)中文發音 Mao Ne 拼音兩個起首字母,也源自日本作家夏目漱石的小說《我是貓》和美國劇作家田納西‧威廉斯的代表作《熱鐵皮屋頂上的貓》。它意指「送葬者」——當時孟浪認為他們是正在被否棄的時代的送葬者。

《MN》一共出了五期,到 1985 年停止。這本雜誌的創刊號,

為十六開大小，只有二十三頁，鉛字印刷，印了六十份。創刊號封面上有一個專輯名——《形象危機》（Image Crisis）。從此，孟浪開始了作為作家和詩人，同時也作為編輯的文學旅程。

自 1981 年起，孟浪至少參加了《海上》、《大陸》、《北迴歸線》、《現代漢詩》等在中國產生一定文學影響力的非官方雜誌的創辦或編輯工作，同時也開始自印詩集。1984 年底至 1985 年初，他與詩友一同前往西南、西北地區，包括四川、雲南、貴州、西藏、新疆、甘肅遊歷，與當地詩人串連，在旅途中寫下不少詩作。

正是在這段時間，孟浪出現在國家安全局監控名單上。他後來回憶，1984 或 1985 年他就被盯上了：「一旦走進安全局的視野，我們就無法擺脫代表國家權力人士的監控、傳訊、干擾。有段時間，我到深圳當記者，安全局也就跟蹤到深圳，於是我就落入深圳警方的視野裡；我走到北京，安全局就通報北京，於是我又落入北京警方的視野裡，等等。我不希望任何人僅僅因為從事文學創作和出版而受到干預或迫害，因為言論自由是我們的天賦人權。」

1986 年，孟浪在深圳，協助徐敬亞[197]舉辦「中國詩壇 1986，現代詩群體大展」，後來在那基礎上出版了由徐敬亞、孟浪等編輯的《中國現代主義詩群大觀 1986-1988》。這件事在當代中國文學史上算是件大事，也是「後朦朧詩」崛起、「朦朧詩」退場的一個標誌。文學評論家畢光明指出：「《大觀》展現了統一的審美觀

---

[197] 徐敬亞（1949-）：詩人，編輯。吉林長春人，在吉林大學中文系求學期間，與王小妮（後來成為他妻子）、呂貴品、鄒進、白光、蘭亞明、劉曉波等同學組成「赤子心」詩社。1985 年，遷居深圳。著有詩歌評論《崛起的詩群》、《圭臬之死》、《隱匿者之光》及散文隨筆集《不原諒歷史》等。六四屠殺二十週年時，寫過詩歌〈不能說〉：「這一天／不能說廣場／這一天／不能說孩子／不能說學生／不能說槍／不能說血。」

念和藝術思想崩解以後民間詩人在向現代藝術原野競力奔突的繚亂景象。跟朦朧詩的人文精神、批判意識和英雄主義傾向不同的是，這些被稱為『後崛起』的詩人，在他們的詩歌裡彌漫的是現代人自尊自重的平民意識。」三十多年後的 2018 年，有人試圖重印此書，卻仍被查禁。

1987 年春，孟浪在深圳創作長詩〈凶年之畔〉，其中有一句「我們，將陸續離開這裡／帶著創傷」，奇蹟般地預言了兩年後那場大屠殺，以及他自己後半生流亡的命運。這首作品發表於《一行》詩刊，該詩刊是 1949 年後最早的中國境內地下詩歌文學向海外延伸的範例──讓中國國內的地下詩人把作品寄出來，在美國湊錢印成刊物，再寄回中國互相傳閱。

1988 年，孟浪創作了長詩〈私人筆記：一個時代的滅亡〉，這首詩與〈凶年之畔〉被評論者認為：「以一個詩人高度直覺表達了潛伏在中國文化深處的危機感以及這個世界日益激化了的各種矛盾。」在鄧小平掀起的「反對資產階級自由化」的寒流中，孟浪屢屢受到警方騷擾。有一次，他被派出所叫上一輛警車，把他拉到郊區一處非常荒涼的地方，警察開車門扔下他，警車一溜煙的離去，讓他走了半天路才回到上海市區。

1989 年，天安門民主運動爆發。孟浪在深圳參與上街遊行。在「槍聲四起」中，孟浪再次確認了詩人的身分與使命，正如他在〈詩人〉中所寫的那樣：「他是這個時代最初的聲音。／這時代總是那在夢中的喊不出聲。／他喊了出來。／／他是這個時代最後的聲音。／這時代總是那在心中的泣不成聲。／他哭出來了。／／他是這個時代唯一的聲音。／這時代總是那人山人海中傳來一陣子空寂。／他是那唯一的聲音。」從這一年開始，孟浪幾乎每年都寫至少一首關於六四的詩，或者可說，他此後的每一首詩都與六四

有關。詩人黃燦然如此評論說:「六四這個題材,他一再吟詠,不是為了某種場合,不是這個日子快要到來時才想起。六四對他而言是個永遠不能癒合的傷口,而對著它,他有時不能不高喊,這高喊在他低沉的聲調裡變成一種沙啞,但也因此更緊迫。」

1991年,孟浪與芒克[198]等三十多位詩人、評論家聯合發起創辦全國性民辦詩刊《現代漢詩》。

1992年4月17日,孟浪被上海市公安局以「監視居住」的名義非法拘捕,關押了三十六天。當天上午,上海公安局政保處一處(後改稱國保大隊)的警察闖進孟浪家,對其「拘留性傳訊」。他們出示搜查令,將其家中的書籍、信件、電話本、作品以及私人財物等搜了個遍。他們搜查到一百多種與他從事文學活動有關的地下刊物。然後,警察先將他帶到當地派出所。在那裡,他們對他進行了初步的審訊。等到天黑,才把他送到一個不知名的地方。那兒突然出現很多便衣警察。他們竊竊私語,似乎在作交接儀式。接著,孟浪被送到了一棟窗戶上貼滿報紙的小樓,一間像是病房的房間裡。他猜測那兒應該是上海西郊。他們強迫他簽監視居住通知書。孟浪就在這樣一個特定的監牢——二十平方米左右的病房——被監視居住了三十六天。後來,他才知道這裡是公安局的康復醫院。警察說,這是對他的優待和仁慈,如果他再不收斂,下次等待他的就是更恐怖的監牢。

這期間,警察沒對孟浪使用刑具,但防暴特警三班制輪流監視他,二十四小時不關燈。白天六、七名警察沒完沒了地審訊,

---

[198] 芒克(1950-):北京人,原名姜世偉,詩人,朦朧詩代表人物之一。1969年,到河北白洋淀插隊落戶。1978年,與北島共同創辦文學刊物《今天》,並出版處女詩集《心事》。1987年,與同仁組織「倖存者詩歌俱樂部」,並出版刊物《倖存者》。出版有詩集《芒克詩集》、《今天是哪一天》等。現居北京。

主要盤問他關於從事獨立文學創作、出版的問題。這種過程對任何人都是莫大的傷害。孟浪對他們說：「我認為我所從事的文學活動都是合法的，那是每一個公民的權利。」

1994年，孟浪因參與海外文學人文刊物《傾向》的編輯組稿工作，遭到上海警方傳訊和旅行限制，被迫辭去在深圳《街道》雜誌的編輯和記者工作。警方告知，若他繼續留在中國，將不斷受到騷擾。

1995年9月，孟浪應布朗大學邀請赴美，在該校任駐校詩人。隨即，他在美國申請政治庇護，從此雖不再受中國警方騷擾刁難，但亦正式步上流亡生涯。他曾在波士頓唐人街的華人文化中心當經理兼打雜，晚上睡在辦公室的閣樓上。每月七百美金的薪水，大半用在喝啤酒和給中國友人打長途電話上。他承認，他不了解美國，一直在關心中國，「在唐人街生活，並不是真的住在美國」。

2001年7月，在國際筆會促成下，孟浪與劉賓雁等流亡作家發起創立獨立中文筆會，並擔任自由寫作委員會召集人。9月10日，他寫了一首題為〈回收燈塔的人，在歸途中〉的詩，其中有「他已觸礁，——太多的塔影飄零」的句子，他曾自言這首詩是預言九一一事件之作——次日悲劇便發生了。

這一年10月，孟浪的父母先後去世，孟浪從美國回上海奔喪，停留了二十一天。國保警察一連來「拜訪」了三次。他們說：「你在海外的一切活動，我們都了解，所以你自己小心！」孟浪回答說：「我不需要小心，我對得起我的良心，對得起我的國家（我還是愛國者）。何況言論自由是我的權利。」

2002年6月10日，孟浪與出生於台灣、當時任教於香港中文大學的杜家祁在美國拉斯維加斯註冊結婚，並開始申請香港居

留。在2006年底獲批准之前，他每年僅有三個月可停留在香港與妻子相聚。此段時間，他頻繁在香港與美國之間往來，並常在澳門、台灣與香港之間騰挪，開始另一種漂泊生活。

2004年，流亡海外九年後，孟浪如此回答記者的提問：「九年的流亡生活，前半部分是被迫的，我在中國因為追求自由，希望看到自由的天空，呼吸自由的空氣，所以才受迫害；後半部分是自覺的，我終於看到自由的天空呼吸到自由的空氣了。我希望所有流亡作家詩人們，不管他們是自願選擇流亡或被迫流亡，可以更早、更快地回到一個安全的、自由的、民主的祖國繼續和平地寧靜地寫作和出版。但現在看，似乎要流亡更長的時間。因為中國還是以前那個中國，而我還是以前那個孟浪。」

孟浪的詩歌中，跟「流亡」有關的作品分量越來越重。孟浪的朋友、詩人和文學評論家徐敬亞指出，在中國當代現代詩的詞庫裡，「中國」一詞出現頻率最高的可能屬孟浪，孟浪幾乎成為「中國」的第一呼叫者。「在遠景中，中國消失了⋯⋯在遠景中，是一張廢紙離開中國！」即使在流離的詩人中，孟浪的「祖國」情結也是最重症的。他曾發問：「尋找祖國，還是尋找天空？」在全部翹課的孩子中，似乎只有孟浪對往日校園依依不捨：「祖國／就是他的全部家當。」但他還是選擇出走，「逃得更快／更遠」、「我的出生地⋯⋯與隻身出走的戶主無關」。他彷彿認定了此一宿命：「祖國和他相對一笑：背著他！背著它！」那句「背著祖國到處行走的人」，幾乎成為他的自畫像。

2005年，孟浪創作了〈悼趙紫陽，兼懷中國〉一詩，以及另一首「獻給六四，也獻給二二八」的〈數字之傷，數字之痛〉——這首詩他常常在相關公共場合朗誦，感動無數人。他如此寫道：「一些數字是一些人失蹤的日子／一些數字是一些人犧牲的日子／

／又一些數字呵,是這些失蹤者的人數／又一些數字呵,是這些犧牲者的人數／／這些數字,也是這些失蹤者永生的日子／這些數字,也是這些犧牲者不朽的日子／數字之傷,因它曾被野蠻地抹去／數字之痛,因它曾不得不珍藏深深的心底／但這些數字已是刻在天上的星辰／但這些數字終於照亮世人的眼睛／這些數字現在停留在這一刻／它願意自己是最後的統計,永遠也不要再多出!⋯⋯有些數字看來無法不是異常沉默的／有些數字在內心必得分外嘹亮／／人類因數字存續不滅的記憶／也因數字人類的另一類人製造著可怕的遺忘／呵,數字之傷,數字之痛／讓數字無畏地站立起來,更高大／讓數字勇敢地走動起來,更無處不／讓數字在蒼天下發出控訴、拷問與呼告／卻曾經,也正在,還將要呵,喪鐘為誰而鳴／這數字不再是日子,這數字不再是時間／誰能數得清?誰能在這裡數得清?／這數字是血滴、汗滴、淚滴、雨滴,四海飛濺,八荒轟響!」

2006 年,孟浪獲得香港居留權,次年即在香港從事獨立出版工作。2008 年至 2012 年,任晨鐘書局總編輯,姚文田[199] 為社長。此後又創辦溯源書社與海浪文化傳播公司。他在 2008 年參與簽署好友劉曉波發起的《零八憲章》。2010 年,他在香港出版了十本在中國無法出版的「禁書」——這是香港自由出版業最後一抹餘暉。2014 年,他主編的《六四詩選》在台灣出版,並出版了自己

---

[199] 姚文田(1942-):香港出版人。早年為化學工程師,1982 年從四川移民香港。1990 年代末,退休後進入出版業。2006 年,創辦晨鐘出版社,專門出版中國持不同政見者、自由派知識分子、流亡學者和因政治原因被禁言官員的作品。2013 年 10 月 27 日,因籌備出版作家余杰新書《中國教父習近平》,被中國安全部門誘騙到深圳市拘捕,晨鐘出版社不久後停辦。2015 年 4 月 30 日,深圳市中級法院以「走私普通貨物罪」判姚文田監禁十年及罰款二十五萬人民幣。一審宣判後,姚曾上訴,同年 7 月 18 日二審維持原判。在東莞監獄服刑期間,他多次病危入院搶救,後獲減刑 8 個月。2023 年 2 月 26 日,姚文田刑滿出獄,並於翌日返回香港。

的中英文詩集《教育詩篇二十五首》，扉頁題寫「獻給六四」。這一年，香港發生雨傘運動，孟浪積極參與其中，並有寫一本《革命詩篇・雨傘卷》的計畫。他也與獨立中文筆會在香港的會友一起上街聲援《南方週末》。

2015 年，孟浪因感覺香港政治氣氛漸變，遂舉家移居台灣花蓮。

2016 年，孟浪寫下長詩〈致命的列寧〉，詩中穿插中國現代史上諸多重要歷史事件，正如他所說：「要了解中國近百年的苦難，了解俄國十月革命，是必不可少的一個部分。」

2017 年 7 月 13 日，劉曉波「被肝癌死」。孟浪悲憤交加，為劉曉波寫了多首詩歌，並編輯出版《同時代人：劉曉波紀念詩集》。他在〈降龍記〉一詩中寫道：「他是長城頂上的那一位／他說要降服這一條惡龍／他說：大家一起來啊，一起來。……他是長城腳下的那一位／他說他失去了氣力時，才長出氣力／正好讓大家一起來啊，一起來。」

在最後階段的創作中，孟浪已然獲得從普世高度「鳥瞰」土地意義上的中國。「炮製出又一個祖國／並且思鄉，讓南北極突兀地擁抱在一起」、「那個人站在一個國家的對面／他在一片空白裡／上衣像一束枯萎的花朵／在他無力的臂彎裡」、「我有無數個祖國／我有無數條道路／無數的我閃閃爍爍」、「偉大的迷途者，他正在創造他的道路／失群的恰是眾人，多得無以計數……偉大的迷途者，決定終於作出：／征途才是歸途，征途就是歸途／偉大的迷途者，他正在考驗他的道路／哦，受難的迷途者，他正在成就他的道路／就是沒有路也可以逃」。這一超越，是流亡路上關鍵性的一步，詩歌與人性皆褶褶生輝並交相輝映。詩人由此「以離開的方式回家」。

孟浪以詩人的直覺和思想家的洞見，透視當代中國的症候，給出切中肯綮的診斷，也由此重新確立自己在這個時代的文化使命：「時代條件的變化，全球化的負面後果也在持續發生，十三億人的中國正充滿史無前例的巨大矛盾。一方面，它是世界上僅剩的最龐大的一個共產極權主義『王朝』；另一方面，它又是全球化資本主義版圖中最為活躍的最龐大疆土，儼然已成為又一個『金元帝國』。作為一個個人寫作者、個人觀察者、個人思考者，面對這巨大的矛盾，面對這集極權主義罪惡和資本主義罪惡於一身的『雙頭怪獸』，有時不免產生無力感和無助感。中國權貴資本與國際寡頭資本構成的利潤至上、金錢至上、強權至上的反動力量，可能也仍然凶險地窒息著包括中國在內的整個世界的未來希望。紅色極權的資本、金色寡頭的資本沆瀣一氣、無孔不入的占領和奴役，也許會發生在任何一處人類存在的角落──因此，抵抗對人的自由呼吸、自由想像的壓迫與限制，都是詩人不得不去完成的文學與思想使命。」

　　2018年，孟浪因肺癌病逝於香港。他的一生，實踐了他的詩句：「在統治發生的地方／只有反抗，是命運／正在發號施令。」

41 | 梅艷芳：我是民主運動的忠貞分子

梅艷芳（1963年10月10日至2003年12月30日）：香港女歌手，演員，社會活動家，慈善家，香港和中國民主運動的支持者。她於1982年出道，演藝事業於1980年代中後期達到顛峰。她的形象百變，獲獎無數，是粵語流行樂壇輝煌鼎盛期的標誌性人物，也是香港演藝界第一位同時取得「歌后」及「影后」級殊榮的女藝人。1989年，天安門民主運動期間，梅艷芳出席「民主歌聲獻中華」活動聲援民運，並在六四鎮壓之後的「黃雀行動」中出錢出力營救被中共通緝的知識分子和學生領袖。2003年12月30日，梅艷芳因子宮頸癌併發肺衰竭病逝，享年四十歲。2014年，梅艷芳的銅像於香港星光大道樹立。

梅艷芳：生於香港旺角花園街，其兄長和姐姐都出生於中國，梅艷芳是家中唯一出生於香港的孩子。父親早逝，母親覃美金來自廣州西關，是一名中醫，曾於亞皆老街經營月華中醫診所，主治頸喉方面的疾病。由於覃美金沒有專業的行醫資格證，

無法得到病人的信任，該診所收入極不穩定。覃美金後創辦「錦霞歌舞劇團」和華強中西音樂學校，她育有四名子女，長子梅啟明，次子梅德明，長女梅愛芳以及么女梅艷芳，除了長子之外，其他三個子女都英年早逝。

梅艷芳四歲半時，與胞姐梅愛芳外出演唱。兩姐妹為賺錢養家，喪失了寶貴的童年。她少女時代出入最多的地方並非學校，而是大小歌舞廳、酒廊、街頭、香港荔園的表演場唱歌。她小學時就讀於九龍婦女福利會李炳紀念學校，讀至小四時轉校。小小年紀就奔波於舞台之間，讓她的舞台經驗豐富，卻鮮有家庭的溫暖。她後來接受媒體訪問時說，如果時光可以倒流，希望多讀書，不用一顆小小心靈便擔憂挨餓。

1982 年，梅艷芳參加香港無線電視與華星唱片主辦的第一屆新秀歌唱大賽，以其圓潤沉厚磁性的嗓音和沉穩大氣的台風獻唱徐小鳳名曲〈風的季節〉，脫穎而出，摘下新秀冠軍，正式踏上星途。

1983 年，梅艷芳憑〈交出我的心〉日文版參加東京音樂節，奪下「亞洲特別獎」及「東京電視獎」兩項殊榮，成為最引人注目的新星。同年，個人唱片《赤色梅艷芳》推出，旋即創下五張白金唱片的銷量，且入選年度十大金曲，一炮而紅。

1985 年 1 月，唱片《似水流年》推出。1986 年 1 月 7 日，唱片《壞女孩》推出，內容充滿爭議，但銷量很快超越八白金（四十萬張），同年累計七十二萬張的銷量，打破香港開埠以來唱片銷量紀錄。同年 12 月，在紅磡香港體育館舉辦首次個人演唱會，連演十五場，創下最年輕女歌手入主紅館、舉行個人演唱會以及擁有最多場數的紀錄。兩年後，《壞女孩》歌唱風格進一步演化，《梅艷芳（似火探戈）》和《梅艷芳（烈燄紅唇）》兩張唱片問世，以

性感形象演出,事業如日中天。

1985年至1989年,梅艷芳在十大勁歌金曲頒獎典禮連續五屆奪得最受歡迎女歌星。在1989年憑〈夕陽之歌〉勇奪十大勁歌金曲的「金曲金獎」,更於叱咤樂壇流行榜頒獎典禮奪得「叱咤樂壇女歌手金獎」。同年,於十大中文金曲頒獎禮上奪得IFPI大獎,被譽為「樂壇女王」,奠定巨星地位。

梅艷芳在電影事業的表現同樣突出,演出角色多元化,獲獎甚豐。曾有評論人用「霞玉芳紅」(林青霞、張曼玉、梅艷芳和鍾楚紅)形容1980年代至1990年代初香港電影最具代表的女演員。1984年,她憑《緣份》一片獲得第四屆香港電影金像獎最佳女配角;1987年,她憑主演的《胭脂扣》同時獲得台灣金馬獎、香港電影金像獎最佳女主角殊榮。

1989年,北京爆發學潮,香港電影導演岑建勳等藝人籌辦「民主歌聲獻中華」募款演唱會,支援北京學運。5月27日當天,近兩百名香港及台灣明星齊聚跑馬地獻唱。梅艷芳登台演唱〈四海一心〉,隔天再出席聲援民運的「全球華人大遊行」,並參與演唱和錄製支持中國民主運動的歌曲〈為自由〉。

〈四海一心〉是梅艷芳特意請倫永亮作曲、潘偉源填詞,獻給八九民運的歌。其歌詞為:

「我與你遙隔幾千里/血裡卻共有這刻記/永遠共分享痛悲
　要奮勇投向這真理/要決意達到這希冀/寧勇敢犧牲自己/協力圍護你
　雖分千千里而四海一心/天生譜寫上新的日記/那個怕冒著風吹雪飛
　誓要獻上一切去達成/明日真善美」

歌曲和歌詞都再簡單不過,但梅艷芳把這首歌唱得大氣磅礴,投入了真情實感。

次年,在 1990 年多倫多「民主歌聲獻中華」演唱會上,梅艷芳再次唱出〈四海一心〉。在唱這首歌前,她以廣東話演說:「我有一顆熱情的心,真摯的心,我所有做的一切,都會得到你們的理解。……曾有人問過我,不擔心會被人『秋後算帳』?我怕什麼,我只是『兵』來,『勇』字當頭,衝啊!……言歸正傳,我們今次來表演,最重要是抱著一個心情,千萬不要消極,必須要積極。我現在擔心的是,我沒有機會到中國國內,表演給同胞看。或者,當有一日,退出了幕前以後,民主自由還沒有成功。但我相信,在不久的將來,一定會成功,只要我們有信心。我希望有一日我在中國大陸唱時,可以帶著『民主歌聲獻中華』所有歌手去唱,可以自由地唱,這是我最終的心願。」

可見,梅艷芳沒有因為中共的政權暴行,而跟中國人民完全切割。她希望,有一天,中國人民得以在民主自由的國家生活。她希望,可以為中國人民歌唱,最希望〈四海一心〉傳到中國國內,使同胞得到安慰。

後來,梅艷芳成立「四海一心慈善基金」,顯然來自〈四海一心〉的歌名。「四海」一詞可追溯至《論語》:子夏曰:「死生有命,富貴在天。君子敬而無失,與人恭而有禮。四海之內,皆兄弟也。」

〈為自由〉由盧冠廷、唐書琛夫婦創作,編曲是「全體《為自由》樂手」。由全港若干歌手合唱,大家本著一份熱情完成,除了在各大媒體熱播,也製成盒帶義賣,收入撥捐支聯會。在「民主歌聲獻中華」音樂會上,眾藝人三度演唱這首歌。這首歌情深意切,慷慨激昂,感人至深:

「騰騰昂懷存大志，凜凜正氣滿心間，奮勇創出新領域，拚命踏前路。

茫茫長途憑浩氣，你我永遠兩手牽，奮勇創出新領域，濺熱汗，卻未累，濺熱血，卻未懼。

愛自由，為自由，你我齊奮鬥進取，手牽手。揮不去，擋不了，壯志澎湃滿世間，繞千山。」

六四之後不久，梅艷芳在接受日本電視台採訪說：「六四當日，我在日本，日本電視拍攝得很清楚，把整件事拍出來。我突然之間覺得自己很心痛，所以後期所有的活動我都有參與到，而且中國那邊亦有派人跟我傾談，叫我不要再出席任何追悼活動。但我覺得我自己身為中國人，如果我再不站出來，每個人都害怕的話，那就沒有任何人會再去做這件事，那我們最後的希望也會失去。我最後決定，我會做，我會繼續做。」

梅艷芳做的事情，包括在「黃雀行動」中出錢出力，營救被中共通緝的知識分子和學生領袖。她都是在幕後默默做，不求名利，雲淡風輕。多年後，支聯會主席司徒華在其回憶錄《大江東去》中寫道：「梅艷芳有情有義，出錢出力。當年，我們曾打算在美加，再舉辦類似香港的『民主歌聲獻中華』，為海外民運團體籌款，支援流亡在海外的民運人士。籌備過程中，梅一口答應到美加義演，分文不取⋯⋯為了抗議六四鎮壓，她多次拒絕應邀到中國大陸演唱。以她那時的高身價，在眾人的心目中，正是返中國大陸掘金的黃金機會⋯⋯梅雖然自小在娛樂圈捱大，讀書不多，但深明大義，不為這些名利所動，真是難能可貴。」

香港民主派評論人薯伯伯[200]在一篇文章中寫道:「涉及黃雀行動的細節,過去無人知曉,梅姐更沒藉此來博取掌聲或光環,她只是默默地把應該做的都做了。到了華叔可以毫無顧忌地在其遺作中公開讚揚梅艷芳是演藝圈中的良心人物時,梅姐也早已作古八年,怎不令人唏噓?」

1990年,梅艷芳在個人演唱會(《百變梅艷芳夏日耀光華演唱會》)上直接跟台下的歌迷和觀眾說,香港人不會忘記六四這件事情,即使自己讀書不多,在別人眼中沒資格談論政治,但這跟讀書多少無關,因為這是「人權」,作為人最基本的權利。「我相信很多朋友都不會忘記,去年六月四日的事件。從這件事發生開始,我整個人生觀完全改變。我覺得我以前的消極是完全不對,人生不是在乎你的生命長短,而是在乎有沒有意義。比起那些北京學生,我實在幸福太多,至少我在香港這個社會,有自由民主的氣息,我可以自由發言,不用受到任何限制,我已經覺得我好幸福,但我還想要什麼呢?⋯⋯大家好像之後都會覺得,我們香港人好像對這件事變得冷淡。我相信並非如此,大家會把六四放在心裡面,將來需要的時候,我們一定會把每一份努力拿出來,令中國更加美好。我只希望在九七以前,中國與香港一樣,得到自由民主,成為一個開放的國家,人民有開心的生活。⋯⋯有很多人說,嘩,你做那麼多這些事情,不怕『秋後算帳』啊?有些人說,不怕啦,你都移民了。我沒有啊,我跟大家說,我沒有,我打算長居在香港,這是我的『根』,我不會離開。而且,我只是覺得,說怕『秋後算帳』這事,很多時候人算不如天算,如果

---

200 薯伯伯(Pazu):真名尤弘剛,香港浸會大學生物系畢業,旅遊寫作人,時事評論人。主要著作有:《風轉西藏》、《北韓迷宮》、《西藏西人西事》及《不正常旅行研究所》。其網名 Pazu 是取名自《天空之城》男主角英文名字。

天要我絕命時,我怎樣都會死?是不是?我不在乎生命長短的問題。」

在1991年5月10日的《壹週刊》(第61期)上,梅艷芳表示,在六四之前,當時正在商討中國巡迴演唱會。她自己計算,大概有二、三千萬的收入。但因為支持六四,她的「利」方面已經完蛋;而有關「名」方面,她所有的錄音帶都不能輸入大陸。她更指出,在電影方面,關錦鵬拍《阮玲玉》,原本邀請她主演,對她來說是一個大突破,但她放棄邀約,因為她不想北上,在中國拍攝四個月,真不知道應該如何「生活」。

記者繼續問:「今天你可以迴避政治的問題,但九七之後就不可以,你選擇不離開香港,那回歸之後怎麼辦?」梅艷芳回應說:「大家可『搏一鋪』(賭一把),如果那時候共產黨瓦解了,大家就開心,可以選擇『第二個政府』。否則就看『命』,聽天由命,我已經完成了自己的事。我想九七之後,或者它囚禁我十年八年,到共產黨被人推翻時,我會被釋放出來,那時我可能會是英雄。」梅艷芳還說,自己從來不懂政治,也不想踏足政治,但只想為國家做一些事情。「很多人會說,我只是想用六四宣傳。但我不是,這件事(六四)放在心裡面,我可以擺一世(放一輩子),我不會忘記,任何時間也不會。」

1990年,梅艷芳舉辦了三十場「百變梅艷芳夏日耀光華演唱會」後,宣布不再領取音樂獎項,發展重心轉移至影壇及慈善事業。1991年,她宣布退出樂壇,並於同年12月至1992年1月舉行了三十場「梅艷芳告別舞台演唱會」

此後,梅艷芳積極在香港、中國和台灣從事慈善活動。1991年7月27日,梅艷芳參與「演藝界總動員忘我大匯演」,為中國華東水災災民籌款。1993年4月,香港演藝界在北京人民大會堂

舉辦「減災扶貧創明天」義演，梅艷芳與幾十名藝人參與。1993年，她正式成立「四海一心慈善基金」，舉行多場慈善演唱會，收益捐助老人院醫院。1999年5月21日，她出任「樂施大使」，赴雲南探望兒童。1999年9月21日，台灣大地震，香港演藝界發起「送暖到台灣」及「香港演藝界921傳心傳意大行動」，她積極參與，與台灣歌手張惠妹獻唱〈但願人長久〉。

支持中國民主運動和到中國從事慈善事業，兩造之間有無矛盾？1993年9月23日，《電影雙週刊》（第377期）訪問梅艷芳。記者問：「從六四到現在，你從當日的民主運動到現在的減災扶貧，有何感覺？」

梅艷芳回答：「在六四前，我以為自己經歷滄桑，十分成熟，但六四那段時間，我卻真正經歷到前所未有的悲憤心情，那時我才了解到，除了工作外，我們人生在世要面對很多問題，從那時開始，才對自己說要做一些事情，我不敢說立志幫中國人，卻希望為中國人做一點事。到現在，很多人以為我改變，其實只是在不同時間，在不同環境下會有不同反應。我覺得有些人罵中國政權，有些人在幫人民，這是十分好的事情。」

六四之後十多年，不少當年參加「民主歌聲獻中華」的藝人逐漸轉換立場，為了到中國賺錢，幫中共政權塗脂抹粉，對昔日支持民主運動的往事閉口不提，甚至加倍向中共獻媚、跪舔。但梅艷芳自言仍是「民主運動的忠貞分子」。她說：「如果我在支持六四方面半途而廢，就會好浪費以前所做的一切，如果我現在放棄，就連一線生機都沒有了。」

梅艷芳也敢於為香港演藝界爭取權益。2001年，她當選香港演藝人協會會長，也是首位女性會長。一年後的「劉嘉玲裸照風波」中，她以「天地不容」為口號，發起遊行和聲討大會，呼籲

群眾抵制《東週刊》。

　　2003年9月，梅艷芳向外宣布，自己罹患子宮頸癌，起初採取保守治療，但中醫治療效果不佳，之後才接受化療及電療。她在親友以及徒弟陪同下堅定地說：「這場仗我一定打贏！」並承諾奮勇對抗病魔。後來，在健康狀況惡化的情況下，仍堅持抱病舉行演唱會，並在演唱會穿上劉培基設計的婚紗，完成「嫁給舞台」的心願。

　　據其摯友、文學家李碧華在〈花開有時，夢醒有時〉一文中回憶，梅艷芳曾在病榻上看到她傳真的舞台劇劇本訊息，卻因醫生告知「癌細胞擴散，今後再不能登台演出」而拋下一句「既是這樣，我便走了」。

　　2003年12月26日，梅艷芳陷入半昏迷，醫生為她打嗎啡針止痛。29日晚，進入彌留狀態，好友均趕到醫院探望。12月30日凌晨2時50分，梅艷芳終因癌細胞擴散導致肺功能衰竭，於養和醫院逝世。在病榻前陪伴她到最後一刻的好友說，她去得很安詳，離開時樣子還很甜美。她的遺言「別哭，別叫我名字」感動了全香港。

　　梅艷芳最遺憾的是，年少時沒有機會可以專心讀書。她屢屢提及，人生如果重來，希望可以讀書，成為律師，幫助其他人。她中二就輟學，出來社會工作，她自言別人看她的人生是「傳奇」，但她卻認為是「悲劇」。她還說，人生沒辦法選，如果真有下一輩子，不要再當人了，當小鳥，自由自在地飛……她沒辦法選擇的「悲劇」，卻造就了個人「情」的千姿百態，對朋友、家人有「情」，對歌迷有「情」，對他人的痛苦有「不忍之情」。她將自己的痛苦轉化成對他人的「悲憫」，如其歌曲〈愛將〉中一句：「見了你到處愛火正蔓延／憑紅唇平靜四海的烽煙」。

如果梅艷芳還在，她面對此後的香港會如何？每個人都有不同的想像，研究梅艷芳的學者李展鵬[201]在〈最後的蔓珠莎華——梅艷芳的演藝人生〉一文中，採訪了梅艷芳的朋友，其中陳海琪[202]解釋為什麼梅艷芳的音樂有靈魂，是因為她是一個「整體」，她有heart and soul（心和靈魂）。陳海琪說：「如果阿梅在生，她會是第一個去保衛菜園村的人；如果她看到李旺陽的死，她一定會追問為什麼，因為她是追求正義的人。」

　　薯伯伯則指出：「一個在沒有利益時依然為了自己所追求的理念而付出的人，一個在充滿利益的大前景前卻毅然卻步的人，我深信有此風骨的人，絕不會走上高牆搭建的舞台。」

　　評論人羅燕媚[203]認為，梅艷芳作為香港的民主女神，「六四」志業貫穿一生。她引用梅艷芳1984年所寫的文章〈一株勁草〉的一段話來說明「疾風知勁草」的道理：「愛草，說不上原因。……有人說草最賤；但，小草真賤嗎？我常自問。若僅看小草的一面而責其低賤，這豈不是以偏概全、抹殺事實嗎？像小草這樣具有高尚堅實的內涵，卻因生存之微不足道而被歧視，那麼高低貴賤的區分又如何來明辨？在如此波濤洶湧的社會裡，我甘願做一株無名小草，學習它那隨處應生，永不低屈的性情，在人生漫長的

---

201 李展鵬：澳門學者和文化評論人。畢業於台灣政治大學新聞系，中山大學現代當代文學碩士、英國薩塞克斯大學媒體與文化研究博士，澳門大學傳播學系前助理教授。澳門《新生代》雜誌社長，香港《明報》專欄作者，香港電影評論學會會員，澳門電台節目《澳門講場》時事評論人。主要著作有：《隱形澳門：被忽視的城市與文化》及《夢伴此城：梅艷芳與香港流行文化》等。主編有《最後的蔓珠莎華——梅艷芳的演藝人生》及《香港電影2019：時代影像》

202 陳海琪（1965-）：原名陳萍，香港唱片騎師，前香港數碼廣播數碼大聲台台長。她憑主持廣播節目《海琪的天空》而聞名，曾於香港商業電台、香港電台、新城電台、香港數碼廣播及D100主持節目，並曾與梁翹柏創立Omlive.cc網上電台。

203 羅燕媚：評論人，台灣清華大學中文系博士。

旅途中，默默的耕耘一生。雖無立大功建大業的輝煌成就；但，若能終身抱定不屈不移的精神，縱使渺小一如小草者，而此生又有何憾呢？」

梅艷芳唯一的女弟子何韻詩一直走在香港反抗運動最前線，並付出被封殺、被抓捕的代價。何韻詩如何做，梅艷芳就會如何做；或者更準確地說，是梅艷芳的言傳身教，才讓何韻詩具有魯迅所說的「幹練堅決，百折不回的氣概」。

在一次訪問中，何韻詩如此回答記者提出的「梅姐對你影響最深的是什麼？」這個問題：「她對我影響最深是她的堅毅和對世界的不屈，如見到不公義的事會很自然地去反應和發聲，這是我在十多歲的時候第一次知道『義氣』是什麼，因為我兒時在加拿大沒有所謂『義氣』這東西，⋯⋯影響最深的一樣是去尋求一個公義，不只是社會上的大事，而是在每一個人身上也會發生，視每一個人平等，沒有高低之分；這就是她對我的價值觀影響得最深的地方。」

這一對師徒，如同魯迅筆下的劉和珍一樣，讓人看到「中國女子的勇毅，雖遭陰謀祕計，壓抑至數千年，而終於沒有消亡的明證」。這一對師徒，讓「苟活者在淡紅的血色中，會依稀看見微茫的希望；真的猛士，將更奮然而前行」。

42 華春輝：言論無罪，自由萬歲

華春輝（1963年10月28日至2024年11月23日）：基督徒，公益及維權人士。曾任醫院院長、保險公司副總經理，是中國新型農村合作醫療「江陰模式」的主要創辦者之一。長期參與和支持民間維權活動。2008年，四川大地震後，成立民間公益組織「回聲公益」，幫助災區災民。2008年，簽署「零八憲章」。2011年，因響應「茉莉花革命」，被以「煽動非法集會罪」勞教一年半，此後被剝奪工作權。他與妻子王譯是維權圈長期受打壓的「苦命鴛鴦」，多次被非法拘押、抄家。在被勞教期間，糖尿病狀況惡化。2024年11月23日，在無錫病逝，享年六十一歲。

華春輝：無錫市人。他出身於中共幹部家庭，其父親曾任無錫市委副書記，主管政法口。後來華春輝因參與維權活動被捕，他的父親非常鬱悶——自己服務一生的體制，最終將魔手伸向了正直、優秀的兒子。華春輝獲釋後對父母說：你們應該為我感到驕傲。

1980年，華春輝考入揚州大學醫學院，大學畢業後成為醫

生,曾任無錫某醫院分院院長,一直是重點培養的對象。

然而,經過1989年的六四,華春輝徹底看透了中共的本質。當時,他任院長的醫院正好在學生靜坐絕食地方附近。他就跑到現場去給學生送食物和水。學生身體出現問題,他帶領醫護人員去搶救。一開始,他不相信當局會開槍鎮壓,後來真的開槍了,他的思想產生了很大的轉變。

1990年代,出現了互聯網,華春輝常常上網尋找真實的資訊,參與聲援劉荻、高智晟等人的簽名。

1996年,華春輝離開醫院,到保險公司工作。後出任太平洋人壽保險股份有限公司無錫分公司江陰支公司副總經理、無錫分公司客戶權益部經理。在工作期間,他參與編寫《新編保險法實用教程》一書,發表專業論文三十多篇,並獲多個獎項。作為新農合醫療保險試點方案的創始人之一,華春輝說:「我在2001年江陰做江陰區(保險公司)副總的時候,我們搞了一個新農合的江陰模式,此模式是國務院確定的醫改樣本。」

在此期間,華春輝收入頗豐,到網上看到一些朋友有困難就會支持,比如在獄中的維權人士許光利[204]、李宇[205]、李國宏[206],他都

---

[204] 許光利(1968-):湖北荊門市人,維權人士。2012年4月26日,在湖南湘鄉被警方抓走,最初控其涉嫌「顛覆國家政權罪」;2012年5月,又被偵辦方指控為「與他人合謀準備炸毀毛澤東故居」,並變更罪名為「放火罪、爆炸罪」,最終判處有期徒刑一年八個月。2013年12月25日,刑滿釋放。2017年12月29日,又被湖北荊門市警方以涉嫌「尋釁滋事罪」刑拘;2018年1月11日,被荊門市警方轉正式逮捕;2018年7月9日,其案在湖北省荊門市法院開庭受審,7月30日被一審以同罪名判處有期徒刑四年十個月,刑期至2022年10月25日。

[205] 李宇:四川德陽維權人士,為保護自己古宅而走上維權之路。2008年,李宇以角馬為理念,成立了角馬俱樂部,積極宣導「同城飯醉」等公民活動,撰寫多篇評論文章在網上發表。他也是《零八憲章》第一批簽署人。2017年7月,他到福建福州江陰海邊,拍攝寫有記念劉曉波的「在海邊,與他同在」的照片發到網上,還上傳了「我身後才是歪脖子樹」的照片。7月19日深夜,他被福清國保抓捕。

給予經濟上的幫助。

華春輝意識到法律在民主人權工作中的重要性，他「棄醫從法」，2002年，通過自考獲得南京大學法學院文憑。

2008年10月，為了四川大地震的災民，華春輝發起成立「回聲公益」慈善組織，並成為主要負責人。2011年，無錫國保將「回聲公益」慈善組織定為「非法組織」，這個幫助了數以千計災區民眾的慈善組織被迫停止運作。中共的權力邏輯是：它自己沒有做的事情，不允許民間社會自發來做。中共認為，這是民間社團與之「爭奪人心」。中共的狹隘、陰暗由此可見一斑。

2008年11月，南京民運人士郭泉[207]被捕，華春輝寫一篇名為〈郭泉，你知道嗎，蛋會越來越多的〉的文章表示申冤，還寫了一篇名為〈槍桿子裡出政權嗎？〉的文章，說共產黨的是一個非法幫會組織。國保傳喚他說，就憑這兩篇文章就可以判你三到五年。

2008年底、2009年初，華春輝聽聞劉曉波因「零八憲章」被捕，毅然參加簽名。

2010年，華春輝在無錫組織慶賀劉曉波獲得諾貝爾和平獎的

---

[206] 李國宏：重慶維權人士。一直致力於中原油田職工的維權工作，他為了幫助中石油、中石化五十九萬下崗員工維權，參與醞釀一場全國最大的集體訴訟案。2007年10月31日上午，他到中原油田（河南濮陽）了解中原油田雙解（下崗）職工準備集體到北京去訴訟的情況，被警方扣下，被行政拘留十五天。11月16日拘留期滿後，當局又將其勞教一年半。他在勞改營被強迫從事輪胎生產，致使眼睛幾乎失明。他絕食抗議，並寄出絕命書：「勞教制度加在我身上的懲罰，使我無法忍受。」他呼籲中共當局取消勞教制度。

[207] 郭泉（1968-）：政治活動人士，中國新民黨創始人及代理主席。南京大學哲學博士、南京師範大學副教授。早年曾發起抵制日貨活動及漢服運動。2007年，參與維權活動，組建中國新民黨。2008年11月13日，被警方逮捕。2009年10月16日，宿遷市中級法院以「顛覆國家政權罪」判處郭泉有期徒刑十年、剝奪政治權利三年。2020年2月，郭泉因發布《郭泉語錄》涉及2019冠狀病毒病疫情的言論，遭刑事拘留，再以涉嫌「煽動顛覆國家政權」正式批捕，後被判刑四年。2024年1月30日，郭泉刑滿出獄。

聚會。無錫國保將他視為當地第一號「敏感人物」。

華春輝是中產階層覺醒者的代表人物之一。他平時生活很節儉，洗菜和洗澡水都捨不得倒掉，特別準備了兩個大塑料桶，把廢水積攢起來沖洗廁所。但一旦聽說誰生活有困難，他就毫不猶豫地出手相助。他為鄧玉嬌案、福建三網友案等案件慷慨捐款，經濟條件好的時候，每次都捐一、兩千，每年捐出數萬元。有人對他的作為表示敬意時，他平淡地說：「我不偉大，也不高尚，我只是一個讀書人，一個沒有失去良知的知識分子而已。」但他的可敬之處正在於不為名——他在保險領域已享有盛名，也不為利——他一直過著衣食無憂的生活。他拋開名利，投身公民運動，是一位踏踏實實為推進社會進步而身體力行者，他的一言一行及生活方式都在無形中影響和感染著身邊的朋友們。後來，當國保警察到他父母家調查他時，他母親對國保警察說：「我兒子有房子，有好工作，他圖什麼？他是為自己嗎？」那個國保支隊長無言以對。

在從事公益和維權活動期間，華春輝與來自河南的維權人士王譯[208]相識、相愛。無錫國保威脅說：「轄區內有一個華春輝已經很麻煩了，再來個王譯，那還了得?!」2010年6月下旬，華春輝和王譯成立劉賢斌關注組，在聲明中譴責說：我們國家的警察違反法律。警方以造謠、散布謠言為由拘留王譯，五天後由河南國

---

[208] 王譯：原名程建萍，長期從事公民維權活動，關注過令湖北官場地震的高鶯鶯案、重慶楊家坪釘子戶事件、山西黑窯奴事件、廣西計生風暴、結石寶寶維權等。她也是關注福建三網友、劉賢斌等活動的發起人。2010年10月18日，在王譯與華春輝準備登記結婚當天，無錫市公安局將其行政拘留，後送回河南長垣縣老家軟禁。無錫四名警察對她施暴，揪她頭髮，動手打她，並擺出各種流氓動作。王譯不堪侮辱，把頭往牆上撞，警察說：「你想死沒那麼容易。」2010年11月12日，河南新鄉市勞教管理委員會以「擾亂社會治安」為由，對王譯處以異地勞教一年。國際媒體稱，這是「首個因在推特上轉發資訊遭當局監禁的案例」。

保將其帶回老家。8月中旬，華春輝到鄭州將王譯接到無錫。

王譯和華春輝原本計畫2010年10月28日在無錫市領結婚證，那天恰好是華春輝的生日。可是兩人當天就被傳喚。前一天，華春輝和王譯在網路上看到四川綿陽反日遊行的短片，十分反感。華春輝發推說：「反日遊行和砸日貨沒有新意，你們可以坐飛機到上海去，砸上海世博園內的日本館。」王譯轉發時，加了一句：「憤青們，衝啊！」於是，兩人被冠以「騷亂社會秩序」的罪名，華春輝被拘留十天，王譯被拘留五天後又被勞教一年。

自此，華春輝開始了漫長的等待。他每天早上都在推特上發布一條消息──「早安，王譯，我的愛人。今天是王譯（@wangyi09）被勞教的第30天。」、「早安，王譯，我的愛人。今天是王譯（@wangyi09）被勞教的第31天。」……華春輝的癡情和執著感動了無數網友，他們每天在推特上幫華春輝喊：「言論無罪，自由萬歲！還王譯自由！」

「早安，王譯，我的愛人。今天是王譯（@wangyi09）被勞教的第102天。」這是華春輝在推特上的最後一次呼喚。這一天，2011年2月21日，華春輝也被抓捕。

2011年2月19日，華春輝在推特上轉發了「手捧茉莉花，去無錫南禪寺散步」的推文，當天上午即被國保抓走，審訊和扣押十二小時後，給了他一個治安警告處分才放他回家。

21日下午，警察又來到華春輝的辦公室，將他帶到談渡橋派出所審訊。二十四小時後，他被以涉嫌「危害國家安全罪」刑事拘留。24日，又被改以涉嫌「煽動顛覆國家政權罪」延長刑事拘留。警察不准他回家去打胰島素。他在被送入看守所時，看守所的醫生為他測了血糖，醫生說其空腹血糖很高，看守所不能收。但國保說，市局打過招呼的，必須收下來。在看守所，他遭到每

天三次密集審訊,並剝奪他與律師和家人會面的權利。

3月24日,華春輝被刑拘一個月零兩天時,國保讓他簽署一份釋放證。但第二天,他又收到了無錫市勞教委以「煽動非法集會罪」將他勞教二年的通知書。後改為勞教一年半。

獲悉這個消息,鄭州十八里河女子勞教所裡的王譯哭倒在地。華春輝和王譯這一對苦命鴛鴦,被中共當局關進了遠隔千里的不同勞教所。他們的事蹟成為當今中國人權狀況的生動寫照,成為歐美人權組織文件中的典型案例。

在被關押於勞教所期間,華春輝向管教提出讓家人送一本《聖經》,管教向上級請示後說不能送。他想寫信給王譯,管教檢查時說不能寄,並將信撕掉。別人每月有固定時間可以給家人打電話,但他卻不能打。他身患嚴重的糖尿病,得不到常規治療,外加飲食質量極差,其血糖指數飆增,併發症開始出現。

同年8月10日,在律師和家屬及社會各界的呼籲和交涉下,他被批准「所外執行」。15日他就住進了醫院,醫生診斷其糖尿病已經影響到動脈了。

無錫警方提出極為嚴苛的要求:不准上網發表言論,不准與王譯見面。「所外執行」期間,除了既定地每週到派出所報到「彙報思想」以外,國保還隨時登門「拜訪」。

華春輝2月被抓,3月公司就通知說,因他違反國家法律,公司跟他解除勞動關係。他原本是公司中層幹部中的骨幹,如今卻無法重返工作崗位。

2011年11月9日,王譯勞教期滿獲釋。她又被軟禁二十多天後,即於12月趕赴無錫與華春輝相聚。為了阻止兩人見面,華春輝被當地警方帶到外地「旅遊」。

2012年1月4日,王譯再赴無錫。他們在火車站見到了對

方,但還沒回到家,就在華春輝家小區門前被警方截獲,然後帶到不同的地點分別看押。「你什麼時候離開無錫,華春輝什麼時候允許回家。」無錫國保明確告訴王譯。

2月28日,華春輝住進了醫院。3月8日,王譯三赴無錫。這一次,在兩人強烈要求下,警方允許兩個人在一起吃了一頓晚飯。隨後,警方警告王譯:「如果你再來無錫,我們就把華春輝送回勞教所。」此時此刻,兩人都在勞教所外面,卻依舊千里遙望。華春輝說:「我倆一起等待!等待我勞教期滿。」

8月21日,華春輝被解除勞教。警察跟他宣布時這樣說:「今後有其他人到無錫來,我們該處理的還是會處理。你要是離開無錫,自己要當心,其他地方也會抓你。」

第二天,華春輝擺脫警方視線,離開無錫。23日,他趕到王譯的戶籍所在地河南長垣縣。他們知道,無錫警方嚴密監控,絕對不會允許兩人結婚,而河南的管控相對寬鬆些。他們要抓住剛剛解除勞教的時機,打個時間差,迅速辦理結婚登記手續。當他們在當地民政局婚姻登記室拿到大紅的結婚證書那一刻,激動不已,忘了各自都身患重大疾病,興奮地在長垣縣城裡漫步許久。

王譯和華春輝的朋友、維權人士張永攀[209]在一段推文中寫道:「有這樣一對情侶,在即將領結婚證那一天被公安局抓走。後來女的被勞教一年,男的苦苦守候。女的出來後,男的被拘後轉勞教因糖尿病所外執行。女的若去看男的,警察想盡各種辦法阻止會見。這兩年,兩人牆裡牆外相隔千里苦苦相戀,今日終於領到結婚證。這就是王譯和華春輝的故事。」

---

[209] 張永攀(1986-):維權人士,曾參與公民調查團,前往浙江省樂清市,調查錢雲會案,其後發表聲明,提出案件的疑點。張永攀亦在網上為疑因茉莉花集會被關押的山東青年魏強呼籲。

隨後，華春輝和王譯將河南和江蘇警方的騷擾和責難當做耳邊風，把將來可能會受到更多的迫害拋在腦後，在網上曬出結婚照。祝福如雪片般飛來，接下來一個月裡，他們幾乎天天請朋友喝喜酒。華春輝說：「這麼艱難才能夠結婚，當然要好好慶祝。」王譯說：「我們新黑五類是一家人。迫害越瘋狂，我們自己越要保持快樂的心態。」

8月30日，王譯接受外媒採訪時表示，無錫國保聽說他們順利完成結婚手續，大發雷霆。在無錫國保的壓力下，她的家鄉新鄉市國保8月29日要求他們發聲明說，正在申辦結婚證，不讓他們承認已經領證。王譯拒絕了這一無理要求。王譯說，這個證是經過整整一年零十個月才拿到的，絕不能讓國保再拿了去。華春輝亦表示，能跟自己愛的人在一起非常高興，兩個人之間可以相互關心、相互扶持。

2013年2月，華春輝在推特上發出與維權人士、博訊網記者孫林（後被國保警察毆打致死）過年聚餐的照片後，當地國保向其工作的公司施壓，他被勒令辭職。華春輝在推特上透露，他已被迫離開公司，很快與妻子王譯離開南京：「我屬於那種被黨和人民政府整肅過的、有前科人員，一般情況，像我這樣找一個工作是比較困難的。我也很珍惜，但國保如此強烈的關心，使我感到有愧於公司。」

孫林告訴外媒：「華春輝是被炒魷魚了，因為到我這裡吃了三次飯。他前一段時期和我見面，受到南京國保的警告，禁止他和我來往，他不聽。第二次來，把這個事情告訴了我。大年初五又到我這裡來，大家在一起吃個飯。」他們吃飯的照片出現在網上後，國保大為緊張：「只是照了兩張相片，我發到網上，上個禮拜警方通知他，如果你再這樣子，你的工作就沒了，昨天正式向他

宣布離開公司，華春輝就沒有工作了。中共對我們這些人打壓得相當嚴厲。」孫林抗議公安剝奪公民的基本權利：「我們是中國國民，我們是朋友，為什麼不能相互來往？我表示強烈的抗議。」

儘管生活陷入困頓，華春輝與王譯一直堅持為弱勢群體呼籲、吶喊，並走上街頭抗議。2013年，他們參與了反對「河南平墳運動」的抗議活動。

2013年11月16日，「南樂教案」爆發，張少傑牧師被抓捕。5個月後，被指控涉嫌「詐騙罪」和「聚眾擾亂社會秩序罪」，於2014年4月10日在南樂縣法院開庭審理。庭審時，法庭外戒備森嚴，路人被查驗身分證。華春輝和王譯前往法庭，參與圍觀「南樂教案」，被南樂警方扣押，然後王譯的戶籍地長垣縣國保將兩人帶走。

2014年，華春輝和王譯做了文化衫，聲援「鄭州十君子案」。河南當局懷疑他們是該事件的「幕後操縱黑手」。8月2日，兩人被抄家、抓捕，隨後被以「尋釁滋事罪」刑拘，後取保候審。華春輝獲釋後，接受外媒訪問時表示：「過去一個月，在看守所內過著非人生活，不但所方提供的飲食差，而且看守所強迫幹粗活，自己本身有糖尿病，卻得不到適當治療，所以現時身體非常疲乏。」對於夫妻二人被關押的原因，華春輝指，警方竟一度反問他。

長期以來，王譯和華春暉被剝奪工作權利，連租住房屋也遇到困難，偌大的中國，已然沒有容身之處。2016年底，王譯在推特披露：「老少兩位房東前來驅趕我與華春輝，她們單方面撕毀合同，限期我們30號搬走。老少房東均稱不堪有個叫『警察』的動物騷擾，被迫無奈才趕我們搬出租屋。老房東說：『他們經常打電話給我，還天天到我工作單位去找我，要我趕你們走，我也不知

道是為什麼。』老房東既害怕又煩惱。小房東說：『警察不但天天打電話讓我趕你們，還讓人天天查我店裡的消防、入住人員情況等，搞得我生意做不成，不查別人只查我。現在我感覺就像看恐怖片一樣，一直在恐懼，一直不知道謎底是什麼⋯⋯如果說你們是壞人吧，他們為什麼不直接抓你們？如果說你們不是壞人吧，為啥天天找我們趕你們？』小房東也被搞迷糊了。」

國保警察還試圖通過艾曉明傳話給王譯、華春輝夫婦，讓他們離開廣州。國保說：「給那兩口子帶個話，他們在廣州是待不住的。」艾曉明問：「他們幹什麼了？」國保所答非所問：「他倆身體也不好。」艾曉明說：「對啊！一個糖尿病一個心臟病，無非在廣州過個冬。」

王譯決心與之抗爭：「本來只是想在廣州過個冬養養身體，過了年就回無錫，看來現在不能輕易走了。如果輕易走掉，國保特務會覺得這個方式很有效，下次還會用這樣的方式驅趕我們。」

2017年7月19日，是劉曉波去世頭七祭日，華春輝原本打算舉行紀念活動，卻遭國保「喝茶」警告，被軟禁在家。

2019年3月4日，王譯、華春輝在鄭州市江山路三全路公交站台相約與剛獲釋的維權人士李玉鳳見面。當晚10時許，王譯和華春輝剛剛見到李玉鳳，突然三四輛車停在他們面前，下來十餘名男子將李玉鳳強行架上車，揚長而去。過程中雙方有肢體衝突。王譯、華春輝隨即在網上發文求救。

2024年11月23日，華春輝的微信朋友圈上發布了一條訊息：「家父華春輝已於近日去世，特此公告，感謝諸位朋友昔日陪伴關照，祝各位無恙安康。」

浙江維權人士、華春輝的朋友溫克堅發出悼念文章〈華夏再無春暉——哀悼華春輝先生〉：「我已經記不清老華和我是哪一年

認識的,現在回想,那肯定是另一個時代,更像是另一個世界。那個時代,那個世界,我們癡迷於權利、維權、公民社會、社會運動等構建的社會想像,甚至對政治改革也還沒有完全絕望,那個時代,包括老華在內,我們很多很多朋友,同聲相和,同氣相求,我們完全不需要廢話,不需要任何協商,很快就能達成共識,我們一起做了不少事。我們參與很多社會熱點事件,我們推動一些象徵性表達,我們公開簽名,我們不斷呼籲……我們覺得現實雖有種種障礙,但畢竟彼岸似乎是可以觸及的,在不斷努力之下,我們以為可以跨過那座橋。」

然而,中國的走向卻與他們努力的方向背道而馳:「世事詭譎,我們本以為的那座橋並不存在,我們跌入了歷史的鴻溝,接下來迎接我們的是一個漫長的冰河世紀。在這個冰河世紀,我們似乎都被凍僵了,我們都需要掙扎著求生。老朋友們都不方便來往。……我們原以為石頭終將會開花,待到那一天,我們可以重新把酒言歡,一醉方休。但殘酷的真相是,很多朋友早已離開,湮沒於塵土,而如今,老華也等不到那一天了。」

異議作家野渡在悼念華春輝的文章〈我們久久靜默不語〉中寫道:「我常常想起十年前,2014 年的冬天,與老華伉儷在凌晨 2 點抵達揚州,車站前有二十多個當地朋友在冬夜刺骨寒風中等候的場景。這全然陌生的、卻因相同的信念而彙聚在寒夜裡的笑容,就是堅持之意義所在,是在此站上車從此一起走下去的同道。……老華必定也是如此想的。第一次見老華是 2014 年秋天我到杭州,他立即從無錫來杭見面,在多年的網路交流以後,也在網路的資訊中知道對方做了什麼,彼此都不陌生,而見面即傾蓋如故。最後一次見到他是在 2019 年秋天,同樣是我到杭州,他同樣從家鄉過來見面,不辭路途只為赴一場友情的盛宴。」

在野渡心目中，老華就是這樣的義人：「相比在一個物質世界消費時代不能抗拒其洪流的絕大部分人來說，他的人生抉擇是一場身分反叛，是一種衝破束縛，是一份責任擔當。作為經濟大省經濟大市副市長的衙內，作為中年就成為保險公司副總經理的典型中產白領，作為中國新型農村合作醫療『江陰模式』的主要創辦者和管理實施細則的創立者，他完全可以過上優裕精緻的生活，卻選擇了穿越死陰幽谷的荊棘路，在細雨中呼喊。」

最後，野渡寫道：

「向子期在難以明言的凜冽下無寫處，我也不能一一列舉老華在破破爛爛的世界裡縫補了什麼。總有些人先於時代看到了江河劈開三峽浩浩蕩蕩東流入海的歷史趨勢，他們試圖讓這過程更容易一些、大地付出的代價更小一些，同樣總有群山阻隔禁錮江河的追逐自由，萬山不許一溪奔，它們阻止不了歷史潮流百折千轉仍突圍而出成江成海，但它們終究可以讓先行者遭受苦痛傷痕累累。

不用再描述老華承受了什麼殘酷的代價，他孤獨地告別這個世界就是明證。他所有的朋友們竟然沒有一人知道他何時、何地、何因逝去，那麼喜愛熱鬧的他竟然就像這時節的落葉孤寂地枯萎零落，讓老朋友們沉重得難以呼吸。

但想來已在天堂的他是毫不在乎的吧？這個世界，有一些人生下來不是為了抱著枷鎖，而是為了展開雙翼，老華的靈魂生機勃勃在蒼天最高處翱翔，而無視地上的穀粒，他活成了自由生命的美好樣子，彷彿人性中那些被這個時代擯棄的美好品質都匯集到他的身上。他是黑暗中的一束光，不只是耀亮暗夜，也是在向隨波逐流的世界說，人生而自由，完全可以選擇什麼樣的姿態去面對彷彿既定的命運。」

43 | 李金鴻：墮入深淵的人，仍然可以是行進者！

李金鴻（1963年11月1日至2020年4月3日）：基督徒，民主人權活動人士。原湖南資興工商銀行員工。1989年，投身民主運動。六四鎮壓後，於當年12月，與朋友們一起成立旨在追求「政治上民主，經濟上開放，高度文明國家」的政治組織「民主中國陣線山地支部」，印刷和張貼反共傳單，隨後被捕。1990年11月7日，被當地法院以「反革命集團罪」判刑四年。出獄後，長期受警方騷擾，顛沛流離，一貧如洗。2020年4月3日，李金鴻死於一場離奇的車禍，享年五十七歲。

李金鴻：生於湖南株洲。父親是一位煤礦工人，就職於湖南資興寶源煤礦，母親是家庭主婦。

李金鴻從小愛讀書，愛聽美國之音的廣播節目，對歷史、地理、經濟等都有興趣。他多才多藝，精通書法和篆刻。高考失敗後，讀職校，畢業後下井挖過煤。後來，他參加成人高考，完成了大學學歷。在一次偶然的機會中，他考進資興工商銀行，被分配到周源山分理處工作。這是一份人人羨慕的「金飯碗」。他卻不滿足於這份體制內的工作，一直關注中國的民主自由議題。

1989年春，北京及全國各地爆發民主運動，李金鴻義無反顧地投入其中，在當地積極聲援北京學生。六四鎮壓後，他化悲痛為力量，於6月底與幾位志同道合的朋友——蔣復興[210]、柏小毛[211]、陳學金[212]、李郁民[213]——等人成立「書法沙龍」，撰寫標語悼念六四死難者，並四處張貼，引起中共當局高度緊張。因組織嚴密，他們繼續活動了幾個月。

同年11月，柏林牆倒下，東歐巨變，大快人心。李金鴻等人正式組建「民主中國陣線山地支部」，印刷和張貼了大量傳單和標語、資料，呼喚民眾覺醒，呼籲為六四平反。

1990年3月4日，李金鴻等人被資興縣公安局收審。6月6日，李金鴻被以「反革命組織罪」正式逮捕。

同年11月7日，湖南郴州地區中級法院對該案作出判決。判決書指出，被告人柏小毛、蔣復興、李金鴻、陳學金、李郁民成立「民主中國陣線山地支部」，制訂了綱領，有明確分工，發展了成員，製作了會徽，收繳了會費，散發反革命傳單——1990年1月14日晚和17日晚，在資興礦務局和所屬的四個煤礦廣為散發「建造新生的民主共和國」、「親自選舉自己的國家主席，選舉自己的執政黨」等傳單。因此，「已構成反革命集團罪」。法院判決李金鴻有期徒刑四年，剝奪政治權利二年。

---

210 蔣復興：民主活動人士，因「民主中國陣線山地支部」案獲刑八年，剝奪政治權利三年。

211 柏小毛：民主活動人士，因「民主中國陣線山地支部」案獲刑八年，剝奪政治權利三年。

212 陳學金：民主活動人士，因「民主中國陣線山地支部」案獲刑三年，剝奪政治權利二年。後出家當和尚，貧病交加而英年早逝。

213 李郁民：民主活動人士，因「民主中國陣線山地支部」案獲刑一年，剝奪政治權利一年。

李金鴻跟李旺陽、喻東岳、張帆[214]、蔣復興等在湖南省第一監獄（即臭名昭著的赤山監獄）服刑。他在監獄裡得了嚴重的肺結核，整個頭都是斑禿，大口大口的咳血，體重直線下降。

　　1994年3月3日，李金鴻刑滿獲釋，但他無法回到原單位工作，只能靠打零工勉強維持生活。他沒有放棄自己的理想和價值，繼續聯絡同道，探討中國的民主化問題。他屢屢遭到抄家、威脅、警告、騷擾、脅迫、刁難，尤其是在過年過節、六四前後或西方國家領導人來訪的敏感日子，他都不得安寧。

　　儘管生活窘迫，李金鴻仍然矢志不渝地為六四發聲。1999年，他被當地公安宣布監視居住。2006年，他又被祕密關押。當時，好幾個祕密警察輪番審訊他，把他銬到沙發底下，不准睡覺，不准喝水，甚至不准上廁所。警察想套他說出一位反共的美籍華人的情況，被他嚴詞拒絕。

　　2007年聖誕節，經友人余志堅介紹，已受洗為基督徒的李金鴻，結識了比他小十三歲的基督徒張艷。李金鴻跟張艷認識後，一直不敢主動跟對方聯繫，他有很多顧慮──當時，他的生存環境很差，解除監視居住後，一度在長沙活動，遭到驅逐後，才回到株洲跟媽媽、妹妹和外甥一起生活。他沒有固定收入，隨時面臨餓肚子的困境。株洲國安一直死死地盯著他，不定時地抄家、抓捕、審問，他在精神和心理上都承受著巨大的壓力。他是虔誠的基督徒，當他從三自教會轉到一個家庭教會聚會時，株洲的國安和株洲宗教局便對該教會施壓，同時粗暴驅趕和抓捕教會弟兄姐妹。

---

214 張帆：因參與八九民運被捕，關押於湖南第一監獄。出獄後，參與湖南三十名異議人士的抗議書，要求當局釋放再次被捕的民運人士張善光。2001年，參與林牧等一百一十九人公開信，呼籲新年釋放政治犯。

直到2008年3月，李金鴻才跟張艷聯繫，每次打電話就熱情地跟張艷討論聖經和讚美詩。他對基督信仰很執著，通過網路課程拿到了香港良友聖經學院的畢業證書。

隨後，李金鴻與張艷正式確定戀愛關係，並於同年10月7日在湖南株洲七一家庭教會結為夫妻。他們結婚時，連一床新被子都沒有。但李金鴻告訴太太，他們的婚姻是上帝的美意，他們彼此相愛就夠了。張艷說，她愛先生的堅韌、善良、豁達，在她心裡，先生是一個頂天立地的丈夫，同時也像父親一樣包容她所有的任性。

2009年，春節期間，張艷正在懷孕期間，他們家遭遇四、五個國保警察上門抄家。國保既沒有出示證件、搜查令，也沒有穿制服。他們將李金鴻一個人關在臥房，幾個人在各個房間翻了個底朝天，還留了一個人在客廳看著張艷。這是張艷第一次跟國保打交道。張艷譴責說：「你們這是非法闖入民宅。」國保直接威脅李金鴻：「李金鴻，你要管好你的堂客（妻子），要不然，你的堂客怎麼死，你都不知道。」這件事發生後，李金鴻只好將懷孕的妻子送到永州養胎。

李金鴻與張艷結婚後，中國政府的計畫生育政策開始鬆動，但他們並未享受到生育自由。張艷生了大女兒以後，被迫上環節育。2011年，她帶環懷孕，次年2月小女兒出生，剖腹產，同時她被做了絕育手術。

張豔是護士，曾與同學合夥開了一家診所。有一年的6月4日，李金鴻在這家診所照了一張相後，被國保知道了，這個診所就成了國保的監控目標。李金鴻為了張豔的安全，要求她離開診所。他告訴妻子：「我們已經有兩個小孩了，我是隨時會失蹤的，但至少要保證你是安全的，如果你不安全，崽崽就沒有人管了。」

中共常常利用李金鴻的妻子、孩子的安全來威脅他。有一次，國保威脅說：「李金鴻，你的兩個崽崽在株洲的某某小學讀書，你的崽崽還很小。」李金鴻聽到這句話後就哭了，因為他知道中共做事毫無底線，連無辜的孩子都會傷害。

2011年，李金鴻的大女兒患病，沒有足夠的錢就醫。有海外民運人士得知後，通過澳洲「中國政治及宗教受難者後援會」的孫立勇捐助了一千美金，作為孩子的醫療補助。但湖南省株洲市國家安全局竟然將此一醫療捐款以李金鴻「有串供嫌疑」而當作保釋金沒收。他們甚至直接從與西聯匯款合作的當地銀行提取這筆匯款，並未經李金鴻知道或同意。國安沒收的捐款再加上李金鴻一家的存款總額，一共是8883元人民幣，超過了一千美金所能兌換的人民幣。

2012年，李旺陽病危，李金鴻與曾經同被關押在赤山監獄的難友劉克文一起為李旺陽呼籲和籌款，兩人都被國保祕密關押。李金鴻被關進一處老鼠肆虐的「老鼠屋」多日才被釋放。

被祕密警察騷擾成了李金鴻生活的一部分。他在日記中寫道：「6月29日星期四11點，安全局的劉威、姜峰、林欣把我帶到安全局附近的酒店，對我進行審問，他們打我，給我上手銬，命令我按他們的要求或站或坐，二十四小時內不准我睡覺，六個人輪流對我進行審問。」

李金鴻的同案犯陳學金被中共當局迫害得更慘，沒有辦法工作，只得出家當和尚。2019年12月3日，陳學金在貧病交加中去世。李金鴻得知消息後，準備動身去奔喪，卻被國保攔阻，國保再次拿妻子張艷與兩個女兒來威脅他。

後來，李金鴻找到了一份在醫院做醫療清潔的工作，每天處理醫院用過的醫療垃圾。張艷回憶說：「幹的是最髒、最累、最重

的活,還容易受傷,但是他都默默忍受。」

2020年,武漢疫情爆發,中共實施大封城。李文亮醫生去世的消息傳出,李金鴻若有所感地對妻子說:「可能要出大事⋯⋯也許我要死了。我們必須有一個人要活下來照顧孩子們⋯⋯」

雖然李金鴻時時受到威脅,但張豔萬萬想不到李金鴻會以一種極為悲慘的形式撒手人寰,什麼話都沒有留下——2020年3月28日早上9點半左右,李金鴻騎電動單車上班時,遭遇一輛私家車撞擊,頭部受重傷,當場昏迷不醒。他送到醫院後就被隔離了,等張豔趕回株洲時,他已在重症監護室中,不能說話了。住院期間,醫生要張豔簽器官捐贈協議,她斷然拒絕。人還活著,株洲市天元區交警大隊就安排肇事司機跟張豔談喪葬賠償,她也拒絕了。結果,當局再次安排談喪葬賠償,給張豔第二次談喪葬賠償的時間,正是李金鴻的死亡時間——一週後的4月3日。

張豔失去了丈夫,十歲和八歲的兩個女兒在剎那間失去了爸爸,母女三人所承受的打擊可想而知。在李金鴻找到工作之前的日子,張豔外出工作,兩個女兒都是他換尿布、餵食、清潔、送學校。特別是大女兒已經開始懂事了,知道爸爸是個「反革命」,一直為爸爸鳴不平,女孩的直覺告訴她,爸爸是被共產黨謀殺的。大女兒在醫院停屍間見到一動不動的爸爸,哭著喊著捶打著爸爸的腳:「你不是我們的好朋友嗎?好朋友怎麼就離開我們了?你怎麼說話不算話呀!說好的和我們永遠在一起,你為什麼一個人走了不管我們了?」此後,張豔每次出門,大女兒都怕媽媽會像爸爸一樣回不來。所以,只要張豔出門,就要跟大女兒說好回來的具體時間,中間大女兒還會不停的給媽媽打電話,要聽到媽媽的聲音才放心。大女兒晚上睡覺的時間也斷崖式減少,但遇到任何難題都不掉眼淚,還要求妹妹也要將眼淚往肚裡面流。而小

女兒不懂死亡的意義，想爸爸時就會問媽媽：「爸爸什麼時候回來？去天堂的路怎麼那麼遠？」

李金鴻離奇車禍身亡，疑點重重：警方始終沒有對方肇事時的行車時速紀錄；事發地點小區附近的四個監控攝像頭壞了三個——包括街道上一個360度的大監控攝像頭都壞了；小區門口唯一一個沒有壞的攝像頭卻被幾輛巴士擋住，看不見車禍發生的經過，只看見車禍發生後，有人走過來拖起被撞倒在地上的李金鴻，試圖背起他，不行又將其放在地上。本身是護士的張艷，要求做屍體檢查，以查明丈夫的真正死亡原因，但全城的屍檢單位沒有一個願意接受張豔的請求。

中共當局不准李金鴻的同道好友參加其葬禮。「反革命同案」的好友蔣復興，要前來看李金鴻最後一眼，卻被公安及國保強力阻攔，被控制在家中不能出門。

張豔的哥哥張永紅全力幫助妹妹處理大小事務。葬禮那天，張永紅的手機被國保人員搶走，錄下的葬禮視頻被強行刪除。張永紅奮起與國保理論，當場被辱罵及腳踢。

對李金鴻被撞身亡的交通事故，由當地政法委、國保、國安來牽頭處理。當局威脅家屬立即火化遺體，否則便強行火化。張艷在巨大壓力之下，被迫簽字同意火化丈夫的遺體。

李金鴻去世後，張艷和女兒繼續受到國保警察迫害。祁陽國保明確告訴張艷：「你的兩個女兒是『反二代』（反革命的後代），將來不可能融入中國主流社會。」他們強迫張艷寫保證書，保證不跟任何民運人士來往，保證海外的民運人士若跟她聯繫，必須向他們報告；也不能接受民運人士的幫助，不然就要判她「顛覆國家政權罪」。

國保警察是中國的蓋世太保、中國的格別烏（KGB），是惡中

之惡，是渣滓中的渣滓。未來中國民主化之後，對整個國保組織和成員的清算，乃是轉型正義中不可或缺的部分。

2023年初，張艷為孩子前途著想，萌生了遠走他鄉異國的念頭。她想，這也能一圓先夫李金鴻的自由夢。她與女兒們商量此事，兩女兒都願意勇敢去一試。張艷在哥哥的幫助和支持下，決定就用李金鴻的死亡賠償金，為孩子們鋪墊一條通往自由國度的路。

2023年4月初，張艷和哥哥帶著兩個女兒，先搭高鐵進入香港，再搭飛機離開中國。他們轉機土耳其，再飛過大西洋，落地中南美洲厄瓜多爾的基多。第二天，他們一路北上，搭巴士、坐小船、走過悶熱的亞馬遜叢林、翻過陡峭的山崖和荒蕪人煙的野地，一連穿越八個國家。經過整整一個月，最終進入美墨接壤的美國德克薩斯州境內。

抵達美國後，張豔與家人迅速申請政治庇護，成為合法的政治難民。她終於可以代表亡夫李金鴻走上街頭，公開記念六四。在6月4日紐約法拉盛的記念六四的活動中，她勇敢地站在第一排，手舉著「記念六四」的巨大橫幅。相比參加活動的其他人，她有著更多的感觸和心酸，她噙著淚水高喊：「記念六四，推翻暴政。」她更高喊：「打倒共產黨。」這兩句話，是李金鴻在2019年以後，每天早上醒來時要喊的話，但他只能輕聲地喊，聲音小到只有自己聽到。

張艷說：「我想起我的先生，想起了他的苦難，想起了許許多多像我先生這樣的八九政治異見人士的苦難，他們活著的時候，只因為他們有良知，只因為他們要為中國的未來好，就要無休無止地承受高壓和欺凌下的煎熬。我不斷地落淚，中國人的苦難什麼時候才能結束？我盼著共產黨倒台那天，盼著清算共產黨罪惡那天早點到來。」

44 郭洪偉：往者不可悔，孤魂抱深冤

郭洪偉（1964年5月14日至2021年4月9日）：維權人士。原為發電廠職工，因為舉報官員貪污腐敗，遭打擊報復。2006年3月2日，被吉林市龍潭區法院以「挪用公款罪」判刑入獄五年。2009年，出獄後堅持維權上訪。他與母親肖蘊苓多次赴北京上訪，於2015年3月9日被四平市鐵東區公安局以涉嫌「尋釁滋事罪」、「敲詐勒索罪」刑事拘留，4月9日執行逮捕。2016年2月1日，他與母親被四平市鐵東區法院以同罪分別判刑十三年和六年，並處罰金三十萬元。他在公主嶺監獄遭受酷刑虐待，2021年4月9日送醫院搶救無效死亡，享年五十七歲。獄方沒有給家屬任何說法，還派警力阻止家屬探視遺體。時隔三年後的2024年9月23日，其死亡調查報告才送達家屬手中，聲稱其為「正常死亡」。其妹妹郭洪英為追尋哥哥死亡真相，持續上訪維權，多次被捕入獄。

郭洪偉：吉林四平人。原為發電廠職工，後來承包一家診所，因診所生意很好，被有權勢的官員與商人聯手強行霸搶。

2004 年，郭洪偉舉報吉林市龍潭區檢察院控申科長及其親友虛開公款票據，卻反被誣陷，以莫須有的「挪用公款」罪名判刑五年。他在獄中受盡折磨，留下一身病痛。

2009 年 9 月 30 日，郭洪偉出獄後，逐級申訴、上訪。在維權過程中，多次與全國各地訪民一起到國家信訪局要求公布全國訪民信訪次數等資料，每次都被推諉。他還參加了湖北武漢民主人士秦永敏組建的「玫瑰團隊」，成為中共當局的眼中釘。

2012 年，郭洪偉與父親郭蔭起、母親肖蘊芩一起到北京上訪，住在石景山區八角派出所轄區的一個社區的親屬家。吉林警方與北京警方聯合將他們一家三口圍困近半年。

維權人士姜家文[215]回憶說：「郭洪偉被斷水斷電困在室內，圍困初期，我帶領五位訪民去營救、送食物，並將其遭遇拍照傳上網，持續時間長達近半年，直到後來我在北京被抓，被送回丹東勞教。」姜家文還說：「那段時間，我常和他們在一起吃飯、喝

---

215 姜家文（1955-）：維權人士。遼寧丹東人，因參與公民維權活動備受打壓，五次被勞動教養，多次被非法關黑監獄、精神病院、刑拘和行拘。2005 年 9 月 13 日，被第一次勞教，並遭酷刑折磨；2007 年 3 月 9 日，被第二次勞教；2008 年 7 月 29 日，被第三次勞教；2011 年 3 月 1 日，被第四次勞教；2012 年 10 月 21 日，被行政拘留十日，再被第五次勞教。2013 年 11 月 7 日，被北京市朱家墳警方以「尋釁滋事罪」刑拘，一個月後獲釋。2014 年 3 月 3 日，被北京市朱家墳警方抓走、刑拘，關押於豐台看守所，幾日後胳膊被警方夾斷，手術後轉至北京第二看守所關押，一個月後獲釋。2014 年 10 月 1 日，與數十名在京訪民一起參與訪民聲援香港占中集會，被警方從暫住地抓走，以「尋釁滋事罪」刑拘。2015 年 5 月 30 日，取保釋放。2020 年 10 月 19 日，被以「尋釁滋事罪」刑拘，後轉行政拘留。同年 10 月 31 日，獲釋。2021 年 6 月 10 日，因六四期間身在北京，被遼寧丹東市政府及戶籍地警方、維穩截訪成員聯手綁架回原籍，關押在丹東市元寶區疫情隔離區。6 月 26 日，被元寶區警方以「虛構事實擾亂公共秩序」為由行政拘留十天。

酒，我也常在那裡留宿，一住就是幾天，因此感情日深。」

另一位維權人士王晶[216]形容，郭洪偉是「患難與共的最佳戰友」，他們曾一起上街抗議，一起去各政府部門信訪投訴，一起住過北京破敗寒冷的訪民村。

王晶回憶：「初次與郭哥相識，是在吉林省信訪局。他給人的第一印象是：比較豪爽、膽大、有主意。他在吉林訪民中有一定的影響力，也許維權人士出於抱團取暖的需要，促使大家走到了一起。」

據王晶回憶，此後，吉林地區的維權人士開始集體行動，每次都有幾十個人。大家到政府部門反映行政不作為、亂作為以及司法腐敗等問題。每次，郭洪偉都會統計參加者的名單、電話號碼，以便聯繫。每次反映完問題，大家都要聚餐交流，商討維權辦法。維權者團結一心，讓中共當局如芒在背。

2013年11月22日，吉林訪民聽說有中央巡視組入住長春南湖賓館，便到賓館外聚集，打出橫幅、呼喊口號，希望將訴求告知中央巡視組。然後，數十位訪民徒步舉牌，遊行到吉林省政府，最後來到吉林省人大信訪接待處遞交材料。吉林政府單方面給此事件定性為「二十五個訪民衝擊省人大」。

當天，政府高官用懷柔方式應對訪民。王晶表示：「那是一次十分正義的維權活動，午夜時，吉林省高院院長王常松來了，還

---

[216] 王晶（1976-）：維權人士，「六四天網」公民記者。因二姐被歹徒殺害、公安不作為而走上維權路。2014年3月，北京兩會第二天，因拍攝並曝光訪民天安門自焚事件，被十多名吉林特警定位抓捕，綁架回吉林，在吉林市船營區第五刑警中隊被虐待四天五夜。後進看守所刑拘二十八天，不讓律師會見，取保候審一年。2014年12月10日，世界人權日，在北京九敬莊，被吉林駐京辦截訪人員群毆，後被特警綁架回吉林第五刑警中隊，又受一天一夜虐待。後被關押在吉林市看守所二十個月。2016年7月，被「尋釁滋事罪」判刑四年十個月。在獄中患上高血壓、頸椎病。2020年，經「對華援助協會」安排，流亡美國。

和郭洪偉握手,答應一定會徹查冤假錯案,大家才各自離開。」

然而,中央巡視組離開後,訪民們申訴的冤假錯案一個都沒有被糾正。訪民們被欺騙了。而中共當局已展開秋後算帳的雷霆打擊。參與那天活動的多名訪民陸續被捕。

2015年3月7日,郭洪偉與母親肖蘊苓[217]在吉林市公安陪同下去北京,到國家信訪辦遞交材料。誰知剛到北京,母子兩人就被吉林四平警方攔截,帶回戶籍所在地四平。隨後,未經體檢,就被直接送進看守所關押。

在母子倆被關押將近一年後的2016年2月1日,四平市鐵東區法院作出判決,身患高血壓三級加腦梗死等重病的郭洪偉被以「敲詐勒索政府罪」、「尋釁滋事罪」判刑十三年。他年近八十歲的老母親肖蘊苓,因陪同和照顧病重的兒子進京,被以同罪名判刑六年。

郭洪偉和母親都提出上訴。2016年4月25日,四平市中級法院在未開庭審理、未通知辯護人提交辯護意見的情況下,直接作出裁定:駁回上訴、維持原判。

郭洪偉在寧江監獄關押期間,經常遭受虐待,吃不飽,被限制購物等,長期不讓家屬會見,長期關押小囚室,遭到監獄惡霸毆打,牙齒打掉了一顆。儘管如此,他始終拒絕認罪。

2017年1月,郭洪偉的妹妹郭洪英[218]獲悉哥哥在獄中遭毆打

---

217 肖蘊苓:郭洪偉母親。因與兒子一起維權,被判刑五年。因年事已高,一身病痛,後獲減刑一年三個月零十一天。2019年11月28日,獲釋回家。
218 郭洪英(1966-):吉林四平人,下崗工人,維權人士。因為替哥哥申冤,受到殘酷打壓。2018年1月24日,她到長春,準備給吉林「兩會」代表遞送申冤材料,遭維穩人員綁架。2018年3月6日,因去監獄探視哥哥受阻,憤而上訪,被四平市公安局鐵東區公安分局以「越級上訪、毆打他人」為由行政拘留十五天。拘留期滿後,又被以涉嫌「妨礙公務罪」刑拘。一個月後,被增加「尋釁滋事罪」逮捕、起訴。2019年4月18日,郭洪英案在四平市鐵東區法院開庭受理,兩天後被以「妨

病重，母親也因年老體衰出現病痛，為此向司法部門提出申請，要求將兩人保外就醫和監外執行，卻收到吉林市四平市鐵東區司法局「不予接受」的回函。自此，郭宏英開始為哥哥和母親奔走呼籲。隨後，郭宏英亦被捕入獄。

至此，郭洪偉一家，有三人深陷中共黑監獄。

2020 年 11 月 26 日，郭洪偉從寧江監獄轉到公主嶺監獄服刑。因郭洪偉高血壓轉嚴重，家屬和律師再度申請保外就醫。2021 年 3 月 22 日，獄方把郭洪偉送到長春吉大醫院二部治療並做保外就醫鑑定。住院一星期後，又被送回公主嶺監獄。

郭洪偉的父親郭蔭起[219]向外媒表示：「回監獄後也沒讓他打電話，也沒告訴我們鑑定結果。我問監獄，郭洪偉的保外鑑定結果怎樣？獄方才說他不符合規定。他們就是拖著不讓保外就醫，不讓出來。」

2021 年 4 月 4 日晚 9 點多，郭蔭起突然接到監獄警察李雪松打來的電話，說郭洪偉腦出血要手術，讓他們到吉林市國文醫院簽字。「我們到了醫院說手術前要見一下郭洪偉，獄警說他現在不省人事不用看，擋著不讓看。這不是很奇怪嗎？」

據郭蔭起說，這家醫院是私人開辦的專做腫瘤的醫院，沒有

　　礙公務罪」（判一年六個月）、「尋釁滋事罪」（判四年），二罪並罰，執行有期徒刑五年。其不服上訴，2019 年 8 月 21 日，經四平市中院二審裁決，維持原判。她出獄後才得知哥哥冤死的消息，遂繼續上訪。2024 年 10 月 13 日，她再次赴京上訪，在北京房山區焦庄駐地被四平平南派出所警察開警車劫持。次日，以涉嫌「尋釁滋事罪」刑拘，羈押於四平市看守所。10 月 30 日，被正式逮捕。
219 郭蔭起：郭洪偉父親。他曾拍攝視頻發表在網上，下跪向網友求救。2024 年 10 月 14 日，向外界發出求救信：「我兒子郭洪偉被陷害死在獄中，不經家屬同意強行屍檢火化。我女兒郭洪英去北京聯繫二次屍檢被四平市公安局鐵東分局強行押回，以尋釁滋事罪被羈押在四平看守所刑事拘留。請廣大好心的網友救救我女兒郭洪英。我們全家表示萬分感謝。」

做開顱手術的條件。「不到一天手術二次。第一次,從凌晨到早晨4點多,手術後我們要求見郭洪偉一面,還是不讓見。下午6點多又做第二次手術。手術後,醫生說瞳孔已經擴散了,要家屬準備後事。」

手術過程中,郭洪偉的頭蓋骨被拿下來一塊約十釐米長,醫生給家屬看了一下,也不讓拍照,說是醫院統一處理。

4月9日上午10點49分,郭洪偉失去了生命跡象。10點59分,醫院宣布郭洪偉臨床死亡。郭蔭起說:「我們向醫院要病例時,醫生才說人在監獄時已經昏迷不行了,兩個多小時後才送到醫院來。這是獄警對醫生說的。我們懷疑可能是更長時間,已經不行了才送到醫院去的,耽誤了搶救時間。」

郭洪偉的家人向獄方提出,觀看案發現場的監控記錄,並複製病歷,均被獄方拒絕。家屬對監獄未依法履行監管職責產生懷疑,且懷疑郭洪偉涉嫌他殺!

郭蔭起錄製了一段為兒子鳴冤的視頻,他說:「郭洪偉為了保護國家財產,舉報貪官遭到報復。將我兒子、老伴、女兒陷害入獄,我兒子被殘害死在獄中,我家被害得太慘了!我跪下,請求大家幫我這八十五歲的老人申冤,求求大家,我給大家磕頭!」

郭洪偉死亡後,此案受到各界朋友的關注。人權律師謝燕益前往四平為郭洪偉死亡案件做代理人,他在郭洪偉家整理材料時,遭到四平與北京警察的綁架,警察還將所有郭洪偉案件的證據與相關材料全都抄走,導致郭洪偉死亡案的調查無法進行,至今為止郭洪偉死亡案都沒有得到真相大白。

2023年2月1日,郭洪英出獄回家後,才得知哥哥已經死亡的事實,她悲痛萬分,幾乎崩潰。

郭洪英出獄後,一直被當地警方嚴密監控,外出辦事都由警

察、國保等陪同。她致力於尋求哥哥死亡的真相，決心追究酷刑施暴者、製造冤假錯案的法院院長、公安局局長的刑事責任。

2024年9月23日，郭洪偉的家屬收到公主嶺監獄送達的一份〈罪犯郭洪偉死亡結論〉，該文件稱郭洪偉為突發腦溢血「正常死亡」，「從管理方面，民警、外來人員和罪犯對其並無違規違紀違法行為；從醫療方面，做到了及時治療救治，民警和醫生對其無違規違紀違法行為。」

同日，郭洪英在收到上述調查結論後提出異議：

一、吉林省長春市城郊人民檢察院瀆職：吉林四平郭洪偉家屬自郭洪偉於2021年4月9日被死亡後，一直向吉林省公主嶺監獄及吉林省長春市城郊檢察院要求調看事涉郭洪偉的錄影及就醫就診情況記錄等有關郭洪偉死因的相關材料，一直被拒！堅不提供！無奈，根據最高人民檢察院、民政部、司法部《監獄罪犯死亡處理規定》第十一條、第十四條的規定，2024年7月31日，郭洪偉近親屬以《資訊公開申請》的方式向吉林省長春市城郊檢察院索要其對公主嶺監獄的調查結論進行審查的調查結論，至今杳無聲息！

二、從現有的（沒看到任何事涉郭洪偉的其他任何相關材料，近親屬追討至今無果）依據最高人民檢察院、民政部、司法部《監獄罪犯死亡處理規定》第八條經郭洪偉家屬追要，吉林省公主嶺監獄於2024年9月23日送達給郭洪偉親屬的這份其落款日期列印為2021年4月11日的《罪犯郭洪偉死亡調查結論》中可以看出，是因其拖延、貽誤診治時間導致郭洪偉被死亡的一個因素（還有哪些因素？）。

事實如下：這份調查結論中稱2021年4月4日19時30分，獄政醫院決定轉院，2021年4月4日20點25分，向吉大一院

二部轉診（耗時55分鐘後啟程），救護車行至公主嶺市高速路口時，隨車大夫認為不宜繼續轉診，於4月4日20時55分到達公主嶺國文醫院。（疑點：決定返回公主嶺國文醫院後自公主嶺高速路口繼續開行30分鐘到達公主嶺國文醫院？而國文醫院入院記錄記載時間：2021年4月4日21時36分入院，與調查結論4月4日20點55分到達國文醫院相差41分），明顯撒謊！據公主嶺國文醫院記載，診斷2、吸入性肺炎。試問：郭洪偉怎麼得的吸入性肺炎？公主嶺監獄不出示原始的監控視頻錄影，不提供原始的診療病歷，就想對已經經過多次手術後的遺體做強制屍檢、火化難以服人！

由此，郭洪英呼籲：「請全網網友給予評論。請檢察機關即時立案進行全面偵查，讓逝者瞑目，追究相關違法人員的法律責任。即時制止吉林省公主嶺監獄的一切違法行動（強制屍檢、火化等一系列的違法行動）！」

然而，當局置若罔聞。2024年9月29日，公主嶺監獄以其自行選定的鑑定機構對郭洪偉強行屍檢。在家屬對屍檢鑑定意見存疑，要求再次鑑定並於10月10日提交鑑定機構及聯繫方式的情況下，獄方不予理睬，並告知家屬於10月12日上午10點對郭洪偉屍體進行強制火化。家屬表示，公主嶺監獄如此急於火化郭洪偉屍體，這一野蠻行為就是在毀屍滅跡，對此野蠻行為，家屬表示強烈譴責與質疑。

郭洪偉一家的悲慘遭遇，即便在帝制時代亦極為罕見，堪稱當代中國司法黑暗、人權淪喪的寫照。當年與郭洪偉一起維權、現流亡美國的維權人士王晶指出：「郭洪偉沒能活著從中共監獄走出來，沒能等到中共倒台那一天，甚至在生命最後有意識那一刻，腳上還戴著冰冷的鎖鏈⋯⋯但不死的是他聖潔的靈魂和那顆

勇敢的心。他要繼續用他那善良、勇敢的靈魂守護那片他抗爭過的土地和那裡的人們，激勵和保佑中國人民早日推翻邪惡的中共政權，建立一個真正民主、自由、有人權保障的法治國家。」

45 | 丁建強：如果我的生命能換來中共倒台，我願意明天就死

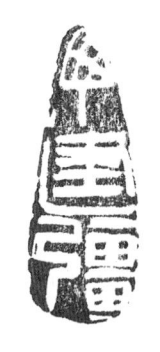

丁建強（1965年12月19日至2020年12月21日）：基督徒，民主人權活動人士。早年畢業於華東政法大學，因參與八九民運而被刑拘，取保候審後長期受到中共當局騷擾、迫害，無法正常工作和生活。2014年，流亡美國，尋求政治庇護，並積極參加中國海外民運活動，熱心於幫助中國政治受難者，並在推特上以「河山碩」為網名發表大量批判中共暴政的貼文。2018年，他被查出得了腎衰竭，兩個腎基本失去功能，要靠洗腎生存。2020年12月，被中國武漢肺炎病毒感染，入院醫治。最終病情惡化，於2020年12月21日病逝。丁建強去世後，中共宣傳機構及其附屬的社群媒體對其發動鋪天蓋地的攻擊和誹謗，同時抹黑美國的醫療和防疫制度。2021年春，丁建強長期擔任義工的自由雕塑公園為之興建了一座「丁建強亭」。

丁建強：生於上海，父母都是體制內的官員。青年時代希望通過法律來追求社會公義，考入華東政法大學。1989年民主運動期間，大學剛畢業的他積極參與其中。六四鎮壓後，被迫四處逃亡。1991年9月26日，他被抓捕並被刑事拘留。關押半年之後，於1992年4月6日取保候審。

這一段經歷，讓丁建強有了「犯罪記錄」，無法從事他所學的法律相關工作，並成為上海國保警察黑名單上的重點監控對象。上海在1990年代之後，表面上在經濟上開放，但在政治上比中國大部分地方更僵化、收緊，基本上沒有異議人士活動的空間。丁建強通過朋友介紹進入私企工作，跑業務、管財務等等。但每當在一個工作崗位上略有穩定，就有祕密警察向公司老闆施壓恐嚇，他只好辭職離開。在這種情形之下，他也無法正常戀愛結婚、生兒育女。

2014年，丁建強的父母相繼去世後，他賣掉父母在上海留給他的房產，流亡美國，向美國政府申請政治庇護，定居加州洛杉磯。

丁建強一到美國，即尋找民運組織，加入中國民主黨和民陣，積極參與並組織「洛杉磯民主平台」和民主黨的各項民運活動，也參加海外華人聲援香港民主運動的活動，是各民運組織的骨幹。

在美國，丁建強是一名普通的打工人士，經濟上並不寬裕，平日三餐就是豆腐、青菜，但他急公好義、樂於助人，幫助了很多剛到美國的新移民，為他們找工作、租房子。他熱心公益事業，經常為通過「人道中國」組織為國內受中共迫害、生活困難的異議人士捐款，為各種反共活動捐款。他在美國擁有眾多朋友和志同道合的戰友，得到朋友們一致的讚賞。

丁建強是加州自由雕塑公園的義工。自由雕塑公園負責人陳維明表示，丁建強從園區初創期間就一直擔任義工，為之付出很多心血和汗水。2020 年，雕塑公園製作「中共病毒」雕塑，丁建強出錢出力，還不顧身體患病，開車數小時跑來幫忙幹活。

民運人士潘志剛[220]是丁建強的好友，曾與丁建強一同參與「清除中共血旗」的活動。他回憶初見丁建強是在加州自由雕塑公園，當時大家都在當義工，需要做很多體力活，他發現大家都比較照顧丁建強，後來才得知丁建強患有腎衰竭，每個月都要赴醫院透析。潘志剛還發現，丁建強做事很嚴謹，可能是因為畢業於華東政法大學的背景，對發言稿字斟句酌。潘志剛說：「我常常忘了他是一個腎衰竭患者，因為老丁總是精神奕奕地高談闊論，積極參與每一場活動。」大部分人對丁建強的第一印象是很儉樸，但在支持民主活動時毫不吝惜，不僅幫助遭中共迫害的受難者，也提攜許多初來乍到美國的年輕人。

流亡美國的學者、「去國者憲政研究會」創辦者徐杰[221]表示，自己是在 2018 年參加「人道中國」組織於舊金山舉辦的活動時認識了丁建強。他說：「你看不到病魔對他的壓力，丁建強是一個很堅定的反共者，直到離世前他都很積極地參與很多活動。」

丁建強在推特上名為「河山碩」，他解釋是因不忍看中國山河破碎而起此名。他的自我介紹是「基督徒，非暴力抗爭支持者」。

---

220 潘志剛：中國民主黨洛杉磯委員會副主任委員、監察長，常常組織當地的各種反共和民主人權活動。

221 徐杰：民主人權活動人士。2020 年，在洛杉磯創辦「去國者憲政研究會」，舉辦或參加多次座談會及政治集會，包括「敦促華埠親共僑團摘除五星血旗」活動。徐杰表示：「我們的宗旨，是研究未來中國往何處去、中國走什麼樣的道路。推翻獨裁專制、一黨專政只是第一步。現在有很多聲音，我們想集思廣益，不同的組織能夠坐下來談一談，提出自己對未來道路的看法。」

他的推特貼文，幾乎全是對中共暴政的批評以及自己在美國從事的民主人權活動：

——如果說「反腐」，中共什麼時候沒「反過」？延安時期的整風，文革時期的「反對開後門」、「走群眾路線」、「反貪污腐化」等等，結果呢？高層領導從來都是享受特權，中共腐敗日漸增長，所以，他們所謂的反腐，其實質不過是權鬥、不過是為了自家的利益，普通民眾永遠是砧板上的肉！

——今天下午，洛杉磯「去國者憲政研究會」、中國民主黨等組織的部分民運人士來到舊金山，拜訪六四天安門屠殺受害人、親歷者方政，並一同前往舊金山中領館抗議中共拘捕關押張展等良心犯，呼籲國際關注中國境內日益嚴重的人權狀況。兩地民主人士還一同到一些懸掛五星匪旗的僑團，呼籲摘除。

——奧斯卡中國自由人權獎三個重要意義，第一，引起國際社會對中國人爭取人權民主事業廣泛關注與支持，從世界範圍來推動中國社會民主建設；第二，對那些從事中國民主人權進步事業的人，尤其因此遭受迫害的人，從道義、經濟上加以必要的支持；第三，通過一系列的評獎過程，讓更多人了解、支持、參與到其中！

——前天，在美國我身邊有一位跟我說：共產黨不容易，養活了十三億人，這是哪個國家都做不到的。當時，我氣得臉通紅問他：那你幹嗎跑美國來？他回答：在國內只有溫飽，到美國是為了過上小康生活。我問：你憑什麼在國內是溫飽，跑美國就小康了？他說：美國制度好。我大喝：你不覺得自己很矛盾嗎？

——民運圈也好，我個人也罷，的確有很多地方做得不好，我本人歡迎大家批評，我私下裡也經常說，從人性來說，我們不

會比土共更好,但是我們是在尋求制度的制約,而土共反對人性,拒絕從制度上去制約,這是我們之間本質區別。換句話說,批評是建立於合理性上的、符合邏輯的見解,否則與五毛攻擊何異?

——洛杉磯民運人士,今天下午在中領館門前集會,抗議中共打壓基督教,迫害基督徒,拆燒教堂十字架,中國民主黨全委會主席王軍濤,中國社民黨主席劉因全出席並帶領與會人士高呼口號,中國家庭教會代表金先生朗讀了廣州家庭教會牧者聯名抗議信,民主中國陣線主席秦晉先生通過視頻參與集會抗議,並發表演講。

——今天大型雕塑「六四紀念碑」,寒風中在洛杉磯至拉斯維加斯的十五號公路邊的自由雕塑公園內,吊裝完成,其雄偉壯觀的景象,與遠山、夕陽和藍天構成了一幅壯美的畫卷,預示著北京天安門那場距今三十年的民主抗爭,將被人們銘記在心,中華大地必將再次迎來光明燦爛!

——今天洛杉磯蒙特利公園中共建政七十週年升旗儀式上潑墨的兩位英雄,左邊是 1990 後潑墨女英雄楊曉[222],右邊是為其掩

---

[222] 楊曉:山西太原人,維權人士,「洛杉磯民主平台」負責人。她讀大學時就關注底層百姓遭當權者侵害的事件。太原曾發生訴薪女農民工周秀雲被警察打倒在地後又被踩住頭髮、最後死亡事件,楊曉因為幫助周秀雲家人維權而遭當局抓捕。其丈夫耿冠軍也因參與維權而被捕。2018 年,她與丈夫流亡美國。2019 年 10 月 1 日,中共使館和親共人士在洛杉磯蒙特利公園市舉行升旗活動,慶祝中共建政七十週年。當時,懷抱嬰孩的楊曉向五星紅旗潑墨,現場引發衝突。她後來接受媒體訪問表示,她的潑墨行為不是出於衝動,而是出於責任感:「我在上學時,給自己的箴言是做一個真實的人;來美國後,給自己的箴言是做一個有責任感的青年人。我做事情不是為我自己,我應該為大家做點事情。」她表示,她非常敬佩向習近平像潑墨的董瑤瓊和把五星紅旗丟進海裡的香港「勇武派」,中國缺少的是像董瑤瓊和香港「勇武派」。

護的港商肖運軍[223]，兩位好樣的，大家給你們點讚！

　　由於常年勞累，丁建強得了腎衰竭，需要靠洗腎維持生命，每週在醫院透析兩到三次。面對病魔，他開朗樂觀，經常拿來調侃自己的軼事是：「每次醫生看到我的指標，都吃驚地問我，『你怎麼還活著?!』」

　　丁建強治療腎病的醫療費用是一個天文數字。他還不是美國公民，也無力支付巨額醫療費用。但美國的醫院並沒有因此不讓他求醫或停止醫療，他與美國公民一樣得到優良的醫療待遇。

　　2020年2月，丁建強為悼念揭露中國病毒、後來染疫逝世的李文亮醫生，坐著輪椅赴加州大學洛杉磯分校（UCLA）參與相關活動。

　　12月，丁建強感染中國病毒，入院治療。他發布了一條推文，表示自己被醫院送入隔離區，親眼看到病區秩序井然，隔離區的病房也有空餘。此推文以自己親見親歷，為被中國官媒妖魔化的「美國控制疫情一團糟」、「美國醫院陷入驚慌失措」正名。

　　12月11日，丁建強病情加重，轉入加護病房。前往醫院探望的友人只能隔著封閉的玻璃，向病床上的他揮手致意。

　　2020年12月21日，丁建強不幸被病魔奪走了生命。他說過，「如果我的生命能換來中國的民主自由，換來中共倒台，我願意明天就死」。心願未了，卻溘然長逝，讓人唏噓不已，痛心至

---

223 肖運軍：商人，維權人士。湖北鄂州人，2011年投資移民香港，2018年拿到香港永居身分。他在海南、湖南、河南等地投資房地產、礦山、鋼廠，曾任湖北鄂州市工商聯副主席。後來，因他拒絕出讓土地給當地政府，被打成「黑惡勢力」，數億資產被沒收、凍結，合夥人被捕。因遭到通緝，他逃亡美國。肖運軍表示，他不願和其他受難的民營企業家一樣忍氣吞聲，參與成立「民主黨反黑打」項目，在各大媒體揭露中共暴行。

極！他生前留下遺囑，將所有遺產全部捐獻給「人道中國」組織。

丁建強不是大名人，他的離世卻引發中國官媒和親共自媒體廣泛報導。中共開動龐大的宣傳機器，造謠惑眾說丁建強被送入醫院後，沒有得到任何治療，是被扔在一邊等死的。中共網路大V、水軍更是重複謊言，幸災樂禍，並趁機對美國醫療制度進行攻擊，對丁建強百般嘲笑。他們惡毒地表示，丁建強投奔美國，反被美國「拋棄」。

丁建強為逃避中共的迫害而流亡美國，卻未能逃脫中國新冠病毒對他的毒害。中國官媒和親共網民對丁建強死亡的叫好，是對丁建強的第二次殺害。

中國左派經濟學者、商務部研究員梅新育在「紅歌會網」刊文，說丁建強是「海外著名反華公知……在社交媒體上惡毒攻擊中國，現在死於新冠，也算求仁得仁」。梅新育推斷，追求民主反對獨裁就是「反華」，批評政府就是「惡毒攻擊中國」，於是，對丁建強這位「政治不正確者」的逝世表達了「克制的慶幸」。

擁有六十多萬關注者、時常發布反美內容的「地瓜熊老六」在一條微博中稱：「雖然大家討厭方方，但是，方方目前還屬於人民內部矛盾。但是，河山碩（丁建強）已經屬於赤裸裸的敵我矛盾了。」據調查，「地瓜熊老六」真名為劉魯東，是一名帶編制、領狗糧的「網評員」。

擁有上百萬訂閱者的《北美留學生日報》發文，稱丁建強生前的推文「幾乎有一半都是在無病呻吟，辱罵祖國」，並表示對丁建強的去世「同情不起來」。還說，美國目前疫情嚴重，「美國國會卻還在忙著發錢，通過了一個九千億美元（發放補貼）的法案……生命和自由卻不是金錢可以衡量的」。

《環球時報》旗下的公眾號「補壹刀」，在題為〈跪美者之死〉

的文章中稱:「丁建強死之前可能都沒有料到,自己會因為感染新冠肺炎喪命。在他的社交媒體推特中,幾千條推文中只有兩個核心詞:『反華』和『舔美』。」

中國最大的門戶網站之一的網易,發表了〈河山碩:力挺美國污蔑中國,賣房赴美卻被拋棄,下場讓人無比舒爽〉一文。文章說,河山碩在 2014 年以不到五十萬美元的價格變賣了在上海的房產,踏上了前往美國的旅程。他的英文水準有限,文化水準不高,在美國只能居住在貧民區,與他在中國家園形成鮮明對比。然而,河山碩變賣的那套房子,在他離開後一路猛漲,價格飆升。「這個突如其來的財富巨變,可能成為了河山碩之後大力污蔑中國,宣揚美國的原因之一。或許,他試圖通過污蔑中國來證明自己的選擇是正確的,試圖讓自己的移民之路看起來更有價值。」

文章接著寫道:「在 2020 年新冠疫情爆發之際,河山碩感染了新冠病毒。然而,他的病情並沒有得到及時有效的治療,最終導致了他在美國醫院的死亡。這個情節,似乎讓人聯想到了他之前在社交媒體上大肆宣揚美國醫療體系的言論。河山碩在《美國日記》中,詳細記錄了他在美國的所見所聞。他稱美國的醫療保障體系完善,醫療技術先進,甚至讚揚時任美國總統川普在疫情控制方面的表現。然而,命運的諷刺在於,就在他大肆吹捧美國醫療體系的時候,他卻感染了新冠病毒。……他並不知道,他所在的醫院實際上是為有錢人服務的,他負擔不起昂貴的治療費用。他的醫療資源有限,最終導致他無法得到及時有效的治療,甚至沒有生命安全的保障。」

另一方面,文章盛讚中國的抗疫政策:「中國政府迅速封鎖了武漢,採取了嚴格的防控措施,火神山、雷神山醫院等應急醫療設施如雨後春筍般湧現,中國人民在政府的領導下展現了強大的

團結和抗疫力量。」

文章最後指出:「河山碩的故事,是一個關於選擇和命運的故事。他放棄了自己的家庭遺產,追尋著一個更好的生活,但最終卻遭遇了不幸。他的故事也反映出了不同國家的醫療體系和社會制度的差異,以及社會資源配置的問題。」

然而,隨後在中國發生的一切,讓這篇文章,以及所有對丁建強的冷嘲熱諷都變成「回力標」,回到這些吹鼓手自己身上。當美國和西方早已恢復正常生活狀態,習近平卻繼續推行「動態清零」政策,迫使數百萬民眾在家中坐以待斃,最終天怒人怨,引發席捲全國各大城市的「白紙抗議」。

丁建強為自由而死,死得其所。他向死而生,雖死猶生。2021年4月25日,一群民主人權活動人士集資在自由雕塑公園為之修建了「丁建強紀念亭」。

丁建強生前常常在自由雕塑公園做義工,與其他同仁一起揮灑汗水、注塑泥漿,建造了一座座直插中共心臟、永恆矗立的雕像。他喜歡在那裡勞動、歌唱、划船、打槍……他說:「公園熱死個人,義工被曬得太辛苦,要是有個亭子就好了。」如今,「建強亭」的落成,終於完成了他的心願。

在這座亭子旁邊,豎立著一個紀念碑,上面鐫刻著〈建強亭記〉,記載丁建強的生平事蹟和民主理念:

建強亭為記念丁君所建。

丁君建強,上海人也,虔誠基督徒。八九期間就讀於上海「政法大學」。因六四學潮獲罪,慘遭迫害,致使身患沉痾,幾陷絕境。

某年獲友相助,去國赴美,獲之仁護,其腎疾每週透析,

且諸病均長期獲免費救治，病情逐漸趨穩。不意庚子年遇中共病毒侵襲，再遭重擊，雖經醫護全力搶救，終因諸疾交侵，回天乏術，溘然辭世，春秋僅五十有五。

丁君生性曠達，樂善好施，雖不寬裕，仍盡力為中國良心犯解囊並吶喊，及臨終之際，書囑其僅有遺產捐贈「人道中國」，用以救助政治迫害之異議人士。

丁君急公好義，樂於奉獻，雖纏痼疾，仍竭力為民主運動奔走呼號，且為「自由雕塑公園」義工經年。

雕塑公園地處耶摩，夏日暑酷，丁君嘗於輟工之時，與義工同仁笑曰；烈日炎炎，安涼亭庇蔭吾輩乎？及丁君逝，同仁憶及此言，無不感泣，遂募捐集資，築亭並作文以記；

築建此亭，慰丁君魂，蔭吾同仁，惠及眾人。

虔祈上天，福佑美國，櫛風沐雨，屹立大漠。

自由女神，炬火長明，驅除黑暗，引領蒼生。

自由雕塑公園謹立 2021 年春

46 ｜鄭艾欣：清清不染淤泥水，我與荷花同日生

鄭艾欣（1967年9月26日至2012年9月1日）：法輪功修煉者、畫家，擅長油畫、書法，愛好古琴。曾在中國各地舉辦畫展，其素描、書法和油畫作品被媒體廣泛報導。她的先生是曾參與撰寫文革時代反專制獨裁的「李一哲大字報」的學者和藝術家李正天，他們夫婦倆被譽為藝術界比翼雙飛的神仙眷侶。1998年，她開始修煉法輪功。1999年，中共大肆迫害法輪功，她到北京上訪並公開反對中共暴政，多次被勞動教養及關進洗腦班。她因拒絕「轉化」，遭到各種酷刑折磨，並被獄方下毒，患上尿毒症等多種致命疾病。2012年9月1日，鄭艾欣英年早逝，享年四十五歲。

鄭艾欣：生於廣東羅定，從小熱愛繪畫。她曾回憶說：「小時候，圖畫課上畫梅花，老師給了我九十九分，於是我喜歡上了畫畫，希望將來可以做一名畫家，因為覺得畫家很神聖。那時候沒有老師，是牆上的《洛神圖》對我產生了莫大影響，深深的打動了我。打動我的原因是因為畫中畫的洛神，端莊、祥和、美好，

令人嚮往和敬仰。」

1992年，鄭艾欣在珠海讀完大學後，到廣州美術學院中國畫系進修，結識了在廣州美院任教的學者和畫家李正天[224]。雖然兩人年齡相差二十五歲，但兩人對藝術共同的熱愛和追求，跨越了代溝，很快便相戀並結婚。婚後，鄭艾欣到李正天創立的中國後現代研究所研讀哲學、心理學、素描和書法等課程，主攻油畫。

後來，鄭艾欣對朋友講述了這段傳奇愛情：「我寫過一本名叫《苦楝樹》的書，副題是『愛上一個大過我父親的人』。書中講了很多我們倆之間的故事，李老師在我心目中的定位，書中我是這樣寫的：在我的眼裡，他永遠是一個可愛的大小孩。我和他的緣，是冥冥之中的註定，我無法逃避。我接觸正天時間越長，越是無法抗拒他那巨大的人格魅力。他是那種接觸越久，越加可愛的人。我之所以願意做他的妻子，確實是被他的人格魅力所打動。首先是他有一個堅定不移的理想與信念。在他處於逆境時，家庭解體，身心處於疲憊狀態，生活孤獨，無人調理。可他仍是忘我地工作，全身心投入創作和教學之中。當時，讓我這個做他學生的女人難免會有幾分同情，加上他對情感的專注和投入，我實在無法跳出他的情感的影響之中。最終，我當了他的『俘虜』，

---

[224] 李正天（1942-）：學者，藝術家。1967年3月，作為廣州美院學生的李正天，貼出大字報〈炮打黃永勝是對他最大的挽救〉，被關進監獄。1974年11月10日，他與陳一陽、王希哲合作撰寫名為〈關於社會主義民主與法制〉的大字報，倡導民主和法制，反對個人崇拜：「無限崇拜『天才』，絕對忠於『天才』，按『天才』的意志辦事，誰反對『天才』就打倒誰。這不是一條極其完整的思想政治路線麼？不准思想，不准研究，不准探索，不准對任何一個問題『問一個為什麼』，『天才史觀』簡直取消了八億個大腦。」隨後，李正天等人被作為「反面教員」押送到各大學、工廠、機關參加批鬥會，因據理力爭，七十多次遭毆打。之後，李正天被押往粵北始興縣石人嶂鎢礦區監督勞動。1978年，在習仲勛主持下，該案終獲平反。學者陳奎德認為：「李一哲大字報是批極左的……它為結束文革作了思想準備，也開啟了隨後的『四五運動』、『民主牆運動』的先聲。」

陷入到他的情感和人格魅力的雙重包圍之中。十幾年的共同生活，證實了我當初的選擇是明智的，他沒有讓我失望，我也沒有讓他失望，是吧？」

李正天則表示：「沒有她的支援、關心、體貼與愛護，我不可能有今天。我比她大二十五歲，比她父親還大兩歲，結婚時是他外公來主持的婚禮，婚後她把我當孩子一樣呵護，時時處處想的都那麼周到，為的是不讓我分散精力，讓我全身心投入到教學研究之中。作為一個女人，不管年齡大小，天生的有一種慈母心腸。正如艾欣在她那本《苦楝樹》中所說：『在這個家裡，我充當著他的夫人、情人、母親、女兒、學生、助手多重角色，承擔呵護家庭每一個成員的責任。』所以說，成功的人不見得家庭幸福，但有一點應該相信：幸福美滿的家庭，有利於事業的成功，而我就屬於後者。」

此後，李正天任教於母校廣州美院，並創立私人美術工作室及中國後現代研究所。他是廣州美院特立獨行的教授，曾脫光衣服、渾身赤裸裸地為學生當男模特。難怪他能贏得鄭艾欣的芳心。兩人婚後，在藝術上共同探索，在生活上互相照顧，鄭艾欣專門為丈夫設計了頗具仙風道骨的長袍，讓李正天穿上後成為廣州美院乃至廣州藝術界的一景。

鄭艾欣在藝術上不斷開拓升華。1989年，她的國畫作品〈夏蓮〉在北京中國畫研究院展覽館展出。1995年，她在廣州國際藝術博覽會舉辦「艾欣書法展」。1997年春，她在廣東省美協展覽廳參加美協主辦的星河系列展推出「花魂‧艾欣油畫展」，展出的四十多幅以花為主題的作品，絕大多數在展覽中就被收藏家訂購。同年秋，嶺南美術出版社出版了《花魂‧艾欣油畫》畫冊。同年底，她再次參加廣州國際藝術博覽會並展出油畫作品。1999年，

她創作的油畫〈開放〉入選《廣東當代油畫藝術》畫冊。2001年，她在順德天任美術館舉辦個人畫展，油畫作品〈花食〉入選九年制美術教科書。2004年9月，她在廣州翰林齋美術館舉辦書畫展。廣東省電視台曾兩次製作並播放有關她的專題節目。

鄭艾欣的畫，主要以花為主題，故她有「花神」之美稱，因為她的作品畫出了花的靈魂。有評論文章說，她作品中的花有靈性、有思維、有感觀、會哭會笑，賦予了「花」以「人性」，又能以「花性」感染「人」。

1998年5月，在朋友介紹下，體弱多病的鄭艾欣開始接觸法輪功。經過一段時間修煉，她的身體狀況大有改善，她又將法輪功推薦給母親楊煥英，母女倆都成為法輪功修煉者。當時，法輪功與各種氣功、太極等強身健體的運動一樣，在中國都是合法的，且受到國家體委的支持和鼓勵。

然而，因法輪功不滿於官方媒體發表對其負面報導，組織了到中南海的萬人上訪。中共黨魁江澤民惱羞成怒，於1999年7月20日發起對法輪功的全面鎮壓。

法輪功群體與1989年追求民主的學生和民眾不同，他們並未威脅到中共的統治。但深陷於不安全感的中共領導人仍然決定徹底剷除法輪功。西方媒體和學界對此有深入研判和分析。加拿大《環球郵報》報導稱，任何不受中國政府控制的團體均被視作威脅。《華爾街日報》的克萊格·史密斯稱，中國政府沒有精神信仰，欠缺在道德上戰勝精神對手的信譽，故對任何挑戰其意識形態且有能力組織自己的信仰體系感到威脅。朱莉婭·張在《美國亞洲評論》表示，「代表中國傳統宗教復興的法輪功信仰體系，被眾多中共黨員和軍隊成員所奉行，這個事實特別令江澤民感到困擾；江澤民把法輪功視作在意識形態領域對中國政府崇尚鬥爭的

無神論和歷史唯物主義構成威脅的精神信仰；希望在政府和軍隊消滅這樣的精神信仰。」

原本與世無爭的法輪功群體，在遭受妖魔化和殘酷打壓後，卻展示出中共並未預料到的堅韌的抗壓力。法輪功從身體和精神修煉團體轉化為爭取宗教信仰自由的團體，在中國和全球範圍內與中共對抗。

鄭艾欣是千千萬萬「疾風知勁草」的法輪功修煉者之一。2000年6月27日，為了向政府講真相，鄭艾欣到北京上訪，被綁架、治安拘留十五天。同年12月，又被綁架到珠海市斗門區收容所非法關押八天。

2001年3月5日至19日，鄭艾欣被關押在斗門區「610」辦公室（迫害法輪功的專職機構）洗腦班迫害兩星期，之後被非法勞教一年，關押在廣東省三水女子勞教所。勞教期間，她始終堅持自己信仰的權利，拒絕「轉化」。

2002年4月，鄭艾欣勞教期滿，由於沒有被「轉化」，又被斗門區「610」辦公室關進洗腦班，繼續迫害三個月。洗腦班的待遇比勞教所還要糟糕。期間，鄭艾欣以絕食方式反抗，並堅持煉功。

2002年7月24日，公安機關及「610」辦公室以其私藏經文及製作法輪功標語為由，對鄭艾欣再次刑拘，接著勞教兩年。7月29日，鄭艾欣被戴著腳鐐、手銬，再次送進三水女子勞教所。

鄭艾欣性格溫柔，很有涵養，勞教所中關押的女囚都驚訝於她的高雅氣質和美麗。就是這樣一位超凡脫俗的藝術家，在勞教所卻遭到中共流氓警察和獄卒的野蠻摧殘。由於鄭艾欣在當地法輪功群體中頗具影響力和號召力，而且她拒絕「轉化」，被隔離關押在陰暗、潮濕、充滿惡臭氣味且不足一人高的小號裡，連續多

天無法直立，不讓睡覺（「熬鷹」），被「包夾」二十四小時看管。她也不能跟其他女囚一樣洗澡、放風。

在前前後後被關押的四年間，鄭艾欣遭受過種種虐待折磨：長時間被鐵鍊鎖住手腳禁止去洗手間如廁；常年不斷每天長達十多個小時無薪酬地從事手工藝品製作、為監獄充當「海外訂單」的免費勞工，並且自付高額伙食費卻食用劣質甚至發霉變質的伙食，長期吃不飽，極度營養不良；在高溫酷暑天氣下，多次被迫保持蹲姿，在烈日下遭受曝曬每次長達數小時；多次遭受女獄警以高跟鞋跟襲擊頭部……

被關押期間，在一次短暫的放風時間裡，一位身為退休醫務工作者的法輪功學員，找到機會接近鄭艾欣，悄悄告訴她：她們的伙食裡被摻入無色無味的慢性毒藥——汞（即水銀），並說她是從自身中毒後的生理反應中得出的結論。

鄭艾欣的先生李正天對中國傳統文化有深入研究，雖然不修煉法輪功，卻充分理解和尊重妻子的選擇。李正天有一定的社會影響力，但面對妻子因為修煉法輪功而遭到中共殘酷迫害的情況，雖努力營救，卻無能為力。2004年，李正天在接受記者採訪時，提到自己的身體不好，需要妻子回來照顧，並表示妻子是個很好的女性，只是因為修煉法輪功、做好人，共產黨就要把她關進勞教所。他屢次找到勞教所論理，要求對方釋放無罪的妻子，但都沒有結果。

2004年4月，鄭艾欣走出勞教所。出了小監獄，又進大監獄，他長期遭到特務寸步不離的監視以及電話監控。有一次，她準備回珠海，拉著行李箱剛走出畫室門時，被便衣警察截住不讓走。

鄭艾欣在藝術創作中突破囚牢，她的油畫〈風中之燭〉是出

獄後表達自己堅守信仰的第一張作品。〈迴響〉是她與李正天的共同作品——當鄭艾欣即將完成這幅油畫時,李正天加上了那兩匹自由奔騰的馬。

即使在如此艱難的情況下,他們夫婦仍然不遺餘力地義賣捐畫,將所得善款捐贈給四川地震災區的民眾及慈善機構。多年來,他們總共救助了六十一位身患先天性心臟病的兒童。

由於長期遭受非人折磨,出獄後的鄭艾欣健康狀況越來越差。2005年3月及2008年10月,她的母親連續兩次遭到警察綁架,被非法關進勞教所。對母親的牽掛、擔心,使她寢食難安,加上自身遭受的嚴密監控和環境的無形壓力,她的精神極度壓抑,身體更加虛弱。

2012年9月1日,鄭艾欣終因子宮癌、尿結石、尿毒症等多種病症,在丈夫的懷裡溘然長逝。

妻子英年早逝,李正天傷痛無比,美髯幾乎一夜之間全白。他表示:「我們相愛二十幾年,從沒有吵過一次架,艾欣帶給我的一切回憶都是美好的!」李正天的工作室內佈滿愛妻的照片,寄託其深深的懷念。李正天說:「我的夫人並沒有離去,她一直在天堂看著我。」在妻子的追悼會上,他說:「人不能選擇自己的生,但是可以選擇自己死的方式和死的價值。可以從生的無奈走向死的自由。從此意義上來講,她是幸福的。」2023年,將近八旬的李正天在一次民間友人的訪問中表示,男人的天職是保護女性。當年妻子為他做的長袍,他珍藏起來,再也捨不得穿。

女兒過早離世,母親非常痛心。鄭艾欣的母親楊煥英起草並發布了一份對江澤民的控告書。她寫道:「本來我有一個幸福的家,有一個很愛我的丈夫,有四個孝順的兒女,有五個孫子孫女可以共享晚年天倫之樂,只因為我信仰『真善忍』,想做一個好人

中的好人,被迫害得家破人亡。我的大女兒鄭艾欣是一個知名畫家,由於信仰『真善忍』,兩次被勞教,被迫害得了多種疾病不治而含冤離世。……這麼多年來,迫害給我帶來的創傷真的難以撫平,為什麼我今天要把它寫出來,因為我想把惡人的罪惡大曝光。如果人心還有公道在,法律還值得人們相信,那就請法官給我一個合理的說法吧!」

一九七〇年代人

47 | 張六毛：搏沙有願興亡楚，博浪無錐擊暴秦

張六毛（1972年6月20日至2015年11月4日）：維權公民，新公民運動參與者。2015年8月15日，因參與同城聚餐，宣傳民主憲政思想，與多人被廣州市黃村派出所警方以涉嫌「尋釁滋事罪」刑拘，並關押於廣州市天河區看守所。同年11月初，又被廣州市檢察院以涉嫌「顛覆國家政權罪」予以正式批捕，指控其「宣稱要通過武裝暴動改變現有體制，走所謂民主憲政之路，鼓吹要以武力推翻現在政權」。2015年11月4日，其家屬突然接到警方通知，稱其已死亡。在當地律師協助下，其家屬最終獲准查看遺體，但到現場時發現其身上有多處外傷，疑其生前曾受過酷刑。

張六毛：湖北省咸寧市崇陽縣人，廣州市黃浦區黃埔東路3375號大院居民。

張六毛自幼喜好化學，大學所學方向為有機化工專業，畢業後被廣州中石化公司下屬乙烯廠聘為技術工程師。因有一定技術天分，很快被公司看重，並享有「製爆專家」之稱。後因報考博

士研究生及參與公民維權活動，被公司解聘。

2015年3月，張六毛偶然得到一本地下刊物《杜鵑》，閱讀後產生較大共鳴，隨後與編輯印刷《杜鵑》的維權人士項逢選[225]、蘇東亮[226]等結識，並很快成為志同道合的朋友。他常常參與民主人權活動人士的同城聚餐，也加入許志永發起的新公民運動。

2015年8月15日，張六毛等人在聚餐時被警方以「尋釁滋事罪」抓捕，關押於廣州天河區看守所，後轉至廣州第三看守所。同日，二十多名警察先後闖入張六毛和他妹妹張唯楚（張七毛）家中抄家。

張唯楚後來告訴外媒：「家兄張六毛於2015年8月15日因『尋釁滋事罪』被廣州市黃村派出所刑事拘留，關押在廣州市天河區看守所，其間有天河黃村派出所陳副所長建議我們找律師，因為我自己了解一些法律知識，就沒有懂規距的請他建議找的那位律師。後來，我在申請取保候審及請律師會見時，均被拒絕。」

---

[225] 項逢選（1975-）：浙江台州市仙居縣人，網名「皓月」，洗衣店業主，維權公民，新公民運動參與者。新公民運動興起之時，積極參與其中，探索社會改革之路，與張六毛等多位維權公民結成好友，經常參與街頭圍觀、抗爭維權。2015年3月，在多個網路QQ群中，以「皓月」網名積極宣傳「要通過武裝暴動改變現有體制，走民主憲政之路」，並成立「民選黨」。2015年8月15日，與張六毛等多人被廣州市珠海區警方抓捕。2016年5月22日，被廣州市中級法院以「製造炸彈危害公共安全罪」重判，刑期不詳。

[226] 蘇東亮（1981-）：浙江杭州人，維權公民，新公民運動參與者。2007年，畢業於西北政法大學。2009年，在陝西府穀縣法院任書記員。2011年，任民事審判第一庭助理審判員。因經手辦理的案件經常涉及司法腐敗和黑箱操作，於2014年初，辭去法院工作，前往廣州參加民主活動，與張六毛、項逢選等人結成好友，經常參與圍觀聲援、同城聚餐等活動。2015年8月15日，與張六毛、項逢選等多人被廣州市珠海區警方抓走、刑拘，被控涉嫌「顛覆國家政權」。一個月後，被廣州市天河區檢察院以涉嫌「危害國家安全罪」正式批捕，被定性為「製造炸彈危害公共安全案」主犯之一。2017年9月，被廣州市中級法院以「危害國家安全罪」判刑，刑期不詳。

當家屬聘請的律師介入該案後,被警方告之張六毛「反黨」、「反國家」,禁止律師會見,最終律師被迫退出。家屬又被迫換了律師。

其後,家屬與張六毛全無音訊。刑拘三十七天後,家屬被告知,張六毛已轉為逮捕。家屬去領取逮捕通知書,卻被告知已寄至張六毛戶口所在地,但家屬等候多日仍未見到相關文書。隨後,有非正規管道告知,張六毛被送到廣東省武警醫院治療,但家屬去武警醫院查詢,醫院卻否認有此病人。再去黃村派出所問詢案情,及為何家屬沒有收到逮捕通知書、也未被告知嫌疑人已轉送到第三看守所及醫院治療,派出所只說此事已不歸他們管。

2015年11月4日,在張六毛被拘留的第八十天,張唯楚於凌晨兩點被廣州市第三看守所(電話:020-83114747,020-86442935)電話通知,張六毛在看守所死了,要家屬去廣州市殯儀館處理遺體。

家屬到看守所後,監所人員以各種藉口及理由不肯會談,只能單獨告知情況,朋友不能聽,受委託的律師也不能聽。所方阻止家屬會見駐所檢察官,拖延時間到殯儀館下班後,才告知,家屬要求會談過程錄音不合規距,不能與之會談。接待人員還笑著說,犯人死亡,在看守所很常見,不是很大也不是很嚴重的問題。當家屬情緒失控倒在地上痛哭時,又來了十多個武警手持防暴棍,把家屬堵在大廳內。

11月5日,張六毛家屬及朋友尋遍廣州市殯儀館、廣東省武警醫院、廣州市第三看守所、廣州市天河公安局,索取死亡證明書均無果。廣州市第三看守所通知張六毛家屬次日談話。當天下午,張唯楚在第三看守所索取死亡證明無果後,憤怒舉牌控訴。

覃臣壽律師表示:「張六毛極有可能在看守所屬於非正常死

亡。今天看守所的辦案機關辦案人員對家屬和律師的追問是一問三不知，拒絕律師進入看守所，拒絕律師參與會談。在沒有出示任何證據情況下，在交談過程中一再逼迫家屬認可張六毛屬於正常死亡，否則今晚不得走出看守所，明天不得查看、辨認遺體。」

此一訊息在網上披露後，引發民眾強烈質疑，各地民間維權人士成立了由數百人組成的真相調查團。當天，湖南人權活動人士歐彪峰從株洲火車站前往廣州，被警察盤查攔截。

11月6日，鑑於張六毛家屬一直未收到張六毛正式的死亡通知書，陳進學律師和覃臣壽律師下午來到廣州市第三看守所要求會見張六毛。廣州市第三看守所稱，會見張六毛需經辦單位同意，拒絕律師會見。

廣州市第三看守所副所長潘小偉帶著張六毛的姐姐張五洲、妹妹張唯楚等人進去會談，手機和包不能帶，不允許律師進去。張五洲後來致力於為弟弟申冤，自己也成了一名維權人士，多次被拘留、逮捕、判刑。

會談之後，張唯楚透露：「簽下一個又一個城下之盟，才達成協議，明晨10時廣州殯儀館探望、辨認遺體，死亡證明書必須火化後才能給我們家屬，並警告我們，明天探望遺體只能近親屬到場。」

11月7日，張六毛死亡後第四天。張唯楚在社交媒體上披露：「昨天他們說簽了談話記錄，今天可以讓我見到六毛，可是在殯儀館十六號廳前，他們冷酷地拒絕了我想要律師陪同的要求，這一翻臉還有更無恥的嗎？法律沒有阻止律師陪伴的條文，他們卻殘忍的要家屬一個人去面對這令人心碎的場景，是他們認為家屬情緒很穩定，還是認為家屬像他們一樣冷血，一紙證明在眾多網友公民的幫助下推開了，但又阻礙在木門前了。」

陳進學律師披露:「昨日晚7點多,張六毛家屬和廣州市第三看守所會談完畢。據家屬講,廣州市第三看守所和家屬做了一個筆錄,在筆錄中告知家屬:張六毛死亡時間是2015年11月4日凌晨12時30分,死亡地點是武警醫院,死亡原因是鼻咽癌合併大出血,屬於正常死亡;張六毛於2015年10月22日換押至廣州三看,但人並沒有在三看關押,而是直接從廣州市天河區看守所轉到武警醫院,具體到武警醫院的時間也不清楚;2015年11月7日上午10點半在廣州市殯儀館,由近親屬探視遺體,只允許張六毛的姐姐、妹妹、兒子探視,其他人一律不准探視,並警告親屬要遵守殯儀館的秩序,否則要讓親屬承擔法律責任。上述做筆錄過程由廣州三看全程錄音錄影,但不允許家屬帶手機和包,也不允許律師在場,做筆錄過程中,廣州三看人員一直在請示領導,本來答應筆錄複印給家屬一份,等家屬簽完名後,又說領導不同意複印筆錄。張六毛案涉嫌的罪名、辦案單位,廣州第三看守所回覆稱不清楚。」

同日上午,新華社、央視等官方媒體打破沉默,大篇幅報導張六毛「是一個企圖製造爆炸危害公共安全的犯罪團夥成員」。新華社和央視新聞報導稱,廣州警方抓獲張六毛、馬驥、項逢選等七名犯罪嫌疑人,還稱該團夥宣稱要通過武裝暴動改變現有體制,走所謂「民主憲政之路」。據警方調查,項逢選等人正在製造爆炸物準備搞破壞,對公共安全構成嚴重的現實危害,警方還查獲六千餘冊非法出版物以及爆炸物、製爆原材料共計五十餘公斤。9月30日,公安機關又抓獲十四名該團夥周邊關係人,基本肅清該團夥的潛在危害。而張六毛家中查獲「存有大量手寫製造炸藥的配方以及製造內雷管的原材料等」,對公共安全已構成威脅,係「製造炸彈危害公共安全案」主犯之一,故而應予逮捕重

判。報導還稱,辦案警察介紹,該團夥有一定的組織架構,有自己的綱領,有行動的計畫,且有掌握製爆技術的專業人才,他們還多次聚集開會,準備實施破壞。

然而,警方並沒有說明張六毛既然涉嫌「武裝暴動」、試圖推翻政府,為何被以「涉嫌尋釁滋事」刑拘,而非「暴恐罪」或「顛覆罪」。而央視和新華社單方面全盤接受警方的說法,並播出張六毛等「電視認罪」的畫面,違背了媒體的客觀中立性,根本不是媒體,而是中共的宣傳洗腦機構。

張六毛的姐姐張五洲對此提出質疑:「你們既然抓我弟弟的時候,發現有五十公斤炸藥,為什麼當時不報導?人死了之後,我們找你們要真相的時候,你們就說發現五十公斤炸藥,你共產黨這樣騙誰啊。還說我弟弟是正常死亡。今天早上所有的媒體鋪天蓋地報導,還有中央電視台,你王八蛋。」

陳進學律師表示,當局是在轉移視線:「之前張六毛被刑事拘留、逮捕時,沒有通知家屬。現在人死亡了,他就上央視,上新華社的報導。具體案情只是官方的說法,這樣放出來就是故意抹黑,讓民眾覺得這個人該死。」

11月8日,廣州市第三看守所副所長通知家屬,同意家屬聘請律師在場一起辨認遺體,並允許錄音;另轉告消息,廣州市公安局預審監管支隊想約家屬面談,同意家屬聘請律師在場,並允許錄音。其後,又告知不允許錄音。

當天,代理此案的律師陳進學,在子夜時分被廣州番禺鐘村派出所警察敲門威脅。另有多名人權活動人士被騷擾;吳斌(秀

才江湖）[227]，在廣州被浙江長興國保警察帶走；胡海波[228]，被東莞國保威脅約談；網友@流浪王子，早上六點有六個警察來抓，後順利脫身。

11月9日，張六毛家屬向廣州市公安局及相關部門，提交以下十四項政府資訊公開申請：

1、張六毛自2015年8月15日至11月4日被羈押期間，身體健康檢查的記錄文書、就醫記錄文書；

2、張六毛自2015年8月15日至11月4日被羈押期間，各次審訊的起始和結束時間、審訊的錄影。

3、張六毛自2015年8月15日至11月4日被羈押期間，各次審訊的筆錄、審訊人員姓名。

4、張六毛的逮捕通知書，以及郵寄逮捕通知書的時間、郵寄單據的單號。

5、張六毛自2015年8月15日至11月4日被羈押期間的膳食標準；

---

227 吳斌：浙江湖州長興縣人，網名「秀才江湖」，因長期在互聯網上發表言論針砭時弊、批評當局專制腐敗，並積極參與公民運動，多次聲援良心犯，故成為當地重點維穩對象。多次被抓、被驅趕、被拘留。

228 胡海波（1982-）：湖南衡陽人，民運人士。2013年4月，介入裕元罷工事件，在網路媒體「權利運動」擔任編輯，之後被迫失業。2014年6月，發起聲援圍觀衡陽維權人士趙楓生的活動；7月，舉牌聲援鄭州維權活動；9月，去廣州聲援郭飛雄；11月，去衡陽圍觀趙楓生開庭，並舉牌聲援郭飛雄開庭。同年，曾赴香港採訪運動占中運動。2019年，參加香港反修例運動，聲援示威者。2019年8月，被捕並被關強制進戒毒所四個月，而他並未吸毒。2020年7月，在推特上批評港區國安法，遭警方威脅。9月25日晚，從廈門游水抵達金門，被送入高雄收容所。2021年1月，被台灣政府通過金門遣返回廈門。陸委會發言人邱垂正表示，胡在收容期間，經常藉由外界友人管道，刻意詆譭台灣政策，且無法確認其民運人士身分，又沒有第三國願意收留，故而將其遣返中國。此事引發海外輿論對蔡英文政府的批評。

6、2015年8月15日至11月4日期間,廣州市公安機關批准新華網廣州記者白陽、葉前採訪廣州市第三看守所被羈押人員張六毛的文件。

7、張六毛在10月22日,羈押地點從天河看守所轉到廣州市第三看守所的交接文書、家屬通知書、郵寄單據的單號。

8、張六毛自2015年8月15日至11月4日被羈押期間,接受記者採訪的錄影、錄音。

9、張六毛2015年8月15日在南方醫科大學第三附屬醫院的CT檢查報告,在武警廣東省總隊醫院的PET-CT檢查報告。

10、張六毛在武警廣東省總隊醫院治療及病情發生變化時,廣州市第三看守所對張六毛家屬的通知記錄文書、病危通知書。

11、廣州第三看守所被羈押人員張六毛死亡後,由法醫或醫生開具的死亡原因鑑定書。根據《看守所在押人員死亡處理規定》第三章第八條「公安機關調查工作結束後,應當作出調查結論,報告同級人民檢察院,並通知死亡在押人員的近親屬」。

12、廣州公安機關關於張六毛被羈押期間死亡的調查結論。

13、2015年11月6日15:00-19:30期間,廣州市第三看守所等相關部門,與張六毛家屬張五洲、張七毛,在廣州市第三看守所進行會談的《關於張六毛死亡事件的通傳會談話記錄》全文。

14、2015年11月6日15:00-19:30期間,廣州市第三看守所與張六毛家屬張五洲、張七毛,在廣州市第三看守所進行會談的過程中,警號為030124、012407、013192、041534的警察的姓名、供職單位、所任職務。

這些資訊都是釐清張六毛非正常死亡案的關鍵證據。然而,涉及此案的各部門均不予回應。

當天,為此案發聲的深圳女網友黃美娟,被布吉派出所周姓

警長拔槍威脅。

11月10日,陳進學律師披露:「我和劉榮生、王振江律師現在在廣州市檢察院控申處,遞交關於廣州市檢察院介入張六毛非正常死亡案的要求書。檢察院收取要求書後開具了回執,經向檢察院查詢得知,廣州市檢察院批捕張六毛時的罪名是『顛覆國家政權罪』。」

當天,警方開始株連張六毛的家屬。警察強行將張五洲帶走問話,警告其「不能在網上亂發帖,否則按刑法修正案抓人」;警方還去中山二醫院,騷擾陪一歲兒子住院的張唯楚。

因張六毛案被打壓公民越來越多。維權人士劉輝因前往醫院探望張唯楚,被拘押並遣送回陝西老家。維權人士范一平被威脅說,不得介入此事。

11月11日,因關注張六毛死亡案被威脅的人士,又有甄江華、郭永豐[229]等人。深圳人權捍衛者郭永豐表示,他因關注張六毛事件,深圳國保升級對他的監控。一是警方對他斷網,他無法通過網路發聲;二是深圳西麗鎮社區警方加大對他住處的監控,可疑人員出現在他家附近。他說,作為基督教徒,他坦然面對一切,祈禱上帝保佑社會公平正義。

2016年,陳進學律師發表關於張六毛案參評中國十大人權

---

229 郭永豐(1968-):甘肅武都人,維權人士。2008年3月1日,郭永豐與深圳其他民主、維權人士一起,發起了「公民監政」萬人簽名,倡導公民監督政府權力,反對官員腐敗。簽名人數一度達兩萬餘人。同年4月,郭永豐申請成立「中國公民監政會」民間組織,但被當局界定為非法組織。其後,郭永豐多次被軟禁和拘留。2009年6月,郭永豐遭不明人士暴打致傷。同年9月17日,深圳南山區西麗派出所以「妨礙公務」為由對郭永豐拘留10日,拘留期滿後,郭永豐又被直接判處勞教1年零9個月,被關押在佛山山水勞教所,後又被加刑兩個半月。獲釋後,警方扣押他的身分證件、勞改釋放證並撕毀他在獄中所寫的自傳。郭永豐向外界透露,他在獄中曾遭毒打,與家人的通信權也被限制。

案件推薦詞，最後一段指出：「提名理由：1、張六毛自被刑事拘留至死亡，未獲得律師會見，病重至死亡沒有變更強制措施，也沒有通知家屬，有充分理由懷疑張六毛屬於非正常死亡。在押人員死亡的案例近年頻發，張六毛案屬於典型代表，需要引起律師乃至全社會的關注和警惕，否則每個人都有可能成為下一個張六毛。2、官方媒體搞輿論審判、媒體定罪，有企圖掩蓋張六毛死亡真相的嫌疑。3、1949年中共建政以來，涉嫌武裝暴力推翻現有政權的案例第一次由官方媒體公開報導。」

即便張六毛真的發揮其專長，有以武裝暴力推翻中共政權的想法和作為，他也不是暴徒而是英雄，因為中共政權本身就是非法的獨裁政權。每一個中國人，用任何一種方式推翻中共政權，都是值得肯定和稱讚的。而且，張六毛若真有所行動，必定不會針對無辜平民，而會針對喪盡天良的中共官員。因此，張六毛與清末捨生取義、擊殺權貴的暗殺者們同樣值得被歷史追憶和稱頌。

歷史學者高華在〈同盟會的「暗殺時代」〉一文中指出：「同盟會的『暗殺時代』，是進步力量對反動勢力採取的一種鬥爭手段，屬於直接為國內政變服務的在野派對掌權者的暗殺。……同盟會認為，人民必須以暴力革命推翻反動派統治，人民只有不怕死，才能不死。而只要人民怕死，只要對反動派抱有任何幻想，反動派就能苟延殘喘，人民就活不成，或生不如死。革命先行者總結出一條規律——暗殺為革命之先，可以廣播火種。秋瑾兩句詩，更激勵過無數仁人志士慷慨赴死：搏沙有願興亡楚，博浪無錐擊暴秦！」

從1900年史堅如謀炸兩廣總督德壽開始，到1912年彭家珍炸死良弼為止，由同盟會各個前身和同盟會組織成員付諸行動的暗殺，共五十多起。最為悲壯當推吳樾和彭家珍的暗殺行動。

趙聲與吳樾互爭北上任務。吳問：「捨一生拚與艱難締造，孰為易？」趙曰：「自然是前者易，而後者難。」吳曰：「然則，我為易，留其難以待君。」遂北上刺殺出洋五大臣，當場殉節。此後，彭家珍暗殺清廷陸軍大臣良弼成功，當場殉國。他在《絕命書》中說：「共和成，雖死亦榮；共和不成，雖生亦辱。與其生得辱，不如死得榮。」學者吳修齡所撰輓聯寫道：「個人肯為同胞死，一彈可當百萬師。」

高華總結說：「同盟會的『暗殺時代』，在中國近代史上留下了光輝的一頁。這是一個英雄輩出的時代，一個令後世仰止的傳奇時代，年輕的革命黨人用青春的生命和沸騰的熱血，向歷史、向時代、向後人詮釋了什麼是愛國，什麼是忘我，什麼是生得其義、死得其所。」

今天，面對比滿清政權更殘暴、更獨裁的中共政權，暗殺中共官員是理所當然的反抗手段之一。和平、理性、非暴力，只是反對運動採取的方式之一，而非唯一、絕對、排他的方式。和平、理性、非暴力，在甘地面對英國殖民政府、馬丁·路德·金恩面對美國政府時，有很好的效果，但在面對中共、蘇俄、納粹德國這樣的極權主義政權時，未必奏效。所以，即便是虔誠的基督徒和牧師的潘霍華，也毅然參與暗殺希特勒的行動，並為之付出生命代價。

終有一天，張六毛案的檔案將大白於天下，張六毛的死因將公之於眾，張六毛必定在未來自由中國的先賢祠中有一席之位。

48 | 毛黎惠：我不會自殺，我要與黑社會組織鬥爭到底

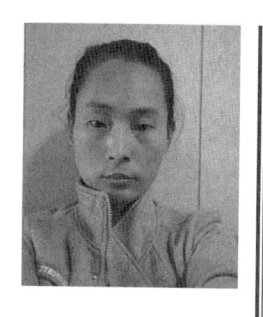

毛黎惠（1978年9月14日至2022年3月1日）：維權人士。因屢次舉報當地政府使用虛假材料騙取批文，非法強行徵用當地基本農田並企圖強拆其父親的住房，觸怒了當地利益集團，招致多次打擊報復。她與父親持續上訪、維權，屢屢遭地方政府綁架、關黑監獄、毆打。她還關注全國各地發生的違法侵權事件，為被迫害的維權人士發聲。她是一名典型的由維護自身權利走向維護普遍公民權利的草根人權捍衛者。2022年2月16日，毛黎惠進京上訪、維權時，被當地政府截訪帶回，關押在黑賓館。3月5日，警方突然發出消息稱毛黎惠「自焚身亡」。但知情人士都認為此事非常蹊蹺，因毛黎惠曾在微信群發帖文稱：「即使我遭受如此多的不公平待遇，我仍然不會自殺，我要與黑社會組織鬥爭到底。如腐敗司法分子發出通告稱毛黎惠拒捕自殺，那一定是殺人滅口。」若干維權人士發表聯署公開信，要求當局徹查毛黎

惠死亡真相。

毛黎惠：江蘇江陰市人。因當地政府以「圈地運動」強征農地並野蠻拆遷，家中房屋被嚴重破壞而無法居住，她被迫與七十歲的老父親依法維權。

2014年4月，幾十名不明身分的人士圍堵毛黎惠的家門，逼迫其交出房屋和土地的產權文件。後又被斷電、斷水、砸門、砸牆、砸玻璃、破壞房屋。她家種的蔬菜、草藥、糧食都被破壞殆盡，她家的快遞被偷走，她家養的狗被毒殺。她報警後，當場指認肇事者，警方卻說監控沒有拍到，不予立案。

2016年5月4日，村霸對毛黎惠及其父親進行暴力「勸簽」，毆打致毛黎惠父親肋骨骨折，肺破出血，腹部出血，後轉變為肺氣腫和腹主動脈瘤。毆打致毛黎惠眼神經、枕大神經、脛神經、三叉神經受損，鼻子完全失嗅，統稱腦外傷後遺症。此後，她的傷情多次發作，頭痛欲裂，胸悶胃痛，嘔吐不止。

三天後，當地惡霸雇傭的打手再次衝進病房，威脅毛黎惠父親簽字出讓房屋和土地的產權。

毛家報警後，派出所卻對筆錄造假，將毛黎惠的正當防衛寫成打人耳光，並隱匿了瑞金醫院的檢測報告和診斷結果，再以「無鑑定能力」為由，把重傷鑑定成輕微傷。再以文字遊戲把暴力「勸簽」的四人變成一人，最後以暴力「勸簽」的一人投案自首為由，不予處罰。

毛黎惠起訴到法院，又被枉法判決。

於是，毛黎惠被迫走上了上訪之路，這是老百姓最後的救命稻草——實際上，它卻更為致命。

2018年9月2日，毛黎惠在位於北京市東城區永定門西的國家信訪局門口正常排隊上訪。下午5點多鐘，她在上廁所途中，在永定門西20路車站附近，被江蘇駐京辦吳澤及三名涉黑人員前後包抄，當場被暴力毆打至昏迷，腳毆打被至骨裂。暴徒們先是搶她的手錶，隨後將其暴力綁架，塞進一輛涉黑車輛，非法關押在豐台區京華飯店102房間內。然後，她被強制遣送回江陰申西村村委會，在此被關押五天，直到9月6日才逃出。

9月25日，毛黎惠再次到北京國家信訪局所在地派出所報案並做筆錄，卻有自稱是無錫督察的人衝進派出所，強行將其遣送回江陰。

10月7日，毛黎惠在金壇市肯德基店進餐時，被申港派出所警察張玉成、梅志國以及申西村委幹部徐文清、范冬梅劫持至申港新浦東賓館非法拘禁。

在被非法關押二十多天後，毛黎惠於10月29日凌晨3點多趁幾個看守睡著時逃出。當晚6點多，毛黎惠到無錫市公安局崇寧派出所報警。然而，崇寧派出所非但不立案查處，還把毛黎惠交給申港派出強行關押到黑監獄，並威脅說：「任何事情都不允許上訪上訴，上訪是違法的，國家是不允許上訪的，上訪就關精神病院。」

11月8日，毛黎惠將求救信寫在衛生紙上，在上廁所時找到機會交給一位大媽，讓其找家人和朋友前來搭救她。之後，在朋友和媒體的多方關注下，她終於在2019年1月19日獲得自由。當天回家後，她立即購買了手機並向110報警，稱自己被申港派出所警察和村委會雇傭的黑社會人員非法拘禁105天，她要求警方對此犯罪事實立案調查，警方卻不予受理。

在關黑獄期間，毛黎惠沒有任何自由可言，被禁止出門，不

讓吃飯，並強行要她當著眾多男男女女的面上廁所，脫衣服。在被折磨得頭痛發作、癱瘓在床上時，看守人員找來一個醫生，對她進行精神病鑑定，企圖將她鑑定成精神病人。這些人到處散布謠言，說她是精神病人，要敲詐政府。看守人員每天都對她威脅恐嚇，要求她不要上訪，如堅持要上訪，就會被關一輩子。看守人員還把她帶到黑監獄大門口拍照，製造她有自由出行的假像。最後，看守人員把她的哥哥毛榮惠找來，逼她說出父親的下落，逼迫她與村委簽訂拆遷協議。

2019年3月13日下午，再次到北京上訪的毛黎惠在北京府右街派出所被截訪人員強制帶至京華飯店102房間（正是上次關押她的房間），被四男四女拿走所有衣服、褲子包括內衣、內褲，摸胸、摸全身猥褻。她還遭到暴力毆打，臉部腫脹，身體留下多處傷痕。隨後，她被抬上黑車，身上的一千兩百元現金、銀行卡、公交卡、兩部手機等全部被搶走。對方說，她是被「強制傳喚二十四小時」，卻不給她傳喚證。此後，她被強制關押在申西村西毛二號的黑監獄長達三十九天。至2019年4月19日下午得以獲得自由。

2019年7月25日起，毛黎惠在北京打工，十幾次被圍堵在打工場所，均被她逃脫。截訪人員威脅老闆說，不准雇傭毛黎惠，若有毛黎惠的消息，彙報有賞。

11月，毛黎惠回到江陰後發現，父親在騎自行車時兩次被人推倒在地，導致腹主動脈瘤破裂出血，生命垂危。

12月10日，世界人權日，毛黎惠被維穩人員從順義半壁店暴力強制綁架至申港派出所，被派出所邱金興等民警毆打致傷。她在派出所報警十多次，均未得到出警受理。她受傷照片，被強制刪除，然後強制關押在賓館一天。江陰信訪局局長鄧國平威脅

說,你這是「越級上訪」。毛黎惠讓其拿出究竟越了哪一級的證據,鄧國平局長卻默不出聲。

2020年5月17日至6月1日,維穩人員在錫康碼管理平台上,把毛黎惠的健康碼由綠碼拉成黃碼。在隔離期內,若干涉黑人員跟蹤、威脅、恐嚇毛黎惠。

8月28日,邱金興等申港派出所民警出警後不問青紅皂白,在明知毛黎惠父親是腹主動脈瘤的重疾患者,仍讓輔警強行拖拽驅趕身患重疾的老人,知道老人不能受刺激仍在大庭廣眾之下辱罵病危老人。他們將毛黎惠毆打致肋骨骨折後,以「防礙執行職務」口頭強制傳喚至申港派出所。

毛黎惠住院期間,她家兩百平米的房子被拆掉。毛黎惠帶著證據到申港街道申請財產及人身安全保護,答覆稱政府是不保護人民的財產及人身安全的。

2021年3月10日,維穩人員把再度到北京上訪的毛黎惠從河北香河強制帶至申港警務室,遣返途中,稍不滿意就暴力相向。

7月1日,毛黎惠到國家信訪局上訪,從國家信訪局信訪出來後被截訪人員綁架,在國家信訪局保安的幫助下逃脫了。

毛黎惠最後一次與外界聯繫是在2022年2月16日。她在微信群發出:「今天是2022年2月16日,我是江蘇省江陰市申港街道申西村西毛三號毛黎惠,電話13376222228。我在河北石家莊定州火車站轉去天津時被乘警以上訪人員為由阻止乘車,並通知江陰市申港派出所過來綁架我。」此後,她便一直處於失聯狀態。

3月3日,無錫訪民沈愛斌對外爆料,毛黎惠3月1日在江陰申港浦東休閒中心被燒死。「一個活生生的女孩,為了維權,就這樣不明不白地死了。」

3月3日,警方出面回應稱,毛黎惠是自焚身亡。3月5日,

警方強制將其遺體火化。村委會亦發布消息說,「通知村民晚上為毛黎惠辦喪事」。隨後,毛黎惠遇難的休閒中心以內部整修為名歇業。

3月6日,率先發布毛黎惠死亡消息的沈愛斌[230]被無錫市公安局梁溪分局以「尋釁滋事罪」刑事拘留、抄家,關押在無錫市看守所。

江陰訪民姚寶藍轉發帖子,內容稱「是江蘇江陰市申港派出所把毛黎惠關進黑監獄賓館的,監視毛黎惠的人,也是申港派出所請的,不管怎麼死,人總歸是死了,這個責任應該是申港派出所承擔。」隨即,姚寶藍被派出所找去喝茶。姚寶藍的丈夫周建民也說:「我們不敢反映,一反映他們就要來抓我們了。這個事情好大了。」

有14位前去看望毛黎惠父親的當地訪民,都被當地警方帶走,盤查八個小時。當地有超過一百人被傳喚到派出所,被要求

---

[230] 沈愛斌(1973-):江蘇無錫人,維權公民,公民記者,退伍軍人,原無錫市錫山區城管局城管大隊長。2013年6月23日,因與丁紅芬、沈果冬等二十餘人一起營救被非法拘禁於東郊賓館「黑監獄」的訪民,被無錫市濱湖區警方於6月26日從家中帶走。7月3日,被以「涉嫌聚眾擾亂社會秩序罪」刑拘,並遭刑訊逼供。8月6日,被正式逮捕。2014年3月18日,被取保候審。同年5月19日,再次被刑拘,後被以涉嫌「故意毀壞財物罪」批捕。11月27日,被無錫市濱湖區法院以同罪名判處有期徒刑一年六個月。2015年3月12日,刑滿出獄後,堅持維權,遭非法監視、跟蹤、拘留及傳喚。2016年4月13日,無錫市再興大抓捕訪民事件,他被以涉嫌「故意傷害」刑拘三十七天,釋放後,又被監視居住。同年8月23日,被無錫市警方行政拘留十天。9月2日,被以涉「尋釁滋事」刑拘,後轉正式逮捕。2017年5月27日,被無錫市濱湖區法院一審以「尋釁滋事」判處有期徒刑兩年六個月。2019年1月23日,刑滿釋放,繼續維權。2021年6月24日,再次被無錫市梁溪區警方以涉嫌「尋釁滋事」刑拘,直至7月24日,取保釋放。2022年3月6日,又遭無錫市梁溪區警方傳喚和抄家,後被以涉嫌「尋釁滋事」刑拘。4月5日,又被以同罪名指定居所監視居住。據悉,此次被抓捕,與他關注毛黎惠非正常死亡事件有關。

刪掉有關毛黎惠的所有消息。

　　當地政府和警方封鎖了毛黎惠居住的申港街道申西村。當地村民私下與群友聊天時透露：「現在群裡發敏感字就來逮人，有百多個人逮進去了，申港群友都不敢發聲，警車一直在附近轉悠，申港街道徹夜加班。最早發布資訊的滄海群和無錫的那個維權群都封了。」這個小小的村莊，宛如當年陳光誠所在的東師古村。

　　與毛黎惠熟識的張家港訪民陶紅[231]告訴外媒：「我跟她有很多接觸，她不像有的人愁眉苦臉的，她挺開朗的。她不會自殺，我相信她不會自殺。」陶紅還說：「她很樂於助人，有一次我在北京被劫，她還幫我報案。」陶紅稱，賓館「那個火範圍很小，而且照片顯示賓館門面一點損傷都沒有，不像是發生過火災」。

　　針對警方單方面的「毛黎惠自殺」聲明，許多熟悉毛黎惠的人都難以置信。同時，有訪民提出質疑：訪民被關押時都要搜身，哪來的自焚工具？「政府、公安、街道把她控制在裡面，還有人監管，怎麼這麼容易自殺？禁止親屬檢查屍體，要求村民迅速舉辦葬禮，不就是為了掩蓋真相？」

　　毛黎惠的遭遇，再次顯示中共信訪制度是一場大騙局。信訪是權利受侵害的普通公民在司法渠道走完之後最後一根救命稻

---

231 陶紅（1967-）：張家港人，因房屋被強拆，走上維權之路。2017年3月，陶紅去北京有關部門控告投訴，途中被警察查身分證扣下，送久敬莊後，強制交於地方接回。到了戶口所在地城北派出所後，沒有任何手續，被非法扣押十多個小時。2018年3月，陶紅去北京，又被警察送往久敬莊，在被地方強制帶回後送張家港市拘留所，行政拘留十五天。2019年2月26日，陶紅在北京南站附近，被駐京辦截訪人員強行架入江蘇牌照警車，然後僱黑車回張家港，途中員警王辰（警號249988），不僅不給陶紅吃喝，還虐待並辱罵她，將她手腳用膠帶緊緊地捆綁，十幾個小時不能有一點動彈。到達城北派出所後也不鬆綁，直接將其從車上拖下，一直在地上拖著，從派出所大院到所內禁閉室，致其腿上有大片淤青。次日，以涉嫌「尋釁滋事」被遣送至蘇州第四看守所，刑事拘留一個月。2020年7月29日，陶紅去北京途經河北滄州青縣安檢站時再次被扣下。

草,但它在絕大多數情況下都無法還公民一個公道。而因為地方官員的政績與訪民到北京上訪的數量直接掛鉤,所以地方政府都在北京設立截訪的人員,甚至重金僱用黑幫幫助截訪,而中央政府和國家信訪局對此視而不見。

毛黎惠之慘死,則再次顯示,在極權主義統治下的中國,普通民眾的生命卑賤如草芥。憲法和法律根本不足以保障普通民眾的生命和財產安全。

毛黎惠之死,震撼中國民間社會,尤其是數百萬計的與之命運相似的訪民。每個訪民都有物傷其類之感。隨後,四十七位訪民連署公開信,要求追查江蘇毛黎惠在賓館燒死真相。聲明提出六點要求:

一、毛黎惠作為中國公民,在她發現違法腐敗行為,以及這些行為侵犯到家人和自己的合法利益時,她有權通過包括上訪在內的一切和平以及合法方式進行維護和救濟,各級政府以及公檢法機關都沒有權力對她的合法行為進行干擾和打擊。

二、毛黎惠被截訪本身就是相關機構的違法行為,被關押在賓館裡更是非法拘禁。在非法拘禁期間,毛黎惠的死亡,當地政府無論如何必須負相應的責任。

三、毛黎惠的死因沒有經過任何獨立嚴謹的調查就草率定性並火化下葬,沒有任何單位和個人對此負責,這是對法治的踐踏,也是對民眾生命的蔑視,這是我們完全不可能接受的。

四、對於那些關心和關注毛黎惠離奇死亡的人士進行打壓和封口,這分明是想隱瞞真相,讓那些違法違規分子逍遙法外,這是對正義的褻瀆,我們堅決反對這種暗箱操作。

五、我們堅決要求允許民間知情者揭露相關事實,允許民間獨立調查者參與調查,包括毛黎惠之前舉報和上訪提出的情況,

以及此次被非法關押所遭遇的事實，還事實一個真相，還死者一個公道。

六、無條件釋放因為關心毛黎惠死因的無錫公民沈愛斌以及其他人員。

七、我們強烈要求，嚴懲導致或殺害毛黎惠的相關人員，該負刑事責任的必須負刑事責任，該得到行政處分的也必須得到行政處分。斬斷那些恣意妄為的手，讓百姓可以真正行使自己的權利，讓死者可以安寧。

該公開信最後呼籲：「江蘇的鐵鍊曾鎖住一個女人，江蘇的大火又燒死了一個女人。但鐵鍊鎖不住自由，大火也不會燒滅正義。我們為毛黎惠呼籲，就是不希望鐵鍊有一天套在我們或者我們家人的脖子上，我們也不希望有一天我們和家人被這無明的大火焚滅，連同我們的夢想和我們的希望！」

一九八〇年代人

49 | 梁凌杰：對不仁不義的香港政府的最後一聲咆哮

梁凌杰（1984年3月7日至2019年6月15日）：香港社會運動人士，曾參與雨傘革命與反對逃犯條例修訂草案運動。2019年6月15日晚，在16日舉行「譴責鎮壓，撤回惡法」大遊行前夕，他在金鐘太古廣場樓頂掛上標語橫額示威，提出撤回而非暫緩逃犯條例修訂草案、釋放「六一二」警民衝突被捕人士，以及行政長官林鄭月娥引咎辭職等訴求，後從高處墮下身亡，成為反修例運動中的首名死者，享年三十五歲。

梁凌杰：生於香港。在香港管理專業協會羅桂祥中學中五畢業後，於天主教崇德英文書院夜校重讀中五。之後，他到廣州暨南大學就讀銜接課程三年。大學三年級時，他決定退學後回香港找工作，第一份工作在馬會做兼職，後做過跟車工人、日資百貨公司文職，及從事有關金融的工作。

梁凌杰與父母於元朗同住，家中亦有姐妹。他收入雖不高，平日樂於行善，曾籌款協助於中國湖南建設希望小學，並到當地見證學校竣工。又曾參與派米活動，經常到老人院做義工，還透過展望會助養一名來自馬拉威的視障男孩。

梁凌杰與家人關係良好，相處融洽，一家人每年最少一次外

出旅遊。梁凌杰的妹妹不時會參與哥哥和朋友之間的聚會。梁為人孝順、不計較、有正義感，假日時會主動到樓下茶樓「攞位」，讓家人有更多時間休息。除此之外，每年清明及重陽節，梁都會陪同家人及親戚到長洲、和合石及將軍澳拜祭祖先。一家人平常的話題多談生活瑣碎事及吃喝玩樂。

2014年，梁凌杰積極參加雨傘革命，主要駐守旺角占領區，外號「化骨龍」，曾多次與警察爆發衝突。在2016年香港立法會選舉中，梁凌杰曾為工聯會郭偉強助選。

2019年，香港爆發反修例運動，梁凌杰積極投身其中。但中共支持香港特區政府強硬回應，無視民眾訴求。香港走到自由與獨裁的轉捩點，很多港人對前途極度失望。

6月15日下午4時許，梁凌杰穿著背上寫有「林鄭殺港、黑警冷血」的黃色雨衣，爬出金鐘太古廣場外高逾二十公尺的臨時工作平台，並在棚架掛上寫有「全面撤回送中，我們不是暴動，釋放學生傷者，林鄭下台，Help Hong Kong」的橫額。

警方接獲廣場保安員報案後，封鎖金鐘道西行兩條行車線，消防亦於金鐘道地面打開救生氣墊戒備。

立法會議員鄺俊宇[232]獲悉後，到場支援，三度向警察要求與梁凌杰直接對話，以勸喻對方返回安全地方，卻遭警方拒絕。警方表示，有警察談判組在現場。鄺俊宇留在金鐘道對面人行道，用揚聲器叫喊，呼籲梁「下來，我們明天一起去遊行」，然而聲音

---

232 鄺俊宇（1983-）：前香港民主黨成員，前任元朗區議員及香港立法會議員，註冊社工，填詞人，作曲家，愛情小說作家及時事評論員。2007年，以24歲之齡首次參選區議員，並成為新界最年輕區議員。2016年，被民主黨安排到功能組別爭席位，最後成為超級區議會的「票王」，晉身為香港立法會議員，並在立法會中擔任福利事務委員會主席。2021年1月6日，鄺俊宇因早前參與立法會民主派初選35個人案件，涉嫌違犯香港國家安全法而被捕，但後來未被起訴。

未能清楚傳到太古廣場的平台。

晚8時許，梁凌杰脫下黃衣，坐在平台休息。持盾警員及消防員於樓上戒備。約9時，梁凌杰突然爬出棚架，四名消防員嘗試將他拉回不果，梁的上衣被拉脫後墮下，跌落安全氣墊旁之人行道。

在場消防員立即為梁凌杰進行胸外心臟按壓搶救，亦有在場市民高叫打氣，目睹過程的鄺俊宇則激動痛哭。

梁凌杰被送往律敦治醫院搶救後，證實不治。

警方在梁凌杰遺物中發現兩封遺書。其中一封為控訴書，內容闡述尋死原因與訴求反對修例有關，另一封遺書則交待身後事。

隨後，梁父母接受《蘋果日報》訪問時指，政府逼到香港人如此無奈，咆哮是對此不仁不義之政府宣示憤怒，「香港病了，是七百萬人之悲哀，亦是下一代之悲哀」。他們又希望年輕人不要太激動，不要再步其子後塵。

梁凌杰殉道次日，大量參與反送中遊行的示威者到事發地點獻花。該遊行主辦團體民陣宣布當日參與遊行人數時，稱有200萬+1人參與，並說明當中的「+1人」代表梁凌杰。

當日，在金鐘夏愨道香港政府總部的「連儂牆」上，有市民貼上梁凌杰背影照及輓聯「憂民報國豪風垂萬代，取義成仁正氣照千秋」，在場市民每十五分鐘便向梁的照片三鞠躬，然後再向太古廣場方向三鞠躬。

6月17日，在職工盟舉行的「打工仔反送中集會」上，主席吳敏兒宣讀悼詞，形容梁是位堅守信念、為捍衛民主自由而犧牲的抗爭者，稱梁「是被政權推下來」，又指梁在五年前已一同參與占領行動，為梁的離去感到難過。

6月21日為梁凌杰頭七，當日有群眾到太古廣場事發現場獻

花拜祭，排隊等候上香的市民隊尾排至高等法院，亦有市民吹笛奏〈奇異恩典〉詩歌悼念，至晚上有市民舉行超渡儀式，近千名參與人士聚集於太古廣場對面金鐘道。

同日，由於特區政府沒有在最後期限前回應示威者訴求，有一群創作人發布動畫短片呼籲示威者「不撤不散」，該短片以梁凌杰身穿黃雨衣的背影作結，重申五大訴求。

當晚，現場出現巨型飛蛾，有媒體指其令人聯想該飛蛾是死者化身。

香港資深遺體修復師及「生死教育會」會長伍桂麟，從當日下午開始關注新聞。從觀看直播中，他推測梁凌杰墮樓機會很高。他表示，從梁凌杰的抗爭行為，包括選擇金鐘這個極具標誌性的地點、清晰明確的標語、連最後的衣服亦選擇顏色最鮮明的黃色雨衣，這些都顯示梁凌杰當時的理念十分強烈。

伍桂麟從新聞直播畫面中直接看見梁先生墜樓的一刻，他觀察到梁先生墜樓時身體向後並且後腦著地，死亡意志堅決，搶救成功的機會很低。

梁凌杰的死屬於「利他型」自殺，借自殺表達訴求，希望為在世的人換來理想，歷史上也不少例子，以死亡將抗爭運動提升到另一個階段。從事生死教育多年的伍桂麟對自殺行為十分理解，他說，當社會運動膠著，激發民眾以死抗爭：「用過好多方式去爭取，都沒進步，甚至倒退，就會生出自殺念頭。」自殺是因為絕望，亦是希望為生者帶來希望。

梁凌杰離世後，伍桂麟曾考慮應否站出來為他打點身後事。當時，他留意到不少組織正聯絡梁的家人，他擔心事件若捲入政治組織之中，會變得更複雜。於是，他聯絡「六一二」基金會，由於伍的殯殮專業背景，梁的家人信任他並將有關事務交給他主理。伍桂

麟陪同梁家人見法醫、警察、處理法律程序,並協助告別式的安排。

梁凌杰遺體修復工作也由伍桂麟處理。除了墮樓造成的創傷,由於梁凌杰屬於非自然死亡,因此經過剖屍檢驗。伍桂麟感觸說:「他在死前已經面對這麼多創傷,死後還要增添這麼多傷口。」

伍桂麟說,沒有一個遺體可以完美恢復本來面貌。「沒人製造創傷,就不需要有人修復創傷。」他慨嘆,梁凌杰的犧牲、整場運動對香港人留下的創傷,香港人日累月積地承受,只有公義得到彰顯才能修復。

警方提出要求不進行公開悼念,但伍桂麟堅持要舉行公祭。梁凌杰離世觸動全港,他作為一個殉道者,「因為死者為對抗政府以死明志,這已是一個公眾人物的死,不再屬於一件『家事』」。

治喪期間,他們沒有刻意用「烈士」作稱謂,怕引發更多人仿效。伍桂麟說,公祭本來有一種集體療癒的作用,「參與一起悼念,看到大家還記得這個人,大家在儀式內會感受到好深的連繫,會有情感上支持」。

2019年7月11日,梁凌杰的家屬為他在北角香港殯儀館設靈,並同意在治喪委員會協助下在殯儀館旁的渣華道遊樂場舉辦一場公眾告別禮。治喪委員會成員包括牧師袁天佑、香港中文大學政治與行政學系副教授周保松[233]及臨床心理學家葉劍青[234],並由

---

233 周保松(1969-):香港哲學學者,英國倫敦政治經濟學院取得政治哲學博士,香港中文大學政治與行政學系副教授,左翼自由主義者。2014年5月,周保松原本打算在中山大學舉行講座,但因為臨近六四事件二十五週年而被取消。超過兩百名學生仍然自發到教室,朗誦有關自由的詩作及討論關於自由的議題,還唱起了《Do you hear the people sing》、《不再猶豫》等歌曲。主要著作有:《左翼自由主義:公平社會的理念》、《政治的道德,從自由主義的觀點看》、《我們的黃金時代》等。

234 葉劍青:香港泛民主派人士兼臨床心理學家,良心理政召集人。2016年,曾被香港政府以「在選舉中作出招致選舉開支的非法行為」名義提出政治檢控。著有《探索敘事治療實踐》。

「六一二」人道支援基金秘書處協助。考慮到其時社會情緒崩緊，同時考慮到家人的巨大壓力，伍桂麟希望告別式以平穩氣氛進行：「父母不想高舉兒子作聖人，只希望香港人可以記得他。」

入夜後，數百人冒雨排隊等候進入球場參與悼念儀式，市民在會場獻上太陽花，頌唱《唱哈利路亞讚美主》，並對著寫上「永遠懷念」的前台三鞠躬致意。

梁凌杰父母在告別禮上感謝港人：「感謝社會各界人士悼念杰仔，每一位善良的香港人，包括兒子在內，都希望香港能變得更好，讓每人都能安居樂業、自由發聲；而每一位勇敢走上街頭市民都是因為深愛香港。年輕人要好好保全自己，活下去，才能繼續為社會不公不義之事勇於發聲。」

梁凌杰的遺物中，有一張他簽署的「綠色殯葬心願登記表格」，他選擇把骨灰撒於海中，表格下方還有一句手寫字：「不需任何儀式和墓位，不想留任何東西在香港。」沒有留下骨灰，他卻在香港人心中留下更重要的東西。

伍桂麟表示，為抗爭而殉道，在歷史間並不罕見。梁凌杰身故後，社會間自殺情緒爆發，討論區、群組中傳出不同人表示有尋死念頭，以及親友準備尋死的求救資訊。伍桂麟表示，理解這種想法：「在絕望之中堅持，當沒結果，最後同歸於盡。」他更收到不少人向他查詢應該如何處理遺書，部分希望尋死，另一部分是做好了在抗爭中犧牲的準備。他提供資訊的同時，亦希望年輕人能再三衡量生命與抗爭之間的輕重。「用死去表達訴求，我會覺得尊重、可敬，但不希望見到。」

在台灣戒嚴時期，鄭南榕面對打壓而選擇在《自由時代週刊》雜誌社內自焚而死，他的犧牲使台灣從此不再壓制言論自由，而鄭南榕逝世日被定為「言論自由日」。然而，亦非每一次自我犧牲

都能讓公義得到彰顯，如在西藏，多年來已經有百名藏人自焚，卻依然被政權漠視。犧牲的意義孰輕孰重，沒有一致的答案。但可以肯定的是，正如伍桂麟說：「香港的歷史，梁凌杰有分。」

2020 年 6 月 15 日為梁凌杰逝世一週年，有市民在太古廣場外舉辦悼念會。下午 5 時起，市民獻花悼念，數十名防暴警察一度到場，並截查市民和進行拍攝。到傍晚，前來悼念的排隊人龍越來越多，一直由高等法院排到長江中心，龍尾去到中環花園道山頂纜車站附近。有市民在草叢旁邊放置多個燈箱墓碑，展示「一國兩制已死」及悼念反修例事件期間逝世的市民。

2021 年 5 月 11 日，梁凌杰死因研訊在西九龍裁判法院召開。法庭展示了他筆記本裡的兩段遺言：「我對這個香港已心灰意冷，這幾個月不斷沉思，都找不出答案和將來，今天我是個人意願，唯獨是政府促成」、「全面撤回送中、釋放學生，我們不是暴動，林鄭下台！」經過九天仔細審判、傳喚二十五名證人作證，驗屍官高偉雄引導陪審團可考慮三個裁決選項，包括「自殺身亡」、「死於不幸」或「死於意外」。最後，陪審團經過五小時商討，裁定梁「死於不幸」。

獨立記者陳卓斯在死因研判法庭上觀看了警方拍攝的一段梁凌杰殉道前的錄音，在〈法庭裡的長鏡頭：他和鴿子佇立在那沒再回航的地方〉一文中描繪道：

「鏡頭偶爾會向上移動，在太古廣場高處，有一名穿著黃雨衣的人士站著，身旁有一塊寫有字的帆布橫額。但似乎這人不是被拍攝的重點，持機的人好像不屑一顧，鏡頭焦點很快落在樓下的消防員身上，救生氣墊亦成功展開。

⋯⋯直至拍攝中段，我猜想約在十多分鐘左右，鏡頭指向那

位黃雨衣男子,拍攝者突然拉近焦距,亦是片中僅有的特寫,只見戴著口罩和雨衣帽的他,轉過身向下方的馬路望了一眼,然後繼續在平台上平靜的站著。

沒有喧嘩,只有短暫的幾秒間,抖動的鏡頭掃過了他手寫的標語橫額,我看到了「反送中」的字樣。一陣輕風拂過,地盤棚架上的紗網悠悠擺晃,鏡頭又拉遠至全景,黃雨衣男子在畫面上再次變回了一個小黃點。

這是關於他最長的一次凝視,我無法確定有多少人在認真地看,睡著了的人還是沒醒,負責操控電腦的法庭職員也禁不住查看播放器時間軸,我才猛然驚覺,這裡不是看電影的地方。沒有人要在意時間賦予這個鏡頭的意義,當最強烈的疾呼與控訴悄然而至,他在等待什麼。

一輛車子駛過來,一輛車子駛過去,持機的人終究沒有朝著那名男子的方向再拉近。空氣在改變,裡頭的聲音也在改變,『今天是 2019 年 6 月 15 日,下午 5 時 22 分,我是警員 11038 陳思錦,在金鐘道 88 號太古廣場就一宗公眾活動進行拍攝,現拍攝完畢。』

那天,我們尚未知道他的名字,只有一隻鴿子在他的不遠處,紋絲不動。在入夜的一聲巨響後,旁人的尖叫劃破了靜謐的長空。

『痛心疾首』的直幡,翌日在廣場的樓下出現,連帶著二百萬的人聲鼎沸,迴響之大,比他生前的吶喊還要響亮。」

2021 年 6 月 15 日為梁凌杰逝世兩週年,「開站師」組織的成員在早上於紅磡站外的行人橋上派發白絲帶,並以兩至三人為單位。他們在收拾物資期間,突然被警察包圍,指他們違反限聚

令，六名成員被票控。

下午，陸續有市民到金鐘太古廣場外送上白花致意。下午5時起，二十多名警察到場戒備，並拉起橙帶分隔，警方亦截查部分在場逗留的市民，並多次呼籲市民離開。到晚上7時左右，有人一度在太古廣場商場內叫「光復香港，時代革命」口號。悼念現場的花壇擺放了鮮花外，亦有人擺放心意卡、電子蠟燭和紙鶴。而花槽貼上寫有「永遠懷念」、「他是被政權推下去的」等字句。

2022年6月15日為梁凌杰逝世三週年，二十多名市民晚上在太古廣場外冒雨悼念。有市民留下字條：「即使三年，未曾忘記」。其後，警察圍封和截查市民，有獻花市民被警告「亂拋垃圾」及登記身分證。

2023年6月15日為梁凌杰逝世四週年，入夜後市民到現場獻花後均被警察警告會票控「亂拋垃圾」，最後在現場放下鮮花片刻後便取走。而「王婆婆」王鳳瑤[235]穿起黃雨衣在花槽並低頭悼念期間，一度有近二十名便衣及軍裝警在旁觀察及戒備。

《立場新聞》專欄作家 Pazu 薯伯伯認為，梁凌杰遺志簡短清晰，死因並非任何心理或精神疾病，而是「以生命作控訴」，認為

---

[235] 王鳳瑤（1956-）：香港社會運動人士，人稱王婆婆、白髮婆婆、黃傘婆婆。退休前從事會計工作。香港占中運動期間，她親臨現場，受到催淚彈攻擊，感覺猶如置身六四現場。到終極清場，她仍與年青人一起留守到最後，最終被警察抬走。2018年，她時常到法院旁聽梁天琦被控暴動罪的案件，因戴上寫有標語的頸巾，被裁定一項「藐視法庭」罪成，判罰款港幣一千元。在反修例運動中，她常常舉起英國國旗，吸引香港群眾的注目。2019年8月14日，她在深圳以「尋釁滋事罪」被捕，囚於福田拘留所。8月30日，她被轉到深圳市第三看守所，她形容看守所為「地獄」。她離開看守所後又被強制要求接受「愛國教育」，並禁止其離開深圳。2020年10月2日，她在經歷1年取保候審後，由深圳返回香港。2021年1月23日，她在街頭舉標語抗議，被警察以「阻礙警務人員執行職務」拘捕。她還上街支持中國的白紙運動，大聲高呼：「不要威權，要人權！」

死因不應定為警方所稱的「自殺」，而應定為「犧牲」。

台灣大學歷史系教授陳弱水[236]在一篇發表於《立場新聞》的文章中，認為梁凌杰是最早擁有「義士」稱號的抗爭者。

《法蘭克福匯報》發表的一篇評論文章，列出梁凌杰橫額上的五項訴求，並稱其為史上首宗為捍衛香港自由而自殺的案件。

電影《十年》中短篇《自焚者》的導演周冠威接受《蘋果日報》訪問時指，自己曾在6月16日到太古廣場的祭壇為梁凌杰默哀，又指「沒有想到《自焚者》裡關於香港十年後的想像，在短短四年間竟然成了現實。」

梁凌杰的離世，對香港帶來前所未有的震撼，意味著香港抗爭運動由過往推崇和平示威，過渡到準備流血犧牲的抗爭意識。

---

236 陳弱水（1956-）：台灣歷史學家。生於屏東。台灣大學歷史系畢業，美國耶魯大學歷史學博士，受業於余英時。曾任中研院史語所副所長、台大共同教育中心副主任、台大文學院院長。專長為中國中古史、中國思想史、比較思想史，中國中古史以唐史為主。常常就兩岸三地公共議題發表意見。主要著作有：《公共意識與中國文化》、《唐代文士與中國思想的轉型》、《公義觀念與中國文化》、《人文與民主的省思》等。

一九九〇年代人

50 | 才旺羅布：我是一棵焚而不毀的樹

才旺羅布（Tshe-dbang Nor-bu，1996年10月9日至2022年2月25日）：藏人歌手。曾參與廣東衛視《中國好男兒》、騰訊視頻《明日之子》與浙江衛視《2021中國好聲音》等音樂綜藝節目而為人所知。2022年2月25日，才旺羅布於西藏拉薩布達拉宮外自焚，成為自2009年起被外界所知的第158位自焚的藏人，享年二十六歲。

　　才旺羅布：出生於西藏那曲地區，從小隨父母在北京生活、讀書。

　　才旺羅布的母親索朗旺姆（Sonam Wangmo），1977年出生於那曲牧民家庭，自小喪父，牧羊為生。因歌喉出眾，成為縣裡宣傳隊的歌手。在2002年中央電視台舉辦的「第十屆全國青年歌手大獎賽」上，她憑成名曲〈金色的故鄉〉，一舉奪得「業餘組民族唱法金獎」和「觀眾最喜愛歌手金獎」兩大獎項，被解放軍中央軍委政治工作部歌舞團招攬，從此在中共文宣體制內混得風生水起。2007年，索朗旺姆將〈唱支山歌給黨聽〉做了修改後，創作出新歌〈再唱山歌給黨聽〉。2008年央視春晚，索朗旺姆與才旦卓瑪合唱〈再唱山歌給黨聽〉。

　　經常穿著軍裝或藏族民族服裝演出的索朗旺姆，靠出賣自己

的民族文化,成了被中共重用的國家一級演員,儼然是與中共合作的新一代藏人新貴。有一篇官方媒體的報導中寫道:「索朗旺姆已來北京二十多年,早已融入了大都市的生活。她使用最新款的手機和筆記型電腦,穿巴黎時裝。以前不會寫漢字的她,現在能龍飛鳳舞地為歌迷簽名。索朗旺姆已在北京安了家,冰箱裡永遠放著糌粑。她一兩年才回西藏一次,平時都是家裡人來北京與她團聚。」

索朗旺姆的丈夫、才旺羅布的父親曲根,是一位相對低調的作曲家,也在一家官方文化機構任職。

與索朗旺姆、曲根選擇的道路相反,才旺羅布之叔為索卡洛多[237]選擇為西藏人被壓迫的命運發聲,從而成為服刑時間最長的西藏政治犯之一。

才旺羅布的父母和叔叔阿姨的不同人生,代表著在中共殖民統治下藏人兩種截然不同的選擇。一種是「識時務者為俊傑」,主動與似乎穩如磐石的中共政權合作,幫助中共營造一個波坦金村式的西藏——一個光鮮亮麗、充滿異國情調的「少數民族地區」,那裡對共產黨心存感激的牧民和僧侶已然擺脫貧困,人人幸福美滿。另一種是「不自由、毋寧死」,「生命誠可貴,愛情價更高。若為自由故,兩者皆可拋」,即便明知必然失敗,也要挺身對抗中共這個利維坦怪物,他們揭示了一個真實的西藏:中共當局拆毀佛像,關閉藏語學校,逮捕任何抵制中國化運動的藏人。而大多數的藏人,則在這兩種選擇之間掙扎求生。

---

237 索卡洛多(Sogkhar Lodoe):西藏政治犯,此前因兩次被定罪而入獄二十一年。2018 年 1 月,又因在布達拉宮前抗議而被判十八年徒刑——加上此前的刑期,中共一共判他入獄三十九年,遠超曼德拉二十六年半的服刑時間。其妻子達瓦噶吉被指控幫助其攝影而被判處兩年徒刑。

才旺羅布不願像母親那樣充當中共的「寵物」，與已經適應北京都市生活的母親不同，他不喜歡北京，對故鄉念茲在茲。中學畢業後，他考入西藏大學，回到拉薩讀書。

　　才旺羅布的出生地那曲，一直是中國政府血腥鎮壓藏人反抗的主要地區之一。2013年9月，那曲地區爆發反對中共暴政的抗議活動。中共當局在該地區展開地毯式的「愛國再教育運動」，強迫藏民在各家屋頂上懸掛五星紅旗，此舉引起當地農牧民、學生、僧人、尼姑、作家、歌手等各類人士同聲抗議，並發起一連串的示威活動，成為繼2008年後在西藏最大規模的示威抗議。

　　中共當局將那曲地區比如縣視為「極不穩定地區」，先後集結大批軍警前往鎮壓。10月6日、8日，中共軍警兩次對比如縣請願藏民開槍鎮壓，導致三人死亡，六十多人受傷，數人失蹤。隨即，軍警肆意拘捕僧俗藏人，對當地有影響力的藏人予以重判，並採取「對內嚴厲打擊示威民眾，對外嚴密封鎖消息」等措施。

　　當時，年僅十七歲的才旺羅布一定從居住在那曲的親友處聽到零零星星的資訊，由此開始對中共在西藏的殖民統治產生批判性思考。就如同六四鎮壓喚醒一代中國青年，那曲鎮壓也成為才旺羅布民族意識和自由意識的燃燒點。

　　才旺羅布在音樂氛圍濃郁的家庭長大，極具音樂天賦。他擁有做音樂的夢想。在一段他的個人介紹影片裡，他期許自己2027年在音樂界閃閃發光，他用中文說：「我成為了一名作曲家，也是一名父親，父母沒有變老，陪在我的身邊。」

　　2014年，還在大學讀書的才旺羅布參與廣東衛視製作的音樂綜藝節目《中國好男兒》，並在節目中表演自彈鋼琴、自唱藏歌，並晉級西部賽區十二強、全國四十八強。

　　2017年，大學剛畢業的才旺羅布參與騰訊視頻製作了音樂綜

藝節目《明日之子》，並加入「盛世魔音賽道」，成為「盛世魔音賽道」四強之首與全國總決賽第九名。

2019 年，才旺羅布參與優酷製作的音樂綜藝節目《一起樂隊吧》，但未能進入決賽。

2021 年，才旺羅布參與浙江衛視製作的音樂綜藝節目《2021 中國好聲音》，止步二十二強。

才旺羅布在參與這些音樂比賽時，堅持只唱英文歌和藏文歌，各種風格掌握度都很高，他會彈奏鋼琴或吉他，也會以獨特的「藍調／靈魂唱腔」詮釋周杰倫的中文流行歌、賽琳娜‧戈梅茲（Selena Gomez）和路易斯‧卡柏狄（Lewis Capaldi）的英文曲。

才旺羅布也有很多原創藏文歌曲。他為藏人身分和西藏文化傳統感到自豪。他原創的藏文歌曲〈糌粑〉、〈禮服〉、〈羌塘眼〉、〈除了你〉、〈輪迴〉等，除了對愛情的詠嘆，更有對西藏的自然、歷史與信仰的歌頌。〈糌粑〉音樂錄影帶中，他在拉薩的街景裡漫步舞動，當兩個僧人經過，他鞠了一躬，把手放在胸口。

在中共嚴酷的文化控制下，要想實現音樂的夢想，有時不得不做出違心的言行。2020 年 3 月，才旺羅布發表〈永遠的愛〉，鼓舞武漢人對抗新冠肺炎疫情。2021 年 1 月，他首次登上央視。2021 年 10 月 1 日中國「國慶」，他在微博響應「我為祖國比愛心」的活動。

這位年輕的音樂人會走上母親昔日的「紅歌」之路嗎？這一階段，才旺羅布內心充滿著矛盾和掙扎，但始終沒有放棄自己內心深處的堅持。藏人行政中央西藏政策研究中心主任達瓦才仁評論說：「才旺羅布之前參加一些歌唱比賽，堅持用藏文寫自己的名字，而且堅持很多歌曲先用藏語唱再用中文唱，引起很多評委的不滿、不高興，但是他一直表現出對自己民族的熱誠。」

才旺羅布的代表作是〈回家〉，歌詞似乎是近代以來藏人悲劇命運的縮影：「新年來臨之際，買好禮物穿上禮服，開車返回家鄉，翻山越嶺伴歌聲，草原蒼茫牛羊成群，心兒越發向你跳動，再沒有比故鄉，更讓我快樂的地方」、「不枯也不畏寒暑，若是你追問典故，當年未把山盟赴。別左盼右顧，眼前路有多大有多苦，看，就在山重水復。絕望處，還能唱，還能祝福。穿過雲霧，身在何處，才知道我為什麼哭。洗淨塵土，打起手鼓。請記得回家的路，請記得回家的路」。

很多藏人說，這首歌「教人心碎」，它反映「在故鄉流亡」的心境。有人留言說：「哪怕自己在異鄉的城市裡漂泊，感覺自己不再孤獨」、「馬背上承載的鄉愁，血管裡淌著馬蹄的聲音」、「母語萬歲、藏歌萬歲」、「總有一天，你會紅遍大江南北，唱自己的歌」。

在音樂之路上越來越成功的才旺羅布，也找到了愛情，與同為藏人的戀人丹擁拉姆成婚，二人育有一女。

2022年2月21日，才旺羅布在微博上預告，他的中文新歌〈如果有遺憾，也別偷偷放不下〉將在次日上線，MV完整版24號上線。兩天後，他發文說，新歌「你們最喜歡哪句歌詞？」24日，他接續發文：「漫天相擁的彩霞，遼遠的星夜之空，覆蓋著我的那一時刻，也覆蓋著曾屬於我的你。」這首歌的歌詞似乎是其生命的預言：「你把回憶放下，那一刹，撥通最後電話，去了遠方。跌跌撞撞說好，不害怕。留下相擁的晚霞，風吹頭髮。」2月25日，他發表的最後一條微博配上了自己的四張黑白照片，微博文字內容為：「一直在看大家的留言，謝謝。遺憾過後，就是釋然。希望大家如果有遺憾，也別偷偷放不下。好聲音才旺羅布發新歌。」這幾句話隱然有不祥之兆。

就在才旺羅布發出最後一則微博當天，他在布達拉宮門前的廣場自焚而死。他選擇在拉薩最敏感的地點：達賴喇嘛的傳統居所布達拉宮；也選在敏感的時間，北京召開人大會議的幾天前。駐印度的西藏研究人員艾克斯特（Matthew Akester）表示，才旺羅布採取這樣的行動，不是因為絕望，而是出於「最大的決心」。

藏人行政中央發表消息稱：中國當局於 3 月 2 日聯繫了才旺羅布的家人，通知他們才旺羅布已去世。但當局並沒有將才旺羅布的遺體移交給他的家人。

才旺羅布的死訊悄然在中國的社交媒體上流傳。其微博與抖音帳戶出現大量弔唁留言，其後並因被指「違反社區公約」而處於永久禁言狀態。除此之外，才旺羅布的歌曲作品在中國多個音樂應用程式中被下架，其母索朗旺姆的微博也曾被短暫註銷帳號。

《經濟學人》雜誌在一篇題為〈解讀藏人歌手的自焚：才旺羅布並不是表面看那麼活潑樂天的歌手〉的報導中指出，才旺羅布在螢幕前的表現就像是一個 Z 世代年輕人，並非異議人士。他似乎是中國政府理想中的少數族裔青年：都市化、受過良好教育且能說一口流利的普通話。然而，才旺羅布選擇自焚抗議中共在西藏的殖民統治，戳穿了中共炮製的謊言。

2011 年，阿壩格爾登寺主持格爾登仁波切在美國國會作證指出：「藏人承受了一種特殊的創傷，造成橫跨三個世代的極度痛苦，這個傷口難以遺忘或癒合。」中國政府從未反思過其入侵、屠殺和殖民統治對藏人造成的傷害，卻變本加厲地繼續推行滅絕藏人的政策，這一政策導致在數十年裡，小到十幾歲，大到八十一歲的藏人接二連三地自焚抗議。

「火是所有死亡形式中最可怕的。一個人自焚，那同時是一種忍無可忍的顯示，坦白講，也是一種道德優越感的表現。那不是

精神錯亂,而是一種可怕的理性行為。」報導此事件時,《紐約客》引用一個學者的解釋。

在西藏發生自焚抗議之後,包括達賴喇嘛尊者、第十七世噶瑪巴等宗教領袖一直呼籲藏人停止自焚。藏人行政中央發出官方呼籲:「我們了解是什麼驅使他們自焚,但是我們呼籲藏人不要採取這種極端行動。」

中共當局並不因為數百名藏人的自焚抗議而停止其暴政。美國資深媒體人芭芭拉‧德米克在《吃佛》一書中指出,中國政府既然無法阻止自焚,他們至少可以阻止大家發現自焚的消息。沒有傳播的自焚,就像森林裡倒下的樹一樣無人知曉。

當中共當局發現自焚的消息已傳播出去後,緊接著又使用妖魔化自焚者的宣傳戰:「中國的官方媒體展開攻勢,試圖挖掘醜聞,以抹黑自焚者。例如,新華社在一篇名為〈自焚真相〉的報導中聲稱,那些自焚青少年成績不好,自殺是因為受不了競爭;一名自焚的婦女與酗酒的丈夫發生爭吵;另一位自焚者是因為偷了八千人民幣而感到內疚。新華社聲稱,那位自焚的喇嘛與一名已婚女子有染。」

另外,中國政府還強迫自焚者家人說謊,以此抹黑自焚者。如果家人拒絕,中共當局則對死者家人扣上「共謀致死罪」進行逮捕。自焚抗議後,中國政府進行大範圍的集體處罰、連帶處罰方式打擊自焚者。如對自焚者家人親友、所在村莊、或所在寺院等嚴厲處罰。中國政府想用這種方式制止自焚抗議,但事實證明中國政府的打壓不僅未能阻止自焚抗議,且適得其反。

2022 年 5 月,根據美國之音藏語部報導,才旺羅布的父親曲根因受到警察多次威脅和騷擾,於近日自殺身亡。

一個才華橫溢的年輕生命消失了,一個家庭像瓷器一樣破碎

了。才旺羅布的妻子和女兒，失去了丈夫和父親，她們如何在中共的高壓下，如同納粹之下的猶太人，如同被標註上「紅字」的賤民一樣生活下去？才旺羅布的母親，短短數月間相繼失去兒子和丈夫，如何面對她忍辱負重歌頌了幾十年的共產黨？

縱觀 YouTube 網站上才旺羅布音樂影片下面的評論區留言，有許多網民表示對這位西藏音樂人的哀悼。署名「旅美土 8 路」的用戶留言稱：「想不到用這種方式認識你，渴望自由是多麼的可貴，願天堂再無壓迫！」

在台灣民主運動歷史上，也有為反抗暴政、捍衛自由而自焚的先驅者──鄭南榕、詹益樺、許昭榮……台灣長老教會也以「棘焚而不毀」（拉丁語：Nec tamen consumebatur）的圖像及字眼作為其信仰的象徵和標誌。

深深為「今日西藏，明日台灣」前景憂慮的台灣人，在社交媒體上為才旺羅布獻上悼念和敬意：

──這是才旺羅布。請大家好好想想，媽媽與兒子走向了不同的道路。不需要批判，因為凶手是中華人民共和國。

──剛剛才知道他媽媽是政協委員。一直在想，媽媽看到消息會是什麼心情。是誰讓這個悲傷的事發生的。願他的靈魂已經獲得自由。

──身為人母，看她與她兒子的故事，實在難過，那真是人間悲劇。更難過的是，就算是難過，她也只能低調的難過吧。她試圖許自己和兒子一個未來，她兒子卻認為必須為身在地獄的同胞發聲。可敬的才旺羅布，希望他在極樂世界安詳。真希望那些惡魔消失在世界上！

──真的完全實現「不自由，毋寧死」這句話。我去搜尋了相關新聞和人，那些藏人，以傷害自己來反抗。多麼難過、多麼

絕望,才會自焚???我沒辦法與藏人一樣感同身受,真的有深切的體會,但遠在台灣享有自由民主的民主富二代,我都能覺得難過、痛苦。

　　——那些網紅真的不要泯滅良知,宣傳西藏、新疆多美好。那土地上的人,承受的就有多殘忍。不忍看搜尋、再看。人權,在極權眼裡如糞土。他們的權、名、利凌駕一切。這樣的中共,到底有什麼好的???配合去養大這樣的惡,未來吞噬的就是自己。

　　——有些人迫於無奈,為了保全家人選擇犧牲自己。也有些人為了貫徹信念,同樣的犧牲了自我。相比之下,那些明明沒有受到迫害,卻為了名或利而隨共產起舞的人真的噁心。

　　才旺羅布這個名字,前兩個字意思是長壽(壽命自在),後兩個字是珍寶。他的確決定了他最重要的東西、人最重要的珍寶——他的生命,要如何過得有意義、結束得如何有意義,為自己的生命價值定義。

附錄／
《當代英雄》（黑暗時代的抗爭者，第一卷）人物名單

作為傳主的五十位人物：高耀潔、陳日君、第十四世達賴喇嘛丹增嘉措、丁子霖、嚴家祺、高瑜、康正果、徐友漁、胡平、黎智英、王炳章、蘇曉康、任志強、張戎、王力雄、艾曉明、胡石根、譚作人、譚松、廖亦武、余茂春、王天成、冉雲飛、丁家喜、周鋒鎖、傅希秋、師濤、劉賢斌、陳衛、伊利哈木·土赫提、王宇、陳光誠、唐荊陵、許志永、王怡、王立銘、彭立發、李明哲、阮曉寰、陳建剛、張展、王藏、鄒幸彤、張賈龍、董瑤瓊、何桂藍、張盼成、曹芷馨、黃意誠、朱慧盈

在注釋中出現的人物：杜聰、依娃、吳靄儀、何秀蘭、何韻詩、許寶強、洛桑丹增、洛桑森格、邊巴次仁、張先玲、尤維潔、黃金平、鮑彤、陳一諮、李洪林、溫元凱、包遵信、吾爾凱希、錢達、萬潤南、高皋、何家棟、陳子明、王軍濤、陳小平、閔琦、劉衛華、徐四民、羅點點、胡績偉、廖家安、高潮、程翔、劉銳紹、莫少平、尚寶軍、孫康宜、遇羅克、戴晴、郝建、崔衛平、劉荻、鄭也夫、陳軍、李柱銘、李怡、陶傑、楊森、李卓人、戴耀廷、黃之鋒、陳健民、羅偉光、宦國蒼、錢躍君、彭明、秦晉、劉賓雁、吳國光、薛蠻子、李大同、張樸、金鐘、蔡詠梅、楊東平、梁曉燕、丹增德勒（阿安扎西）、張思之、唯色、王東成、胡杰、聞海、王荔蕻、張慶方、郭于華、王瑛、郭

建梅、李海、王國齊、劉京生、康玉春、陸明霞、陳青林、高玉祥、陸志剛、張純珠、芮朝懷、李全利、王佩忠、邢宏偉、張國鈞、許東嶺、安寧、孟中偉、袁相忱、周世鋒、翟岩民、勾洪國、陳雲飛、浦志強、夏霖、方方、楊天水、楊繼繩、盧躍剛、李必豐、武文建、吳弘達、方勵之、薛野、王有才、蕭瀚、流沙河、冉彤、翟明磊、慕容雪村、曹雅學、李蔚、袁冬、張寶成、夏俊峰、賈敬龍、張銘、張前進、吳倩、黃琦、趙京、徐剛、葛洵、方政、劉飛躍、程凱、陳維明、趙天恩、蔡卓華、阿里木江・依靠米提、朱虞夫、謝陽、洪哲勝、何俊仁、王小寧、杜導斌、歐陽懿、馬少華、佘萬寶、秦永敏、徐文立、陳西、馬少方、張重發、陳兵、李方平、黃章晉、張凱、唐吉田、劉巍、葉海燕、曹順利、范木根、江天勇、李桂芳、常伯陽、尹旭安、吳淦、李麥子、王全璋、李昱涵、文東海、唐志順、幸清賢、韓東方、郭玉閃、李和平、張立輝、何培蓉、高智晟、郭艷、郭飛雄、王德邦、李金芳、袁新亭、王清營、張星水、朱久虎、王功權、黎雄兵、張世和、戴振亞、李英俊、張忠順、黃志強、常瑋平、楊斌、李翹楚、陳家坪、張培鴻、覃德富、張春雷、李英強、余志堅、文濤、戴建勇、何岸泉、顧國平、黃宏棒、郭藝、徐昆、吳京聖、王涵、陳道銀、徐秦、彭宇華、富察、羅冠聰、黃台仰、冀中星、吳虹飛、李金星、謝燕益、王美余、張科科、黎學文、黃思敏、李化平、陶業、王鵬、張磊、張嘉諺、張耀良、郭永健、馮敬思、梁錦成、鄧岳君、陳多偉、野渡、趙連海、王克勤、燕薪、蕭雲陽、李貴生、華湧、歐彪峰、陳思明、蘇雨桐、宋庚、李田田、劉艷麗、蔡東豪、練乙錚、鐘沛權、梁繼平、黃耀明、張潔平、袁嘉蔚、張崑陽、朱凱迪、岑敖暉、陳志全、岳昕、祁怡元、李波宏、梁小軍、袁莉、江雪、李元婧、

翟登蕊、李思琪、呂頻、陳妙卿、邱占萱、王逸戰、陳枳森、黃沅琳、羅子維、張心怡、鄭家朗、梁頌恆

《勇者無懼》(黑暗時代的抗爭者,第二卷) 人物名單

作為傳主的五十位人物:袁偉時、李柱銘、錢理群、楊繼繩、林培瑞、楊顯惠、曹興誠、江棋生、程翔、秦永敏、朱虞夫、馬建、陳西、林榮基、哈達、陳健民、葛洵、伊利夏提・哈桑、張彥、張菁、吳建民、高智晟、戴耀廷、周世鋒、賈靈敏、依娃、郭飛雄、方政、陳雲飛、黃國才、魯揚、阿古智子、林慕蓮、聞海、杜斌、王默、胡佳、頓珠旺青、秋旻、王愛忠、向莉、歐彪峰、黃雪琴、米日古麗・圖爾蓀、李翹楚、周庭、張冬寧、亞夏爾、牛騰宇、曾雨璇

在注釋中出現的人物:李懷宇、司徒華、陳浩天、陳景輝、陳方安生、戴味閒、趙園、王瑤、陳平原、柯雲路、黃子平、王魯湘、杜導正、吳思、胡德華、李克曼、張良、黎安友、朱學勤、高爾泰、和鳳鳴、鍾政、趙旭、邢同義、王兵、沈伯洋、何澄輝、黃清龍、項小吉、童屹、熊文釗、楊偉東、金堯如、吳荻舟、朱建斌、王輔臣、楊周、喬忠林、傅申奇、周國強、宋書元、劉念春、錢玉民、沙裕光、林牧、陳忠和、呂新華、任秋光、蕭詩昌、劉興聯、凌文秀、周遠志、周舵、潘星磊、吳義龍、毛慶祥、徐光、辛忠誠、黃志強、黃燕明、曾寧、盧勇祥、廖雙元、歐陽小戎、李任科、吳玉琴、徐國慶、呂耿松、謝長發、金觀濤、桂民海、李波、特木其勒圖(席海明)、呼慶特古斯、許北方、圖門烏力吉、陳文

敏、李平、周揚、王若水、裴敏欣、劉永川、任松林、陶業、熱比婭‧卡德爾、多里坤‧艾沙、紀思道、何偉、江雪、查建英、宋永毅、郭建、邵江、黃翔、莫建剛、方家華、李家華、羅斌孫、梁福慶、劉千石、蘇昌蘭、陳學東、劉慶、朱利全、劉格、王銀智、佘偉、韋進、姚向東、李勇、彭萬中、李力夫、段小光、王建華、于世文、陳衛、黃偉、邵重國、李發旺、鍾耀華、邵家臻、李永達、陳淑莊、黃浩銘、張秀賢、毛孟靜、林卓廷、區諾軒、楊岳橋、梁國雄、劉曉原、程海、劉四新、謝遠東、黃立群、趙威、李姝雲、葉紅霞、朱承志、吳祚來、夏業良、鐵流、張淼、余文生、張林、陳寶成、彭佳、劉地偉、張贊寧、張大發、馮客、賈斯柏‧貝克、丁抒、李世華、譚蟬雪、范亞峰、劉士輝、笑蜀、吳蓓、孔險峰、張前進、肖傑、吳國鋒、紀斯尊、李伊東、高志活、吳侃臻、周冠威、馮楚、崔亞平、鄧相超、邵凌才、陳智勇、丁建城、張元、吳文光、李銳、班志遠、段毅、趙躍、城山英巳、袁靜婷、張銘、唐德英、孫毅、袁凌、劉華、萬延海、曾金燕、張光華、彭定鼎、星芽、寇延丁、謝文飛、張少傑、劉萍、張小玉、孫立勇（山東）、陳科雲、覃臣壽、陳榮高、孫濤、蘇士芹、胡雙慶、梁勤輝、陳家鴻、果洛久美、丹增尊珠、趙琪、林耶凡、劉遠東、楊崇、歐榮貴、張聖雨、陳劍雄、吳魁民、莫之許、葛文秀、王建芬、單利華、張俊傑、王成、烏衣、方斌、季孝龍、耿瀟男、梁太平、魏忠平、張善光、黎建君、龔與劍、何家維、程淵、羅茜茜、萬淼焱、王亞秋、潘嘉偉、王建兵、克里斯‧史密斯、馬可‧魯比歐、王定宇、宋澤、陶崇園、野靖環、于凱、丁錫奎、李國蓓、阮民安、林朗彥、譚得志、李宇軒、李宗澤、臧啟玉、傅文、章立凡、盧世寧、辛賞、肖彥銳、梁健輝、三木、覃秋艷、湯偉雄

《美好的仗,已經打過》(民主英烈傳,第一卷)人物名單

作為傳主的五十位人物:戈揚、王若望、許良英、夏志清、李慎之、何家棟、李洪林、江嬰、江平、聶敏之、蔣彥永、鮑彤、蔣培坤、徐勤先、李怡、蘇冰嫻、孫天勤、包遵信、洪哲勝、徐珏、李貴仁、王榮清、王東海、努爾穆罕默德・土赫提、李旺陽、丹增德勒、袁天佑、陳子明、高華、劉曉波、齊志勇、楊春光、孫林、力虹、鄭貽春、李悔之、曹順利、楊天水、鞏磊、余志堅、蒲勇、陳子亮、李柏光、羅茜、張健、葉鐘、沈陽、王美余、龐勛、陳彥霖

在注釋中出現的人物:李普、張偉國、欽本立、蘇紹智、司馬璐、王實味、羅竹風、溫定凱、龔星南、吳強、白樺、戴厚英、徐中玉、王淦昌、束星北、許成鋼、劉剛、王丹、錢臨照、于浩成、張顯揚、邵燕祥、吳祖光、巫寧坤、王際真、何與懷、姚琮、資中筠、劉軍寧、顧準、李炳泉、李建彤、王軍濤、羅點點、曹思源、杜光、丁東、任仲夷、董秀玉、項南、王元化、聶紺弩、熊鑑、周勛、丁石孫、陳夏紅、厲以寧、董輔礽、俞梅蓀、賀衛方、吳敬璉、李提木、陳立群、陳樹慶、胡曉玲、李錫安、池建偉、章詒和、趙蘭健、余世存、吳偉、楊敦先、熊輝、周小姣、王爭強、溫克堅、楊逢時、林國璋、林思漢、劉燕子、羅宇、劉建國、吳仁華、羅孚、梁天琦、游蕙禎、周淑莊、李雪

文、石貝、吳榮根、王學成、蕭天潤、鄭菜田、陳寶忠、劉志遠、蔣文浩、謝選駿、遠志明、麥天樞、李澤厚、劉再復、張燦鍙、彭明敏、蔡同榮、羅福全、陳隆志、鄭自才、黃文雄、黃再添、陳昭南、楊黃美幸、馬雪芹、杜東旭、穆懷蘭、蔡耀昌、吳稼祥、郭海峰、王富華、昝愛宗、查建國、高洪明、吳遠明、方醒華、楊小凱、黃河清、陳龍德、方月松、毛國良、馬德良、黃志道、吳高興、葉相文、吳義龍、林輝、祝正明、胡俊雄、田蘭、熱依拉‧達烏提、塔史博拉提‧提依普、哈木拉提‧吾甫爾、古麗妮薩‧伊敏、阿卜杜勒赫德‧買合蘇力、穆罕默德‧薩利‧阿吉、努爾麥麥提‧亞森、阿卜都賽買提‧茹孜、張京生、李贊民、周志榮、黎建軍、黃麗紅、尹正安、雷德明、歐陽經華、肖勇、蔡芷筠、晉美彭措、格桑堅贊、益西曲珍、扎西文色、多吉扎西、貢布吉、夏志誠、邢福增、賀延光、周為民、劉迪、韓志雄、楊百揆、李盛平、李正文、陳兆鋼、董健、許紀霖、楊奎松、景凱旋、高新、侯德健、葉霜、關增禮、孫櫻、韋石、張蘭英、周維林、王健、孫立勇（北京）、黃金秋、嚴忠良、吳立紅、莊道鶴、鄒巍、李青、秦暉、何清漣、劉逸明、李建強、王澤臣、孔佑平、楊銀波、張先癡、張淑鳳、劉衛國、劉曉芳、李立榮、李小玲、趙海通、甄江華、陳建芳、王和英、張建平、李玉鳳、何方美、程旭東、張玉祥、馮茂叢、孫中明、王湛、詹躍維、張艷春、許萬平、李國濤、戴學武、車宏年、王文江、彭明、王金波、解金玉、孫文廣、李紅衛、任自元、魯德成、喻東嶽、吾爾開希、王超華、封從德、周勇軍、連勝德、劉國慶、路中樞、成秋波、陸文禾、雷鳳雲、侯多蜀、楊偉、黃曉敏、趙常青、薛明凱、吳立星、李蔚、楊子立、劉杰、藺其磊、張春瑞、管桂林、張倫、嚴興聲、何宗旺、林應強、唐兆星、林

蘭英、林後勤、吳輝、朱欣欣、吳樂寶、陳燕慧、吳莉、孫大午、信力建、李洪志、徐浪舟、區惠蓮、黃偉國、周梓樂

《永不屈服》（黑暗時代的抗爭者，第三卷）人物名單

作為傳主的五十位人物：茅于軾、洛桑丹增、章詒和、朱耀明、李昱函、田奇莊、高志活、何清漣、高鈵、毛孟靜、王剛、曹三強、史庭福、李新德、趙海通、黃琦、王喻平、李長青、余文生、布倫丹・卡瓦納、陳用林、許那、帕爾哈提・吐爾遜、楊紹政、胡新成、鍾沛權、塔依爾・哈穆特・伊茲格爾、藺其磊、吳敏兒、張海濤、昝愛宗、富察、謝陽、郝志妮、王利波、果・喜饒嘉措、古麗尼莎・伊敏、薩拉古・薩吾提拜、陸輝煌、肖育輝、呂智恆、黃明志、吳亞楠、宋澤、符海陸、鄧玉嬌、權平、鄒家成、夏巢川、方藝融

在注釋中出現的人物：盛洪、張曙光、辛子陵、張千帆、蔡慎坤、高伐林、久欽・土登南嘉、甲日・洛迪、堪布索朗丹培、郭乃弘、吳錦祥、陳慧、張銳輝、潘瑩明、鄧偉棕、徐少驊、錢志健、高漢成、胡自由、姬來松、徐琳、董洪義、馬貴全、淋漓淋浪、樊百華、石曉敏、黃雋青、杜潤生、程曉農、高強、栗憲廷、魏京生、黃銳、劉進圖、陸恭蕙、鄭經翰、簡而清、黃毓民、范國威、張超雄、譚凱邦、韓連山、郭榮鏗、郭家麒、梁繼昌、梁耀忠、林生亮、景如霞、劉培福、李貴生、王健、許忠東、劉浩、界立建、李超、卓協、孫德勝、聖觀法師、黃靜怡、劉本琦、聶光、賈榀、袁小華、黃文勛、張茂中、梁頌基、王修

求、劉志強、李小玲、陳建芳、李建軍、劉虎、劉正清、黃金高、李文亮、張宗鋼、黃沙、吳紹平、李宗澤、鄭玉潔、李立鑫、鄭豔美、鄧靜靜、張任飛、劉強、孟慶霞、李佳軒、焦夢姣、周立新、蕭雲陽、陳沛敏、方敏生、周達智、林紹桐、岑倚蘭、郭子麟、扎西文色、阿亞桑扎、段春芳、毋秀玲、李碧雲、姜家文、任自元、方鴻維、沈勇平、朱雁光、韓穎、黃秋銳、郭蓋、李建新、肖兵、劉堯、王江峰、林明潔、郝勁松、王龍得、鄧燕娥、朱順雅、劉沙沙、陳進學、莊道鶴、鄒巍、嚴忠良、張開華、張重實、張春雷、郝鳴、武見男、王曉光、楊榮麗、韓曉棟、王強、潘建林、杜海濱、范儉、張慶洲、張贊波、叢峰、仁青持真、桑傑嘉、丹增潘多、茨仁卓嘎、阿尤普、蔡定劍、蘇少涼、吳魁明、肖青山、王興中、盧曉欣、黃嘉浩、劉穎匡、楊雪盈、林景楠、劉偉聰、陳芳語、黃秋生、王劍虹、王靜梅、高健、譚端、袁文華、趙振甲、彭忠林、關維雙、王永紅、王成、李對龍、李仲偉、張國慶、劉四仿、張雋勇、羅富譽、盧思位、何偉、龍霖、農定財、夏楠、武嶸嶸、古懿、易松楠、張樹人、吳定霖、張可森、梁晃維、黃子悅、王百羽、馮達浚、李嘉達、葉子祈、陳緯烈、王宗堯、何俊諺、吳志勇、林錦均、潘浩超、范俊文、范俊文、畢慧芬、孫曉嵐、沈鏡樂、黃家豪、馬啟聰、陳品霖

中國研究系列 19
當跑的路，已經跑過：民主英烈傳第二卷

作　　者：余杰
篆　　刻：姚碩業
社　　長：鄭超睿
責任編輯：林明貞
版型設計：張凌綺
排　　版：旭豐數位排版有限公司
封面設計：楊啓巽

出版發行：主流出版有限公司 Lordway Publishing Co., Ltd.
出　版　部：台北市南京東路五段 389 巷 5 弄 5 號 1 樓
電　　話：(02) 2766-5440
傳　　眞：(02) 2761-3113
電子信箱：lord.way@msa.hinet.net
劃撥帳號：50027271
網　　址：www.lordway.com.tw

經　　銷：
紅螞蟻圖書有限公司
臺北市內湖區舊宗路二段 121 巷 19 號
電話：(02) 2795-3656　　傳眞：(02) 2795-4100

2025 年 4 月 初版 1 刷
書號：L2505
ISBN：978-626-99594-2-6（平裝）
Printed in Taiwan
著作權所有　翻印必究

國家圖書館出版品預行編目資料

當跑的路,已經跑過:民主英烈傳. 第二卷 / 余杰著. --
初版. -- 臺北市 : 主流出版有限公司, 2025.04
　面；　公分. --（中國研究系列 ; 19）
ISBN 978-626-99594-2-6（平裝）

1.CST: 傳記　2.CST: 中國

782.26　　　　　　　　　　　　　　　114004349